ISBN 978-1-334-54328-9
PIBN 10753002

Forgotten Books is a registered trademark of FB &c Ltd.
Copyright © 2018 FB &c Ltd.
FB &c Ltd, Dalton House, 60 Windsor Avenue, London, SW19 2RR.
Company number 08720141. Registered in England and Wales.

For support please visit www.forgottenbooks.com

# 1 MONTH OF
# FREE
# READING

## at

## www.ForgottenBooks.com

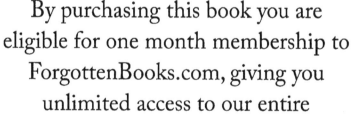

By purchasing this book you are eligible for one month membership to ForgottenBooks.com, giving you unlimited access to our entire collection of over 1,000,000 titles via our web site and mobile apps.

To claim your free month visit:

www.forgottenbooks.com/free753002

English
Français
Deutsche
Italiano
Español
Português

# www.forgottenbooks.com

**Mythology** Photography **Fiction**
Fishing Christianity **Art** Cooking
Essays Buddhism Freemasonry
Medicine **Biology** Music **Ancient
Egypt** Evolution Carpentry Physics
Dance Geology **Mathematics** Fitness
Shakespeare **Folklore** Yoga Marketing
**Confidence** Immortality Biographies
Poetry **Psychology** Witchcraft
Electronics Chemistry History **Law**
Accounting **Philosophy** Anthropology
Alchemy Drama Quantum Mechanics
Atheism Sexual Health **Ancient History**
**Entrepreneurship** Languages Sport
Paleontology Needlework Islam
**Metaphysics** Investment Archaeology
Parenting Statistics Criminology
**Motivational**

# Verfassung

der

# Republik Polen

dargestellt

von

## Dr. Siegfried Hüppe

Hier in der Polen Land regiert die Freiheit!
Schiller, Demetrius

BERLIN, 1867

Ferdinand Schneider

Matthäikirchstrasse 29

Vorbehalten das Recht der Uebersetzung in fremde Sprachen

**

GENERAL

# Vorwort

Das öffentliche Recht und die von ihm bedingten inneren Verhältnisse eines zertrümmert liegenden Staates der Neuzeit werden in diesem Skizzenwerk besprochen. Die folgenden Studienblätter wollen nicht mehr gelten, als sie sind: erster Versuch, unserer Staatskunde ein uncultivirtes Gebiet zu gewinnen, keinem zu Liebe, keinem zu Leide; ein Grundriss, der beitragen mag, eine nicht mehr unempfundene Lücke in Deutschlands vielseitiger Wissenschaft auszufüllen.

Wie für den mittelalterlichen Dichter „ein Polân oder ein Riusse" die fernstehendsten Menschen waren, so sind heut in unseren anerkanntesten historisch-politischen Büchern nicht nur sehr mangelhafte, nein durchaus falsche Bemerkungen über slavisches Recht und slavisches Staatswesen anzutreffen. Klare feste Ansichten werden jedoch Bedürfniss. Dürfte nicht grade ein Bild des untergegangenen Polen unserem Volk willkommen sein, eben jetzt da wichtige Gebiete der Republik in Deutschland förmlich aufgenommen sind?

Nur lautere Wahrheit blieb Ziel und leitender Gedanke dieser Arbeit. Ist es ja klar, dass nimmer ein Abschluss erreicht werden kann, wo der Forscher die Parteistellung, der er im Leben angehören muss, zu seinen Untersuchungen hinübernimmt; alles, was er auf Kosten der Wahrheit dem Interesse seiner Gesinnungsgenossen darbringt, ruft von gegnerischer Seite gleich stark gefärbte Erwiderungen hervor, und ungeschminkte Angaben werden dann vorzugsweise verdächtigt. So wird die Forschung eine Danaidenarbeit, die keinem nützt.

Unsere Skizzen sind nach den Gesichtspunkten reiner Wissenschaft entworfen; darum können sie auf praktischen Werth Anspruch erheben. Noch manchen Streit zwischen Polen und Deutschen wird die Geschichte verzeichnen; aber sollte es ohne Einfluss anf den Kampf bleiben, wenn das System des aufgelösten polnischen Staats von den Deutschen wie von ihren Gegnern in richtigen Umrissen erkannt wird?

Vielerlei mag aus polnischem Staatsrecht gelernt werden. Der Deutsche, welcher noch immer darauf besteht, dass bei der Neugestaltung seines Vaterlandes die Freiheit der Einheit vorangehe, könnte einen Blick auf Polen werfen. Dort hat sich Bluntschlis Wort von 1866 verwirklicht: „Wenn man die Freiheit so versteht, dass man keine energische Autorität im Staate haben will, so wird ein solches Volk die Freiheit nicht behalten, es wird beherscht von staatlicheren Völkern." Die Republik Polen hat sich geopfert bei dem thätlichen Versuch, bis zu welch denkbarem Grad sich die Freiheit ausdehnen lasse, die Freiheit, die gegenüber dem Wirken der Staatsgewalt allemal nur das bedeuten kann, was der Schatten im Verhältniss zur Sonnenwärme. Durch Empirie schreitet die Menschheit vorwärts; jetzt wissen wir, dass die Freiheit nicht regieren darf, sondern nur so lange wohlthätig ist, als sie maassvoll und sich unterordnend den regierenden Willen beschränkt, durch welchen allein der Staat Staat wird und bleibt. —

Nicht auf den Höhen politischer Entwicklung stand Polens Verfassung; aber doch fände sich in ihr vielleicht nicht bloss negativer Gewinn für Behandlung heutiger Staatsfragen. Verlegenheit um gemeinsame Form für national verschiedenfach getrennten Inhalt wurde vor Jahrhunderten auch in Polen gefühlt; aber die föderative Fassung, in welcher um den sprachlich gespaltenen Adel von Grosspolen, Kleinpolen, Reussen, Preussen und Litauen dauernde Bande geschlungen wurden, hat sich bewährt. Und weil vom Lehnswesen nicht zersplittert, zeigt uns der polnische Staat unerwarteter Weise mehr als Eine moderne Eigenschaft. Sein Kreislauf ist vollendet. Zergliedernd schauen wir, trotz welcher Vorzüge, durch welche Uebel er widerstandsunkräftig geworden ist.

Im Bau lebender Staaten, die als Muster gepriesen werden, bleibt uns manches zweifelhaft, vieles unerklärt; Englands bewunderte, angeblich von Erbweisheit strotzènde Verfassung hat nach Prinz Albert „ihre Probe — noch nicht bestanden." Wieviel Deutsche aber kennen die verhängnissvolle Art, in der sich beschränktes Königthum, Zweikammersystem, Steuerverweigerungsrecht und ein auf Theilnahme aller Staatsbürger gegründetes Heer- und Gerichtswesen bei den Polen ausbildeten? Und doch geht die Aehnlichkeit polnischer Einrichtungen mit heutigen Postulaten bis zu der Geldentschädigung, die polnischen Abgeordneten für ihre öffentliche Thätigkeit gewährt wurde.

Dass zum Einblick in osteuropäisches Staatsleben ein Studium der untergegangenen Grossmacht erforderlich ist, bedarf keiner Auseinandersetzung. „Alles Sein ist uns nur als Gewordenes verständlich", meinte Alexander von Humboldt. Das heutige Polenthum ist ohne Betrachtung seines früheren staatlichen Gefüges nicht zu begreifen. Den Schlüssel zur Erkenntniss aller polnischen Geschichte liefert aber die Verfassung der Republik Polen.

Der Gegenstand wird hier zum ersten Mal im Licht moderner Wissenschaft behandelt. Eine Darstellung polnischen Staatsrechtes mangelt sogar in polnischer Sprache seit dem Zusammensturz des Reiches. Daher musste sich die Arbeit auf Durchforschung bisher ungesichteten und unberührten Stoffes gründen; wie uns unter andern die posener Archive reichlich boten. Und so mag sich erklären, was in diesem Buche verfehlt ist: frischgebrochene Quadern, unter denen noch schwierige Auswahl zu treffen blieb, sollten sich unmittelbar zu wohnlichen Gemächern fügen.

Der Styl unseres Werkes unterscheidet sich von dem in rechtswissenschaftlichen Büchern sonst theilweise gebräuchlichen; doch wenn irgendwo, so galt es hier, nicht Runen und Lapidarformen zu geben, wie man in Gesetzbüchern zu entziffern sich geduldig bemüht, sondern klare allgemein verständliche, wenn auch keinem edictum praetoris entlehnte Schriftzüge.

Wie der Versuch nun immer ausgefallen, bringt er vielleicht manchem etwas für Neigung oder Bedarf. Polens wundersame Verfassung ist ein Eldorado, wo die Goldkörner für den Sehenden zu Tage liegen; und vieldeutig kündete ein geflügeltes Wort der Vorzeit: In Polen findet Jeder, was er sucht.

Auf gewissenhafter Selbstforschung stehen wir Satz für Satz und hoffen Niemanden auch nur unabsichtlich zu verletzen. Die Erklärung des mächtig nachwirkenden Phänomen von Polens Fall, die allein durch Kenntniss des polnischen Staatsrechtes sich gewinnen lässt, ist eine über jeden kleinlichen Gegensatz erhabene Angelegenheit von allgemeinster Bedeutung und fordert von Allen, die ihr nahen, eine sich stets gleichbleibende Ruhe des Geistes. Unsere Darstellung beweise, dass wir aus vollem Herzen in den Wunsch eines hochberühmten Zeitgenossen einstimmen: „Möge die Zeit nicht ferne sein, wo alle Völker Europas ihre Aufmerksamkeit einander zu keinem andern Zweck zuwenden, als um miteinander in guter Regierung und in den Künsten des Friedens zu wetteifern."

# Inhalt

## Einleitung

## Verfassung der Republik Polen

# Anhang

# Druckfehler von Bedeutung

S. 68. Z. 9, 10 und 11 lies: Als Jagiełło den Johann von Pilca, welchen seine Gemahlin in einer früheren Ehe von Vincenz Granowski geboren hatte, mit einer Grafschaft belehnen wollte etc. Vgl. über die Stelle Długosz XI, 426.

S. 167. Z. 25. statt polnischen lies preussischen.

---

# Vorbemerkungen

Das Wort Preussen bedeutet im Texte der Kürze halber gewöhnlich die Gebiete, welche Friedrich d. Gr. unter dem von ihm erfundenen Titel Westpreussen zusammengefasst hat, für welche es aber zur Zeit der Republik Polen keinen genau bezeichnenden Gesammtnamen gab.

Sachsen heisst für uns in der Regel Niedersachsen, Norddeutschland. Doch hat sich unser Text gleichfalls der Kürze halber auch dem polnischen Sprachgebrauch angeschlossen, welcher unter Sachsen die beiden Könige August II. und III. begreift.

Zeitbestimmungen in der polnischen Rechtgeschichte werden meist von den Regierungen der polnischen Fürsten hergenommen. Könige mit zwei Namen werden doppelt gezählt, so figurirt Siegmund August in der Reihe der Siegmunde als Siegmund II. und eröffnet die der Auguste als August I.

Die polnischen Gesetze werden im Allgemeinen als Constitutionen bezeichnet und durch nachgefügte Jahreszahl unterschieden. Fast alle der im Text angeführten Gesetze sind in der chronologisch geordneten Sammlung Volumina legum Vars. 1732 ff. 8 Bde. nachzuschlagen.

---

# Nachtrag

Zu S. 388 Z. 19. Pokłatecki, Kwestye polityczne, 1743.

S. 390 Z. 29. Bandtkie-Stężyński, Historya prawa polskiego, 1849.

S. 395 Z. 23. Hube, o instytucyach miejskich, 1867. Hube, Erbfolgerechte, deutsch 1836, für die Gesellschaftsverhältnisse anzuziehn.

S. 396 Z. 11. Prawda o dziesięcinach, 1765.

# Einleitung

# Erstes Buch

## Wesen der polnischen Verfassung

La Pologne est un pays tellement à part qu'on ne peut entendre le moindre récit détaché de ses annales sans avoir dans l'esprit l'ensemble de sa constitution, et sa constitution est son histoire même.

Salvandy, Histoire de Pologne avant et sous Sobieski. Paris 1829. T. I. p. V.

## Erster Abschnitt

### Polen in der Geschichte

**Tausend Jahre sind vor Dir wie der Tag, der gestern vergangen.**

Ja, ein nordischer Wintertag ist Polens tausendjährige Geschichte in ihrem flammenden Aufglühen, in ihrem blendenden und doch segenlosen Mittaglicht, in ihrem blutigen Niedergang. Herrlich hat einst die Sonne geleuchtet über den prangenden Fluren an Warte, Weichsel, Njemen, Njester und Njeper; schaurig gemahnt uns Nordlichtzucken an den entflohenen Glanz.

Staaten erstehen und schwinden; gleich Pflanzen überwuchern sie einander; der schwächere ist des stärkeren Nahrung, und keiner bedeutet im ewigen Kettenhang der Thatsachen mehr, als ein Gras, „das doch bald welk wird, das da frühe blühet und bald welkt und des Abends abgehauen wird und verdorret."

Hüppe, Verfassung der Republik Polen

Das eine Gesetz, welches die Wissenschaft sicher im Wechsel der Erscheinungen zu erkennen vermag, hat schon der Psalter markerschütternd verkündet. — Alles vergeht, — aber, nichts geht verloren; in anderer Gestalt führen die auseinandergefallenen Theile ihr Dasein fort, leben sie wieder auf. Und keine Existenz ist gleichgültig, jede hat eine Vergangenheit und eine — Zukunft.

Seit dem Zusammenbruch der antiken Welt gipfelt die staatliche Entwicklung der Menschheit im Deutschthum. Ob unvermischt, ob latinisirt, haben Germanen das moderne Staatsrecht geschaffen und beherschen das politische Leben des Erdballs, noch in der Fülle ihrer Kraft! Aber auch für die strahlenden Culturvölker von heute gilt Scipios düstere Ahnung:

„Einst wird kommen der Tag . . . . .“

Wer soll ihr gewaltiges Erbe antreten?

Eh ein Deutscher, Italiener, Engländer oder Franzose diese Frage aufzuwerfen dachte, war sie von anderer Seite durchgesprochen und beantwortet. Die Wortführer des Slaventhums prophezeien ihrem Stamme die erste Rolle in kommender Zeit.

Wie man auch über solche Vorhersagungen denken mag: eine noch lange Lebensdauer ist den Nationen Osteuropas ebenso gewiss, als sie gegenwärtig, der Welt sichtbar, eine bedeutende Expansivkraft beweisen. Alle Merkmale der Jugend eignen den Slaven. Ihre Geschichte beginnt 800 Jahr später, als die der Germanen, und ein Vergleichungslustiger könnte die germanischen Entwicklungsphasen bei den Slaven immer um einige Jahrhunderte später in ungefährer Wiederholung erblicken; kein Wunder, denn eng ist die Verwandtschaft beider Stämme.

Doch „die Geschichte ist kein genau nachzuzifferndes Rechenexempel!“ Ein untrügliches Merkmal für die Jugend der slavischen Völker liegt im Charakter ihrer Sprache. Unnütz wäre nach Wilhelm von Humboldt ein Beweis für den engen Zusammenhang, der zwischen Sprache und Gesammtentwicklung jeder Nation besteht. In der That, „die Sprache ist die äusserliche Erscheinung des Geistes der Völker; ihre Sprache ist ihr Geist und ihr Geist ihre Sprache, man kann sich beide nie identisch genug denken“.

Nun erblicken wir klar in den slavischen Mundarten alle Zeichen der Ursprünglichkeit. Die Form triumphirt noch über den Begriff, das sinnliche Element überwiegt das geistige: eine reich erhaltene Flexion mit vollen Endungen und eine noch nicht ausgebildete Syntax.

Das heutige Slavisch steht der gemeinsamen arischen Ursprache um ein Jahrtausend näher, als das heutige Deutsch; die gegenwärtig slavischen Dialekte sind dem Althochdeutschen parallel, das an Karl des Grossen Hof gesprochen wurde. — Also werden wir denn auch in allen slavischen Institutionen Naturfrische finden, wenn wir sie mit gleichzeitigen germanischen zusammenhalten. Ein Punkt von bis jetzt übersehener Bedeutung, namentlich für das Verständniss polnischen Rechtes wichtig genug!

Was die sittlichen und Verstandesanlagen der slavischen Völker anbelangt, so liegt kein Grund vor, dieselben für geringer als bei verwandten Stämmen anzunehmen. Dagegen halten wir fest, dass die Slaven eine neuere, unvollkommnere Entwicklung haben, als ihre westlichen Nachbarn. Jugend aber ist ebensowenig ein Vorwurf, wie Alter ein Verdienst; und diejenigen slavischen Forscher thun Unrecht, die ihren Landsleuten aus Patriotismus eine ältere Cultur zuschreiben, als die unzweifelhaften Denkmale beweisen.

Wer will alle Gründe aufsuchen, durch welche die Slaven, uns Germanen näher verwandt, als ein anderer arischer Stamm, in Wahrheit unsere jüngeren Brüder, auf niederen Stufen bis jetzt zurückgehalten wurden? Begnügen wir uns, ihre geographische Stellung als ungünstig zu erkennen. Von Mittelmeer und Ostsee zurückgedrängt, dem Ocean fern, blieben sie im Jünglingsalter stehen, während die germanischen Völker in die Mannesjahre hineinschritten. Alle Tugenden und Mängel, welche das politische Leben jener Völkergruppe auszeichnen, und speciell die sogenannten polnischen Nationalfehler, lassen sich auf jugendliche Eigenschaften zurückführen! Geringer Sinn für Harmonie in jeder Beziehung, Ueberwiegen des Gefühls gegen den Verstand, schnelles Ueberspringen von Extrem zu Extrem bezeichnen die Jugend jedes Individuums — wie könnten sie bei der Persönlichkeit eines ganzen Volkes etwas anderes bedeuten? Strauchartige Zersplitterung wird dem ganzen Slavenstamm vorgeworfen — aber auch die deutschen Völkerschaften um die Zeit der grossen Wanderung sind nur ein Busch unentwickelter Eichenstämmchen. Innere Zwietracht und Unterwürfigkeit gegen das Ausland tadelt Schafarik als Grundzug des urslavischen Geistes: doch Nomaden, die eben sesshaft geworden, überwinden ähnlichen Hang nur nach harten, harten Erfahrungen. Nationale Einheit und Selbständigkeit ist eine spät reifende Frucht, in ihrer ganzen Unschätzbarkeit erst zu unseren Tagen erkannt und als Bedürfniss gefühlt: aber der Mensch sucht unwillkürlich für seine Wünsche an Gegenwart und Zukunft eine schon im Ehmals stattgehabte Wirklichkeit. Der unwissenschaftliche Traum von einem goldenen Zeitalter spukt unbewusst in den Köpfen der Gelehrten der meisten Völker. Die alten Slaven waren nicht besser noch schlechter, als ihre Nachkommen, sie waren unausgebildet; und nur unvollständig entfaltet sind noch heute alle Slaven, wenn man sie mit ihren westlichen Nachbarn vergleicht.

Als ein allgemeiner Zug des slavischen Geistes gilt der Trieb und die Fähigkeit, fremdes Wesen nachzuahmen; ist diese Nachahmungssucht aber nicht aller Jugend eigen, weil nothwendig? Um fortzuschreiten, musste der Slave das Abendland copiren. Aus deutschen Händen, in deutscher Prägung empfing er das Christenthum und die Elemente der Cultur; so hat denn auch die Aufnahme deutscher Rechtsbegriffe den allerwesentlichsten Einfluss auf den polnischen Staat geübt. Ihre Assimilation ging schnell vor sich, eben weil das Deutschthum nicht qualitativ, sondern nur quantitativ vom Polenthum verschieden ist. Das deutsche Recht ist das in sich selbst gesteigerte slavische.

Aber eben darum wurde auch in die polnische Verfassung schon des Mittelalters der Keim des Verderbens gesenkt. Der Polenstaat verband seit dem 13. Jahrhundert mit seinen natürlich slavischen Säften Principien, die er aus sich selbst erst Jahrhunderte später entwickelt hätte; so wurde sein Leben frühreif, einseitig, durch zu hitzigen Fortschritt entkräftet.

Auf der andern Seite blieben ihm stets verhängnissvolle Eigenschaften der Jugend. Dieses Alter legt, wie sonst, so auch im Staatsleben auffallende Verachtung der Aeusserlichkeiten zur Schau, in denen reiferes Dasein oft Halt und Zusammenhang findet. Die Formen, in denen die Staatsthätigkeit sich bewegt, können erst in alten Staaten ihrer ganzen Bedeutung nach gewürdigt und erst in langer Praxis zweckmässig ausgebildet werden. Jugendliche Staaten, wenn sie nicht ein System fremder Erfahrungen erblich überkommen haben, wie Amerika von England, sind nur zu geneigt, über der Durcharbeitung und Weiterführung grosser Staatsprincipien eine zielentsprechende Regelung des Geschäftsganges, die Feststellung einer Staatsdiätetik, zu verabsäumen. So trägt auch das polnische Recht in dieser Beziehung schlimme Gebrechen; unpraktisch — ideal waren viele und zum Theil die wichtigsten seiner Bestimmungen. Bei Abfassung schriftlicher Gesetze behielt man nur vor Augen, ob es wünschenswerth sei, sie durchzuführen; ob ihre Ausführung nicht der Willkür den grössten Spielraum liesse, ob sie überhaupt den bestehenden Verhältnissen nach durchführbar seien, wurde selten beachtet. In der Uebungsweise der Rechtsgewohnheiten Polens kam es eher zur Verschlechterung, als zur Vervollkommnung; Polens beschliessende Versammlungen haben bis zum Ende des Staates den denkbar ungenügendsten und gefährlichsten Abstimmungsmodus beibehalten. Der Idee nach waren die Forderungen der Gerechtigkeit im Staate nirgend bis zu dem Grade befriedigt, wie in Polen: thatsächlich war die Republik das unsicherste, creditloseste Land geworden. Jeder Bürger sollte nur dem König gehorchen, den er als den Würdigsten selbst gewählt; nur das Gesetz befolgen, das er als das Beste selbst beschlossen; und, wenn ihm König oder Gesetz zu nahe träten, das Widerstandsrecht gegen beide brauchen: humane, alles Unrecht scheinbar unmöglich machende Sätze; und in Wahrheit haben Königswahl, liberum veto und Conföderationen als Schaufeln zu Polens Grabe gedient. Das polnische Staatsrecht gab 200 Jahre lang fremden Mächten legalen, von polnischen Bürgern erwünschten und bewirkten Anlass zur Einmischung in des Staates innerste Angelegenheiten.

Polen, wie es seit 1572 sich Europas Blicken darbot, liess zugleich äussere Naturwüchsigkeit und innere Ueberfeinerung in seiner Verfassung erkennen. Ein Schauspiel, welches sonst entweder ganz unreife oder völlig ausgelebte Völker der Geschichte geben, vollzog sich hier in zahllosen Wiederholungen; die Kräfte des Landes waren centrifugal geworden; weder durch Recht noch Sitte gehindert, dienten die Parteien rein persönlichen oder ausländischen Zwecken; ja fremde Staaten konnten mit lächerlich geringem Aufwande Parteien hervorrufen; die heimische Staatsgewalt war in ersterbend schwachen kaum hörbaren Pulsschlägen thätig. Wenn man auch annimmt, dass Polens tiefer Verfall im Sinken des Nationalgeistes begründet war, so bleibt doch das wissenschaftlich nachzuweisende Medium des Verderbens der unzureichende Organismus des öffentlichen Rechts. Ein Staat von kräftiger Verfassung, ob auch zeitweise wenig politisches Pflichtgefühl, kein staatsmännischer Blick und nur ein geringes Maass öffentlicher Tugend im Volke zu finden ist, wird seine Bürger, dennoch so tief mit der Staatsidee erfüllt haben, dass ausländische Einflüsse in ihnen keinen Raum finden. Ein gesund organisirter Staat zieht alle Kräfte seiner Unterthanen in dem Maasse an sich, dass bei drohender auswärtiger Gefahr die inneren Streitigkeiten verstummen müssen und verstummen.

Blicket auf Rom und England, auf Preussen 1866!

Preussen 1866 und Polen 1766! Schärfere Gegensätze sind nicht möglich. Polen wurde vor einem Jahrhundert von seinen besten Freunden eine Anarchie genannt; was Rousseau in seinem „Contrat social" als deren Wesen bezeichnet, das traf in Polen leider vollkommen ein:

„L'état se dissout quand les membres du Gouvernement usurpent dé-
paisément le pouvoir qu'il ne doivent exercer qu'en corps." Man be-
stritt, ob Polen überhaupt noch ein Staat sei und erhob die ernstliche
Frage: Hat es jemals ein polnisches Staatsrecht gegeben? Gleichzeitige
Schriftsteller sprachen dem verfallenen Reich überhaupt eine Verfassung
ab. Friedrich der Grosse sagt wiederholt von Polen: „Das Unglück
dieser Nation ist, dass sie keine Gesetze hat" und „sie haben Gesetze;
aber niemand beobachtet sie, weil es keine zügelnde Rechtspflege giebt."

Andererseits hat das 17. und 18. Jahrhundert mehrere Compendien
polnischen Staatsrechts geliefert, in denen uns ein völliges System von
Gesetzen vorgeführt wird, gleichartig organisirt der Form nach, wie
das schriftliche Recht anderer Länder. Allerdings erklären die Verfasser dieser Handbücher selbst, dass nur ein Theil des von ihnen
verzeichneten Rechts in Uebung stehe und geben zu, dass ihre Werke
schwer von Ballast seien. Lengnich, Stadtsyndicus von Danzig, der
grösste Geist, der in diesem Felde gewirkt hat, gesteht zwar, dass in
Polen sehr vieles gegen die Gesetze geschehe, dass ein Zusammenhalt
der Republik nur schwach und „gleichsam verdunkelt" zu erkennen
sei, aber dennoch habe die Regierungsweise (regimen) ihre
feste Richtschnur, die nicht plötzlich und in kurzer Zeit, sondern allmählich sich entwickelt habe und bestehe.

Derartig entgegengesetzte Urtheile über Polens öffentliches Recht,
wie es im vorigen Jahrhundert als das nothwendige Resultat einer
langen Entwicklungsreihe sich Europas Blicken darstellte, könnt ihr in
grösserer Anzahl auffinden. Früheren Zeiten bot sich kein Ariadnefaden
für die Irrgänge dieses Labyrinths; in naturrechtlichen Anschauungen
und Constructionsversuchen befangen, konnte man sich nicht auf dem
durch und durch historischen Boden des polnischen Rechts orientiren.
Die dialektische Behandlung des öffentlichen Rechts hatte den Wahn
erzeugt, als sei „Verfassung" nur, wo die wirkliche Staatsform in
kurzgefassten Grundgesetzen genau umschrieben sein; wie konnte man
sich mit den allmählich zu Bergen angeschwollenen Constitutionen
auseinandersetzen, in denen angeblich die Norm polnischer Verhältnisse
bestehen sollte?

Nur wenn wir das Wesen einer Verfassung nicht im tödtenden
Buchstaben einzelner Gesetze, sondern in den thatsächlich wirkenden Bedingungen des Staatslebens suchen, werden wir
zum Verständniss polnischen Rechtes gelangen.

Nach den eine Zeit lang herrschenden Begriffen wurde das Staatsrecht eines Volkes wissenschaftlich gefunden oder praktisch festgestellt,

wenn man die Organisation, die Zusammensetzung und Eintheilung, der Staatsgewalt aus Gesetzen herausdestillirt oder durch Gesetze construirt. Aber in Polen haben die Gesetze dem Gewohnheitsrecht gegenüber immer nur subsidiäre und secundäre Bedeutung gehabt. Man fasste den Staat fernerhin vorwiegend in den Beziehungen auf, in denen er sich aus der Gesellschaft hervorhebt; die absteigende Richtung, die Wirkung des Staates auf die Gesellschaft, obgleich schon von Siéyes stark hervorgehoben, ist seit den Erfahrungen der ersten französischen Revolution immer erst wenigen klaren Geistern deutlich geworden. Und doch ist eine richtige Auffassung alles und jedes Staatslebens, sowie ein reformirendes Beeinflussen des Staatsrechtes erst möglich, wenn die Verwaltung, die Thätigkeit der Staatsgewalt, genau beobachtet wird, die Verwaltung an sich und in ihren wechselseitigen Beziehungen zum Sein der Staatsgewalt; zur Verfassung in engerem Sinne.

Die Beschaffenheit und die Handlungsweise der Staatsgewalt zu bestimmen, das ist die Aufgabe des Staatsrechts. Im polnischen Staatsrecht wird auszuführen sein, wie die Staatsgewalt, die bis zum Untergang des Reiches bestand und wirkte, in den letzten Zeiten freilich nur intermittirend, sich anatomisch und physiologisch ausgebildet und verändert hat. Es mag sich also diese Wissenschaft stellenweise unter der Hand in eine Rechtsgeschichte wandeln. Dennoch ist es thunlich und zweckmässig, Polens einzelne Einrichtungen nebeneinander zu behandeln. Uebersichtlichkeit und Kürze werden gewonnen, indem jedes Institut in seiner Entwicklung besonders dargestellt wird. Es ist richtig, das polnische Staatsrecht war im Fluss, Zeit seines Bestehens; aber seine wesentlichen Theile finden wir in allen Epochen, und sie können gemeinsam als statistische Einheit betrachtet werden.

Fischels Verfassung Englands, Richters Staats- und Gesellschaftsrecht der französischen Revolution sind gleichfalls nicht chronologisch, sondern nach den Hauptpunkten eingetheilt, in denen sich äusserlich jedes Staatsleben abspiegelt.

Die Einrichtung nach den drei Gewalten, wenn auch in staatsrechtlichen Werken der Engländer und Franzosen noch heute gebraucht, ist eines modernen Buches nicht würdig; auf Polen unanwendbar, weil eine Trennung und gegenseitige Unabhängigkeit der richterlichen, verwaltenden und gesetzgebenden Sphäre dort niemals auch nur angestrebt wurde. Ueberhaupt dürfte eine streng logische Construction nirgend so schwierig sein, wie im polnischen Staatsrecht, dessen urwüchsiger Frische gegenüber jedes System als ein Prokustesbett erscheint.

# Zweiter Abschnitt

## Dauernde Grundlagen des polnischen Staats

Wenn wir unter Verfassung im engeren Sinne die Art verstehen, in der sich die souveräne Gewalt in einem Lande bildet und erhält, unter Verwaltung die Weise, in der sie über die Kräfte des Landes verfügt, so finden wir gewisse Merkmale, durch die sich das polnische Staatsrecht zu allen Zeiten eigenthümlich hervorhob. Die Gesammtheit dieser Kennzeichen bildet das Wesen des polnischen Staates.

Durchgehend werden wir bemerken, dass der polnische Staat die Eigenthümlichkeiten der Jugend nicht verwinden konnte. Die Quellen des polnischen Rechtes liegen zunächst und vorzugsweise in Gewohnheiten, nicht in Gesetzen; wie bei allen unentwickelten Völkern.

Das polnische Staatsgebiet hat niemals eine geschlossene Einheit gebildet: ethnographische patriarchale Principien, das Gefühl verschiedener Abstammung der Bevölkerung in den einzelnen Landschaften drängte bis zum Ende des Staats mehr auf Auseinanderhaltung als auf Zusammenfassung der Gebietstheile.

Die polnische Gesellschaft finden wir seit dem Jahre 1000 wesentlich in gleicher wirthschaftlicher Gliederung. Das polnische Gemeinwesen stand nie auf dem Pflaster der Städte. Thätiger Ackerbau, „die beste Vorschule des Staatsmanns", sollte allein den polnischen Bürger beschäftigen. Nur der Grundbesitz ist und bleibt für sociale Unterscheidungen maassgebend; nur die, welche vollkommen eigenen Acker innehaben, sind freie gleichberechtigte Mitglieder des Staats; die nicht auf freiem Boden angesessenen Einwohner, schon früh die Mehrzahl, sind von jeher dem Druck und Lasten aller Art ausgesetzt, da der in Polen beständig herrschende Mangel an beweglichem Vermögen den Aermeren stets zwang, seinen Verbindlichkeiten durch persönliche Dienste und Naturallieferungen nachzukommen, also sich in Unfreiheit zu stürzen.

Die sociale Ungleichheit in Polen war durch die ausschliessliche Rohproduction, durch die Abwesenheit des Geldes bedingt. Nachdem aber
die gewordenen Verhältnisse staatliche Sanction erhalten hatten, blieb
es Hauptaugenmerk der von Anfang an durch ihren Besitz herrschenden Klasse, keine Aenderung eintreten zu lassen. Das Aufkommen
von Industrie und Handel, wurde absichtlich gehemmt; zunehmende
Erzeugung künstlicher Werthe blieb in Polen unmöglich, weil sie gefährlich für die bestehenden Gesellschaftszustände erschien. Wie in den
Sklavenstaaten Nordamerikas trug in Polen die Herschsucht der Aristokratie über die Aussicht auf wirthschaftliche Verbesserungen den Sieg
davon, und Polen blieb staatsrechtlich in seinen ursprünglichen Gesell-
schaftsverhältnissen stehen: inmitten des mercantilen Europa ein gross-
artiger Anachronismus.

So waren auch die Bestandtheile der Staatsgewalt dieselben
während der Dauer der ganzen polnischen Geschichte. Allerdings trat
eine bedeutende Verschiebung der Machtverhältnisse innerhalb des Staates
ein. Polen ist bis zu seinem Ende als militärisch organisirte Demokratie aufzufassen.

Wie naturgemäss, ist die Leitung der Geschäfte anfangs in den
Händen des Oberfeldherrn. Die Volkssouveränetät, die nach Tocquevilles
scharfsinniger Bemerkung latent in jeder Verfassung vorhanden ist, hat
wesentlich mehr passives und negatives Gewicht, als actives und positiven Einfluss. Bei der Theilung des Heeres gewinnen neben den
verschiedenen Feldherren die höhern Anführer an Bedeutung, bis seit
den Jagellonen das gesammte Heer auf den Oberfeldherrn thätig be-
schränkend einwirkt, und seit 1573 sich in sämmtliche Regierungs-,
Gesetzgebungs- und Rechtsprechungsbefugnisse eindrängt. Der ganze
Adel stellt seit dieser Zeit die Staatsgewalt dar, aber eine unvoll-
kommene Staatsgewalt, die den Ansprüchen der Zeit zu genügen nicht
im Stande. In einer Armee bedeutet jede Freiheitsgewährung Lockerung
der Mannszucht. Was bei anders organisirten Menschenverbänden in
der Regel zu greifbar materiellen Vortheilen führt, erzeugt hier einen
sittlichen Krebsschaden.

Den Charakter eines moralisch aufgelösten Heeres trägt der polnische Adel seit dem 17. Jahrhundert. Die unordnungsmässigen Berathungen, Abstimmungen und Verschwörungen erinnern zu sehr an die
Auftritte in meisterlosen Armeen. Auch dass sich der Adel den wirklichen Kriegsverpflichtungen entzieht, ist bezeichnend: die Condottieri-
haufen im mittelalterlichen Italien, die zügellosen Horden des dreissig-
jährigen Kriegs hatten wenig Lust, ihr kostbares Blut zu verspritzen;

fanden die Wege immer impracticabel. Und die Schauspiele, die das Heer im Ganzen bietet, wiederholen sich in den einzelnen Heerschaaren (Wojewodschaften), in die sich der Adel theilt. Diese Erscheinungen des 17. und 18. Jahrhunderts aber sind nichts unerhörtes in Polen. Vorspiele weist die ganze frühere Geschichte auf.

So äussert sich denn auch die gesammte Thätigkeit der Staatsgewalt ziemlich in gleichen Geleisen seit dem Eintritt Polens in die Geschichte.

Ein militärisches Gepräge zeigt sie beständig.

Die Gesetzgebung beschränkt sich auf vorübergehende Bestimmungen, soweit sie dem Gewohnheitsrecht gegenüber wirksam ist; tritt aber mit militärischer Gewaltsamkeit auf und vindicirt sich einen unbeschränkten Wirkungskreis. Der polnische Staat hat sich mehr als einmal ausdrücklich Omnipotenz beigelegt.

Die richterliche Sphäre ist, wie es nach militärischer Weise nicht anders möglich, eingeschränkt. Die Rechtsprechung ist unselbständig. Wie sie ausgeübt wird, erscheint unwichtig. Der Oberfeldherr und beliebig von ihm eingesetzte Vertreter üben sie anfangs ausschliesslich, nur sehr allmählich treten gewählte Richter auf. Collegiale Rechtsprechung und Schöffenwesen ist dem slavischen Bewusstsein ursprünglich fremd. Scharfer Gegensatz zum Germanismus! Noch bis zuletzt ruhten die meisten und wichtigsten richterlichen Befugnisse in der Hand je Eines Starosten! Sämmtliche Urtheile jedoch konnten vom Reichstag oder vom versammelten Adel cassirt werden.

Auch die Regierungsthätigkeit wird von je Einem Beamten ausgeübt, unter immer bedeutsamerer Controle des Heeres. Kann es übrigens ein militärischeres Institut geben, als die beständig festgehaltene Einrichtung, dass sämmtliche Beamte vom König ernannt, sämmtliche Beamte nur auf Lebensdauer, nicht erblich, eingesetzt wurden?

Bei der isolirten Stellung der polnischen Städte, die bis zum Ende des Staates seit den ersten Ansiedlungen deutscher Bürger im 13. Jahrhundert als fremdes Element im Staat eingesprengt blieben und, durch ihr coloniales Selfgovernement als Staaten im Staate verharrend, dem Gesammtleben Polens einen seltsamen Anstrich gaben, halten wir uns nicht länger auf.

Auch die Stellung der Kirche im polnischen Staat blieb sich im allgemeinen gleich. Die Kirche als geistige Anstalt war frei von staatlicher Beeinflussung; der Clerus als Stand hatte weniger Rechte, denn in irgend einem andern Lande. Ein politischer Stand war er gar nicht, als Gesellschaftsklasse hatte die Geistlichkeit wenig Vorrechte sie wurde zu Lasten aller Art vom Adel herangezogen. Als Marketender und Feldkaplan galten Städter und Geistlicher dem polnischen Kriegsmann. Wie konnte er ihnen directe Macht gewähren!

Das Verfahren des Staats gegen andersgläubige Religionsgemeinschaften ist dem Anschein nach schwankend. Doch blieben die anerkannten Staatsgrundsätze der Toleranz getreu (echt militärisch); nur die Staatspraxis erlitt Veränderungen.

Ein eigentlicher Bruch tritt nur im polnischen Steuerwesen ein. Das alte „jus polonicum“, dies für die Polen selbst so schreckliche und doch zur Kraft des Staates so dienliche Recht des Fürsten, in unbeschränkter Art Leistungen und Abgaben der Unterthanen zu fordern, erlischt mit dem 14. Jahrhundert vollständig; die Lage der grossen Einwohnermehrzahl verbessert sich nicht, die Lasten, die früher dem Fürsten gebührten als dem Vertreter der Gesammtheit, heischt und erlangt jeder Ritter für seine privaten Zwecke. Was er dem Staate von den Leistungen seiner Bauern opfert, betrachtet er als persönliche Einbusse. Die Steuern schrumpfen zu kaum nennenswerthen Beträgen ein, die immer nur unterbrochen und ordnungslos einzutreiben sind. Was aber bedeutete ein Staat, dessen fortdauernd gleich primitive Volkswirthschaft mit Armut identisch war, wenn er sich selbst aller festen Einnahmen beraubte?

Geld und Truppen, sie bleiben die Pfeiler politischer Macht. Wie sah es nun mit Polens Heerwesen aus, nachdem der Adel begonnen hatte, nur spärlich und unregelmässig dem Ruf des Oberfeldherrn, des Königs, zu folgen? Wurde ein Soldheer stehend errichtet, wie in den andern Staaten Europas, sogar in Russland schon seit dem 16. Jahrhundert? Allerdings hielt Polen einige Tausend Mann fester Soldaten; die aber ihrer Zahl, Rüstung und Ausbildung nach der Grösse und den Gefahren des Reiches nicht entsprachen. Als kostspielig und freiheitbedrohend wurde das stehende Heer auf der niedersten Stufe festgehalten, und hatte im Verhältniss zum reisigen Adel nur die Bedeutung einer Schaar Trossknechte. Der Kern des polnischen Heerwesens blieb bis zum Ausgange des Reichs unangetastet derselbe, der er zu Anfang gewesen: sämmtliche Staatsangehörige waren jederzeit rechtlich zum Kriegsdienst verpflichtet. Der polnische Staat mit seiner allgemeinen Wehrpflicht trat nicht in das Jahrhundert hinüber, welches die grossartigsten Erfolge dieses Systems bewundert hat; aber seine Ruinen ragen als warnendes Zeugniss dafür, dass ein Staat nicht mit einem so ungewissen Factor rechnen darf, wie die Begeisterung seiner Landwehr ist; dass vielmehr grade bei einem Volk in Waffen die schärfste, straffste Organisation Noth thut. Nicht das Princip der Dienstpflicht aller Bürger ohne Ausnahme genügt; die Art der Anwendung entscheidet.

Polen aber hatte um 1790 für sein „gesammtes Aufgebot" ebensowenig feste zweckmässige Formen, als 990.

Das Heer giebt den sichtbaren Ausschlag in den Verhältnissen und Verwicklungen der Staaten untereinander. Spinozas Ausspruch: „Unusquisque tantum juris quantum potestatis habet," ist in den internationalen Beziehungen bis jetzt immer gültig gewesen. In seinen Machtmitteln und deren ungenügender Verwerthung blieb Polen 800 Jahre sich selbst gleich; mehr durch die Schwäche und Kleinheit seiner Nachbarn, als durch eine Stärke, die seinem Umfang entsprochen hätte, übte der Staat zeitweise grossartigen Einfluss auf äussere Verhältnisse. Wie schon eine Zeit lang unter Bolesław dem Gewaltigen, war er 200 Jahre lang von Jagiełło bis Stefan Batory 1386—1586 die tonangebende Macht in ganz Osteuropa. Aber Polen blieb seinem Wesen nach, wie es war; die Nachbarstaaten gewannen durch revolutionären Absolutismus eine früher ungeahnte Kraft. Und doch hätte ein mächtiges Polen ihnen die besten Lebenssäfte entzogen; das Emporsteigen des deutschen Vorstaates im Westen von Polen war nur durch das Sinken der Sarmatenmacht ermöglicht; von zwei Brunneneimern, die nebeneinander hängen, kann nur Einer hochschweben.

Oft war ein gewaltsames Zerbrechen des herschenden Staatsrechtes heilsam, ja unumgänglich zur Rettung des Staates. Noch hätte der Despotismus, gleichzeitig mit der Kopenhagener lex regia in Polen eingeführt, das Land erhalten. Selbst August der Starke wäre mit einem Staatsstreich nicht um vieles zu spät gekommen. Von allen Seiten wurde ihm dazu gerathen; sein jüdischer Banquier in Hamburg arbeitete ihm ein noch schriftlich vorhandenes Project aus. Aber, wie schon oft gesagt: des Lüstlings Faust zerbrach wohl ein Hufeisen; sein entnervter Geist erkühnte sich keiner Idee. Die alten Formen des polnischen Staatsrechtes bestanden; aber die Staatsactionen waren zu einem Marionettenspiel geworden. Von einem unsichtbaren Magnaten oder fremden Fürsten um 100 Gulden, um 200 Gulden gedungen, schritt der Landbote auf den Reichstag, hielt gefühlvoll patriotische Reden und schloss damit, dass er, „von seinem Gewissen gedrängt", den Reichstag zerriss und eine jedesmal zweijährige Periode der Gesetzlosigkeit einleitete. Wäre eine kräftige Hand unfähig gewesen, die Coulissen des erbärmlichen Trauerspiels einzureissen und die schamlosen Mimen unter den Soffitten zu begraben?

Aber Schuld und Unglück mischen sich seltsam in der Geschichte des Einzelnen wie der Nationen. Ein Fürst von so festem Willen, dass er dringendenfalls die Schranken des Gesetzes durchbricht und neues Staatsrecht schafft, ist ein Geschenk des Himmels, welches den Polen jener Tage nicht mehr zu Theil wurde. Wohl rief man den Polen zu, sie sollten sich „einen souveränen König setzen"; jedoch das polnische Staatsrecht bot kein Organ zu so gewaltiger Reform.

So blieb der Staat das einzige „Vöglein der Freiheit" — und war — vogelfrei. Wie die Körperwelt vom Gesetz der Schwere, so wurde und wird das praktische Völkerrecht und das internationale Leben vom Gesetz der Stärke beherscht. Durch sein Staatsrecht war Polen so porös, schwammig, zerfasert und luftig geworden, dass es fast geräuschlos aus seinen Angeln gehoben wurde.

Eine genügende Erklärung freilich für das Phänomen, das ein Staat, der seinen Hülfsquellen nach noch immer eine Grossmacht war, in drei Schlägen zerstört werden konnte, ist in Einem Worte nicht zu geben. Aus dem ganzen Gefüge dieses Versuchs muss hervorgehn, wie der Staat zum äussersten Maas der Kraftlosigkeit gelangte. Mit Allgemeinheiten ist nichts gethan, nur die Einzelheiten der Darstellung zusammengenommen geben ein richtiges Bild.

Will man denn aber durchaus ein Schiboleth, nun gut: In Polen regierte die Freiheit. Dieser Begriff, der sonst nur eine partielle Negation des Wirkens der Staatsgewalt bezeichnet, war in Polen soweit ausgedehnt, dass die Staatsgewalt gar keinen Wirkungskreis behielt, dass sie nicht nur die Macht, Unrecht zu thun, sondern überhaupt etwas zu thun verlor.

Die Polen waren eben damit beschäftigt, einige gordische Knoten ihres Staatsrechts ruckweise zu lösen, als die fremden Mächte ihr Interesse besser gewahrt glaubten, wenn sie den Knoten zerhieben und den Faden der polnischen Entwicklung kurz abschnitten. Zu gleicher Zeit sollte Frankreich gewaltsam an seiner Wiedergeburt durch Intervention gehindert werden. Die französische Staatsgewalt aber hatte in einem 500jährigen Fortschreiten schrankenlose Verfügung über die Kräfte des Landes gewonnen, und dieser unverwüstliche Grundzug des französischen Staatsrechts rettete das Reich. Er war auch von der Revolution nicht angetastet, und so konnte die Staatsgewalt, obwohl ihre Inhaber gewechselt hatten, Heermassen auf das angreifende Europa schleudern, wie sie bisher noch nicht gekannt waren. Das einfache staatsrechtliche Princip der Centralisation hat Frankreich geschützt. Polen zersprang bei äusserem Anstoss wie ein mürber

Staubpilz; Frankreich gewann durch äussere Pression volle Kraft, wie jenes bekannte Gras, wenn es getreten wird.

Und doch ginge man zu weit, wenn man den lockern Bau des spätern Polen, als im Wesen des Staates von jeher begründet, nachweisen wollte. Die Urzüge der polnischen Staatsgestaltungen sind slavisch und finden sich theilweis noch heut in lebendiger Kraft bei allen Gliedern der grossen Völkerfamilie des europäischen Osten. Erst durch eine lange Verkettung der mannichfachsten Ursachen und Wirkungen kam es dahin, dass die beiden Pole des allen Menschen gemeinsamen Staatslebens, Macht und Freiheit, sich getrennt, das eine ausschliesslich im russischen, das andere im polnischen Staat entwickeln konnten.

Hätte der polnische Staat im 16. Jahrhundert, wo es noch möglich war und wo wir einen stark panslavistischen Zug, ein lebhaft slavisches Stammgefühl in der polnischen Nation wie in der russischen und tschechischen wahrnehmen, sich mit dem von deutschen Staatsgrundsätzen getränkten böhmischen Staat oder mit dem unter kraftvollen Despoten aufstrebenden Moskau vereinigt, wie mehrmals in Aussicht stand — wahrlich die Welt hätte ein slavisches Reich gesehen, das in glücklicher Mischung der Staatsprincipien eine Kraft ohne Gleichen entfaltet hätte. Aber die slavischen Nationen verharrten in Zersplitterung; auf gleichen Grundlagen erwachsen, füllten sie sich mit verschiedenen Säften, die bei einer späteren Einigung als Reagentien auf einander wirken mussten. Die Grundzüge des polnischen Staats liessen zu allen Zeiten slavischen Ursprung erkennen, die Färbung ging im Lauf der Jahrhunderte durch die verschiedensten Nüancen.

Mit einem Weberausdruck (was ist das öffentliche Recht des Staates anders als „ein Webermeisterstück, wo ein Tritt tausend Fäden regt, die Schifflein herüber hinüber schiessen, die Fäden ungesehen fliessen, ein Schlag tausend Verbindungen schlägt") der Aufzug polnischen Gemeinwesens blieb sich gleich, der Durchschuss wechselte. Oder wenn man will: das Knochengerüst des Staats war Eins, Muskeln und Nerven durch die es in Bewegung gesetzt wurde, erneuerten sich allmählich.

Der Mechanismus des polnischen Staates glich in wesentlichen Stücken — wir erwähnen nur den Beamtenapparat, den Heerbann und die Versammlungen — beständig den Einrichtungen, die zur Zeit Karls des Grossen im Frankenreich bestanden, und die so sehr an spätere allgemein slavische Zustände mahnen; aber der Geist des Staatsrechts erlitt mächtige Veränderungen, Beugungen möchten wir sagen.

# Dritter Abschnitt

## Eigenthümlichkeiten in der Entwicklung des polnischen Staates

Nicht alle Epochen in der Geschichte eines Volkes sind gleich wichtig. Eine Spanne Zeit wirkt mitunter durch ihre mächtigen das ganze Volk erschütternden Eindrücke auf Jahrhunderte im Geiste der Nation fort. Bolesławs Riesengestalt, wie sie an den Pforten der polnischen Geschichte in hellem Morgenleuchten aufsteigt, hat so imposanten Reflex über das polnische Königthum ausgegossen, dass der König bis zum Ende des Reiches nicht nur nominell der Träger der gesammten Staatsgewalt blieb, sondern auch gesellschaftlich eine unnahbare geheiligte Stellung einnahm. In splendider Weise sorgten die Polen für die Dotation ihres Königs; oft in Empörung wider den Monarchen setzten sie nie die Formen ausser Achtung; zwangen doch einst die gegen den Monarchen conföderirten Edelleute einen Beleidiger der Majestät auf Händen und Füssen „wie ein Hund" Abbitte zu thun unter dem Tisch hervor. Kein polnischer Fürst ist nachweislich ermordet oder von einem Attentat heimgesucht worden. Ein mystischer Zauber umgab die Majestät.

Aber die reale Macht des Königs blieb ungebrochen nur bis zu den letzten Piasten.

Eine unausfüllbare Kluft bestand auch zwischen den ohnmächtigen Theilfürsten und ihren Baronen; die polnische Monarchie glich in den ersten Jahrhunderten der Machtfülle der Knäsen aus Ruriks Stamm; noch Kasimir der Grosse liess wiederspenstige Woiwoden verhungern, ohne mehr Widerspruch in der öffentlichen Meinung zu finden als Iwan der Schreckliche, wenn er seine Bojaren zu Tode marterte.

Die Richtung des polnischen Staatslebens jener Zeit ist entschieden centripetal. Alles läuft in der Person des Fürsten zusammen. Nicht grundlos schreibt die Tradition die streng militairisch gebundene Disciplin des Landes, wie sie in ihren Hauptzügen bis zu König

Ludwig bestand, Bolesław dem Gewaltigen zu. Ohne Zweifel, der Staat Bolesławs war vor der englischen Monarchie des Eroberers Wilhelm das einzige einheitlich geordnete und nach aussen straff zusammengehaltene Gemeinwesen des damaligen Europa, noch bei weitem regelmässiger, als die ihm sonst am nächsten verwandten russischen Fürstenthümer. Die auflösende Kraft des Lehnwesens war unbekannt in Polen.

Doch zu voller Blüthe kann sich ein Staat unter allen Umständen erst im Gleichgewicht centrifugaler und centripetaler Elemente entfalten. Das wird eine absolute Wahrheit bleiben. Eine Theilnahme der Regierten an den Staatsgeschäften verfehlt in ihren Anfängen selten die günstigste Wirkung auf die Regierenden, und dazu auf die innere und äussere Kraft des ganzen Staats. England ist unter Eduard III. bei ausgebildetem Parlamente stärker, als unter Richard Löwenherz, weil zufriedener; und Albion, die glückliche Insel, galt am Ende des 14. Jahrhunderts ebenso für das Land der Erbweisheit wie am Ende des 18ten. Schon damals erschienen seine Institutionen „als eine gefundene geräumige Toga, welche getragen sich in tausend beliebige Falten schlagen lässt." Wem es seltsam erscheint, dass damals Beziehungen zwischen Britannien und dem Slaventhum bestanden haben sollen, der erwäge die enge, streng nachzuweisende Verbindung zwischen Wikleffs Lehre und Hussens das ganze Slaventhum berührender Bewegung. „Parlamente" wurden seit Jagiełło auch in Polen gehalten. Wer ältere Gebräuche der englischen Reichsversammlungen kennt, wird auffallende Uebereinstimmung zwischen ihnen und den polnischen Staatsitten bemerken. Oft genug im Verlauf dieser Darstellung wird naher Bezug auf England nothwendig hervortreten. Wem ist das „neminem captivabimus", Polens Habeas Corpusacte von 1422, so ganz unbekannt? Auch zu Engländern ist die Erkenntniss dieser Verwandtschaft gedrungen: Wir und die Polen sind die einzig freien Völker geblieben, heisst es bei einem britischen Schriftsteller. Doch es würde mehr als oberflächlich sein, wollte man seinen Blick von den tiefgehenden Verschiedenheiten wenden, die in Polen eine so ganz andere Entwickelung hervorriefen.

Die wenigen Jahre zwischen König Ludwigs Tod und Jagiełłos zweiter Vermählung haben genügt um zwei dem englischen Wesen strict entgegenlaufende Principien ins polnische Staatsrecht für alle künftigen Zeiten einzuführen. Einmal wurde das Königthum entwurzelt.

Der Grundsatz der Königswahl wurde ein untrennbarer Bestandtheil des Nationalbewusstseins. Man liess dem König allen Glanz und

Prunk und die äusserlichen Rechte der alten Piastenfürsten, aber man entzog ihm den einzig festen Boden seiner Macht, die Erblichkeit. Es trat das Unglück hinzu, dass kein polnisches Königsgeschlecht langen Bestand hatte: Jagiełłos Haus erlosch bereits mit seinem Urenkel; die Wasas dauerten nur vom Vater bis zum Sohn, und so war dem polnischen Königthum selbst die Möglichkeit verloren, die entschwundene Machtfülle wiederzugewinnen. Für eine realistische Betrachtung des Staatslebens sind scheinbare Aeusserlichkeiten nicht unwichtig. Im Mittelalter erstarkte die französische Staatsgewalt wesentlich durch die lange Dauer der Dynastie, versank die deutsche durch das rasche Aussterben der Kaiserfamilien, und zweifelsohne würde die polnische Verfassung einen ganz andern Gang genommen haben, wenn die polnischen Königshäuser nicht so rasch erloschen wären.

Andrerseits erhielten die echtgermanischen Staatsgewohnheiten, die in England fast ununterbrochen Blüthe auf Blüthe trieben, in Polen eine ganz eigenthümliche Färbung dadurch, dass ihre Wirksamkeit sich auf eine eng und fast völlig geschlossene Kaste beschränkte. Seit der Tagfahrt zu Radom 1386 sind als polnische Staatsbürger nur noch die Edelleute zu verstehen. Der Bauer wird Sache, die Städter bleiben hospites, Fremde. Der polnische Adel stand seither der übrigen Bevölkerung unvermittelter gegenüber, als in irgend einem andern Lande.

Die meisten Irrthümer der Staatswissenschaft entstehen durch unrichtige Anwendung der inductiven Methode, durch Verallgemeinerung einzelner Erscheinungen. Nicht die Aristokratie ist durch Polens Schicksal als eine stets schlechte Regierungsform erwiesen, wie man oft meinen will, sondern nur die durch äussere Abgeschlossenheit und innere Organisation ganz eigenthümliche Adelsklasse Polens ist bei dem Versuche, sich dauernd mit dem Staat zu identificiren, gescheitert. Sie war zu schwach an Zahl, um den Staat genügend vertheidigen zu können, zu ausgedehnt, um die Leitung des Staats mit der nöthigen Festigkeit zu führen. Gleichwohl ist unbestreitbar, dass die individuelle Freiheit sich in Polen niemals zu dem Grade hätte ausbilden können, den sie erreicht hat, wenn die Zahl der Staatsbürger grösser gewesen wäre. —

Den dritten gewaltigen „Ruck" in Polens Verfassungsgeschichte bewirkte das Ableben Siegmund Augusts 1572.

Der höchste Grad, den die Entwicklung des polnischen Volkes unter dem System der Adelsdemokratie erklimmen konnte, war um die Mitte des 16. Jahrhunderts erreicht: Der Wohlstand war in jenen

Gegenden auf eine Stufe gelangt, die er in folgender Zeit kaum wieder-
erreicht hat; unter dem Ritterstande, der die eigentliche Nation bildete, herschte eine annähernde, später nicht übertroffene Gleichheit
des Besitzes, nothwendig für jede demokratisch organisirte Gesellschaft.
Damit war eine allgemeine Bildung ermöglicht, die lateinische Sprache,
der Schlüssel zur damaligen Wissenschaft, war zum Erstaunen italie-
nischer Gesandten ungemein stark verbreitet. Durch die Reformation
gewann nun auch das Polnische Ausbildung, und die damalige Litteratur, sowie die sprachliche Ausdrucksweise, die sich bis heut erhalten
hat, lässt uns einen vollkommen entwickelten Republikanergeist in der
sarmatischen Sprache erkennen. Der Name „Republik", schon Jahrhunderte lang zur Bezeichnung des polnischen Staats angewandt, beginnt mit Nachdruck gebraucht zu werden. Die königliche Gewalt,
die sich bis zum Erlöschen des Jagellonenstammes durch künstliches
Basculesystem im Gleichgewicht zum Adel erhalten hatte, schnellt
seit jener Zeit federleicht in die Höhe.

Die polnische Geschichte mag so ziemlich die einzige sein, in
der auch eine scharfe Beobachtung keine Rückschläge zu entdecken
vermag. Wie auf einer schiefen Ebene ist die Autorität im Staate
stätig herniedergeglitten aus dem Absolutismus durch die vom menschlichen Geist vorgezeichneten Abstufungen in den Freiheitstaat; vom
Fürsten zu den obersten Beamten, von diesen zu den niedern Beamten,
dann zu den bedeutenderen Elementen des Adels, und im Jahre 1578
sowie in den folgenden drei stürmischen Jahren beginnt die Gesammtheit aller Edelleute, die ausgebildete Adelsdemokratie mit voll-
stem Bewusstsein sich in unumschränkter Herrschaft zu fühlen. In
der kleinen Epoche von 1572—76 ist jedes Ereigniss von der tiefsten
Bedeutung für das polnische Staatsrecht: die Richtung, welche der
Nationalgeist in diesem Zeitraum mit fanatischer Consequenz genommen hatte, behielt er 200 Jahre lang. Die centrifugalen Kräfte haben
das entschiedenste Uebergewicht.

Der Adel, aus lauter gleichberechtigten Mitgliedern zusammengesetzt, übt dem Anschein nach in seiner Gesammtheit die
Souveränetät: in Wahrheit aber hat sich während jener 4 Jahre,
die der Mitwelt als Ein fortlaufendes Interregnum erschienen, die
Souveränetät jedes einzelnen Edelmanns entwickelt. Der polnische Staat erscheint von jener Zeit ab als ein Staatensystem mehrerer hunderttausend absoluter Monarchien. Ein ganz entschieden
völkerrechtliches, nicht mehr staatsrechtliches Gepräge weisen seit
jener Zeit verschiedene Theile der polnischen Verfassung auf. Nur im

Völkerrecht, nicht im Staatsrecht finden liberum veto und
Conföderationen ihre Erklärung. Noch in weit höherem Grade als
das deutsche Reich war Polen ein loser Bund unabhängiger Staaten
zu nennen, und derer, die Reichstandschaft hatten, waren ja bedeutend mehr, als in Deutschland.

Schon Raynal fasste in seinem Tableau de l'Europe den internationalen Charakter der polnischen Verfassung richtig auf, indem er
sagte: „Cette constitution, qui s'honore du nom de République qu'elle
profane, qu'est elle autre chose qu'une ligue de petits despotes contre
le peuple?" In Wahrheit, Grund- und Eckstein des öffentlichen Rechts
im Sarmatenreiche bildeten die Sätze der Conföderationsacte von 1573,
in welchen jedem Edelmann die Landeshoheit in seinem Territorium,
die Macht über Leben und Tod seiner Unterthanen zugesprochen
wurde. Wer die gewaltigen Umwälzungen, die sich zu jener Zeit im
Geiste der Nation vollzogen, richtig verstehen will, der lese die Reden
des polnischen Perikles, des grossartigen Johann Zamojski, eines
Meisters in der Kunst, andere zu beherschen, indem man sich ihnen
unterwirft, eine Bewegung zu leiten dadurch, dass man sich an ihre
Spitze stellt. In Zamojski haben die wunderbaren Ideen des polnischen
Staatsrechts, wie es sich während der zwischen Reform und Revolution
mitten inne stehenden Vorgänge von 1572—76 entwickelt hat, für
alle Zeiten ihren Anwalt und Vertreter gefunden.

Kein neuer Gedanke mehr erscheint seitdem in der polnischen
Verfassungsgeschichte, das vorhandene entwickelt sich in seiner Richtung weiter bis zur äussersten Folgerichtigkeit. Hier entsprach die
Staatsentwicklung aufs genaueste dem Standpunkt der polnischen Cultur.
Schauerlich ist die geistige Verödung anzusehen, die seit dem Beginn
des 17. Jahrhunderts in Polen herschend wurde. Der Geist der Nation
wurde von den Jesuiten ins Mittelalter zurückgeschraubt. Neue Klöster
erhoben sich allerorten, die Sprache wurde ein grässliches Gemisch
slavischer und küchenlateinischer Bestandtheile; die Litteratur, im
16. Jahrhundert auf glänzender Höhe, versinkt in hohlen Schwulst
und prahlerische Nichtigkeit. Erst um die Mitte des 18. Jahrhunderts
erholte sich der verdüsterte Nationalsinn. Die Piaristen, bekannte
Gegner der Jesuiten, fingen an mit der Einführung eines besseren
Geschmacks auch die Blössen der Staatsverfassung darzulegen. Aber
nur langsam, zu langsam sprosste der Samen, den der verdienstvolle
Piarist Konarski angefangen hatte auszustreuen. Und einen gesetzlich
fest normirten Ausdruck erhielten die Staatsgrundsätze grade nunmehr,
jetzt, da sie energisch angezweifelt wurden. Die erste Verfassungs-

2*

urkunde taucht in Polen mit dem Jahre 1768 auf; den bestehenden Verhältnissen gemäss wurden als „Cardinalrechte der polnischen Nation" in 24 Artikeln aufgestellt:

1. Gemeinsames Recht der drei Stände (König, Senat, Ritterschaft) zur Gesetzgebung.

2. Herrschaft des katholischen Glaubens.

3. Verbannung der von diesem Glauben Abfälligen.

4. Katholisches Bekenntniss des Königs.

5. Freie und allgemeine Königswahl.

6. Persönliche Sicherheit jedes Staatsbürgers (Edelmanns).

7. Inamovibilität aller Beamten und Würdenträger.

8. Aufrechthaltung aller territorialen Sonderrechte.

9. 10. Unauflöslicher Bestand des Reiches und seines Lehnsherzogthums.

11. Gleichheit des Adels.

12. Civilrechtliche Gleichstellung von Dissidenten.

13—16. Specielle Bestimmungen über die polnischen Theile von Preussen, Livland etc.

17. Liberum veto d. h. das Recht jedes Edelmanns, namentlich aber des Landboten, seine Stimme frei abzugeben, öffentliche Berathungen zu hemmen oder mit allen ihren Folgen für nichtig zu erklären.

18—20. Bestimmungen über Erwerb von Landgütern und Stellung der Leibeigenen.

21. Berechtigung der Bürger, dem Könige den Gehorsam aufzukündigen.

22. 23. Gewährleistung des Eigenthumsrechtes.

24. Sechswöchentliche Dauer der ordentlichen, zweiwöchentliche der ausserordentlichen Reichstage und Verbot, die Reichstage zu limitiren (vertagen).

So ungeordnet und verschieden an Bedeutung auch diese Artikel erscheinen, sie wurden als Grundlage des Staatsrechts aufgefasst und für unabänderlich erklärt. Sie blieben auch bis zum Untergang des Reiches in Kraft, mit einigen kleinen Modificationen, die sie 1775 und 1776 erfuhren; aber sie dienten nur zum Zeugniss, wie gänzlich verschieden die polnischen Institutionen von denen der Nachbarstaaten seien. Die Zeiten waren vorüber, in denen die „Robot", Name und Begriff, von den Polen aus durch Europa gewandert, nach dem Beispiel Polens die Leibeigenschaft von Brandenburg und Russland eingeführt worden war. Bereits hatte Friedrich Wilhelm I., der „prin-

ceps vasallus", wie ihn der polnische Kanzler nannte, seinen Ständen,
die noch immer gern „polackten", zugerufen: „kredo, dass die Junkers
ihre Autorität „nie pozwalam" wird ruinirt werden".

Ein Staat mit eigenthümlichen Institutionen wird Differenzen mit
seinen Nachbarn nicht vermeiden können. Ist er in seiner specifischen
Entwicklung ihnen stark an Machtmitteln überlegen, so wird er sie
durch sein Beispiel oder durch seinen Sieg zur Annahme ähnlicher
Einrichtungen bewegen; ist er durch die ihm eigne Organisation schwächer als seine Umgebungen, so liegt es in seinem Interesse, sich nach
deren Weise umzubilden.

Die Staatsgewalt in Polen war unvergleichlich kraftlos geworden.
„Keine Aristokratie liebt das Vielregieren"; in Polen aber besass die
Regierung kaum einen Schatten des gewaltigen Apparats, den die
moderne Welt zur Durchführung der Staatszwecke als nothwendig
erachtet, und den sich auch ein aristokratischer Staat beilegen kann,
unbeschadet seines Wesens. Wo gab es ausgebildetere Polizei und
Diplomatie als in Venedig?

Bereits im Anfang des 18. Jahrhunderts fühlte der polnische
Staat nur zu lebhaft seine Schwäche gegenüber der Nachbarn, die
aus dem Mangel eines rationellen Verwaltungsmechanismus hervorging:
aber zugleich stellte sich für alle Patrioten die Einsicht heraus, dass
die eigenthümliche Verfassung des Staats, die sich auch von allen
sonst bestandenen Aristokratien so tiefgehend unterschied, jede Aenderung im nach aussen wirkenden System des Staats unmöglich mache.
Zugleich lag es auf der Hand, dass die andern Staaten Europas ihre
Stärke wesentlich in ihren Verfassungsgrundsätzen, in dem Princip
des Absolutismus fanden, der sich in gleichgebietender Stellung über
allen theilweise bereits nivellirten Klassen der Bevölkerung erhob.
Für unsre Zeiten wird es gelten, dass die Macht eines Staates ihre
sicherste und zweckmässigste Leitung in der monarchischen Spitze,
ihre reichsten und ausdauerndsten Quellen in der demokratischen
Grundlage einer Verfassung findet, und mit immer steigender Klarheit
tritt im Lauf der letzten drei Jahrhunderte hervor, dass das Wesen
der modernen Menschheitsentwicklung in gleichzeitiger Ausbildung
monarchischer und demokratischer Gedanken besteht. „Macht und
Ansehen des Fürsten, Fortschritt des Volkes, sind in der Neuzeit
nur möglich, wenn das aristokratische Princip untergeht" hat ein tief-
blickender deutscher Staatsmann gerufen, Graf Lindenau. Und eben,
weil in Polen weder die Monarchie noch die Demokratie hatte zur
Geltung kommen können, war der Staat im Mittelalter stehen geblie-

ben und erreichte mit verhältnissmässig bedeutendem Kraftaufwand
nur kleinen Erfolg, wie auch seine Ziele nach mittelalterlicher Art
klein blieben; andrerseits war er auf Unkosten der Machtentwicklung
zu einer Verwirklichung der Freiheitsidee gelangt, wie sie nur bei
einer beschränkten Anzahl der Freiheitstheilnehmer möglich war. Um
den Staat zeitgemäss und kräftig zu machen, mussten monarchische und
demokratische Elemente in die Verfassung eingeführt werden, und es
bleibt anzuerkennen, dass eine bedeutende Partei der Polen mit Ernst
an ein derartiges Unternehmen gingen. Sie thaten Unrecht, sich gegen den Vorwurf ihrer Gegner zu verwahren, dass sie, „dem Despotismus und der Demokratie zugleich Bahn brächen;" grade in dem
kühnen Versuche, aus dem aristokratisch-polnischen Staatsrecht durch
generatio aequivoca eine modern - constitutionelle Verfassung erstehen
zu lassen, beruht das hohe Verdienst eines Kołłątaj und Potocki.
Mit revolutionär scheinenden, aber in der polnischen Verfassung rechtlich begründeten Mitteln wurde von einem vier Jahre lang tagenden
Parlamente die Umwälzung des polnischen Staatsrechts beschlossen:
was seit Jagello sich als eigenthümliches Parfum des polnischen Staats
entwickelt hatte: Königswahl und ausschliessliches Staatsbürgerrecht
des Adels, was seit 1573 als zersetzende Säure in alle Partikelchen
des Staats übergegangen war; die völkerrechtlichen Gedanken der
liberum veto und der Conföderationen, alles das sollte nunmehr durch
Reichsgrundgesetz, das freilich nicht viel anders entstand, als frühere
Reichstagsbeschlüsse, für immer ausgetilgt werden. Aber diese berühmte Constitution vom 3. Mai 1791, auf die der Pole noch heut
mit gerechtem Stolze blickt und die von Burke, dem intelligentesten
Feinde der französischen Revolution, als ein Meisterwerk politischer
Reformkunst gepriesen wurde, ist nur ein Gegenstand der polnischen
Geschichte, nicht polnischen Staatsrechtes. Praktische Geltung
hat diese Verfassungsurkunde nicht erlangt, sie blieb ein todtgebornes
Kind gleich der Frankfurter Verfassung des deutschen Reichs von
1849, mit der ihre von theoretischer Weisheit durchleuchteten Sätze
manches gemein haben. Die bis zur Proclamation der „Ustawa rzą-
dowa" noch unverändert zu Recht bestehende polnische Verfassung
war einer Erneuerung aus sich selbst heraus unfähig. Dieselbe Handhabe, welche sie zur Einführung des Entwurfs der Patrioten gewährt
hatte, bot sie den Gegnern des Gesetzes von 1791 zum Zweck der
Vernichtung. Durch Conföderation war die Ustawa zum heiligen
Banner erhoben worden, durch Conföderation, die als unverjährbares
und unvertilgliches Gewohnheitsrecht allen schriftlichen Gesetzen vor-

ging, wurde sie in den Staub getreten. Leichenduft strömte über Europa. Die Nachbarmächte hielten es für ihren Vortheil, die Verwirrung zu fördern, die russische Regierung half den Verschwornen von Targowice ihrem Vaterlande den letzten Rettungsanker zu entreissen.

In sich selbst brach die polnische Verfassung zusammen; sie war sich selbst zum Widerspruch geworden; ihre Grundlagen waren durchmorscht. „Quae medicamenta non sanant, ferrum sanat." Eine Säbelherrschaft, schrankenloser Despotismus, der Anfang aller Staatenbildung musste mit Naturnothwendigkeit dort eintreten, wo ein Staatsleben, in seinem Beginn schon einmal absolutistisch, stadienweise sich in organischem Kreislauf bis zur Anarchie entwickelt hatte. Das Schicksal hat den Polen keinen einheimischen Gewaltherscher gestattet, und so ist die Einführung neuer Staatsformen unter den Menschen jenes Gebiets mit der Vernichtung des gesammten Staatswesens zusammengefallen.

Der Schluss ist kühl, aber pathologisch richtig. Die Fehlgriffe und Kämpfe des polnischen Staatsrechts sind für die Welt nicht verloren; nicht nur die Slaven, nein alle Völker werden, müssen aus ihm lernen. Das Wesen der polnischen Verfassung ist in sich selbst abgestorben und nicht wieder zu erwecken. Die lebenskräftigen Elemente des Polenthums müssen sich in anderen Bahnen weiter entwickeln und jede Reminiscenz des alten Conföderationsgeistes von sich abschütteln. Ein Pole, der die Rechtscontinuität der alten Verfassung behauptet, sündigt gegen den Geist der Geschichte und ist blind für das Heil seines Volkes.

„Lasset die Todten ihre Todten begraben!" Was an der polnischen Verfassung gut war, das war nur gut, weil es dem ureigenen Geiste des polnischen Adels entsprach. Diese vielgeschmähte und vielbewunderte Kaste hat ihre Mission erfüllt; des Adels Stolz und des Adels Verderben, die Verfassung der Republik Polen, ist mit ihm ins Grab gestiegen. Oft war sie seitdem in Aller Munde; meist gescholten, wenigen bekannt erklärt sie allein jenes noch heut so bedeutsam nachwirkende Ereigniss, die Theilung Polens. Was der praktische Staatsmann nicht darf, das soll der Staatsgelehrte: sie emporsteigen lassen vor den Blicken der Gegenwart.

# Zweites Buch

## Quellen des polnischen Staatsrechtes

Unerhört in andern Ländern ist die bei den Polen
herschende Nichtbeachtung und Nichtausführung der Ge-
setze; was die Polen selbst zugestehen, sprechend: ihre
Constitutionen lebten nicht länger als drei Tage.
Bericht des päpstlichen Nuntius von 1565.
Rykaczewski, Relacye Nuncyuszów. Paris 1864. p. 188.

## Erster Abschnitt

### Das Gewohnheitsrecht der Polen

Frühere Bearbeiter des Gegenstandes, dem dieses Buch angehört,
sind mehrfach der Ansicht, ein öffentliches Recht datire in Polen erst
seit dem Anfange schriftlicher Gesetzgebung, und sei vorzugsweise, ja
wesentlich aus Schriftstücken zu schöpfen. Ideen, leicht erklärlich
durch den Standpunkt, welchen die Meinung Europas seit der Mitte
des 16. Jahrhunderts und noch mehr des 18. Jahrhunderts dem allgemeinen Staatsrecht gegenüber eingenommen hat, aber zu einer schiefen und widerspruchvollen Auffassung polnischer Rechtsverhältnisse
führend!

Kenner des englischen Rechts werden in der folgenden Auseinandersetzung nichts Auffälliges finden; dass aber ein Blatt Papier,
möge man ihm auch noch so hohe Autorität zuschreiben, nicht im
Stande ist, das gesammte Staatsrecht eines Volkes wirksam zu bedingen, dass vielmehr nur solche Rechte, die ins volle Bewusstsein
der Staatsfactoren übergegangen und in lebendiger Uebung zur Gewohnheit geworden sind, die Verfassung eines Volkes wahrhaft bilden, das ist seit dem preussischen Verfassungskampfe und seit seiner

Beendigung durch die inneren Friedensschlüsse des Jahres 66 wohl manchem klar geworden, der bisher mit französirtem Blick in einer Charte nichts als Staatsrecht und das ganze Staatsrecht seines Landes erblicken wollte.

Nicht was in Buchstaben verbürgt wird, sondern was in Brauch steht, ob geschrieben oder ungeschrieben, ist öffentliches Recht. Wohl wäre eine Codification des gesammten Staatsrechts denkbar, die dem realen Verhältniss des jedesmaligen Landes bis ins Detail angepasst und, ins handelnde Bewusstsein der Staatsfactoren übergegangen, auch einer Weiterentwicklung fähig sein müsste: doch an dergleichen ist noch in keinem europäischen Staate gedacht worden.

Die continentale Geschichte seit 1789 zeigt uns Staaten, welche trotz der künstlichsten Experimente in Verfassungsurkunden absolut bleiben, weil in ihnen bureaukratische Allgewalt gewohnheitsrechtlich eingewurzelt bleibt; und auf der andern Seite zeigt uns England seit 1689, wie sich ein Riesenbau von Parlamentarismus aufthürmen kann, ohne andere schriftliche Grundlage, als den kleinen Satz der Bill of rights: „dass zur Abstellung aller Beschwerden und zur Besserung, Stärkung und Bewahrung der Gesetze das Parlament h ä u f i g einberufen werden soll".

Die consuetudo, nicht das jus scriptum, ist auch für das heutige Staatsrecht maassgebend, wenn dasselbe nicht als äusserlicher Tand aufgefasst wird, sondern als Inbegriff sämmtlicher Regeln des Staatslebens. Weil aber das polnische Recht in weit höherm Maasse als das germanische und moderneuropäische den Charakter der Naturwüchsigkeit trägt, so ist in ihm das schriftliche Gesetz von noch geringerer Bedeutung; und Basis für die Entwicklung des polnischen Staats sind grade die Epochen, in denen es k e i n geschriebenes Recht gab. Als in Polen die Gesetzfabrikation blühte, im 17. Jahrhundert und unter Stanislaus August, hatten die Gesetze kaum den Werth der Bogen Papier, auf die sie gedruckt wurden. Mehr als sechs starke Foliobände betragen die Constitutionen, welche von 1611 bis 1786 von circa 30 Reichstagen zu Stande gebracht wurden; Ein Band umfasst die sämmtlichen Gesetze von 1347—1550. In welchem Zeitraum war die Staatsgewalt kräftiger?

Schriftliche Gesetze, wenn sie Geltung haben, sind allerdings „der klarste und wirksamste Ausdruck, aber keineswegs die einzige Quelle des Rechts."

Recht gab es überall vor Erfindung der Schreibekunst; Recht ist überall, wo Menschen zusammenwohnen. „Ubi societas, ibi jus."

Und wie sich für Ehe und Erbschaft, für Forderungen und Verbindlichkeiten im Lauf der Jahrtausende ein Personen- und Sachenrecht
ohne Aufzeichnung entwickelt hat, wie sich für Sühnung der Verbrechen
Gebräuche und Einrichtungen ausgebildet haben ohne Strafgesetz und
Strafprocessordnung, so ist es ein später Gedanke, die Art und
Weise schriftlich zu normiren, in welcher die Staatsgewalt sich selbst
erhält und über die Kräfte des Landes verfügt.

Damit ist keine Ueberschätzung des Gewohnheitsrechts gegeben.

Bucher nennt in seiner geistvollen Schrift über den Parlamentarismus die Aufzeichnung von Gesetzen den Sündenfall der Rechtsentwicklung! Wohl; aber dieser Sündenfall tritt ein, wo und wann
er nothwendig ist. Das Bedürfniss schafft geschriebenes Recht, ebenso
wie Bedürfniss das Recht überhaupt geschaffen hat; und dann den
Staat, damit er das Recht schütze und verwirkliche.

Das Recht entsteht unter einer zusammengehörigen Anzahl von
Menschen; der Staat bei einer Vergrösserung dieser Zahl in festen
Wohnsitzen; das geschriebene Recht, anfangs überall Festsetzung der
geltenden Gewohnheiten, beginnt da, wo mit der steigenden Menschen-
vermehrung, mit dem Auseinanderziehen der Familienglieder, kurz mit
der Lockerung des Geschlechtsverbandes, auf dem die Anfänge sämmtlicher Staaten fussen, die Kraft der Tradition sich abschwächt, die
ererbte Rechtsübung ins Schwanken geräth. Nun sind allerdings bei
den romanisch-germanischen Nationen in weiterer Folge trübe Wahr-
nehmungen gemacht worden.

Sobald die Gebräuche fixirt sind, entsteht in dem bis dahin
unmerklich fortschreitenden Recht ein rapides Vorwärtsdrängen; die
Leiter des Staats beginnen erst die Gesetze fortzubilden, dann mit
dem Griffel neue zu schaffen. Das Volk aber überlässt sich der Sorglosigkeit um sein Recht, sobald es die alten Gewohnheiten schwarz
auf weiss besitzt; fängt an sich rein empfangend zu verhalten; und
lasset nun die Gesetzfabrikation in vielen kleinen Centren ihren Sitz
aufschlagen (Deutschland am Ende des Mittelalters), so sind gar bald
die lebendigen Wurzeln des Rechts erstorben, die Rechtsentwicklung
hört auf; und dann bleiben entweder die einmal schriftlich aufgesetzten
Regeln, unter veränderter Gesellschaft verdorrt, bestehen und „Vernunft wird Unsinn, Wohlthat Plage", oder ein fremdes schriftliches
Recht von längerer Entwicklung verdrängt die vor ihrer Vervollkommnung erstarrten einheimischen Gesetze:

Diese trüben Folgen des „Sündenfalls" aber werden denn doch
durch Vortheile des schriftlichen Rechts in Masse aufgewogen, die

jeder Zeitgenosse lebhaft fühlt. Wer möchte die vernunftgemässen, leicht ausführbaren, für jeden Fall durchgearbeiteten Sätze des heutigen Privatrechts, das immerhin nur dem Gelehrten zugänglich sein mag, den wenigen allgemeinen Regeln vorziehn, die jeder im Volk auswendig wusste? Und ist doch auch unter der Herrschaft des schriftlichen Rechts nicht ausgeschlossen, dass sich gemeinschaftliche Rechtsanschauungen bilden, die man zu den Hauptmerkmalen der Nationalität rechnen kann.

Bemerke man aber doch nur vor allen Dingen, dass ein blosses Gewohnheitsrecht, auch für die öffentlichen Verhältnisse, nur unter einer kleinen, enge ihres patriotischen Zusammenhangs bewussten Menschenzahl möglich, in einem ausgebreiteten durcheinandergeschüttelten pulverisirten Volke zur Willkür ausarten muss. Der Orient hat keine oder nur wenig Gesetze, wie handhabt man dort das Gewohnheitsrecht?

So gewiss der Fortschritt des Menschen in der immer grössern Verwendung mechanischer Mittel und Werkzeuge besteht, so gewiss bezeichnet die Nutzbarmachung von Tinte und Druckschwärze für das Recht eine höhere Stufe der Geistesentwicklung, als die ausschliessliche Anwendung des Gedächtnisses.

Und so bleibt es dem Unbefangenen nicht zweifelhaft, dass auch für das Staatsrecht die stricte Ausführung eines Systems schriftlicher Präventivbestimmungen ebenso segenbringend sein dürfte, als für das Privat - und Strafrecht. Der Versuch zu einer Codification des gesammten öffentlichen Rechts ist im Staat New - York geschehen. Alle europäischen Völker sind bis jetzt trotz der langen Dauer ihrer Staatsentwicklung bei einzelnen Gesetzen stehn geblieben, und wenn diese oft so wenig reale Bedeutung haben, dass grade das Gegentheil von dem, was sie besagen, zu Recht besteht, so werden wir den Mangel erklärlich finden, dass bei der jugendlichen Nation der Polen über und neben schriftlichen Staatsgesetzen sich das Gewohnheitsrecht bis zum Untergang des Reiches in allmächtiger Geltung erhielt.

Mit dem germanischen Recht aus einer Wurzel entsprossen, aus den altarischen Rechtsgebräuchen, die wir im Ganzen nur ahnen können, läugnen die slavischen Gewohnheiten selten ihre nahe Verwandtschaft mit den deutschen. Man hat nicht ohne Grund gesagt: „das polnische Landrecht und die „leges barbarorum" liessen sich für Varianten eines Grundtextes halten." Bei alle dem hat sich jedoch grade bei den Polen rascher als bei andern Slavenstämmen das Gewohnheitsrecht aus dieser Ursprünglichkeit zu bestimmtem Charakter entwickelt.

Namentlich das Privatrecht emancipirte sich bereits im 15. Jahrhundert von gewissen urslavischen Zügen, die noch heut in der Balkanhalbinsel gelten ·und die vor anderthalb Jahrtausenden ihre Analoga bei den Germanen fanden.

Hauptquelle des polnischen Staatsrechts war die Gewohnheit, das Herkommen (consuetudo, obyczaj). Sie war nicht etwa stabil. Sie ist zu verschiedener Zeit verschieden gewesen.

Mit der Stätigkeit des Gletscherschiebens haben sich ihre Principien fortbewegt.

Die wichtigsten Institute polnischen Rechts bestanden und änderten sich nur durch Gewohnheit; aber auch Quelle minder bedeutender Rechte ist der Praesumtion gemäss die Gewohnheit. Deren Quellen hinwieder sind gleich denen des englischen common law, „unerforschlich wie die Quellen des Nil". Uns muss, um zu erkennen, was in Polen Gewohnheit war, alles und jedes dienen: Gesetze und Gerichtsacten, Geschichtswerke und Briefe, Denkmäler und Reste aller Art. Nirgend vielleicht mag der enge Zusammenhang zwischen Cultur und Recht eines Volkes so deutlich hervortreten, als im polnischen Staatsrecht.

Fortwährend blieb die Gewohnheit unter der kleinen Zahl des polnischen Ades mächtig. Zu Zeiten, als ganz Europa bereits das römische Recht aufgenommen.

So blieb eine Revolution in Polen undenkbar, bis die Consequenzen des Gewohnheitsrechtes zur Auflösung des Staats führten und dieses selbst begruben. Aus dem Widerspruch, der überall in Europa zwischen dem Rechtsgefühl und Rechtsbewusstsein der Zeit und zwischen den bestehenden Gesetzen hervorbrach, erzeugten sich lebhafte Kämpfe und mit ihnen gewaltige Fortschritte. In Polen, wo immer das Recht war, was die Nation oder die im Wechsel maassgebenden Einzelnen für Recht hielten, konnte solch innerer Streit nicht entstehen; damit aber war ein starker Grund zur Stagnation des Nationalgeistes gegeben, und so konnte der Gesammtwille nicht mehr zeitgemäss sein. Ja, der Gesammtwille wurde so unverständig Institutionen zur Gewohnheit werden zu lassen, durch welche einem verständigen Gesammtwillen die Mittel entzogen wurden sich durchzusetzen. Das allmächtige Gewohnheitsrecht ist die Waffe gewesen, mit der sich Polens öffentlicher Geist grausam fast bis zum Selbstmorde geschädigt hat.

Die Männer von 1791 versuchten den ersten — und letzten Bruch mit der Vergangenheit. Ihre Constitution kann an sich nur als Reformversuch von bewundernswerther Verständigkeit betrachtet werden, aber es bleibt fraglich, ob sie nicht auch ohne Einmischung des Auslandes gestürzt wäre. Achtung vor geschriebenem Recht konnte dem von Gewohnheit beherschten Staatsgeiste nun einmal nicht aufgeimpft werden. Polen, wie es war, hätte wohl niemals den alten Spottsatz verläugnet: Unsere Gesetze dauern nicht länger als drei Tage.

# Zweiter Abschnitt

## Das schriftliche Recht der Polen

Im alten Polen bestimmt nicht das geschriebene Recht die Thatsachen: nein, die Thatsachen erzeugen Recht.

Freilich ohne alle Bedeutung ist das Gesetz, das geschriebene Recht, auch nicht gewesen. In drei Fällen erliess der polnische Staat Gesetze: um eine Gewohnheit abzuschaffen, um eine Gewohnheit zu fixiren, um neues Recht herzustellen. Von der geringsten Kraft, obwohl häufig genug angewandt, waren sie im ersten Falle.

Es gab nach polnischer Anschauung zwei Arten Gesetze, solche, die mit Majorität, und solche, die mit Einstimmigkeit von den polnischen Gesetzgebern angenommen sind, d. h. vom gesammten Adel, der auf Reichstagen vertreten sein kann, aber doch in allen Fällen persönlich das letzte Wort behält. Unbestrittene Gültigkeit erhielt ein Gesetz aber unter beiden Bedingungen nicht. Denn rechnen wir ab, dass völlige Einstimmigkeit niemals zu erlangen war (einige Patrioten hielten es immer für ihre Pflicht, zu protestiren, Beweis: die Grodacten), so konnte jedes Statut durch den Widerspruch, der sich bei seiner Ausführung erhob, entkräftet werden. Und so täuschte sich der polnische Staat beständig über seine wahren Verhältnisse: er stellte das Princip der Einstimmigkeit auf und hielt krampfhaft daran fest, ohne dass es jemals in Kraft gewesen wäre. Er glich dem Tantalus.

Aber auch die anerkanntermaassen durch Stimmenmehr entstandenen Gesetze haben niemals vollkommen bindende Kraft geübt; nur in secundärer Stellung erscheinen sie zu den Gewohnheiten. Wurde eine solche durch Statut abgeschafft, wie es in den letzten Zeiten der Republik öfter vorkam, z. B. ein mehrmaliges Verbot von Conföderationen, so ist dem Gesetze gar keine reelle Bedeutung zuzuschreiben; auch die Gesetzgeber selbst sahen in ihren Fabrikaten mehr einen Ausdruck politischer Wünsche, als des Staatswillens. Man wollte durch wiederholte Gesetze gleichen Sinnes die öffentliche Meinung allmählich zu einem Standpunkt bringen, auf dem sie sich gegen eine bestimmte Gewohnheit erklären müsste.

Das meiste Gewicht hatten für die Praxis und für uns, die erkennen wollen, was in Polen wirklich zu Rechte bestand, diejenigen Gesetze, in welchen die geltenden Gewohnheiten bestätigt werden. Sie sind für uns das sicherste Mittel zur Erkündung der Gewohnheiten selbst. Die grosse Ueberzahl der polnischen Gesetze hat den hier angeführten Zweck, und bis ins 16. Jahrhundert war ihr einziges Ziel eine ungewiss gewordene, schwankend oder nur spärlich geübte Gewohnheit autoritativ festzustellen. Dennoch behielt das lebendige Rechtsbewusstsein stets die Oberhand über das geschriebene Recht: der entsetzliche Zwang, den mitunter in modernen Verhältnissen der Buchstabe gegen das Recht ausübt, „das in unsrem Busen wohnt", war auch im Civilprocess polnischen Richtern unbekannt. Dafür allerdings war denn auch der Willkür freier Eingang offen. Das Gesetz war nur Ein Mittel zur Feststellung des Rechts: in Privat- und öffentlichen Sachen konnte durch freie Meinungsäusserung vollfreier Männer auf ebenso gültige Weise gefunden werden, was Rechtens sei. Eine Trennung von Thatfrage und Rechtsfrage fand in keiner Beziehung statt. In staatsrechtlichen Dingen galt eine Gewohnheit als bestehend erwiesen, wenn sich kein Widerspruch gegen eine dieser Gewohnheit gemäss vorzunehmende Handlung erhob. Alle polnischen Einrichtungen dienten immer nur ad hoc: auch der Beweis einer Gewohnheit galt immer nur auf Zeit, damit nichts gegen die stets vorbehaltene Freiheit aller Staatsbürger geschehen könne. Erhob sich Widerspruch gegen eine von angeblicher Gewohnheit involvirte Handlung, so blieben zwei Wege: entweder die Handlung fand, als dem Einstimmigkeitsprincip zuwider, nicht Statt, oder sie wurde von einer augenblicklichen Mehrheit mit gewaltthätigen Mitteln durchgesetzt, und somit die Gewohnheit als noch bestehend erwiesen. Einspruch (intercessio) konnte auch ohne Scrupel erschallen, wenn die Gewohnheit bereits schriftlich fixirt war; und man könnte sagen: Unterhandlungen, die man de lege ferenda erwartet hätte, seien de lege lata gepflogen worden; wenn eben polnische Constitutionen leges im römischrechtlichen Sinne wären. Nein, die polnischen Statuten waren Verträge; und wenn wir die völkerrechtlichen Grundlinien des späteren polnischen Gemeinwesens im Auge haben, erklärt sich zur Genüge die Vergänglichkeit der polnischen Statuten, die mitunter kaum die Dauer jener Compactaten hatten, welche „im Namen des dreieinigen Gottes auf ewige Zeiten" geschlossen werden.

Hatten Gesetze nicht selten den Zweck, neues Recht zu schaffen, so concurrirte ihnen hierbei die Gewohnheit — wieder in überlegener Weise. Ohne einer schriftlichen Autorisation zu bedürfen, konnte die Staatsgewalt in Verbindung mit der Landschaftsvertretung rechtliche Acte vornehmen. Vollzog sich die Handlung ohne Widerspruch oder gewaltsam gegen Widerspruch, so blieb sie als Präcedenzfall bestehen. Wurde sie wiederholt, so war eine Gewohnheit als in der Bildung zu erachten. Trat also ein Gesetz in entgegengesetzter Richtung zu dieser Gewohnheit auf, so verhallte es mit geringen Ausnahmen wirkungslos. Traf es mit der Gewohnheit überein, so fiel es in die zweite Kategorie.

Öfter aber wurden von den öffentlichen Gewalten Gesetze als Richtschnur künftiger Handlungsweise aufgestellt. Dann tönten sie entweder und verhallten in der Zeit; oder es rankte sich an ihnen bald eine congruente in ihren Keimen schon länger bestandene Gewohnheit hinauf. Mit einer weiteren Ausbildung dieses Zweiges der Gesetzgebung wäre Polen in segenverheissende Bahnen eingelenkt, aber leider war der erste glückliche Versuch dieser Art in grossartigem Maassstabe auch der letzte. Das Unionstatut ·von 1569 ging in Fleisch und Blut des polnischen Rechtes über, wie es denn auch das Product langer Erfahrungen und reiflicher Ueberlegung war. Dies merkwürdige Lubliner Gesetz bezeichnet die Blüthe der sarmatischen Rechtsentwicklung; aber es steht einsam da, wie Athene, die Hauptgeborne, neben den Kindern des Zeus. —

Nach Umständen, die für unsre Auffassung der polnichen Rechtsquellen mehr zufällig und nebensächlich erscheinen, wurden in der Republik Polen drei Gattungen schriftlicher Fundamente des öffentlichen Rechts unterschieden: Statuten und Constitutionen, Conföderationsacten, Pacta Conventa; natürlich auch als privatrechtliche Quellen geltend.

Die beiden ersten Ausdrücke bezeichnen gleichmässig die vom König in Gemeinschaft mit der Landesvertretung aufgestellten Gesetze. Und zwar beginnt eine derartige Aufzeichnung mit dem Jahre 1347, wie auch die strengste Kritik jetzt wieder zugiebt. Dem damals für Kleinpolen verzeichneten Wiślicer Statut folgten noch unter Kasimir dem Grossen verschiedene andere schriftliche Feststellungen des Gewohnheitsrechtes, unter andern ein 1368 gleichfalls zu Wiślica erlassenes Statut für das ganze Reich. Unter den Jagellonen ging diese

Entwicklung weiter. König Alexander, nach dem Ruhm eines Justinian geizend, liess durch seinen Tribonian, den Kanzler Johann Łaski einen geschlossenen Band der bis zum Jahre 1505 aufgezeichneten Gewohnheiten herstellen. Diese Compilation, nach dem unkritischen Geiste der Zeit sehr mangelhaft angefertigt, aber doch verdienstlich in praktischer Hinsicht, wurde auf dem Reichstage von 1505 angenommen und mit einigen Zusätzen vermehrt. Als „Commune incliti regni Polonici ..... privilegium" erschien sie 1506 zu Krakau im Druck: die einzige Gesetzsammlung, welche der polnische Staat erzeugt hat. Viele andere Compilatoren traten seit jener Zeit auf, mitunter vom Reichstage beauftragt; aber ihre Werke erhielten niemals die staatliche Sanction: offenbar fürchtete man der Macht des Gewohnheitsrechtes Eintrag zu thun, wenn man einen Codex veranstaltete. Und so behielten die polnischen Gesetze jene Eigenheit, die Rousseau als die gefährlichste hervorhebt: sie blieben „auf- und übereinander geflicktes Stückwerk."

Bis zum Jahr 1550 waren die Gesetze lateinisch abgefasst, seit jenem Jahr tritt das Polnische in ausschliessliche Geltung. Mit Unrecht hat man desshalb die Gesetze vor 1550 Statuta, die nach 1550 Constitutiones genannt. Beide Namen wurden im 16. Jahrhundert promiscue gebraucht, die Bezeichnung Constitutio kommt vielfach schon im 15. Jahrhundert vor.

Die Conföderationsacten haben höhere Bedeutung nur, wenn sie während der Interregnen beschlossen waren und den Eid, sowie sonstige Beschränkungen des neuen Königs bedingten. Ihr erstes Beispiel war der „Kaptur" von 1362. Regelmässig seit dem Jahre 1573, dessen Acte selbst von der grössten Bedeutung ist, gewissermassen die polnische Declaration of rights, wird jedes Interregnum durch ein derartiges von Senat und Ritterschaft beschlossenes Gesetz bezeichnet, das bei der Thronbesteigung des neuen Königs unter die Grundlagen der Verfassung aufgenommen wird. Eine solche Conföderationsacte in interregno bezieht sich erneuernd oder bekräftigend auf alle Gegenstände des Staatslebens. Der Staat unterzieht sich in jedem Zwischenreich einer radicalen Häutung.

Die Pacta Conventa bezeichnen nur die zwischen einem neuen König und den Ständen vereinbarten Bestimmungen grösstentheils staatsrechtlicher Natur, die vor dem Regierungsantritt beschworen werden mussten. Namentlich umfassten sie eine genaue Bestätigung aller „Rechte und Freiheiten," da der polnische König gleich den Feudalkönigen Westeuropas durch die Handlungen seiner Vorgänger nicht gebunden war. Diese Anschauung war mit dem germanischen System der Königswahl importirt worden, zur Zeit des piastischen Königthums war sie unmöglich. Die Pacta Conventa entsprechen den Wahlcapitulationen des römischen Reiches deutscher Nation.

Etwas ihnen ähnliches waren bereits die „munimenta", von denen König Ludwig in seinem Kaschauer Privilegium spricht. Der eigentliche Name und der eigentliche Begriff stammt erst seit der Wahl König Heinrichs. Damals wurden die P. C. lateinisch aufgesetzt; seit der Wahl Władysławs IV. 1632 waren sie polnisch.

Zwei polnische Landestheile hatten eine Codification ihres schriftlichen Rechts. Litauen hatte seit 1529 ein Statut in ruthenischer Sprache, das sich in zweimaliger Umarbeitung, auch ins Polnische übersetzt, bis zum Ende des Reichs erhielt. Schon 1457 hatte Litauen eine Art Verfassungsurkunde erhalten, die seinem Adel mit einemmal alle die Vorrechte verlieh, die der polnische sich langsam erworben hatte. Preussen hatte sein Jus terrestre, 1598 herausgegeben, eine Umgestaltung des Culmer Rechts. Auch sind die „Statuta ducatus Masoviae" zu erwähnen, die 1541 erschienen.

Subsidiär dienten diese Specialrechte wie in Privat- so auch oft in Staatssachen.

# Dritter Abschnitt

## Fremdes Recht in Polen

Schon das preussische Landesrecht war eigentlich doch nur ein fremdes Gesetz. Gar oft halfen die sächsischen Rechte aus, welche den Städtern verliehen waren. Ein grosser Theil des polnischen Civilrechts, das Criminalrecht und die Processordnungen fast ganz, waren den norddeutschen Gewohnheiten und Gebräuchen nachgebildet. Die Einflüsse, welche deutsches Recht auf die polnische Verfassung geübt hat, lassen sich nicht immer so leicht und direct nachweisen; die weitere Darstellung aber wird mitunter doch erkennen lassen, dass manche Begriffe des mittelalterlich germanischen Staatsrechts in Polen gradezu recipirt waren.

Kanonisches Recht war hinwieder von sehr geringer Bedeutung für Fragen des polnischen Staatsrechts; auch das Verhältniss der Geistlichen zum Staat regelte sich nach polnischen Gewohnheiten.

Von gar keinem Gewicht konnte das byzantinische Recht in Polen sein. Hätte sich ein gelehrter Berufsrichterstand im Lande gebildet, so würde auch das Corpus juris seine Triumphe in Polen gefeiert haben. Nicht zum mindesten aber hat der berühmte Satz, „der das deutsche Reich zerstört hat": quod principi placuit, legis habet vigorem, der so ziemlich das Justinianische gesammte Staatsrecht ausdrückt, die Polen von einer Aufnahme des Caesarenrechtes zurückgeschreckt.

Dagegen ist der Einfluss nicht zu verkennen, den altrömische republikanische Rechtsbegriffe, wie man sie im 16. Jahrhundert aufgegraben glaubte, auf die Ausbildung des Staatsrechtes mittelbar geübt haben. Man lese die Reden der polnischen Gesetzgeber, um sich von dieser Thatsache zu überzeugen. Die Parallelen, die man zwischen bestehenden oder erstrebten polnischen und römischen Einrichtungen zog (Landboten = Volkstribunen, Bischöfe = Censoren), dünken uns geschmacklos und erzwungen, aber sie sind von tiefgreifender Wirkung gewesen. Allein die Idee der „Republik", die man aus dem alten Rom schöpfte, war von den bedeutendsten Folgen.

In der letzten Zeit des Staates gewannen englische Staatsanschauungen, zum grossen Theil in Montesquieuschem Umguss und Delolmescher Glasur, bemerkenswerthe Kraft in Polen, sowie theilweise schon im 15. Jahrhundert das Beispiel Englands auf Polen gewirkt hatte. Die Constitution 1791 ist mit unter solcher Anregung zu Stande gekommen.

Schliesslich bleibt zu erwähnen, dass Rousseausche Grundsätze nicht ohne Bedeutung für die letzten Zuckungen des polnischen Staates waren. Der französische Jacobinismus hat 1793 und 1794 die Constructionsversuche der polnischen Patrioten ersichtlich beeinflusst. Man versuchte die Rettung mit denselben Mitteln, die Frankreich erhielten, aber die Vorbedingungen fehlten in Polen; eine durchgreifende Umwälzung der polnischen Rechtssätze von innen heraus war unmöglich.

# Verfassung

der

# Republik Polen

———

# Drittes Buch

## Eintheilung des Staatsgebiets

... ita ut nec specialitas generalitati nec generalitas specialitati deroget.

Litterae juramenti et fidei Augusti II. anno 1697. Original im Posener Grodarchiv.

## Erster Abschnitt

### Polens geographische Bedingungen

Abhängiger, als man unter dem Bann der naturrechtlichen Anschauungsweise geahnt hat, ist die politische Form eines Volkes von der Lage und Beschaffenheit seines Landes. Jede Nation wird und bleibt nur dann im äussern und innern Staatsleben glücklich, wenn sie sich den eisernen Bedingungen ihres geographischen Standpunktes anschmiegt. Auf einer Insel, auf einem entlegenen, noch schwachbesiedelten Erdtheil mögen freiheitliche Grundsätze zu ungehemmter Blüthe sich entfalten; das europäische Festland wird noch lange nur hart gewappnete, innerlich fest zusammengeraffte Staaten am Leben dulden.

Eine Tiefebene, wellenhügelig überhaucht oder steppenhaft geplattet, dehnen sich die Gegenden, auf welchen Jahrhunderte hindurch die „Vormauer der Christenheit" stand. Die baltische Fluth gen Norden, die Karpatenzacken nach Süden, sichern diese nicht reizlose Fläche als natürliche Grenzen. Kaum sind parallele Ströme im Westen ein Schutz zu nennen, deckungslos öffnet sich das Gebiet dem Osten.

Darum musste der Staat angreifend gegen Morgen vor-
dringen; und seine innere Entwicklung blieb regelrecht, solange bewusster Streit mit den wilderen Nachbarn des Aufgangs die Lebenssäfte
der Nation frisch kreisen liess.

Wiederum war des polnischen Staates Beruf, sich dem durch-
gebildeteren Westen schritthaltend anzugliedern, nachdem einmal abendländische Cultur aufgenommen war, nachdem germanische Muster eine
Ständeverfassung hervorgerufen hatten. Wer die Praemissen will, muss
auch den Schluss wollen. Hätte Polen seit dem 17. Jahrhundert nicht
wieder eigenthümlich gesteigerte altslavische Principien auf sich wirken
lassen, sondern wäre es dem allgemein continentalen Zug jener Tage
gefolgt, und hätte es sich mit in den Strudelschlund des Absolutismus
gestürzt — wahrlich es würde nicht zerschellt, sondern gleich dem
ganzen alten Europa zu neukräftigem Leben emporgewirbelt sein.

. Schwere Fehler gegenüber dem anstossenden Norddeutschland
muss die polnische Politik sich vorwerfen, Fehler von tiefster Rückwirkung für das polnische Staatsrecht. Bolesław der Gewaltige handelte
im besstverstandenen Interesse seines Staates, als er die noch slavischen Gebiete bis zur Elbe sich unterwarf, ebenso Bolesław Schiefmund,
als er das slavische Pommern annectirte. Aber ihre schwachen Nachfolger verloren jene Lande und überliessen sie theilnahmlos dem Einfluss des Deutschthumes.

In trübselige Kleinstaaten zersplittert, hatte die Nation bis zur
Mitte des 14. Jahrhunderts das Riesengebirge, die Oder, die Ostsee
an deutsche Hände übergehen lassen und einen starken Strom deutscher
Ansiedler in sich selbst aufgenommen. Welches Verhalten war nun
den Polen vorgezeichnet, als sie wieder zu Einem Staat erstarkt waren?
Kampf oder Aussöhnung mit den von Westen her eingedrungenen
Elemente?

Kasimir der Grosse wählte mit bewundernswerthem Tastsinn das
zweite. Die deutschen Städter suchte er allmählich in polnische Bürger
umzuwandeln; für die verlornen Grenzen des Westen und Norden im
Osten Ersatz zu finden. Die von ihm eingeschlagene Bahn ward nicht
weiter verfolgt. Die deutschrechtlichen Gemeinden wurden seit Ludwigs
Tode vom Staatsleben zurückgedrängt und als fremder Bestandtheil des
Reiches conservirt, weder zu ihrem, noch zu des Landes Segen; die
Union mit Litauen aber wurde nur zur Vernichtung des „neuen Deutschland“ an den Weichselmünden ausgebeutet. Statt die Gesammtkraft
Polens und Litauens nach dem Euxinus zu wenden, statt die Tataren-
chanate zu brechen, Moskau zu befreien und die Russen ebenso mit

dem Reich zu einen, wie es die Reussen schon waren, statt die Mark-
pfeiler slavischer Macht nach Ural und Kaspisee zu tragen, wurde
unter Strömen kostbaren Blutes ein baltischer Küstenstreif gewonnen,
der weder rein slavisch wurde, noch es jemals von neuem werden konnte.
Beim Wiedererwachen deutscher Macht musste Preussen dem Staatskörper wieder verloren gehn: ein ehrenvoller, dauernder, natürlicher
und vortheilhafter Besitz wären die Häfen des schwarzen Meeres gewesen. Drei gewaltige Flüsse Polens trugen polnisches Korn den
Wässern des Mittelmeeres zu: der polnische Staat hat nachweislich
niemals die Ausmündungen des Njester, Njeper und Boh sein genannt.

Allerdings, um seine Mission im Osten durchzuführen, hätte der Staat
den Charakter der religiösen Duldsamkeit durchweg behalten müssen,
der ihn von den Zeiten Kasimirs bis zum Ausgang des 16. Jahrhun-
derts niemals ganz verlassen hatte. Vielleicht wäre es des Landes
Heil gewesen, wenn den Staatseinrichtungen, die mit der Religion in
Zusammenhang standen, der neue Glaube der westlichen Nachbarn zu
Grunde gelegt worden wäre; der unselige Gegensatz zum Deutschthum
hätte nicht die Schärfe erhalten, in die er sich bis auf den heutigen
Tag zuspitzt, und eine Assimilation mit den Ostslaven wäre leicht von
Statten gegangen. Keinenfalls aber, auch wenn es dem katholischen
Glauben treu blieb, durfte sich Polen in eine Burg des Ultramontanis-
mus verwandeln; soviel war es seiner geographischen Stellung schuldig.

Auch ein vorgeschobener Posten, durch fanatische Begeisterung
in hohe Gefahr versetzt, mag sich noch immer gegen aussen behaupten,
wenn er alle Kräfte in Einen Willen zusammenfasst. Eine „hispanische
Monarchia" mit allen Consequenzen war im Polen des 17. Jahrhunders
allerdings nicht dringendes Erforderniss; aber jeder Staat, der eines
geographisch natürlichen Mittelpunktes entbehrt, ist darauf hingedrängt,
sich ein künstliches Centrum zu schaffen, woher aus die Theile um so
fester in den Dienst des Ganzen gezwungen werden. Darin liegt nichts
naturwidriges; wissen wir doch längst, dass Kunst des Menschen
Natur ist.

Centralisation war in Polen unumgänglich, wenn der Staat
dauern sollte — und nirgend ist das Princip der Decentralisation
mächtiger zur Geltung gekommen, als hier.

Im Beginn des Staatslebens hatte eine kurze Centralisationsepoche
die glänzendsten Wirkungen erzeugt. Aber nur durch despotischen
Zwang war die Monarchie der Bolesławe zu achtunggebietendem Umfange ausgedehnt und in undurchbrochener Einheit erhalten worden.

Als seit dem 14. Jahrhundert die zersplitterten Theile sich wieder zusammenschlossen und erweiterten, ward der Nationalgeist zum einigenden Factor und bildete sich entsprechende Formen der Vereinigung.

Sollte dem patriarchalen Bewusstsein der Stammzusammengehörigkeit Rechnung getragen werden — so konnte nur Decentralisation der Grundzug des neuen Staatsgefüges sein; sie musste der rothe Faden werden, an dem auch das kleinste Partikelchen des Staatsganzen als polnisch zu erkennen war. Sie allein konnte, als das der Freiheit ungleich günstigere System, von dem Adel angenommen werden, der so stolz rief: Wo in der Welt ist grössere Freiheit, als bei uns? In Polen schuf man die Einheit durch die Freiheit.

Es ist der polnischen Republik öfter vorgeworfen worden, dass sie ihre Erwerbungen im Nordwesten und im Osten durch Zwang polonisirt habe. Man spricht von gewaltsamer Vertreibung der heimischen Landbesitzer, Ansiedlung polnischer Krieger von Staatswegen, von einer durch die polnische Staatsgewalt eingeführten Verkümmerung der eigentlichen Landessprachen.

Diese Behauptungen aber sind ungegründet und durch kaum Eine historische Thatsache zu erweisen.

Wenn Litauen, Reussen und Preussen an ihrer Oberfläche seit dem 16. Jahrhundert polonisirt zu erscheinen beginnen, so lag dies an dem Adel dieser Länder, nicht an dem polnischen. Wohl wahr, es zogen polnische Familien in die partes annexae des eigentlichen Polen, aber ihrer Zahl und ihrem Vermögen nach bildeten sie einen verschwindenden Bruchtheil der dortigen Bevölkerung. Die meisten und angesehensten Häuser jener Gegenden waren aus dem einheimischen Adel hervorgegangen. Aus freien Stücken haben sich diese urangesessenen Geschlechter in Sprache und Sitte polonisirt, um es ihren „panowie bracia" im eigentlichen Polen in jeder Beziehung gleichzuthun. Noch im 16. Jahrhundert war ungestört die reussische Sprache in Litauen und im ganzen Njeper- und Njesterland herrschend und officiell; in Preussen die deutsche. Im 17. Jahrhundert ward es anders. Bekamen aber damals jene Gebiete einen äusserlich polnischen Anstrich, so klage man dessen nicht den polnischen Staat und den polnischen Adel an, sondern die eingeborenen Familien jener Gegenden, die wohl wussten, was sie thaten, als sie sich von ihren nichtadligen Landesgenossen schieden und ihnen gegenüber zu Polen wurden! Man beschuldige die Radziwiłł, Chodkiewicz und Sanguszko, die Czartoryski, Wiśniowiecki und Sapieha, die Goltz, Hoverbeck und Dönhof, jene Dönhof, die den deutschen Ursprung ihres Namens zu verstecken suchten, indem sie ihn bald Denhof, bald Donhof schrieben! Die Vereinigung jener Lande mit Polen bot nicht den geringsten rechtlichen Anlass und nicht das geringste rechtliche Mittel zu einer Polonisirung; die Polen waren nicht der herschende Stamm in ihrer Republik.

Wenn etwas in der polnischen Verfassung als tüchtig anerkannt werden darf — und nur der Mythus weiss von absolut schlechten und verdammungswerthen Gebilden zu erzählen — so ist die territoriale Gliederung Polens zu loben. Aber wohlgemerkt! Dies überraschend folgerichtige System der Decentralisation ist nur dann schätzenswerth, wenn wir es abgelöst von seinen fremdstaatlichen Umgebungen ins Auge fassen. Diese bewundernswerthe Gleichgewichtzusammenstellung, welche den Schwerpunkt des Staates nicht in einen seiner Theile, sondern zwischen sie alle verlegte, dieser instinctive aber darum vielleicht desto sinnreichere Bau, in welchem weder das Besondere dem Allgemeinen, noch das Allgemeine dem Besonderen Eintrag thaten, hatte den einzigen Fehler, dass er nicht den geographischen Bedingungen Polens nach aussen hin entsprach. Keinenfalls seit 1650!

Ungezwungen hatten sich Litauen und Preussen an das Sarmatenreich geschlossen; aber die Attractionskraft Polens hatte nachgelassen. Polen trug noch immer das bequeme und schöne, faltenreiche Hauskleid der Decentralisation, und doch werden sich, wie Sybel treffend bemerkt, in modernen Verhältnissen nur „Staaten mit eisernen Seiten" aufrecht behaupten.

Polen stand aber im Gegensatz zu seinen Nachbarn durch Religion und Verfassung, durch Sitte und Politik.

Polen war ferner durch seine abnorm umschlossene Lage fortwährenden Invasionen ausgesetzt. Darum konnte das an sich harmonische und juridisch zweckentsprechende Gebäu der einzelnen übereinandergestuften inneren Autonomien nicht die segenvollen Wirkungen haben, die es bei einer isolirten Lage des Staates zweifellos erreicht hätte.

Nicht einmal eine erfolgreiche Defensive war unter einem derartigen Föderationssystem vorauszusehn; bedenken wir, dass die preussische Landwehr, der reisige Adel der drei Wojewodschaften Culm, Marienburg und Pommern, nur dann zum Auszug verpflichtet war, wenn der Feind eins dieser Palatinate beträte! Wie konnten derartige Grundsätze einem Staate Glück bringen, der auf die Offensive angewiesen war, wenn er leben wollte!

„Hammer oder Amboss sein!" Das internationale Leben ist noch immer ein Spiel von Naturkräften.

# Zweiter Abschnitt

## Die niederen Einheiten in geometrischer Progression

„Darum sind die Staaten verschieden, weil ihre Theile verschieden sind", meint Aristoteles und giebt damit ein hochbedeutendes Moment für die Classification der Staaten, das jedoch er selbst und viele nach ihm nicht gebührend angewandt haben. Man war in der ewigen und einzigen Unterscheidung von Monarchie, Aristokratie und Demokratie befangen, die doch nur in einer blossen Bezifferung der Regierenden, in unbenannten Zahlen basirt. Die stärkere oder schwächere Art, in der die gemeinsame Staatsgewalt über die einzelnen Gebietstheile herscht, bildet einen durchgreifenden Massstab nicht nur für die Macht eines Staates, sondern wesentlich für sein Recht. Die Eintheilung eines Staates ist gemeinsame Grundlage für Sein und Handeln der Staatsgewalt. Ob Dahlmann diesen Punkt im Auge hatte, da er sein gewichtiges Wort aussprach: „Verfassung und Verwaltung sind keine Parallelen; es kommt der Punkt, auf dem sie zusammenlaufen, um nicht wieder auseinander-zugehn?"

Leider ist die politische Sprache bis jetzt zu arm, um den un-endlichen Reichthum thatsächlicher Verschiedenheiten genau darzustellen, durch welchen sich die Staaten nach dem mehr oder minder dichten Bau ihres Innern unterscheiden. Mit den wenigen Ausdrücken; Bundes-staat — Einheitstaat, Centralisation — Decentralisation ist der Umfang des betreffenden Wortkreises gezogen.

Tocquevilles Klage ist nur zu wahr: „L'esprit humain invente plus facilement les choses que les mots." Aber grade unseres Jahr-hunderts harren hier noch wichtige und ungelöste Aufgaben. Die Worte werden entstehen, wenn die Thatsachen weitere Ausbildung er-fahren, wenn man in eine praktische Durchprobung der vielen zwischen Einheitstaat und Staatenbund liegenden Mittelbildungen tiefer eintritt.

Polen wird durch die seltene Abstufung seines Innern für alle Zeiten merkwürdig bleiben; und eine spätere Zeit wird im Stande sein, dies Feld ausführlicher zu bearbeiten, als es auf den vorliegenden Blättern mit noch unzureichendem Sprachmaterial möglich ist.

Die Grundlage politischer Geographie, die niederste Gebietseinheit in staatsrechtlicher Beziehung ist auch in Polen wie in allen Slavenländern die Gemeinde; ihrer Bezeichnung nach (gromada == Schaar, Schwarm) an nomadische Verhältnisse erinnernd, und darum offenbar die erste Form fester Ansiedlung. Ebenso wie bei den Germanen. Das Einzelhofsystem, bei den deutschen Stämmen nunmehr als eine nur stellenweise und späte Art des Nebeneinanderwohnens nachgewiesen, hat sich in den letzten Jahrhunderten auch bei den vorgeschritteneren Slaven hier und da entwickelt, namentlich auf beiden Abhängen der Karpaten. Aber älter und vorherschend ist bei Germanen und Slaven sicherlich das Dorfprincip. Schon das uralte Recht vom gemeinsamen Eigenthum aller Volksgenossen am Volksgebiete, noch heute im Eichsfelde und im Trierschen sowie in ganz Gross-Russland herschend, musste bei Germanen und Slaven zunächst eine Vertheilung des Landes in einzelne Gemeindemarkungen, und demgemäss ein räumliches Zusammenschliessen der Gemeindeglieder herbeiführen. Ganz abgesehen von den Rücksichten auf Sicherheit.

Der Unterschied zwischen Dorf und Stadt ist dem altslavischen Bewusstsein gleich fremd, wie dem reindeutschen durch Lehnsverhältnisse und gesteigerte wirthschaftliche Entwicklung nicht potenzirten. Eine grössere oder befestigte Ansiedlung empfing ursprünglich den Namen Burg, wie in Deutschland (gród, russisch noch heute gorod). Der später polnische blasse Name „miasto" ist einfach die Paraphrase des deutschen „Stadt".

Seit den Zeiten der Adelsherrschaft beginnt der Begriff Gemeinde seine staatsrechtliche Bedeutung einzubüssen. Die Dorfgemeinden polnischen Rechtes, die unter den Piasten ganz bestimmt organisirte politische Sonderheiten waren, ähnlich dem russischen „Mir" von heute, werden dem Willen der einzelnen Edelleute unterworfen und haben fortan nur noch Bedeutung, indem sie die reale Basis bilden, auf welche hin dem „obywatel" politischer Credit eröffnet wird. Neben der adligen Geburt ist unbestrittene Herrschaft über eine Dorfgemeinde Kriterium des Adels. Auch sind die Gemeinden noch Grundlage für die Steuer-, Zehnten- und Gerichtstabellen.

Die deutschen Gemeinden aber und damit alle bedeutenderen Städte liegen nicht in der gewöhnlichen Staatsordnung.

Ueber der Gemeinde erhebt sich bei den Deutschen die Hundertschaft, im ältern Russland und bei den Kosaken noch heute völlig entsprechend „sotnja" (centuria). Bei den Polen treffen wir in den ersten Jahrhunderten ihrer Geschichte das O p o l e (vicinia) ungefähr der Grösse nach parallel dem englischen township, eine Districtseintheilung, Verbindung mehrerer Ortschaften zu einem bestimmten geschlossenen .Ganzen" wie Röpell unumstösslich nachgewiesen hat. Das Land war in diese Unterabtheilungen theils der Steuererhebung halber, theils wegen der „Gesammtbürgschaft" zerlegt. Dies letztere Princip, weit entfernt eine germanische Besonderheit zu sein, wozu man es hat stempeln wollen, finden wir überall, wo ein unvollkommener Zustand der. öffentlichen Sicherheit mit despotisch organisirter Centralgewalt zusammentrifft, in England zur Zeit der ersten Normannenkönige und in Russland nach dem Zurücktreten der mongolischen Ueberschwemmung ebensowohl, als in Japan und an der Westküste von Afrika. In Polen muss diese Institution sehr fest begründet gewesen sein, da wir sogar das Land, nicht bloss die Bevölkerung, ständig nach ihren Grundsätzen eingetheilt finden. Mit dem Emporsteigen der Edelleute zu alleinigen Staatsbürgern verschwindet auch diese Einrichtung, als zu viel Verwaltungsmechanismus erfordernd und dem neuen erweiterten Maassstabe nicht entsprechend.

Im germanischen Recht ist der Gerichtsbezirk (Gau, Grafschaft, shire) die nächst höhere Einheit. So auch in Polen. Der Fürst als Quelle des Gerichtswesens und der Staatsgewalt überhaupt, versammelte auf bestimmten Schlössern (grody, castra) die Umgegend zu Gericht und Verwaltung und übertrug seine Rechte an einen Castellan. So entwickelte sich die Castellaneiverfassung als Grundprincip der polnischen Gebietseintheilung zwischen dem 11. und 15. Jahrhundert. Seit dem 15. Jahrhundert tritt der Starost in die praktischen Functionen des Castellans; der G r o d bleibt jedoch Mittelpunkt für die wichtigsten Verhältnisse, in denen der Staat zum einzelnen steht, Centrum für Criminal- und Civilrechtspflege sowie für alle öffentlichen Versammlungen, Bekanntmachungen, Einrichtungen. Namentlich seit der Verengerung des Verbandes der unmittelbaren Staatsunterthanen im 15. Jahrhundert wird der P o w i a t (districtus, Grodbezirk, Kreis,) die niederste Gebietseinheit. Theilweise ist sie von der nächst höheren Ordnung unabhängig.

Diese bilden die W o j e w o d s c h a f t e n, zur Zeit der Reichstheilung entstanden. Jeder piastische Kleinfürst hielt nach byzantinischem Muster seinen „palatinus", der ihn in den wichtigsten Geschäften zu

vertreten hatte; und so empfingen nach der Wiederherstellung des
Reichs die ehemaligen Fürstenthümer den Namen „palatinatus, woje-
wództwo." Ja, es wurden einige neue Wojewodschaften in Gegenden
gegründet, die niemals ein besonderes Herzogthum gebildet hatten,
so 1505 das Palatinat Lublin und noch 1768 die Wojewodschaft
Gnesen. Auch wurde diese Eintheilung in alle neuerworbenen Länder übertragen. König Kasimir IV. theilte das Ordensland Preussen,
bei dem ersten Anschein seiner Gewinnung 1454, in vier Palatinate
und seit dem Thorner Frieden, wo das „Palatinat" Königsberg dem
Orden blieb, erhielten sich die Wojewodschaften Danzig (oder Pommern,
Pommerellen, Pomorze), Culm, Marienburg. Obgleich Preussen nicht
mit dem Lande Polen, sondern nur mit der Person des polnischen
Königs in Connex stehen sollte. Auch Litauen war schon vor seiner
Vereinigung mit dem Reiche Polen im Jahre 1569 in Wojewodschaften
getheilt, und ebenso wurde diese Gliederung auf Livland übertragen,
solange dies Gebiet mit Polen in Verbindung stand. Im Jahre 1569
gab es 32 Wojewodschaften; mehr als 37 waren auch im Anfang des
17. Jahrhunderts nicht vorhanden, da Polen seine grösste Ausdehnung
erlangt hatte.

Die Wojewodschaft bildet die Grundlage für Verwaltung und Gesetzgebung. Namentlich die Steuerbewilligung und der Auszug des allgemeinen
Aufgebots findet nach Wojewodschaften statt; auch die Landboten, stellenweise nach Kreisen (powiaty, die aber im eigentlichen Polen „ziemie"
(terrae, Landschaften) heissen, wenn sie unter keiner Wojewodschaft stehn)
gewählt, sollten meist auf Wojewodschaftsversammlungen abgeordnet
werden; und auf den Reichstagen wird oft nach Wojewodschaften abgestimmt, anfänglich immer. Unter den Wojewodschaften wird eine
strenge Reihenfolge beobachtet, eine Rangabstufung so genau und so
wichtig gehalten, wie die der damaligen europäischen Mächte. Da die
Wojewodschaften in vielen Beziehungen fast ganz und gar selbststän-
dig sind, eigene Gesetze und Gewohnheiten für ihren Umfang besitzen,
die den Reichsgesetzen vorgehen analog dem deutschen Spruch „Landrecht bricht gemeines Recht," und dem Reiche einseitig Steuern verweigern, die vom Reichstage beschlossen sind, überhaupt an alle
Reichstagsbeschlüsse nur durch persönliche Zustimmung der Wojewod-
schaftsinsassen gebunden sind, so nehmen sie eine ganz entschieden
föderative Stellung ein. Wie die Einzelstaaten Nordamerikas nach Entstehungsweise und
Nebeneinanderlage in Gruppen zusammengefasst werden (Neuengland,
Südstaaten, Ferner Westen, Grenzstaaten), so haben wir auch in Polen

eine Anzahl — Wojewodschaftsgruppen von gewohnheitsrecht-
licher Bedeutung. An der mittlern Warthe bilden die Palatinate
Posen und Kalisch mit dem Lande Fraustadt und von 1768 an mit
der von Posen abgezweigten Wojewodschaft Gnesen, das Gebiet Grosspolen im engsten Sinne. Gemeinsame Institute, besonders gemeinschaftliche Landtage zu Schrodda (Srzoda) hielten unter ihnen bis zum
Sturz des Reichs eine gewichtige Verbindung.

Zusammen mit den beiden Wojewodschaften Sieradz und Łęczyca
und mit dem Lande Wieluń an der obern Warthe machen sie Grosspolen im weitern Sinne aus.

Kujawien, zwischen Netze und Weichsel, besteht aus den Palatinaten Brześ und Inowracław.

Die drei Wojewodschaften Płock, Rawa und Warschau (oder
Masowien im eigentlichen Begriff) mit dem Lande Dobrzyn bilden
Masowien.

In engster Gemeinschaft erhielten sich bis zum Ende· der Republik, die drei preussischen Palatinate: Pommern (Danzig), Culm,
Marienburg. Ihre gemeinsamen Landtage, abwechselnd in Marienburg
und Graudenz, auf denen der polnische Reichstag im Kleinen nachgeahmt war (zwei Kammern), bildeten ein festes Band dieser Gruppe.
Preussen war bis 1772 der Theil Polens, der die meisten Besonderheiten behalten· hatte und am leichtesten loszutrennen war. Zum
Rang einer Provinz konnte sich Preussen niemals erheben, trotz wiederholter Ansprüche. Es blieb immer nur ein Theil der Provinz
Grosspolen, die aus allen bis jetzt erwähnten Gruppen bestand, —
Grosspolen im weitesten Sinn.

Wir werden die Provinzeneintheilung von noch höherer Bedeutung als die Gruppenzusammenfassung finden.

Die Provinz Kleinpolen besteht aus zwei Gruppen, aus dem eigentlichen Kleinpolen und aus Reussen. Das eigentliche Kleinpolen,
bis ins 11. Jahrhundert hinein Chorbatien genannt, noch im 14. Jahrhundert meist als „Cracovia" bezeichnet, gegenüber der „Polonia,"
wie Grosspolen als der Ursitz des Polänen-, Polanen- oder Polonen-
Stammes hiess, ist aus den Wojewodschaften Krakau und Sandomierz
zusammengesetzt, denen sich auf ursprünglich sehr streitigem Boden
im 16. Jahrhundert das Palatinat Lublin anschloss. Auch zwei eh-
malig schlesische Herzogtümer, Auschwitz und Zator, sind im 16.
Jahrhundert zu Kleinpolen geschlagen worden, nachdem sie ein Jahr-
hundert· vorher an die Krone gefallen.

Die reussische Gruppe kam nur sehr allmählich in polnischen Besitz. Sie besteht aus den Palatinaten Rothreussen mit der Landschaft Chełm, Bełz, Podlachien, Wołynien, Podolien, Kijew, Bracław und Czerniechów. Seit Kasimir dem Grossen nach und nach unter die Botmässigkeit der Könige gekommen, begannen sie erst im 16. Jahrhundert gleiche Rechte mit Gross- und Kleinpolen zu erhalten. Die völlige Gleichstellung erfolgte 1569, in welchem Jahr die ganze Gruppe unter die kleinpolnische Provinz aufgenommen wurde, nachdem sie lange Zeit hindurch von Litauen reclamirt gewesen war. Czerniechów kam erst 1635 in polnischen Besitz und wurde schon 1667 mit anderen reussischen Gebieten wieder eingebüsst.

Die Provinz Litauen hat gleichfalls innerhalb ihrer Wojewodschaften eine Gruppentheilung, die aber von geringer Bedeutung erscheint. Das eigentliche Litauen (Hochlitauen lit. Letuwa) besteht aus den Palatinaten Wilno, Troki und (etwas uneigentlich) Brześć Litewski.

Samogitien (poln. Żmudź, lit. Shamaite == Tiefland) bildet eine Starostei für sich in ganz anomaler Stellung und wird einer Wojewodschaft gleich geachtet. Die dritte Gruppe besteht aus den litauischen Gebieten, in denen das Landvolk russischer Abstammung war und ist. Weissrussland heissen die Wojewodschaften Połock, Witepsk, Mińsk und Mścisław. Schwarzrussland die Wojewodschaft Nowogrodek, beides im Gegensatze zu den östlichen Gebieten der Provinz Kleinpolen, die als Rothrussland (Reussen im engern Sinne) bezeichnet werden.

Einen officiellen Namen hat es für den Begriff der Wojewodschaftgruppe nicht gegeben, solange Polen bestand; verschiedene Gruppen, wie Preussen, Masovien, wurden als Herzogthum (księstwo, ducatus) bezeichnet. Dennoch haben alle diese Gebietsconglomerate mehr oder weniger ihre Bedeutung für die gemeinsame Politik des Adels, der sie bewohnte, für das Verfahren bei Reichstagen, und für die Verwaltung im Allgemeinen.

Die Provinzialgegensätze in Polen treten unter Kasimir dem Grossen zuerst auf; sie erhielten sich in voller Schärfe bis zum Ende des Reichs. Die drei „Nationen" von Grosspolen, Kleinpolen und Litauen sollten vollkommen gleiches Ansehn geniessen; namentlich für die Verhandlungen der Reichstage blieb die Eintheilung nach Provinzen vom grössten Gewicht. In gewisser Beziehung erschien Polen officiell als ein dreifaltiger Bundesstaat. Es sind eben verschiedene concentrische Kreise, aus denen sich der Föderalismus Polens von kleinen und zahlreichen zu grösseren und wenigeren Autonomien allmählich aufsteigend erbaut.

Wir werden nicht fehlgehn, wenn wir die Gründe für diese auch durch die Constitution von 1791 sorgfältig conservirte föderative Färbung des polnischen Reichs in dem jugendlichen Charakter des polnischen Staatslebens suchen. Das Bewusstsein verschiedener Abstammung hatte sich in allen Tleilen der Republik lebendig erhalten, obwohl seit dem Ausgang des 16. Jahrhunderts gemeinsame Sprache die herschende Klasse aller Gegenden des Reiches zu verbinden anfing; und um diesem Bewusstsein gerecht zu werden und doch wieder nicht eine allzugrosse Zersplitterung eintreten zu lassen, hatte sich der Adel die Provinzialeintheilung ersonnen, die wohlthätigerweise nach unten verbindend, nach oben trennend wirkte. Ohne die Gliederung nach Provinzen hätte sich die Republik bei der sonstigen Lockerung aller Bande nicht halten können. Die Gründung einer über ausgewachsene politische Gebilde zu stellenden höhern Staatsgewalt, von der Theorie unter die schwierigsten Aufgaben der Staatskunst gerechnet und von der Praxis des 19. Jahrhunderts mit Glück beinahe noch nirgend ausgeführt, ist für das alte Polen als gelungen zu bezeichnen. So vielerlei auch sonst an den polnischen Einsichtungen auszusetzen ist: die Eintheilung des Staatsgebiets in Polen hat ihren Zweck für Polens inneren Zusammenhalt erfüllt.

Wir können an diesem Ineinanderschachtelungsystem, das uns an jenes nürnberger Federmesser erinnert, in dessen Heft eine Anzahl kleiner Messer liegt, die sämmtlich in ihren Heften wieder jedes eine Menge Messerchen bergen, nnd wo das Verhältniss sich noch einige Male bis zur Grenze des Sichtbaren wiederholt, nichts aussetzen, wenn wir bedenken, dass auch die Aufgaben des innern Staatslebens ein Rechnen mit gegebenen Verhältnissen nothwendig machen. Und was mit den in Polen vorhandenen Factoren, mit einer verschiedensprachigen Bevölkerung und mit einem nach schrankenloser Freiheit dürstenden Adel, seit dem 14. Jahrhundert erreichbar war, ist erreicht worden. Dass den Polen im 18. Jahrhundert ein Herscher versagt blieb, der das Werk zu Ende geführt hätte, war mehr ihr Unglück, als ihre Schuld.

Der polnische Adel, der sich noch im 16. Jahrhundert in verschiedene Staaten geschieden hätte, wenn seine Rechte und Freiheiten dabei nicht zu Schaden gekommen wären, dieser Adel fühlt sich am Ende des Reichs als Ein Volk, das trotz verschiedener Abstammung und theilweis verschiedener Geschichte noch nach dem Zusammenbruch des Staats vom innigsten Gemeingefühl umschlungen ist. Das centralisirte Preussen hat sich seine Polen bis jetzt so wenig assimilirt, dass diese unter „Brüder" und „Landsleute" nicht Rheinländer oder Märker, sondern die Bewohner von Warschau und Lemberg verstehen. Der Erfolg jedes Bundesstaats ist Anbahnung des Einheitstaats; zum mindesten wird die entgegengesetzte Bewegung, die Richtung nach dem Staatenbunde, in jedem Bundesstaat als verderblich angesehn, wie sie auch noch niemals in einem Bundesstaat mit Glück hervorgetreten ist. Eine föderative Staatseinigung wird eben da gegründet, wo das Bedürfniss nach einer Staatswirksamkeit grossartigen Massstabes gefühlt wird. Die halbirte Staatsgewalt, die durch den Bundesstaat gegeben wird, ist aber darum nur ein Nothbehelf, kein Ideal. Die Entwicklung der meisten Bundesstaaten drängt unausgesetzt auf Vermehrung der. Macht des Gesammtstaats —, auf Verringerung der Einzelstaatencompetenz, so zeigt die Geschichte vom achäischen Bunde bis zu den vereinigten Niederlanden und Nordamerika. Wer will behaupten, dass es anders sein sollte?

Darum wird die föderative Form, die den Einheitstaat am sichersten und geräuschlosesten grosszieht, für die vollkommenste geachtet.

## Dritter Abschnitt

### Polen und Litauen

In Polen war die Bildung eines vollkommen einheitlichen Staats am Ausgang des 18. Jahrhunderts vorbereitet. Das Nationalbewusstsein war Eins geworden.

Selbst der scharfe Gegensatz zwischen Litauen und dem Kronlande war nahezu verwischt. Sowohl ein ethnographischer Unterschied — war doch die in Litauen herschende Klasse nicht slavischen Ursprungs —, als auch die bis zum Jahr 1569 getrennte politische Entwicklung liessen das „Grossfürstenthum" (magnus ducatus, wielkie księstwo) als eine Besonderheit gegenüber den beiden schon lange verbundenen polnischen Provinzen erscheinen. Als Krone, Kronland (regnum, korona) werden Grosspolen und Kleinpolen zusammengefasst, wenn Litauen nicht als Provinz, sondern als Reich auftritt. Litauen bildete das Hypomochlion (mit dem Ausdruck eines deutschen Staatsmanns zu reden) zwischen der gegenseitigen Eifersucht Grosspolens und Kleinpolens, die noch über das 16. Jahrhundert hinaus oft lebhaft hervortrat.

Die Union Polens mit Litauen war kein Geschenk des Glückes. Die Litauer, durch gesellschaftliche Verschiedenheiten von dem Adel Klein- und Grosspolens gesondert, sträubten sich mit Hand und Fuss 300 Jahre lang gegen eine engere Verbindung mit dem Königreiche. Selbst die Personalunion erschien ihnen als eine Fessel. Ohne die hohe politische Bildung, die der polnische Senat in diesen Verhältnissen bewies, ohne langen Kampf und grosse Mühsal, die sich die polnischen Staatsmänner auflegten, hätte die Herrschaft der Jagellonen dem Staate Polen keinen Nutzen gebracht. Der Preis langen Ringens waren die doch immer nur eine lockere Union herstellenden Artikel von 1569.

In den staatsrechtlichen Beziehungen beider Länder sollte die Präsumtion immer für das Sonderrecht sprechen. Die gemeinsamen Angelegenheiten waren beschränkt. Litauen war zwar in den wichtigsten Beziehungen de facto zur zweiten Rolle verurtheilt, erschien aber in formellen Fragen immer gleichberechtigt mit der „Krone". Die gesammte innere Verwaltung beider Länder, namentlich das Finanzwesen, blieb getrennt, ebenso die Civilgesetzgebung und Rechtspflege. Das Grossfürstenthum hatte ebensoviel hohe Beamte, als das Königreich. Die Conföderationen bildeten und nannten sich bis 1792 immer nach beiden Nationen. Dieser Ausdruck bezeichnet ebensowohl den Inhalt der drei Provinzen, als den der beiden Länder.

Das spätere Polen hatte ein allgemeines Bürgerrecht für sein ganzes Gebiet; unzweifelhaft aber in vielen Fällen war nur der Eingeborne und Angesessene der Landschaft, der Provinz und der beiden höchsten Einheiten, Litauens und der Krone, zu Aemtern etc. fähig. Im Allgemeinen galten die Sonderrechte höher als das Gesammtinteresse, wie auch feierlich stets von neuem verbrieft wurde; aber allmählich nahm die polnische Verfassung den Gang aller lebenskräftigen Verfassungen: das Besondere ward gegen das Gemeinsame aufgegeben.

Während heute gleich bei der ersten Zusammenschmelzung verschiedener Staaten fast alle gesellschaftrechtlichen Unterschiede der beiderseitigen Staatsangehörigen aufgehoben werden, war es bei der Vereinigung Polens mit seinen Nebenländern und namentlich grade mit Litauen umgekehrt; besonderes Indigenat der einzelnen Landschaften wurde vorbehalten, die Scheidewände der einzelnen Gebietstheile wurden nicht niedergerissen, sondern in schriftlichen Documenten genau bezeichnet. Aber der Volksgeist warf sie allmählich, fast unter der Hand, nieder; das Gewohnheitsrecht begann in die gesetzlich verbürgten Bollwerke des Partikularismus Bresche zu legen.

Jedoch auch die Vereinigungsurkunde Polens mit Litauens war ein geschickt angelegtes Mittel zur unmerklichen immer engeren Verknüpfung beider Länder.

In einigen Stücken ist Polens Verfassung besser als ihr Ruf. Die Lubliner Union von 1569, die bis zum Untergang des Reichs wohlthätig fortwirkte, war ein politisches Meisterwerk: wer da lernen will, wie Territorialeifersucht und widersprechende Territorialinteressen zugleich befriedigt und im Dienste des Ganzen nutzbar gemacht werden können, studire dieses Document. Freilich, das Gleichgewicht der einzelnen Gebietstheile ist mit einer Formalität durchgeführt und äusserlich ausgeprägt, die von unserem Jahrhundert über die Achseln angesehn wird. Aber ein tiefer Sinn lag für jene Zeit in der genau abgemessenen Rangfolge, die den einzelnen höhern und niedern territorialen Einheiten, wie sie in ihren Beamten personificirt waren, zugewiesen wurde. Bewundernswerth bleibt namentlich die Art, wie der Grundgedanke des Instruments, dauernde Ausgleichung zwischen Polen und Litauen, durchgeführt wird.

Ein folgenreiches Moment von staatsrechtlicher Bedeutung war unter andern der Umstand, dass trotz aller sonstigen Scheidung ein gemeinsames Eigenthumsrecht für Krone und Litauen anerkannt wurde: das livländische Gebiet sollte gleichmässig unter beiden Nationen stehen, ebenso wie das Herzogthum Kurland als ein Lehn beider Reiche anerkannt wurde. Allerdings, zu Einem Staate wurden durch diese Bestimmungen Polen und Litauen ebensowenig verbunden, als durch die andern ihnen seit dem Jahr 1569 gemeinsamen Angelegenheiten. Eine Person sollte gleichzeitig als König und Grossfürst gewählt und proclamirt werden, durch Ein Document und Einen Eid sollten Polens und Litauens Rechte bestätigt werden, und in Aufrechthaltung dieser Freiheiten sollten sich beide Nationen unterstützen; nach aussen hin sollten beide Länder nur Eine Politik haben, keine Bündnisse getrennt schliessen; Eine Münze sollte gelten; Grosspolen und Kleinpolen sollten keine Reichstage ohne Zuziehung Litauens halten. Das war nicht viel!

Ja, selbst diese wenigen Bestimmungen wurden in der Folgezeit bis ins 17. Jahrhundert hinein kaum eingehalten. Sehr oft blieben die Litauer von den polnischen Reichstagsversammlungen ganz weg, und gar offenkundig gingen sie nach dem Aussterben der Jagellonen mehrfach mit der ernstlichen Absicht um, einen besondern Monarchen zu wählen, oder sich an Moskau anzuschliessen.

Dennoch gelang es dem Tact und der Ausdauer der kronländischen Staatsmänner die Verbindung aufrechtzuhalten und zu verfesten.

4*

Mit dem 17. Jahrhundert beginnen Polen und Litauen sich als Ein Staat zu fühlen, als Ein Staat aufzutreten; mit Einem Namen bezeichnet jetzt die öffentliche Stimme beide Länder und fasst alle Sondergebiete in eine gewaltige Einheit zusammen.

Worte sind oft eine politische Macht; man darf kühnlich behaupten, dass nur der hinreissende Name des „Reiches" dem deutschen Volke zwei Jahrhunderte hindurch das Bewusstsein der Zusammengehörigkeit unausrottbar erhalten habe; und ebenso hat der Zauberklang „rzeczpospolita" (Respublica, Gemeinwesen) die staatsrechtliche Annäherung und Verschmelzung der polnischen Gebietstheile unglaublich befördert. Es bleibt wahr, was Lelewel zum Ruhme seiner Nation sagt: inmitten der feudalzersplitterten oder absolutistisch zusammengeschweissten Staaten Europas hat sich in Polen zuerst die Idee verwirklicht, einen grossen Staat auf freiheitlichen Grundlagen, auf nationalem Elemente zu erbauen. Das Alterthum und das Mittelalter kannte nur Stadtrepubliken; ein freiheitlich und volksthümlich organisirtes Land hat es vor Polen nicht gegeben. Polen erinnert allerdings an die mehr vorstaatlichen als staatlichen Zustände altgermanischer Völker, die auch unter ihren Königen frei, über grosse Gebiete ausgedehnt wohnten; aber doch hat es seit dem 16. Jahrhundert sich mit Bewusstsein als eine Parallele zu antiken Freistaaten aufgefasst. Die Bedeutung der Neuzeit ruht darin, dass die Staats- und Nationalitätsideen des Alterthums auf mittelalterliche Verhältnisse übertragen wurden. Die Polen wählten nicht das römische „imperium," sondern die „respublica" zu ihrem Muster, abweichend von allen andern Völkern des 16. Jahrhunderts.

Und so erhebt sich denn seit dem 17. Jahrhundert die durchlauchtigste R e p u b l i k der Polen auf einem, trotz verschiedenfacher Eintheilung, doch einheitlichen Staatsgebiet, auf dem ausgedehntesten Staatsgebiet, das Europa seit dem Reiche Karls des Grossen erblickt hatte. Immer ähnlicher werden sich die Institutionen der einzelnen Gebietstheile; die an der mittlern Warthe und an der obern Weichsel grossgewiegten Principien verbreiten sich mit wunderbarer Acclimatationsfähigkeit über einen bedeutenden Theil des europäischen Osten und schlagen Wurzel an Njemen und Njeper. Gleichviel ob ihre Wirkung heilsam war oder nicht, die Ausbreitung des polnischen Rechts war gewaltig. Sie findet nur Ein Beispiel in der neuen Geschichte: das Wachsthum der Vereinigten Staaten.

Als Polen sich seinem Untergange zuneigte, waren die Institutionen des ganzen Gebiets so gleichartig geworden, dass man nur noch von Einem Staatsrechte sprechen kann. Die Verfassung der Republik Polen war fertig; aber nur um auf ihrem ganzen weiten Gebiet gleichzeitig — unterzugehn. Unterzugehn, weil der Inhalt des Staats, die Gesellschaft, und deren Organisation hinter den Anforderungen moderner Cultur und moderner Rechtsbegriffe zurückgeblieben war.

Vergessen wir nicht: krankhafte und gesunde Anlagen mischen sich zu seltsamer Wechselwirkung in jeder irdischen Schöpfung. Die grossartige Erweitung des polnischen Gebiets und seine musterhaft föderative Ordnung war für jene Zeiten, in denen eine amerikanische Demokratie noch nicht gedacht werden konnte, nur dadurch möglich, dass eine beschränkte Klasse an der Spitze der polnischen Gesellschaft stand, oder vielmehr nur dadurch, dass eine über 20,000 Quadratmeilen zerstreute, 800,000 Seelen starke Adelsbevölkerung die wirkliche Gesellschaft in Polen bildete.

Diese Gesellschaft hatte Polens Glück begründet; diese Gesellschaft, stereotyp festgehalten, war Polens Unheil.

# Viertes Buch

## Organisation der Gesellschaft

„Duo hominum genera in Polonia, plebejorum ac patriciorum. Plebeji arationi pastioni artificiis ac mercaturae ... patricii ad militiam et reipublicae procurationem destinati."

Zamoiscii oratio ad regem Henricum. Lugd. 1573 fol. 14.

## Erster Abschnitt

### Staat und Gesellschaft in Polen

Was die Staatskunde unter Gesellschaft zu verstehen habe, ist noch immer ungewiss, trotz des lebhaften Streites, der vor unseren Augen über den Begriff und seine Folgerungen entbrannt war. Aber das Wort kommt immer mehr in praktischen Gebrauch; und da es einmal Bürgerrecht in der Wissenschaft erhalten hat und nicht leicht zu ersetzen scheint, so würde man wohl thun, sich auch hier der Tyrannei des Usus zu fügen und dem Namen allgemein die Anwendung geben, in der er bis jetzt am häufigsten auftritt.

Demnach würde unter Gesellschaft die Bevölkerung in ihren Verhältnissen zueinander verstanden, soweit sie nicht vom Staate berührt wird. In der That dürfte als die annehmbarste Definition von Gesellschaft erscheinen: Summe der Privaten, Summe der nichtstaatlichen Genossenschaften und der Einzelnen, insofern sie in keinem direkten Verhältniss zum Staat sich befinden.

Die Gesellschaft ist älter als der Staat. Ihr Uebereinander ist in wirthschaftlichen Verschiedenheiten begründet.

Der Staat schmiegt sich bei seinem Entstehen und in seinen ersten Formungen der Gesellschaftskrystallisation an, die er vorgefunden hat. Ist die Congruenz vollständig geworden, so geht das Bestreben des Staates dahin, die bestehenden Gesellschaftsunterscheidungen in der einmal geltenden Richtung weiter zu schärfen.

Gelingt ihm dies nicht, so tritt eine Verschiebung der gesellschaftlichen Zustände ein; besonders in wirthschaftlicher Hinsicht ist der Staat selten fähig, gesellschaftliche Entwicklungsprocesse aufzuhalten, und giebt er alsdann den neugebildeten Gestaltungen nicht die politische Bedeutung, die ihrem socialen Gewicht zu entsprechen im Stande ist, so steht eine gewaltsame Erschütterung bevor, die nicht immer unmittelbar zum Heile gereicht.

Indessen liegt keineswegs ein unbedingtes Glück darin, dass sich ein Staat beständig conform mit seiner Gesellschaft erhält. Wohl ist es richtig: die Blüthe des Staats ist dann erreicht, wenn er alle Bestrebungen der Gesellschaft fördert; aber diese Blüthe ist nur dann von Dauer, wenn die Tendenzen der Gesellschaft zeitgemässe sind. Ebenso wie der Einzelne, unterliegen die Menschengemeinschaften gewaltigen Täuschungen über ihr eigenes Wohl; und diese noch leichter als der Einzelne, weil jede Ansammlung von Menschen — je grösser sie ist, desto mehr — von Naturtrieben und Naturkräften, nicht von der berechnenden Vernunft in ihren Strebungen geleitet wird.

In Polen waren um die Mitte des 16. Jahrhunderts Staat und Gesellschaft in richtigem Gleichgewicht und darum eine verhältnissmässig hohe Stufe von Zufriedenheit im Lande herschend. Die gesammte Thätigkeit des Staates lief in den Geleisen, welche den socialen Zuständen am besten angepasst waren. Aber diese Zustände waren nichts weniger als mustergültig, wofür sie die herschende Klasse hielt. Und weil der polnische Adel nur auf Conservation seiner socialen Stellung hinausging und den Staat, in dem er ebenso massgebend geworden war, als in der Gesellschaft, nur für diese Zwecke ausbeutete, so musste der sociale Stillstand zum Unheil ausschlagen. In Polen ist es dem Staat besser als irgendwo gelungen, die Consequenz der Gesellschaftsformen zu ziehen, in denen sich die Jugend des Volkes bewegte. Und was ein Amerikaner von der Aristokratie als allgemeinen und wohl nicht immer treffenden Satz aufstellt, dass sie einmal in der Herrschaft, sich wenig sonst zu thun mache, als den Besitz der politischen Macht zu bewahren, das gilt unzweifelhaft von der Thätigkeit, welche die im polnischen Staat bestimmenden Gesellschaftsschichten entfaltet haben.

Leider nur zu wahr ist, was ein abgesagter Feind der Polen behauptet, dass die Republik Polen das Ideal eines von Landedelleuten beherrschten Grossstaates gewesen sei, und dass darin ihre weltgeschichtliche Bedeutung liege. In der That, wo eine Klasse von Grundbesitzern in den ausschliesslichen Genuss der staatlichen Autorität gelangt, da wird sie sich nur allzuleicht versucht fühlen, ähnliche Zustände wie in Polen einzuführen. Mecklenburg ist ein redendes Beispiel hierfür.

In Polen hat sich eine Herrschaft des Landadels eben darum so typisch ausbilden können, weil hier die Entwicklung in ununterbrochenem organischen Zusammenhang durch ein Jahrtausend fortging.

Schon beim Eintritt Polens in die Geschichte finden wir stufenmässige Ungleichheit im polnischen Personenrecht. Neben einer grossen Zahl Vollfreier und Vollberechtigter besteht eine Mittelschicht von Hörigen und eine grosse Klasse vollständiger Sklaven.

Man hat die Anfänge des polnischen Staates wegen dieser, den Grundsätzen heutiger Demokratie nicht entsprechenden Gliederung vielfach verunglimpft und den Slaven überhaupt dieser geschichtlichen Erscheinung halber jeden Beruf zur wahren Freiheit abgesprochen. Andrerseits haben polnische Forscher diese seit dem 10. und 11. Jahrhundert im Warthe- und Weichselgebiet herschenden Zustände fremdem Einfluss zugeschrieben. Ein anerkannter polnischer Gelehrter, Szajnocha in Lemberg, ist so weit gegangen, die Institution, welche Vorbedingung des ganzen polnischen Reichs war, den Adel, die wirkliche Nation, auf nicht nationalen Ursprung zurückzuführen und dem Adel, dessen wesentlicher Zusammenhang eine territorial eingewurzelte Geschlechtsverfassung war, eine nicht nationale, normännische Abstammung zuzuweisen. Aber auch der gründliche Lelewel ergeht sich in wunderlichen Hypothesen, um das angeblich unslavische Verhältniss des in Polen seit jeher bestehenden gesellschaftlichen Uebereinander zu erklären.

Und doch liegt die Sache so ganz einfach: In Polen wie bei den andern Slaven findet sich um das Jahr 1000 unter staatlicher Sanction genau dieselbe Ordnung der Gesellschaft, welche wir gleich nach dem Beginn unserer Aera bei den Germanen überall kennen lernen, und welche die Sachsen zur Zeit Karls des Grossen noch treu bewahrt hatten. In Deutschland liberi, laeti (liti, lassi, Hörige), servi; in Polen liberi, kmetones (coloni, Hörige), servi. Ebenso gut aber, oder ebenso schlecht, als diese germanischen Zustände einer Erklärung oder auch Rechtfertigung für fähig gehalten werden, sind es die polnischen. Kein Stamm der indoeuropäischen Sprachfamilie ist ja mit den Ger-

manen so nahe verwandt, als die Slaven; damit wären wir aller
künstlichen Untersuchungen über die Gründe der Unfreiheit enthoben,
der Unfreiheit, die in den altgermanischen Verhältnissen als selbstverständlich hingenommen, in der slavischen Geschichte als ein ketten-
rasselndes Unglücksgespenst dargestellt wird. „Simplex sigillum veri"
war der Lieblingspruch des grossen Naturbeobachters Boerhave.

„Als Grundlage der Verfassung aller deutschen Stämme", sagt
Savigny, „betrachte ich den Stand der Freien." Ein gleiches gilt von
der polnischen Verfassung. Diesem dominirenden und unter sich ver-
hältnissmässig-gleichartigen Stande gegenüber schmelzen bald auch die
Hörigen mit den Sklaven in eine nicht mehr genau zu unterscheidende
Masse zusammen, ganz wie in der spätern Entwicklung der Deutschen;
dafür aber treten der Gesellschaftsordnung einige neue Stände bei.

Das Polen des 14. Jahrhunderts berücksichtigt in seiner Gesetzgebung bereits fünf Gesellschaftsklassen: Adel, Bauern, Städter, Geistliche und Juden; und als scharf gesonderte Stände blieben diese fünf
Theile der Einwohnerschaft Polens bis zum Tode des Staats neben
und übereinander bestehen. Aber eigentlich zum Staat gehörig waren
seit dem 15. Jahrhundert die Edelleute. Die Geistlichkeit, als solche,
hat keine politische Bedeutung in jenem Lande; die Bischöfe nehmen
nicht als Vertreter des Clerus, sondern als Grossgrundbesitzer und vom
König ernannte Beamte einen hervorragenden Platz unter den Herren
Räthen des Königs ein. Die übrigen Geistlichen nehmen an Staatsgeschäften nur insoweit Antheil, als sie durch adlige Geburt dazu berechtigt sind.

Die Städte befinden sich seit einem kurzen Versuch unter Kasimir
und Ludwig und seit einem vorübergehenden Auftreten unter Siegmund I.
ausserhalb des Staats. Der Städter in Polen ist Gastfreund, gleichwie in Ungern. Zwar werden die Städte zu allerlei Steuern und Pflichten gezogen, seitdem der Adel sich als Vormund und Verweser der
Staatsgewalt betrachtet und die Befugnisse ausübt, zu denen bis 1572
nur der König als persönlicher Besitzer der Städte berechtigt war,
aber sie sind und bleiben blosses Object der Gesetzgebung. Das
Städtewesen blieb ein unharmonischer Bestandtheil der polnischen Gesellschaft und des polnischen Staats. Die Städte hielten sich isolirt
im Lande und wurden isolirt gehalten, wie Oeltropfen in einem Teiche.

Die Juden sind wirthschaftlich von hoher Bedeutung für das ehe-
malige Polen; betrugen sie doch mehr als ein Sechstel der Bevölkerung,
nur mit Handel und Handwerk beschäftigt; rechtlich finden sie nur

geringe Erwähnung. Sie waren Kammerknechte erst des Königs, dann der Republik; damit ist alles gesagt.

So zog der polnische Staat nur wenig Nutzen von den neuen Elementen, die mit Einführung der abendländischen Kirche sich dem ursprünglichen Gefüge seiner Gesellschaft anschlossen. Mit der Aufnahme eines städtischen Bürgerthums hatte er den ersten Schritt gethan, sich dem gesellschaftlichen Muster des Abendlandes nachzubilden; der zweite Schritt, Umbildung der Städter zu activen Gliedern des Staates, unterblieb bis zuletzt.

Die wesentlichen Theile der polnischen Gesellschaft, die Ingredienzien, ohne welche der polnische Staat undenkbar war, bilden Bauern und Adel, diese zur Leitung, jene zur Ernährung des Staats bestimmt. Das Leben des polnischen Ritters war undenkbar ohne die Thätigkeit des Bauern; die menschenunwürdige Stellung des Bauern erklärt sich nur durch den Wirkungskreis, der dem Edelmann als dem potenzirten Menschen vorgezeichnet war.

Die Ursachen der polnischen Gesellschaftsformung lassen sich finden; diese selbst muss für ein unvollkommenes, allmählich krankhaft gewordenes Gebilde gelten. Nicht ohne Boden ist das Wort von Dumouriez, der für Polens Unabhängigkeit noch mitgekämpft hatte: Polens socialer Körper sei ein Ungethüm gewesen von Köpfen und Mägen, ohne Hände und Füsse.

---

## Zweiter Abschnitt

### Polens Bauern

Bauer d. h. unfrei ist, zu den Zeiten, da die polnische Verfassung ihren sie für immer unterscheidenden Charakter angenommen hatte, jeder Bewohner Polens, der nicht nachweisen kann, dass er einem der privilegirten Stände angehört. Die servitus ist der allgemeine Zustand in Polen, für den überall die Vermuthung spricht, bis zur Auflösung des Reichs.

So war es nicht von je. Allerdings, Sklaven finden wir bei allen Völkern niederer Culturstufe; auch beim Eintritt der Polen in die Geschichte gab es deren hinreichend unter dem Ljachenstamme. Kriegsgefangenschaft und Eroberung waren in jener Zeit reiche Quellen der

Sklaverei. Ein Jägervolk tödtet seine Gefangenen; auch ein Hirtenvolk vernichtet seine Feinde; aber ein bereits ackerbauender Stamm weiss seine Menschenbeute als nützliches Werkzeug zu verwerthen. So bezeichnet die Sklaverei einen Fortschritt im Verhältniss zu den vorgeschichtlichen Zuständen der Slaven.

Ihrer Zahl nach bildeten die Sklaven des alten Polen keinen unwesentlichen Bestandtheil der Einwohnerschaft. Eine Urkunde von 1065 unterscheidet scharf zwischen den servi adscripticii und den liberi der an das Kloster Mogilno geschenkten Dörfer. Die meisten Glieder der Bevölkerung aber sind ursprünglich der Staatsgewalt gleichmässig unterworfen, frei und auch zum Kriegsdienst verpflichtet. Nur durch den Besitz, der theils unmittelbares Eigenthum der Geschlechter, theils gegen gewisse die Freiheit beeinträchtigende Bedingungen an Gemeinden und Einzelne übertragen ist, werden folgenreiche Unterscheidungen begründet. Namentlich der Fürst, dem nach altslavischer Vorstellung alles unbebaute Land gehört, ist im Stande, durch Ansiedlung auf seinen Gütern diese Klasse persönlich freier, aber dinglich unfreier Leute gewaltig zu vermehren. Das wichtigste Merkmal dieser Bevölkerungsschicht ist das geringere Wehrgeld, die Ausgeschlossenheit von öffentlichen Berathungen und von den Geschlechtsverbänden. Durch Schenkungen solch fürstlicher Güter an hervorragende Krieger und an die Kirche werden zugleich die zinsgesessenen Landbebauer mit in andre Hände übergeben. Und da durch beständige Unruhen und Friedlosigkeit die Verarmung der ärmeren Volksschichten stieg und der vollfreie Besitz sich fortwährend mehr in den Händen einzelner Geschlechter zusammenballte, so hat sich schon im 13. Jahrhundert ein ausgebreiteter Stand von Hintersassen gebildet, der uns in Documenten und bei Schriftstellern als „kmetones, incolae, rustici, coloni, inquilini" entgegentritt und bereits an die Scholle gebunden erscheint. Sowie er auch ausschliesslich die Steuern und Lasten des Staates, die Zehnten der Kirche zu tragen hat. Die Kriegsdienstverpflichtung aller Unterthanen des Königs hat sich im 13. Jahrhundert ganz entschieden in ein Kriegsdienst r e c h t der mit freiem Besitz ausgestatteten Geschlechter verwandelt. Das Ross zertritt die alte Gemeinfreiheit. Der Reiterdienst ist nur Wenigen möglich, die sich durch Aequivalente für ihre Aufopferung zu entschädigen suchen. Im Beginn des 14. Jahrhunderts ist die alte Gesammtunterthanenschaft aller Bewohner bereits völlig gebrochen. Der Kmete, der nicht mehr ins Feld zieht, steht auch nicht mehr unter dem Gericht des Königs (falls er nicht auf königlichen Gütern ansässig), sondern unter dem Herrn des Landes, das er baut. Zuerst hatte die Geistlichkeit, Aebte und Bischöfe, ihre Bauern dem königlichen (Castellanei-) Gericht entzogen; bald hatten auch einzelne Adelsgeschlechter ausdrückliche Immunitätsprivilegien erhalten, und in kurzem ist es Gewohnheitsrecht, dass die Kmetonen auf allen adligen Gütern nur noch Gerichtstand vor ihren Grundherren haben. So erklärten die adligen Sippen Topor und Starykoń, als ihre Kmetonen vor dem König belangt wurden: dass sie von Alters her mit allen Edelleuten ein gemeinsames Vorrecht hätten, und dass Niemand, selbst der Herr König nicht, darum über ihre Diener und Bauern richten dürfte, ausser sie selbst und ihre Nachkommen.

Die Entziehung des Gerichtstandes (denn das Gericht des Grundherrn war eben kein Gericht) führt die bäuerlichen Verhältnisse auf abschüssige Bahn. Ohne Haltpunkt rollt das Recht der Kmetonen in die völlige Negation alles Menschenrechts, in die Sklaverei.

Zur Zeit des Statutes von Wiślica ist der Bauer allgemein an die Scholle gefesselt. Nur in seltenen Fällen darf er seinen Geburtsort verlassen (bei Nothzucht des Grundherrn an einem Bauermädchen das ganze Dorf). Das Wort kmieć, kmeto bedeutet schon Unterthan des Grundherrn, Knecht, und sicher in dieser Bedeutung, nicht etwa als ehrendes Prädicat steht es im damaligen Nationalhymnus der Polen, im sogenannten Adalbertslied: „Adam, du göttlicher Kmete, du sitzest bei Gott im Rathe."

Es ist nicht nothwendig anzunehmen, dass der erste Grund zur allmählich immer strenger werdenden Abhängigkeit der Kmeten in einer vorhistorisch stattgefundenen Eroberung gelegen habe. Die angelsächsische Verfassungsgeschichte zeigt uns in sehr instructiver Weise, wie von dem Stande der Freien sich im Lauf der Zeit eine grosse Hörigenklasse abzweigen kann. Nur durch wirthschaftliche Veränderungen gelangt der Ceorl, ursprünglich ebenso vollfrei wie der Than, ums Jahr 1000 in das gleiche Verhältniss, welches im 14. Jahrhundert die Masse der polnischen Bauern einnimmt. Ceorl und Than, kmieć und szlachcic, diese Verhältnisse decken sich.

Noch bleibt dem Bauern ein gewisses Erbrecht, in Betreff dessen sich der Fürst bei einer Immunitätsertheilung mitunter die Gerichtsbarkeit vorbehalten hatte; aber dem Bauern fehlen die Rechtsmittel, sein Recht geltend zu machen. Ein positives Recht besitzt er also eigentlich überhaupt nicht mehr.

Der Werth vollfreier Güter hängt bereits zu jener Zeit von der Zahl der auf ihnen haftenden Kmetonen und von möglichster Ausbeutung derselben zu Frohndiensten ab. Da nun die Gesetzgebung seit dem

15. Jahrhundert ausschliesslich in den Händen der Grundbesitzer bleibt, wird sie beständig dazu angewandt, das Princip der Erbhörigkeit aller Dorfinsassen und ihrer völligen Unterordnung unter die Herren des Bodens weiter auszubilden.

Durch die angebliche Const. 1454 wurden der bereits geltenden Gewohnheit zufolge alle Kmetensöhne an die Scholle gebunden. Nur einem von mehreren Söhnen sollte der Aufenthalt in Städten erlaubt sein — zur Erlernung von Wissenschaft oder Gewerbe. Ein Bauersohn jedoch, der ohne Erlaubnissbrief seines Herrn in Städten getroffen wurde, sollte sine strepitu juris auf sein Dorf geschafft werden. Nach der Constitution 1503 verlor er alsdann auch sein Erbrecht an die Hufe seiner Familie. Also war schon das Gesammtbesitzrecht der Bauerngemeinden an das Dorfland aufgehoben und wahrscheinlich allgemein an den Grundherrn übergegangen, der jeder Familie nach Gutdünken Acker zum Unterhalt anwies.

Besonders für diese Fragen wichtig ist die Const. 1496. Sie erneuerte zwar Kasimirs des Grossen Gesetz, wonach jährlich Ein Kmete auf ein andres Dorf sich begeben konnte, aber um diese Bestimmung materiell zu vernichten, wurde ein förmliches Wildfangsrecht über alle herrenlosen Bauern errichtet. Nicht nur Starosten, nein alle Ritter — sollten einen vagirenden Bauern zur Arbeit zwingen; ihn, im Fall er reclamirt würde, bei 6 Mark Strafe seinem Herrn ausfolgen, sonst ihn aber als eigen behalten.

Zum Ueberfluss wieder schriftlich fixirt wurde der geltende Rechtsatz, dass nicht der Bauer, sondern nur sein Herr civilrechtlich belangt werden dürfe.

1511 treten bereits alle Bauernsöhne als adscripticii auf. Keimem ist es mehr gestattet in städtische Schulen oder in städtische Zünfte einzutreten.

1519 werden alle königlichen Bauern zu Staatsklaven erklärt; sie sind ohne Beschränkung zu öffentlichen Arbeiten anzuhalten. Aber sonst blieb diesen allein noch eine Art gerichtlichen Verfahrens in Aussicht: sie durften rechtmässig vor dem Starosten, der als Nutzniesser der Staatsgüter über ihnen stand, an das königliche Hofgericht appelliren. Seit dem 17. Jahrhundert dürfte eine solche Appellation aus den Akten nicht mehr nachzuweisen sein.

Im Uebrigen unterlagen auch die königlichen Bauern einem unbeschränkten Frohndienst; denn dazu wurde die Bestimmung von 1520 ausgedehnt, nach welcher sämmtliche Kmeten in universo regno Einen Tag der Woche mindestens fröhnen sollten.

Den Abschluss dieser Entwicklungsreihe bildet die Conföderation 1573, die sämmtlichen Grundherrn unumschränkte Gewalt über die Bauern zuspricht. Mit den kurzen Sätzen dieser Acte ist die Sklaverei der Bauern besiegelt. Von hier an wird ihrer in den Gesetzen (und es giebt fast 100 Constitutionen, in denen von Bauern die Rede ist) fast nur erwähnt, wo es sich um flüchtige und herrenlose Subjecte und um Streitigkeiten über deren Besitz handelt. Dass über den Bauern Niemand als sein Herr ein Recht habe, wird durch die Constitution 1588 bestätigt, die den Besitz eines Bauern, der ohne Erben stirbt, nicht mehr an den Fiscus, sondern an seinen Herrn fallen lässt, und durch die Constitution 1601, die ohne Wissen und Willen des Herrn keine Adlung eines Bauern zugiebt, wie sie noch König Stefan geübt hatte.

In andrer Beziehung werden die Bauern erst von der Constitution 1768 erwähnt, welche auch für den Todtschlag oder Mord eines Bauern Lebensstrafe verhängt und von der Constitution 1791, die den Bauern, mit welchen ihre Herren schriftliche Bedingungen aufsetzen würden, verspricht, dass diese Verträge gehalten werden sollten. Seitdem nämlich der Kanzler Zamojski 1760 angefangen hatte seine Frohnbauern in Zinsgesessene zu verwandeln und dabei glänzende Geschäfte machte, wurden öfter derartige Vergleiche von Gutsbesitzern unternommen. Dieselben hatten aber keine Rechtsverbindlichkeit und wurden, wie uns der in Polen reisende Engländer Coxe erzählt, von den Nachfolgern der Edelleute, die sie abgeschlossen hatten, öfter als ungültig betrachtet.

Anzuerkennen ist auch das Bestreben des Königs Poniatowski, der in seiner Herzensgüte, nach Lelewel, für Landleute eine Art Gerichtsstand schaffen wollte, indem er den Instigatoren (königlichen Anwäl- ten) die Vertretung von deren Interessen zur Pflicht machte. Wie wir wissen, ohne thatsächlichen Erfolg.

So stand denn die polnische Bauernschaft als eine träge, stumpfe, durch Trunk und Elend verthierte Masse dem Untergang des Reichs theilnahmlos gegenüber. Von jeder Aenderung konnte sie nur Besseres erwarten, eine schlimmere Stellung war nicht möglich. Aber sie erwartete nichts; sie, die keine Geschichte bis dahin gehabt, konnte von keiner Zukunft etwas hoffen. War sie doch festgestampft und empfindungslos nur Estrich und Fundament des Staates gewesen. Schauerlicher Aberglaube des Mittelalters knüpfte die Haltbarkeit eines Baus an eine lebendig begrabene menschliche Seele; über Millionen von

Seelen, die zu ewigem Geistestode bleiern eingesargt waren, erhob sich die Polenrepublik der neuern Jahrhunderte, aber sie stürzte.

Polen konnte seinen Nachbarn nicht hinreichende Menschenkraft entgegenstellen. Es hatte zu wenig Bürger, wie Dumouriez richtig hervorhebt, um seine Grenzen gegen fremde Heere zu vertheidigen.

Der Kmete, seit dem 16. Jahrhundert gewöhnlich chłop, mit einem beschimpfenden Ausdruck, staatsrechtlich poddany, Unterthan, genannt, tritt in seinen Stand durch Geburt, und zwar ist der status des Vaters entscheidend. Genaue Definitionen hat das polnische Recht im Uebrigen nicht. Wer nichts andres war, musste Unterthan sein, und konnte ohne weiteres als solcher mit Beschlag belegt werden.

In einen andern Stand tritt der Bauer bis zu den Jagellonen thatsächlich, bis 1588 schriftlich fixirt, durch den Willen des Königs. Seit 1588 hat allein der Herr das Recht den Bauern in höhere Stellung zu versetzen, ihn also in der Regel freizulassen.

Ein eigentliches Recht hat der Bauer nicht, sogar nicht einmal das Recht zu leben. Dem Herrn steht unzweifelhaft die Befugniss zu, seinen Unterthan zu tödten; ein fremder Mörder zahlt die übliche Geldbusse, 30 Mark, an den Herrn, den er um eine Sache ärmer gemacht hat. Der Bauer ist in der Regel zeugnissunfähig; die Processführung fällt dem Herren zu. Allerdings zeigen uns die Grodacten viele Klagen von einzelnen Bauern und ganzen Gemeinden über Mord, Verstümmelung und sonstige Schäden; aber die Urtheile fehlen fast immer.

Selbst das Recht zu religiösen Meinungen ist dem Bauern durch die Conföderationsacte 1573 abgeschnitten. Sogar Sonntags war der Bauer an vielen Orten zur Arbeit gezwungen. Von irgend einem Unterricht war nicht entfernt die Rede.

Auch ein Recht zu Besitz und Erbschaft ist dem Bauer nicht zugesprochen. Man stellte geflissentlich das liegende und bewegliche Gut der Bauern dem peculium der römischen Sklaven gleich. Wer hätte den Herrn verurtheilen sollen, wer ihn anklagen, wenn er so und so viel Bauernhöfe und Hufen legte?

In Zeiten der Noth pflegte der Herr seine Unterthanen zu ernähren, soweit und solange es ging. Darauf konnten sie aber keinen rechtlichen Anspruch erheben: das Einmaleins klärte hier den Besitzer über seinen Vortheil auf. Ein Dorf, dessen Bauern verhungert waren, galt nichts.

Dahingegen ist für die Verpflichtungen der Bauern eine Grenze nur in der physischen Unmöglichkeit gesetzt.

Was der Bauer an seinen Herrn zu leisten hat, wird einzig durch dessen Willkür bestimmt, die hin und wieder nicht im Gewohnheitsrecht, aber in der Sitte ein Correctiv oder Coercitiv findet. Nicht in allen Theilen des Reiches waren die Frohnen und Lasten gleich schwer; am härtesten war der Zustand um Krakau und Sandomir, am leichtesten in den Theilen Reussens, die durch ihre Lage an der Tataren- oder Kosakengrenze dem Unterthan Mittel zur Rache oder Gelegenheit zur Flucht hinreichend boten. Einzig in diesen Gegenden hatte der Bauer noch Macht und Elasticität zu wiederholten Aufständen behalten. Winkten doch jenseit des Njeper die in militärischer Gemeinfreiheit altslavisch organisirten Kosakenhundertschaften ebenso lockend, wie die Reste altgermanischer Dingverfassung am Vierwaldstättersee den schwäbischen Bauern!

Ausser den gewöhnlichen täglichen Frohnen, zu denen doch in der Regel nur einige Familienglieder aus jedem Bauernhause aufgeboten wurden, damit die andern für den eigenen Unterhalt sorgen könnten, war eine ganze Litanei der verschiedensten Lasten, Lieferungen und Leistungen üblich geworden; regelmässige Schlosswachen bei Nachtzeit, Dreschen, Vorspann und Fuhren. Ganz besonders aber zur Zeit der Erndte, die unter dem continentalen Klima jener Gegenden allerorten mit Einem Schlage reif ist und ein Aufgebot aller Kräfte verlangt, war das Loos der Bauern unerträglich, und der Name żniwo (Erndte, Erndtefrohn) hatte für den polnischen Unterthan die Bedeutung der Höllenqualen.

Doch hüten wir uns vor einer allzuscharfen Auffassung dieser Verhältnisse. Nicht alle Landbebauer waren Sklaven. Die verhältnissmässig glänzenden Verhältnisse, in denen sich die vielen deutschen Bauern in Polen befanden, die von ihren Ansiedlungen (Haulanden) regelmässige Geldabgaben zahlten und übrigens völlig autonom waren, zeigten dem polnischen Adel zu deutlich die Vortheile der freien Arbeit. Und so finden wir seit dem 16. Jahrhundert viele polnische Bauern, die einzeln auf Zinsen oder ermässigten Frohnen angesetzt sind, die sogenannten Schulzen (scholteti, sołtysi). Und bis zur strengen Sklaverei gab es noch andere zahlreiche Mittelstufen.

Freilich datirt die Einführung der Leibeigenschaft als allgemeinen Zustandes der Landleute in Polen früher als in einem andern Gebiete Ost- und Mitteleuropas, und der Zustand der polnischen Bauern wird im 17. und 18. Jahrhundert kläglicher als anderswo gleichzeitig geschildert; aber annähernd war die rechtliche Stellung der grossen Bevölkerungsmehrzahl doch überall im continentalen Europa gleich unwürdig. Sagt ja Sybel so vollkommen richtig: „Der Gedanke, dass das Leben jedes einzelnen Menschen für die andern etwas bedeute, ist erst durch das vorige Jahrhundert eine thätige Kraft geworden." Und die ergreifenden Worte Bérangers:

> Ce pouvoir sur sa vieille base
> Étant la meule du moulin
> Ils étaient le grain qu'elle écrase

gelten nicht vom polnischen chłop, sondern vom französischen vilain. Unfassbar erschien bis zu jenen Philosophen, die man stets widerlegen und stets in Schutz nehmen muss, der Gedanke, dass alle Menschen Eines Bodens gleiches Recht und gleiches Gericht haben müssten.

---

# Dritter Abschnitt

## Polens Adel

Der Engländer Selden spottet in seinem geistreichen Table Talk mit Recht über die theologischen Politiker, welche sämmtlichen Königen die Unumschränktheit eines biblischen Melech zusprächen. Aber es bleibt ein verzeihlicher Fehler des Menschen, dass er ähnlichen Ausdrücken gleiche Begriffe unterlegt. In allen Ländern so ziemlich finden wir eine politisch bevorzugte Minorität, die man am kürzesten Adel nennen mag; jedoch die der Minderheit zustehenden Vorrechte sind nach Art und Ausdehnung überall ebenso verschieden, wie die Zusammensetzung und Anzahl dieser Minorität. Nun besonders der polnische Adel ist sogar in seinem Ursprung von dem sonstigen europäischen scharf zu trennen. Grade einer richtigen Erkenntniss polnischer Adelsverhältnisse stehen Vorurtheile in Menge gegenüber.

Die mittlere Geschichte, unser modernes Heroenalter, kannte wesentlich nur eine im Kriegsdienst gegründete Bevorzugung. „Miles" heisst der zum Wehrstande gehörende Mann in Polen, gleichwie in den andern Landen römischer Christenheit. Während aber in Westeuropa seit 1000 der miles die Pflicht und das Recht der Waffen durch Belehnung übt, sehen wir gleichzeitig die polnische Heermacht aus freien Landbesitzern hervorgehn, die durch kein Vasallenverhältniss untereinander oder an den Fürsten geknüpft sind. Der polnische Krieger ist ebensowenig ein Lehnsmann, als sein Nachkomme, der polnische Ritter, der polnische Adlige. Die Güter des Adels sind

Allod; volles erbliches Eigenthum. Der Adel ist die Gesammtheit der Vollfreien des Stammes, ja der polnische Stamm selbst, naród (natio). Einzig das Bewusstsein der gemeinsamen Herkunft bindet die Masse der Grundherren im polnischen Mittelalter; der polnische Staat ist ein grosses patriarchales System. Zwar, die Zahl der Vollberechtigten schmilzt in unaufhörlichen, Gut und Blut verschlingenden Kriegszügen und Fehden; der Waffenpflicht können immer Wenigere genügen, seit sie ausschliesslich Reiterdienst wird; der polnische Wehrstand ist schon im 13. Jahrhundert eine ganz entschiedene Minderheit der Bevölkerung; aber das Bewusstsein der Stammgenossenschaft bleibt; der Adel nennt sich mit deutschem Ausdruck Geschlecht, szlachta. Geschlechtskind (szlachcic) heisst das einzelne Mitglied. Als Eine grosse Familie, als natürliche Einheit fasste die Gesammtheit des Adels sich selber auf.

Diese patriarchalen Einflüsse hätten sich nicht in solcher Lebendigkeit erhalten, wäre nicht der Einzelne und seine Familie enge in den Verband der Sippe (stirps, polnisch herb, vom deutschen Erbe) geschlossen gewesen. Nach Sippen war die Ansiedlung des herschenden Stammes bei den Polen erfolgt, wie bei den Tschechen und Südslaven. Lange kannte der polnische Freie nur Sippeneigenthum, wie noch heute sein serbischer Vetter in den Schwarzen Bergen. Natürlich tritt bei gesteigerter Entwicklung der Privatbesitz mehr und mehr hervor, aber noch das Statut von Wiślica enthält Bestimmungen zu Gunsten des Erbrechts der Sippengenossen, der Magen, wie wir mit einem deutschrechtlichen Ausdruck sagen können. Und theilweise bis zum Untergang des Staats bestand die Ausschliessung der Töchter vom Erbtheil, weil diese bei ihrer Verheirathung in eine andere Familie übertreten, die in der Regel zu einer andern Sippe zählte. Diesen Uebergang verheiratheter Frauen drückt schon die Art ihrer Benennung aus z. B. in den Grodacten von Kosten: Jadwiga z Toporów Nałęczowa, d. h. Hedwig, aus der Sippe Topór, jetzt in der Sippe Nałęcz; oder später bei Familiennamen: Anna z Pileckich Radwanowska, Anna von Radwanow aus dem Hause derer von Pilca.

So hat denn auch die Wittwe kein Erbrecht an die Hinterlassenschaft ihres Mannes, sie behält nur die Güter zu ihrer Nutzniessung, auf denen ihre Mitgift eingeschrieben ist. Verheiratet sie sich nochmals, so liefert sie sämmtlichen Nachlass des verstorbenen Mannes aus, damit der Sippe, aus der sie jetzt wieder heraustritt, ihr Gut bleibe.

Das Recht des retractus, d. h. der Zurückverlangung der Sippengüter von Schwestern und Cognaten steht noch unter Kasimir d. G. allen Sippenvettern zu. Unter Władysław Jagiełło hat sich aber die

Sippengemeinschaft so weit gelockert, dass nur noch die Brüder dies Recht haben.

Testiren darf der Freie nur über bewegliche Habe; Landgüter, der Hauptgegenstand aller Bestimmungen des polnischen Civilrechts, unterliegen der Intestaterbfolge. Weiteres eingehen auf diesen Punkt würde ins Privatrecht führen; aus den angeführten Beispielen ist ersichtlich, wie sehr die älteren polnischen Gewohnheiten auf Intacterhaltung des Sippenbesitzes hinausgingen.

Die Sippe hatte ferner nicht nur das Recht und die Pflicht, das Wergeld für ein erschlagenes Mitglied unter sich zu vertheilen, sobald es von der Gegenpartei ausgezahlt wurde, sondern sie war verbunden für die Verbrechen jedes ihrer Mitglieder einzustehen, Gesammt-bürgschaft zu leisten.

So ist sie denn auch politisch von der grössten Bedeutung; nicht Principien, nur die Interessen der Sippe bedingen die Parteinahme der Mitglieder. Noch im Ausgang des 14. Jahrhunderts finden heftige Sippenkämpfe statt; bei einer Fehde der beiden ausgedehntesten Sippen von Grosspolen, Nałęcz und Grzymała, wurde die Stadt Samter eingeäschert.

Allerdings geht seit der Ausdehnung des Reichs unter den Jagellonen das particularistische Sippengefühl verloren; ein grossartiges Nationalbewusstsein zieht in die Gemüther des Adels; eine häufige Ueberwanderung aus den verschiedensten Gegenden des Reichs in die verschiedensten tritt ein; gewaltige Ländergebiete mit ihrem einheimischen Adel treten zu Gross- und Kleinpolen und die inneren Streitigkeiten wurzeln jetzt in provinzieller Eifersucht. Aber doch blieben die Sippen bestehen.

Die Annahme der Wappen nämlich, als Kennzeichen des Adels, war im 14. Jahrhundert nicht nach Familien, sondern nach Sippen erfolgt, und da die Anzahl der als polnisch anerkannten Wappen sich bald nach dem Jahre 1500 schloss, so blieb das Wappen der Sippe Merkmal des Adels. Gesuche von Edelleuten wurden in den polnischen Kanzleien nur dann angenommen, wenn ihr Siegel ein richtiges Wappen zeigte. Weil ferner in den polnischen Familiennamen der Adel nicht ausgedrückt wird, so bleibt auch heut einem Polen, der seinen Adel bezeichnen will, nur die Möglichkeit, den Sippennamen seinem Familiennamen vorzusetzen nach altpolnischer Art, ähnlich der römischen Weise z. B. Eduard Nałęcz Raczyński. Wappenadel, szlachta herbowa, sagt der Pole, um echte Ritterbürtigkeit zu bezeichnen; das Wort herb heisst ebensowohl Sippe als Wappen.

Diese Andeutungen werden genügen, den polnischen Adel in seiner Selbständigkeit gegenüber der Staatsgewalt erkennen zu lassen. Der polnische Szlachcic ist, was er ist, suo jure, nicht durch Uebertragung des Fürsten, wie der westliche Lehn- und Diplomritter. Zwar erscheinen in der polnischen Geschichte einige Versuche und Ansätze zum Lehnswesen; der König konnte eine grosse Anzahl von Aemtern willkürlich vergeben und hätte sie erblich machen können; das verstiess aber nicht nur gegen sein eigenes wohlverstandenes Interesse, sondern mehr noch gegen das Nationalgefühl. Als Jagiełło seinen Bastard Johann von Pilca mit Reussen und den Vincenz Granowski mit einer Grafschaft belehnen wollte, weigerte sich der Kanzler, die betreffende Urkunde auszufertigen. Wo die polnischen Rechtsbegriffe mit bestehendem Lehnswesen zusammenstossen, fällt der Feudalismus; so werden bei den Unionen mit Litauen und Preussen alle Landgüter für allodial erklärt.

In lehnsähnlicher Weise wurde mitunter ein Erbrecht auf Starosteien verliehen, es waren die Lubomirski erbliche Starosten des gesegneten Gaues Zips. Vereinzelte Lehensertheilungen blieben ausnahmsweise noch nach der Union in Litauen bestehen. Aber im Allgemeinen blieb für die polnischen Aemter und Würden stets der Grundsatz in Kraft, den schon Konstantin Porphyrogenet als einen eigenthümlich slavischen bezeichnet, dass nämlich alle Auszeichnungen nur auf Lebenszeit, nicht mit Erblichkeit erfolgten.

So fehlte in Polen jenes grossartige Bindemittel, das anderwärts die Vorbedingung der Staatseinheit bildete, der Lehensverband unter einem gemeinsamen Oberhaupt, der allein die deutschen Stämme in Verbindung mit einander erhalten hat. Und seit die organischen Bande der Sippe nachzulassen begannen, konnten sich jene völkerrechtsähnlichen Grundsätze, in denen die Signatur zum spätern polnischen Staat zu finden ist, unter den souverän nebeneinanderstehenden kleinen Territorialherren entwickeln. Das patriarchale System des mittelalterlichen Polen hatte ein durch Alter, Ausbreitung und Ruf der verschiedenen Sippen begründetes Uebereinander im Stande der reinen Vollfreien gekannt, ebenso wie bei den meisten deutschen Völkern im ersten Jahrtausend unserer Zeitrechnung sich unter den liberi, ingenui verschiedene Geschlechter als die Klasse der nobiles, proceres oder gar principes hervorheben. Mit Anbruch der neuen Jahrhunderte kommt nun aber das völkerrechtliche Princip allgemeiner Gleichheit der Souveräne d. h. aller Edelleute zur Geltung. Seit 1500 wird Gleichheit nicht nur ein mehrfach officiell ausgesprochener Staatsgrundsatz sondern ein ins innerste Bewusstsein der Adelsmassen gedrungener Glaubensartikel.

Eine positive Unterscheidung einzelner Adelsstufen hatte auch früher nicht stattgefunden, vielmehr waren fast alle Befreiungs- und Bevorrechtungsurkunden für den gesammten Adel ausgestellt worden. Desshalb wird dann die Adelsgleichheit in den spätern Jahrhunderten meist als etwas selbst verständliches angesehen. Der Titel, den sich die Edelleute, reich und arm, hoch oder niedrig im Staate gestellt, officiell gegenseitig ertheilten: panie bracie, panowie bracia Herr Bruder, Herren Brüder und der uns so lebhaft an den persönlichen Verkehr der in fingirter Gleichheit stehenden gekrönten Staatshäupter erinnert, muss schon in dem tiefen Gefühl der Stammzusammengehörigkeit lange begründet gewesen sein.

Seit dem 17. Jahrhundert wachte auch der Reichstag ängstlich über formeller Aufrechthaltung der Gleichheit. Die Const. 1690 spricht zufällig von kleinem Adel; alsbald erklärt ein folgender Reichstag, das sei ein Versehen, alle Edelleute seien gleich, und weder höheren noch geringeren Adel könne es geben. Als Cardinalrecht wird die Adelsgleichheit im Jahre 1768 aufgestellt, und noch die Const. 1791 erkennt sie in voller Kraft an. Und fortwährend in Staatsschriften und Staatsreden wurde die Gleichheit des Adels, nicht nur passive, Gleichheit vor dem Gesetz, wie wir jetzt sagen, sondern active, als Hauptprincip des polnischen Staats hervorgehoben. Zamojski erkämpfte mit Betonung dieses Grundrechtes 1573 allen Edelleuten die Befugniss, den König persönlich zu wählen. Entzückt von dieser Gleichstellung aller adligen Individuen ruft Górnicki in seiner berühmten Flugschrift: „Gespräche über die Wahl" 1578: Sage mir, wo auf der Welt solche Freiheit ist! Es gilt die Stimme des ärmsten Edelmanns so viel wie die des reichsten Herrn..... Hier werden die Stimmen gezählt, nicht gewogen." Stolz meint ein polnisches Sprichwort: Ein Edelmann in seiner Sippe gleich dem Wojewoden! Als unter den Sachsen die ganze politische Beredsamkeit sich auf Dank-, Lob- und Glückwunschgeklingel beschränkte, wurde neben andern unermesslichen Vorzügen der Republik die Gleichheit niemals vergessen. „Wir sind in unserer Republik", perorirte der Herr Kronküchenmeister als Landbote auf dem Reichstage von 1740, „einander alle gleich und wissen von Herrschaften nichts..., ein Edelmann, der ein einziges Dorf hat, gilt soviel als ein Anderer, der ihrer tausend hat. Unsere Vorfahren haben den polnischen Adel höher gehalten, als alle von Kaiser und Königen ihnen angebotenen Dignitäten, und haben gesagt: sufficit nos Polonos nobiles esse."

Dies letzte Axiom soll 1515 von den polnischen Grossen ausgesprochen sein, denen Maximilian I. auf dem folgenreichen Congress zu Pressburg goldenes Vliess und reichsfürstliche Würde anbot, und wurde schon im 16. Jahrhundert oft genug mit Selbstgefühl vom polnischen Adel wiederholt.

Mit republikanischem und eigenstaatlichem Bewusstsein erklärte sich die Nation gegen Lehnstitel, die immer nur von ausländischen Monarchen verliehen sein konnten. Johann Zamojski, Leo Sapieha lehnten mehrmals fremde Adelsnamen und Orden von sich ab. Die Versuchung aber wuchs; der polnische Adlige konnte schon im 17. Jahrhundert nicht verhindern, dass er auf Reisen in Europa Herr Graf titulirt wurde, so nachdrücklich er selbst sich nur als eques Polonus bezeichnete. Da verboten denn die Const. 1638 und 41 scharf die Annahme oder das Nachsuchen von Lehnsnamen, ja die Const. 1673 erklärte jeden Zuwiderhandelnden für infam. Ausgenommen wurden einige litauische und reussische Familien, denen durch Connivenz oder ausdrückliche Genehmigung ihr einheimischer althergebrachter Titel knjaź, książę, princeps, Fürst schon früher belassen war, nämlich die Czartoryski, Sanguszko, Wiśniowiecki, Ostrog, Zbaraski, Lukomla und Radziwiłł; sowie die Myszkowski und ihre Erben, die Wielopolski, denen Papst Clemens VIII. die Würde eines Marchese verliehen hatte; und die Tęczyński und Oleśnicki, die gleich dem 1590 ausgestorbenen Geschlecht der Gorka (Herren von Görchen, einer Stadt an der schlesischen Grenze, die mächtigste Familie Grosspolens im 16. Jahrhundert), durch den Kaiser Grafen geworden waren. Aber diese geduldeten Benennnngen sollten ohne jede materielle Bedeutung sein; im 16. Jahrhundert waren die litauischen Knäsen, die auf Grund ihres Titels Einlass in den polnischen Senat verlangt hatten, mit Spott abgewiesen worden, wie uns der gleichzeitige polnische Chronist Bielski erzählt.

Dennoch wurden im 18. Jahrhundert der Adelstitel immer mehr, trotzdem dass die Pacta Conventa der beiden Auguste auf Festhaltung der Gleichheit und Titellosigkeit drangen; Starosten und Senatorensöhne begannen sich öffentlich als Grafen zu unterzeichnen und beim Ausgang des Reichs brach eine Fluth fremder Namen ins Land. Sogar der Reichstag fügte sich der herschenden Gewohnheit, Lehnsbezeichnungen zu dulden und gab den Verwandten des Königs Poniatowski Fürstentitel. Die Theilungsmächte creirten alsdann Grafen und Fürsten in Menge.

Ein Magnatenstand erhob sich in jener Zeit also denn auch äusserlich über dem gewöhnlichen Adel. Es kam nämlich mit dem Bruch des Staats eine Bewegung zum formellen Abschluss, die seit Jahrhunderten das Land durchgährt hatte, nachdem die mittelalterliche nicht ganz bestimmte Gliederung des polnischen Adels aufgelöst war. Fortwährend hatte eine lebhafte Opposition gegen das Princip der Gleichheit bestanden; und dieser von den mächtigen Familien ausgehende nicht immer ganz deutlich hervortretende Widerstand war so stark, dass die Gleichheit des Adels in Polen niemals mehr als ein Ideal war. Ebenso wie die Einstimmigkeit!

Eine wahrhafte, in bestehenden Verhältnissen ruhende Gleichheit der polnischen Freien hat niemals bestanden, allerdings auch bis zum Ende des Reichs nie eine in feste Grade gebannte Stufenfolge.

Da jedoch für uns die Verfassung eines Staats in den wirklichen und wirkenden Bedingungen seines Lebens zu suchen ist, so dürfen wir uns nicht mit der Erkenntniss begnügen, dass Gleichheit der Staatsgenossen ein Postulat des polnischen Rechtsystems war; wir müssen uns die Ausnahmen vergegenwärtigen, denen das Princip der Gleichheit bei einer materiell so verschieden gestellten Körperschaft unterlag, wie der polnische Adel war.

In sieben Heerschilde war die Lehnsmacht des mittelalterlich deutschen Reiches geordnet, je nach den Leistungen der einzelnen Vasallen für die Gesammtheit. Auch in Polen musste von Anfang herein durch die Verdienste, welche der Einzelne sich um den Staat erwarb, Ungleichheit entstehen. Es ist wahr, die vollfreien Glieder der Sippen galten von jeher insoweit gleich, dass man ihre Gesammtheit als Demokratie bezeichnen konnte, aber es war eine militärisch organisirte Demokratie. Und Führer im Kriege, wie Rathgeber im Frieden waren die bedeutendsten Männer der bedeutenderen Sippen, wie noch heut der Rath des Fürsten von Montenegro aus den Stammhäuptern (Voivodie) besteht. Sie hiessen in ihrer Stellung als Beamte des Fürsten barones, auch wohl comites, sind aber in jeder Beziehung scharf von den gleichnamigen Feudalherren des Westens zu trennen, mit denen sie noch weniger gemein haben, als heut etwa ein continentales Herrenhaus mit dem house of the Lords.

Eine stricte Erbfolge fand in der Baronie nicht statt, doch blieb dieselbe meist Generationen hindurch den Gliedern einer Sippe, und in der Folge denjenigen Familien, die aus dem gelockerten Sippenverbande den ausgedehntesten Grundbesitz herübergenommen hatten. Seit Landgüter ein wesentliches Kennzeichen des Edelmanns wurden, mussten bald die reichsten Territorialherrn für die besten Edelleute gelten. Zwar ward diese Consequenz officiell zurückgewiesen, aber privatim nichtsdestoweniger gezogen.

Die grossen Familien ferner, aus denen sich herkömmlich die Räthe des Königs recrutirten, mussten als besonderer Stand über der gewöhnlichen Ritterschaft erscheinen, als ein ordo senatorius über dem equester. So sprechen denn die Schriftsteller des 16. Jahrhunderts, selbst wenn sie persönlich für unterschiedslose Gleichheit sind, doch mit Anerkennung faktischer Verhältnisse von einem Stande der proceres, oder ciceronischer von optimates im Gegensatz zur nobilitas. Polnisch heisst denn das Mitglied einer hochbürtigen Familie pan, gegenüber dem blossen szlachcic. Nur eins fehlte diesem polnischen hohen Adel zur völligen Aehnlichkeit mit dem Herrenstande von Böhmen und der Magnatentafel von Ungern: er war nicht durch staatliche Autorität nach unten hin abgeschlossen; die Zahl der ihm angehörenden Familien war nicht genau beschränkt, sondern ergänzte sich fortlaufend ohne Geräusch durch Aufnahme einfach ritterlicher, aber allmählich zu Besitz und Ansehn gelangter Häuser, etwa wie die englische Gentry beständig Zufluss aus den unteren Volkschichten in sich aufnimmt. Eine derartige, um mit Dahlmann zu reden, „glückliche Unbestimmtheit" konnte doch heftigen Interessenkämpfen zwischen den beiden Ständen nicht vorbeugen. Andere Parteien, als die in der gesellschaftlichen Trennung zwischen Herren und Rittern begründeten hat der polnische Staat bis zu dem Constitutionstreit, der seinem Untergang vorherging, nicht gekannt; und dieselben Gegensätze wirken unläugbar noch heute fort.

Die Weissen und die Rothen, wie die im Jahre 1864 durch die Anklageacte des berliner Polenprocesses gewissermassen autoritativ gewordenen Bezeichnungen lauten, die Aristokraten innerhalb des Adels und die Adelsdemokraten, bestimmen in gegenseitiger Reibung nicht seit unseren Tagen Polens innere Geschichte, sondern vom 15. Jahrhundert an.

Im Jahr 1537 erhoben sich die Myriaden der Szlachta gewaltsam auf dem Blachfeld vor Lemberg gegen König und Senat, die der Absicht beschuldigt wurden, einen erblichen Herrenstand mit Lehntiteln nach dem Muster des böhmischen und ungrischen gründen zu wollen. Und weil man die Mitglieder des Hauses Oestreich, die in spätern polnischen Interregnen oft genug mit Unterstützung polnischer proceres als Thronbewerber auftraten, ähnlicher Plane bezichtigte, dauerten heftige Kämpfe ununterbrochen fort. Und ihr Resultat?

Ein abgeschlossener, durch erbliche Titel ausgezeichneter und mit politischen bestimmten Vorrechten versehener Magnatenstand hat sich bis zum Untergang des polnischen Staats nicht bilden können.

Während in dieser Beziehung die gesetzliche Adelsgleichheit nach oben hin keine rechtliche Aenderung erlitt, und während Abstufungen im Adel, wie sie in Litauen durch russischen Einfluss bestanden, oder in Masovien, wo die sogenannten Włodyken eine Mittelstellung zwischen szlachta und kmetones einnahmen, durch polnische Gesetze aufgehoben wurden, blieben zwei Arten von Beschränkung desselben Princips nach unten hin eine beständige Eigenheit der polnischen Verfassung.

Die Grösse des Landbesitzes sollte keine Vorrechte gewähren; wer aber ganz ohne Land war, genoss die gleichen Rechte des Adels nicht mit, mochte er immerhin seine Abstammung von einer angesehenen Sippe nachweisen können.

Aus dem alten polnischen Rechtssatz, dass freie Güter nur von freien Leuten besessen werden dürften, dass alle unmittelbar nur dem König unterworfenen Grundbesitzer adlig sein müssten, hat sich schon im 14. und 15. Jahrhundert das Princip entwickelt: alle Edelleute müssten Grundbesitz haben. Nicht die ritterliche Geburt genügt mehr zum vollen Genuss der Privilegien, nur wer zugleich bene natus und Possessionatus ist, gilt seinen Brüdern gleich. Der Besitzlose, der impossessionatus, (gołota, Habenichts) wird streng in den Gesetzen und gewohnheitsrechtlich vom possessionatus geschieden. Passiv unterliegt er anderm Process, andern Strafen; activ hat er kein Recht auf öffentliche Aemter und auf Theilnahme an Staatsberathungen. Const. 1505 und 1569.

Die Folge dieses Rechtsgrundsatzes war eine bis ins Unendliche gehende progressive Theilung der Familiengüter. Kein Sohn sollte ohne Erbe bleiben. Daher entwickelte sich denn in manchen Gegenden Polens, wo die Zahl der Vollfreien sich durch die Jahrhunderte des Mittelalters unzersplittert erhalten hatte, schlimmer Pauperismus.

„Acht Edelleute von Oszmiana, sagt ein polnisches Sprüchwort, führen eine Ziege zu Markt." In Masovien, wo die Zahl der Edelleute zeitweise die Hälfte der Bevölkerungsziffer erreichte, war es nicht selten, adlige Güter von dem Umfange eines magdeburger Morgens zu sehn, auf denen der glückliche Besitzer grub und jätete, barfuss, aber Sporen an den Fersen, einen alten Säbel ohne Scheide, oder eine Scheide ohne Säbel an der Seite. „Setzt sich ein Hund auf das Gut eines Ritters, spottete der reussische Bauer, so reicht sein Schweif auf den Grund des Nachbarn."

Und doch kam es trotz dieser Güterzersplitterung dahin, dass ein bedeutender Theil des Adels ohne Landbesitz war. So hob denn die Gewohnheit in späterer Zeit nicht die Beschränkungen der impossessionati auf, aber es dehnte die Rechte der Angesessenen auf deren nahe Verwandte und adlige Diener aus, Const. 1768, hierin, wie immer, nur den bereits geltenden Gebrauch bestätigend. Wenn wir drei Abstufungen im polnischen Adel unterscheiden, reichen, mässig begüterten und besitzlosen Adel, so tritt ein natürlicher Bezug zwischen der ersten und dritten Abstufung hervor. Und in der That! eins der eigenthümlichsten Verhältnisse in Polens Culturgeschichte ist die Dienstbarkeit, in der ungefähr die Hälfte des polnischen Adels der Kopfzahl nach bei den Magnaten stand. Die Hofhaltungen der Grossen des Landes und ihre Gefolge bei Reichstagen und Landtagen bestanden fast durchweg aus armen Edelleuten. Der Besitzlose, ohne solchen Anhalt, war der Adelsgleichheit nicht theilhaftig.

Ebensowenig ein Neugeadelter und seine Kinder. Schon das Wiślicer Statut schätzt den miles famosus, den altbürtigen Ritter, für höher als den scartabellus und den miles a kmetone, unter denen wir auf jede Weise Ritter neuer Schaffung zu verstehen haben. Und bis auf die spätesten Zeiten hatte nicht der Neugeadelte die volle Berechtigung des Freien, sondern erst seine Urenkel, wenn nicht in der Nobilitationsurkunde ausdrücklich gesagt war „praeciso scartabellatu."

Dieser Punkt führt uns zu den verschiedenen Arten der Erwerbung des Adels.

Auf die natürlichste und allgemeinste Weise wird der Adel durch Geburt erlangt. Alle rechtmässigen Kinder eines Edelmanns sind Mitglieder von dessen Sippe und stehen mit dem 18. Lebensjahr, dem Alter der Wehrfähigkeit, den Brüdern gleich. Adlige Abstammung der Mutter ist nicht erforderlich. Missheirat, dieser schwierige Punkt des deutschen Rechts, ist in Polen seinem Begriff nach unbekannt. „Nicht auf die Spindel kommt es an, sondern auf das Schwert," sagt der Pole und begnügt sich mit dem Satz: Uxor sequitur maritum.

Dagegen war d a s Princip des Sachsenrechts schon früh in Polen heimisch, wonach Kinder von einer Gattin, die früher Kebsweib des Mannes gewesen, weder erbberechtigt noch adlig sind. Trotzdem die päpstliche Bulle, welche die betreffende Stelle des Sachsenspiegels mit dreizehn andern verdammte, unter König Alexander 1505 als für Polen gültig erkannt und in Łaskis Gesetzsammlung aufgenommen wurde, blieb die alte Rechtsanschauung bei den Polen doch in Kraft, wie spätere Constitutionen 1578 und 1633 beweisen. Der Grund dafür war einfach ein Fortwirken des alten Sippengefühls; ausserehehliche Kinder waren nicht in der Sippe geboren und hätten nur mit Einwilligung aller Sippengenossen ins Wappen aufgenommen werden können.

Zustimmung der ganzen Sippe galt im Allgemeinen auch für jede Adoption. Freilich wurden von derselben meist nur auswärtige Edelleute getroffen. Massenhafte Adoption litauischer Geschlechter von Seiten polnischer Sippen fand 1413 statt. In 56 polnische Wappen wurden damals litauische Adelsfamilien recipirt. Mit der Lockerung des Sippenverbandes liess sich die Adoption nicht mehr controlliren; 1601 wurde sie gänzlich verboten, wer einen Nichtedelmann in sein Wappen aufnähme, sollte selbst den Adel verlieren.

Unzweifelhaft war die Nobilitation zur Zeit der Piasten ein oft geübtes Vorrecht des Monarchen.

Viele Sippen schrieben traditionnell ihren Ursprung irgend einer Heldenthat zu, für welche der Ahn durch den Fürsten zum vollfreien miles erklärt worden sei. Zum letzten Mal scheint diese königliche Prärogative von Stephan geübt zu sein, der im Kriege mit Iwan dem Schrecklichen einen Bauern geadelt hat. Von der Zeit an waren die einzigen Edelleute, die der König schuf, die equites aurati, Städter, die nach der Krönung auf dem Markt von Krakau zu Rittern geschlagen wurden. Dass dieser Ritterschlag mehr als ein Schauspiel war, dass die equites aurati sich der polnischen·Adelsprivilegien auch nur theilweise erfreut hätten, ist nicht belegbar.

Das Recht der Adelscreirung ging auf den Reichstag über, kam aber nicht häufig zur Geltung. Die Thätigkeit des Reichstags hierin beschränkte sich meist auf Indigenatsertheilung; fremden Edelleuten wurden die Rechte polnischer Ritter gewährt. Die Zahl sämmtlicher mit Indigenat oder Adel durch den Reichstag beschenkter Personen betrug bis 1764 nur 1856. Durch die Const. 1791 wurde eine ganz ausserordentliche Vermehrung dieser Nobilitationen durch den Reichstag in regelmässige Aussicht gestellt. Ein Anfang zur Verwirklichung fand auch statt.

Dessgleichen die Entziehung des Adels war ein Privileg des Reichstags oder wenigstens des Reichstagsgerichts. Nachweisbar hat sie nur selten stattgefunden, und denkbar war sie überhaupt erst, nachdem das Sippenbewusstsein geschwunden war. Die Strafe der Infamie sollte regelmässig den Verlust des Adels zur Folge haben; doch wurde nur zu oft Nachsicht geübt und restitutio in integrum war in Polen überhaupt etwas sehr gewöhnliches.

Von selbst wurde das Adelsrecht nichtig, wenn jemand die Bedingungen, unter denen seine Nobilitation oder Indigenirung erfolgt war (in späterer Zeit meist Uebertritt zum Katholicismus), nicht erfüllte, wenn ein Edelmann Nichtadlige ohne Bewilligung des Reichstages in sein Wappen aufnahm, und wenn ein Ritter städtischen Beruf ergriff, Handwerker wurde oder Schankwirth oder mit Pfund und Elle mass. Letztere Bestimmung wurde 1775 aufgehoben. Grosshandel hatte dem Ritterrechte niemals Eintrag gethan.

Eine Adlige ging durch Verheiratung an einen Nichtedelmann eo ipso ihrer Rechte verlustig.

Wer sich für einen Edelmann ausgab ohne von Adel zu sein, verlor sämmtliche Habe; die Hälfte kam dem Angeber zu. Const. 1589. Wurde der Adel irgend Jemandes bestritten, so musste der Beweis vom Gegentheil sogleich eintreten. (Nach deutschrechtlichem Grundsatz fällt dem Beklagten die Beweispflicht anheim). Hauptbeweismittel waren Verwandte, die notorischen Adel besassen. Die Strafe eines falschen Anklägers, der selbst seinen Adel beweisen konnte, bestand in 60 Mark und $1/_2$ Jahr Thurm; war er nicht adlig, so erlitt er in der Krone den Tod, in Litauen den Pranger. Der venetianische Gesandte Lippomano berichtet aus dem Jahr 1574, dass bei bestrittenem Adel gewohnheitsrechtlich der Angeber und der Bezichtigte Leben gegen Leben boten, und dass der im Process unterliegende Theil vogelfrei war.

Dass in der That für dergleichen Fälle ein Einsatz der Existenz sich rechtfertigte, gewahren wir deutlich bei näherer Kenntniss der gewaltigen und vielen Rechte, deren der wahrhafte Gleichheit in Anspruch nehmende Vollfreie genoss.

Die Vorbedingung für den gültigen Adel, der Besitz freier Güter, war zugleich ausschliessliches Recht der polnischen Ritterschaft. Nicht nur, dass Städter seit 1496 davon ausgeschlossen waren, auch König und Kirche durften seit der Jagellonenherrschaft nur mit specieller Einwilligung des Reichstags adlige Güter erwerben. Mit dem Besitz des Guts ist seit dem 14. Jahrhundert annäherndes, seit 1573 unbedingtes Verfügungsrecht über die an die Scholle desselben gefesselten Unterthanen verbunden. Ihr Hab und Leben steht in der Hand des Herrn.

Auch die auf freien Gütern etwa vorfindlichen Minerale gehören dem Besitzer, ein Bergwerksregal ist in Polen unbekannt.

Die Steuerfreiheit adliger Güter war seit Ludwig beinah vollständig. Sie wird in der Folge zu einer Freiheit auch des beweglichen

Guts von allen Zöllen und Auflagen ausgedehnt und erstreckt sich bis auf die freie Entnahme von Salz, das aus den unerschöpflichen Gruben der Republik ohne sonderliche Mühe gewonnen, kostenfrei an alle Staatsgenossen d. h. an alle Edelleute verabfolgt wird.

Zur Freiheit des Eigenthums tritt dessen Sicherheit; Confiscation soll nur in Fällen von Hoch- und Landesverrath eintreten; wurde oft angedroht, ohne zur Ausführung zu gelangen.

Das Haus des Edelmanns ist unverletzlich, gewährt nichtadeligen Verbrechern Asyl.

Auch ein Habeas Corpus findet statt; Jagiełło erliess 1422 zu Jedlino das berühmte Statut: Neminem captivabimus nisi jure victum, auch darin im Grunde nur geltende Gewohnheit bestätigend. Ohne richterlich Erkenntniss darf eine Verhaftung nur den in flagranti Ergriffenen treffen; allerdings wurde durch Const. 1768 die Frist des in flagranti auf 1 Jahr und 6 Wochen ausgedehnt, eine anerkennenswerthe Beschränkung, die der Adel seiner Ungebundenheit auflegte.

Im Allgemeinen soll der Adel nicht der Todesstrafe unterliegen und der Tortur nicht unterworfen werden. Diese aus einer Parallelisirung des polnischen Adelsrechts mit der römischen civitas hervorgegangene Annahme hat jedoch gegentheilige Vorfälle nicht verhindert.

Mit Einwilligung des Adels wurden diese ausgedehnten Sicherheitsprivilegien hauptsächlich dann gebrochen, wenn es sich darum handelte, die 1573 feierlich verbürgte Bekenntnissfreiheit zu beeinträchtigen. Das schauerliche Bluturtheil gegen die Edelleute Łyszczyński 1688 und Unruh 1715, war ein ebenso zweifelloser Eingriff in die Sicherheit, als schon früher die Austreibung der Arianer. So zerstörte der Adel in unseliger Verblendung gleichzeitig zwei seiner schönsten Rechte. Um die Freiheit des Gedankens und Glaubens zu vernichten, die funfzig Jahr hindurch Polens Schmuck zu einer Zeit gewesen war, wo überall in Europa der heftigste Fanatismus geherscht hatte, gab er die Gewährleistung der Persönlichkeit, des Aufenthalts und des Eigenthums daran.

Für diese mit Ausgang des 17. Jahrhunderts eintretende Schädigung der Grundrechte bot die Erweiterung der politischen Freiheiten vollen Ersatz. Zu dem Recht auf Aemter, das seit den letzten Piasten ausschliesslich dem gleichen polnischen Adel gehörte, so dass selbst die Verwandten des Königs keine polnische Würde bekleiden durften, zu der vollkommenen Freiheit der politischen Meinungskundgabe, die sich unter den Jagellonen entwickelt hatte und politische Straflosigkeit geworden war, zu der Anwartschaft auf den polnischen Thron, deren seit 1573, noch mehr aber seit 1575 jeder polnische Freie unzweifelhaft ebenso fähig wie des activen persönlichen Rechtes der Königswahl, tritt das bedeutsame Recht jedes polnischen Edelmanns, durch sein alleiniges Votum Berathungen zu hemmen und Versammlungen aufzulösen, an denen theilzunehmen er befugt ist. Das liberum veto hat seiner Zeit auf den persönlichen Zusammenkünften der angesessenen Edelleute ebenso gegolten, wie unter den Landboten auf dem Reichstage. Diese Thatsache ist nicht nur durch zahlreiche Beispiele aus der Sachsenzeit, sondern auch durch ausdrückliches Zeugniss des würdigen Danzigers Lengnich erwiesen. Die Const. 1768, welche auf den Landtagen Stimmenmehrheit einführte und die Const. 1791, welche den Augapfel polnischer Freiheit, das nie pozwalam ganz abschaffte, vermochten nicht mehr erfolgreich zu wirken.

So ist das adlige Individuum, jedes Exemplar der ausgebreiteten Art: eques polonus, in Stand gesetzt, den polnischen Staat jeden Augenblick zu elektrisiren und ihm intermittirend die Fähigkeit zu seinen Funktionen wieder zu rauben; Anticipation der Erfindung, auf welcher unsere heutige Telegraphie beruht.

Dies letztere Princip schliesst in sich schon die Summe aller Garantien, die der Einzelne gegen Bedrückung von Seiten des Staats verlangen kann; durch sie wurde das Recht des Widerstandes gegen Gewaltthat der Behörden in Schatten gestellt. Dies hatte von jeher dem polnischen Ritter zugestanden, wie dem germanischen Freien; und wie man den „heiligen Grundsatz der legalen Insurrection" als Grundlage des englischen Staats bezeichnen hört, so hat sich Polen durch das allen Edelleuten gleich gewährte Conföderationsrecht fortwährend neu, aber immer nur zeitweise als moderner Staat organisirt. Jeder Edelmann hat das bis 1791 unangetastete Recht, sich mit seinesgleichen zu vereinigen, öffentlich zu verabreden und die Majoritätsbeschlüsse dieser Verbindung mit Gewalt zum Staatsgesetz zu erheben. Das Lieblingswort des Dictators von Venedig, Daniele Manin: „Cospiriamo nel chiar del sole" war in Polen beständiger und wörtlicher Ausführung fähig.

Diese Appellation an die Entscheidung des Schwerts, nach altgermanischer und altslavischer Weise dem Edelmann auch als Rechtsmittel in Civil- und Criminalsachen gestattet, trägt einerseits entschiedenen Stempel völkerrechtlicher, nicht staatsrechtlicher Anschauungen; anderntheils hängt sie eng mit der allgemeinen Wehrpflicht des Adels zusammen, die theoretisch bis zum Ausgang des Staats als einziges aber hinreichendes Gegengewicht zu der überquellenden Fülle von Adels-Rechten betrachtet wurde.

In Wahrheit ist auch diese Pflicht, mit deren Ausübung es niemals so genau gehalten wurde, wie mit dem unverkürzten Genuss der Rechte. als illusorisch zu betrachten, seit die Landwehr (sic!) (obrona krajowa) oder das allgemeine Aufgebot nur mit Einstimmung aller Landboten und, der Sache auf den Grund gegangen, mit Bewilligung aller Edelleute einberufen wird. Eine Pflicht aber, die der Betheiligte jedesmal nur aus freiem Willen zu erfüllen braucht, ist keine Pflicht mehr im juridischen Sinn, sondern eine Thätigkeit, die ebenso gut als Recht bezeichnet werden kann.

Fassen wir nun den Inbegriff aller aufgezählten Befugnisse, die zum grössten Theil ohne schriftliche Aufzeichnung um so fester in der Gewohnheit wurzelten, so ergiebt sich eine vollständige Entfesselung der individuellen Kraft, eine vollkommene Sicherstellung der Beherschten gegen widerrechtliche Acte der Staatsgewalt, kurz eine Freiheit, wie sie nie und nirgend sonst bestanden hat.

Aber wie Lengnich sagt, „diese so hoch gefeierte polnische Freiheit dient nur dem Adel" und erhält dadurch in unsern Augen den Charakter des Privilegiums. Den alten Polen erschien es nicht widernatürlich, dass nur eine Minorität der Landesbewohner den Staat bilde. Allerdings war der polnische Adel, wie er nicht durch den Willen eines Lehnsherrn von unten herauf gestiegen war, sondern das Residuum der alten Gemeinfreien bildete, auch an Zahl ganz bedeutend stärker, als der künstlich erhobene Privilegirtenstand andrer Länder. Und die polnische Ritterschaft, durch Abstammung der Kern der Nation, die reine Nation, war auch stark genug, um sich in politischer Beziehung mit Emphase die Nation zu nennen, naród, populus. Nehmen wir die Einwohnerzahl der Republik Polen als zwischen 8 und 13 Millionen schwankend an, so können wir im Durchschnitt wohl 10 Procent von diesen Ziffern als adlig betrachten; denn die Angaben, wonach der waffenfähige Theil des Adels, soweit er sich im 16. und 17. Jahrhundert zu Königswahl und allgemeinem Aufgebot versammelte, 150,000 bis 250,000 Köpfe betrug, lassen uns auf eine Adelsbevölkerung von ungefähr einer Million schliessen.

Erwägen wir nun, dass auch in Demokratien des Alterthums immer nur eine Minderheit Theil am Staate nahm, dass auch in unsern jetzigen Staaten nur eine Minorität mit Bewusstsein lebt, und dass eine so vielseitige und Kosten erfordernde Thätigkeit für das Allgemeine, wie sie der polnische Staat bei seinen Mitgliedern voraussetzte, nur von einer besitzenden Geringzahl ausgeübt werden konnte, so werden wir es nicht nur erklärlich finden, wenn diese polnischen

Staatsbürger (cives, obywatele), nachdem sie einmal die Staatsgewalt occupirt hatten, alle andern Landeseinwohner nachdrücklich vom Staate ausschlossen.

Man klage nicht einseitig die Polen an, dass sie allein durch eigenes Verschulden in eine ungerechte Organisation der Gesellschaft gerathen sind. Die Unfreiheit, ja die vollkommen strenge Sklaverei im antiken und orientalischen Sinne ist bis in die neuern Jahrhunderte hinein bei allen europäischen Völkern, mit Ausnahme der Engländer, rechtsgültiger Zustand gewesen. Ein Factum, das nur zu oft übersehn wird! Viele Geschichtschreiber und Rechtslehrer verkünden mit seligem Blick, das Christenthum habe die Sklaverei in Europa vertilgt! Ja, geht nur nach dem Italien, nach dem Schweden des 16. Jahrhunderts, ganz abgesehn vom ersten Jahrtausend christlicher Zeitrechnung — ihr werdet gekaufte Haus- und Landsklaven finden. In Polen war der Stand der wirklichen Freien allerdings noch viel geringer als in andern Ländern, das ist wahr! aber grade die Einführung des Christenthums und ihre Folgen haben die Zahl der Sklaven und Hörigen in Polen vermehrt und ihre Lage verschlimmert. Das ist von Lelewel überzeugend nachgewiesen.

Kaum hat dann der Adel unter den Jagellonen das Recht der Gesetzgebung über sich selbst erhalten, als er schon anfängt die ganze übrige Bevölkerung immer nur als Gegenstand seiner Anordnungen zu betrachten und die gesammten Nichtadligen beim Aufleuchten römischer Rechtsbegriffe trotz der noch unter ihnen bestehenden Abstufungen verächtlich als plebeji zusammenzufassen. Hörige und Sklaven fliessen völlig in eins zusammen; den Juden und Städtern wird eine kaum höhere Stellung angewiesen. Hier ist der polnische Adel allerdings nicht von einer gewissen willkürlichen Verblendung freizusprechen; aber solcher Verblendung fällt fast jeder Mensch anheim, dem das Schicksal unverantwortliche Gewalt über seine Mitmenschen in die Hand giebt. Wie wäre sonst denkbar, dass ein vierjähriger Krieg von beispiellosen Gräueln in unserm Jahrzehnt um die Sklaverei entbrennen konnte, nachdem doch längst die freie Arbeit als sicherer, gewinnreicher erwiesen war? Nur zu gefährlich ist der jedem Menschen eingepflanzte Giftkeim der Herschsucht für die Rechtsentwicklung ganzer Nationen.

Dass aber dem polnischen Adel gegenüber alle andern Stände in eine fast gleiche Nichtigkeit zusammensanken, ist auch nicht beispiellos. Wo sich immer in modernen Iahrhunderten ein Stand über die andern Gesellschaftschichten seines Landes erhob, da drängte er diese in ein Niveau unter seinen Sohlen zusammen. So verschwindet dem spanischen Königthum, der deutschen Landesherrlichkeit gegenüber aller Einfluss der andern Stände. Im siebzehnten Jahrhundert herschen souveräne Reichstände in Deutschland, souveräne Reichstände in Polen. Hier sind es viele Hunderte von Fürsten, dort verschiedene Tausende von Edelleuten, die alle andern Gewalten und Kräfte vor sich niedergeworfen haben. Unter verschiedener Form kommt Ein staatsrechtlicher Gedanke in beiden Ländern zum Ausdruck. Hier copirte jeder, der unmittelbares Landeigenthum besass, den byzantinischen Imperator, der durch eine lex regia zum unumschränkten Basileus galvanisirt worden: dort nahm sich eine Bevölkerung freier Grundherrn das Volk von Königen zum Muster.

Was aber den polnischen Adel verderblich auszeichnete, das war die strenge Abgeschlossenheit gegen Aufnahme neuer Elemente. Er wurde vollständig zur Kaste. Das polnische Staatsrecht und das englische, beide sind sie aristokratisch; der Unterschied liegt wesentlich in der verschiedenen Art, nach der sich Gentry und Szlachta ergänzen. Jene durch freie menschliche Concurrenz des Verdienstes und Einflusses, diese allein auf dem streng naturgesetzlichen Wege der Blutsverwandschaft. Ein so gebunden organisirter Stand musste nothwendig entarten.

Wie der polnische Adel dazukam, sich selbst den Zufluss frischer Kräfte abzuschneiden, wird uns nur verständlich, wenn wir auf der einen Seite die altgermanische Rechtsanschauung festhalten, dass Freiheit und Adel im Blute liege, andrerseits die Jugendlichkeit des mit dem Germanischen so innig zusammenhängenden polnischen Rechtssystems ins Auge fassen. Der polnische Adel konnte nicht annehmen, dass der Bauer, der ja von Ham abstammen sollte, oder der Städter, der nachweislich deutschen Herkommens war, ihm jemals gleich werden würden; er konnte ihnen also gar nicht oder nur spärlich den Genuss seiner Rechte verstatten. Er wäre sonst dem Princip untreu geworden, das ihn selbst zusammenhielt, dem Grundsatz, dass die Abstammung von unvordenklich Vollfreien allein den polnischen Adel bedinge. Aus diesem Grunde wurde auch ganz sicher den getauften Juden, welchen frommer Eifer Adelsprivilegien gestattete, durch die Const. 1764 der Adel wieder entzogen. Was der Adel seinen Königen genommen, behielt er für sich als festen Grundstein: die Erblichkeit, das jeder vernünftelnden Untersuchung trotz bietende Recht von Gottes Gnaden.

Also nahm er für sich ganz ausschliesslich, nahm für sich die Leitung des Staats in Anspruch; dessen Erhaltung fällt den untern Schichten anheim. Eine für uns seltsame Theilung der Arbeit, begreiflich zu einer Zeit, für welche Leib und Seele unvermittelte Gegensätze waren. Der Körper ein — Frühbeet, nur gut der Himmelsblume Geist für ihr ätherisches Dasein materiellen Nahrstoff zu liefern; so auch die Masse der Einwohner von Polen fluch- und mühsalbeladen, helotenhaft, als Sache behandelt, um dem Staat seine sachlichen Bedürfnisse zu gewähren. Und als Subject des polnischen Staatsrechts, als der Staat selbst, erhebt sich über dieser breiten Sklavenschicht das polnische V o l k, der naród polski; in anempfunden antiker Weise sich selbst dem demos Athenaios und dem populus Romanus gleich stellend. —

So sehen wir, die polnische Gottesordnung, unter welchem Namen man ähnliche Gesellschaftsorganisation des ehemaligen Deutschland fromm lästernd zurückgewünscht hat, enthielt beklagenswerthe Gegensätze, aber sie sind wie alles Uebel wohl zu erklären. Der polnische C h a r a k t e r jedoch brachte mit sich, dass der Druck der Edelleute nicht so hart war und nicht so schwer empfunden wurde, als er den strengen Rechtssätzen nach erscheint; dass aber andrerseits die Entfesselung aller individuellen Kräfte grade im polnischen Staat gefährlicher wurde, als man nach dem abstracten Princip vermuthen könnte. Ging schon der germanische Rechtsbau des Mittelalters an der Schrankenlosigdeit der Einzelexistenzen zu Grunde, um der ragione di stato zu weichen; so trug ein ähnliches System, unter der noch jugendlichen Nation der Polen, alles andere eher in sich als die Gewähr der Dauer; sobald in den Nachbarländern der aufgeklärte Absolutismus herschend geworden war.

Die polnische Gesellschaft, das Aggregat der privaten Edelleute, war der Staat — sans phrase; beide Begriffe waren hier identisch geworden. Diese Erhebung der Gesellschaft zum Staat, oder diese Auflösung des Staates zur Gesellschaft kann, rein an sich betrachtet, keineswegs verurtheilt werden. Allein zu constatiren ist, dass bei einer derartigen Ineinanderschmelzung von Staat und Gesellschaft alle Tugenden und Fehler, die den einzelnen Rechtsubjecten gemeinsam waren, aufs allerdeutlichste im Staatsleben zum Ausdruck kommen mussten. Als Grundzug des polnischen Charakters lässt sich nun aber mit dem Worte des grossen polnischen Gelehrten Bandtke „rhapsodisches Wesen" bezeichnen. Aus den Eigenheiten des sanguinischen Temperamentes erklären sich alle polnischen Vorzüge und Mängel, schnelles Anspringen und rasches Ermatten, grossherzige Aufopferung und liebenswürdiger Leichtsinn, stolzer Muth und eitle Schwäche. Diese jugendliche Elasticität, diese sprungfedernde Thätigkeit, welche mehr oder weniger alle slavischen Völker auszeichnet, mag bei einzelnen Männern grosse Erfolge möglich machen, wie denn der Typus des neuern Russenthums, Fürst Patjomkin, alle jene Eigenschaften im extremsten Maasse besass: eine ganze Nation von derartig organisirten Wesen, die ihren Staat persönlich regieren soll, wird schwerlich vom Glück begleitet sein. Auch der Staat muss nothwendig alsdann ebenso rhapsodisch arbeiten wie der Einzelne, und wir werden wirklich sehen, dass die meisten Bestimmungen und Einrichtungen des polnischen Staats immer nur ad hoc zu einer vorübergehenden Wirksamkeit geschaffen wurden; das grosse politische Leben der modernen Jahrhunderte jedoch ist ein perpetuum mobile ohne Stillstand und Ruhepunkt, und die Stifte und Räder in dem grossen Getriebe, die da meinen auch nur momentan feiern zu dürfen, werden erbarmungslos fortgerissen.

Dass der polnische Staat überhaupt noch zwei Jahrhunderte bestand, nachdem er von der polnischen Gesellschaft verschlungen war; nachdem er in seiner Adelsdemokratie angefangen hatte die Nachtheile von Aristokratie und Vielherrschaft zu vereinigen, Stabilität und Sorglosigkeit; nachdem man von allen Seiten begonnen hatte ihm den Untergang als sicher vorauszusagen; nachdem es deutlich geworden war, dass ein Staat mit wenigen Bürgern nach antikem Muster kürzeres Leben haben müsste, als die demokratisch-monarchischen Reiche der Neuzeit: das erklärt sich eben wieder nur durch die vollkommene Befriedigung, welche das polnische Staatsrecht den Bedürfnissen der polnischen Gesellschaft gewährte. Und wie immer die polnische Verfassung beschaffen war, wie schwer verständlich sie auch unserm modernen Blick mit ihren absonderlichen Regeln sich darstellen mag, sie entsprach vollkommen dem eigengearteten Stande, der den polnischen Staat beherrschte. Das polnische Staatsrecht gab dem Lande keine Sicherheit nach aussen, aber es erfüllte durch seinen freiheitathmenden Hauch den Adel mit einer Begeisterung, die den Staat mehr als einmal gerettet hat. „Schweig, feiger Sklave," rief ein polnischer Anführer unter Johann Sobieski dem Pascha zu, der ihn zur Uebergabe der galizischen Bergfeste Trębowla aufforderte, „wir sind wenige freie Edelleute, aber darum ist unser Muth o h n e  G r e n z e n."

Schade, dass so viel hoher Sinn und so viel rüstige Thatkraft sich in falschen Bahnen verbluten musste. Was konnte dieses Adelvolk unter geeigneter Leitung für Wunderthaten verrichten!

Die demokratische Formel, welche später das französische Volk
der Revolution über sich selbst erhob, durchflog berauschend oftmals
die Reihen des Adels. Freiheit, Gleichheit, Brüderlichkeit
galten aber allerdings hier nur für eine Kriegerkaste.

Ein kraftvolles Königthum fehlte der polnischen Gesellschaft!
Nimmermehr wäre sie in Einseitigkeit untergegangen, wenn die aus-
gleichende Wucht einer erblichen Dynastie den Staat in die Neuzeit
begleitet hätte!

# Fünftes Buch

## Königliche Gewalt

Der König selbst, wiewohl an Glanz der Höchste,
Muss oft des mächtigen Adels Diener sein.
Schiller, Demetrius

## Erster Abschnitt

### Stellung des polnischen Königs

Der alte Streit, ob der Mensch von jeher ein zoon politikon gewesen und niemals ohne Staat leben könne, noch gelebt habe, oder ob er die Staaten mit Selbstbewusstsein geschaffen, lässt sich wohl am besten vermitteln, wenn wir einer allgemeinen Wahrnehmung zufolge erklären, dass eine kleine Anzahl von Menschen auf niedriger Culturstufe in einem staatsähnlichen Geschlechtsverbande steht und dass dieser nur allmählich sich zu einem wirklichen Staat wandelt.

Dieser Uebergang pflegt sich durch Kämpfe der verschiedenen Stämme zu beschleunigen; nur durch gegenseitige Reibung gewinnen die menschlichen Gemeinschaften Consistenz. Und wie noch heute das innere Staatsrecht zu seiner Kräftigung und zweckmässigen Fortbildung äusserer Kriege bedarf und sich unter Gefahren von aussen oft am segensreichsten entwickelt, so hat sich überall nur unter Blutvergiessen die erste und natürliche Form des Staats entwickelt: die **patriarchale Monarchie**.

In diesem Zustande erscheint uns die politische Organisation der Slaven vor dem Jahr 1000. Ueberall tritt bei ihnen ein bestimmtes Geschlecht in Vorrang über die Stammesgenossen, und die Häupter dieser bevorzugten Sippe üben den grössten Theil der Gerechtsame, die bisher jedem Stammeshaupt in seinem Verwandtenkreise zustanden. Ueber der Macht der einzelnen Familien erhebt sich eine höhere Gewalt, die als staatlich bezeichnet werden muss. Als Bezeichnung für den Inhaber dieser Stammes-Staatsgewalt gilt den Slaven zunächst dasselbe Wort wie den Germanen: das slavische Knjaź, litauisch kunigas, ist vollkommen eins mit kunic, König, beides von der altarischen Wurzel kn, die Geschlecht bedeutet, (lat. und griech. gen). Dieser Geschlechtsfürst, Patriarch oder Phylarch, wird vom späteren Polnisch in entsprechender Umgestaltung des Namens ksiądź, ksiąz, książę genannt; in der alles nivellirenden mittelalterlichen Ausdrucksweise heisst er dux, selten princeps.

Eine gewisse Aehnlichkeit des polnischen Dux, vom Jahre 1000, mit den damals bestehenden Herzögen der Schwaben, Sachsen, Baiern und Franken ist nicht zu leugnen, und so nahm Herzog Bolesław, als er sämmtliche benachbarte und überbenachbarte Slavenstämme unterworfen hatte, den Titel rex an, der entsprechend den damals deutschen Verhältnissen die Herrschaft über mehrere Völker bezeichnen sollte; im polnischen król = dem tschechischen král, aus welchem die Ungern ihr király gemacht haben. Die Annahme dieses Namens bezeichnet uns sinnbildlich eine Bewegung, die sich in der monarchischen Gewalt vollzog, denn krol, russisch karol, ist gleich dem deutschen Karl, dem nordischen Jarl und bedeutet den Mächtigen, den Kriegsfürsten; also doch offenbar ein Schritt über das patriarchale Herscherthum hinaus. Und Bolesław trat imperatorisch auf; fast hätte seine durchgreifende Faust das für den Osten werden können, was der nervige Arm Karl des Grossen für den Westen.

Die Art der ersten Erwerbung des Titels król war nun allerdings zweifelhaft und bald ging er wieder verloren; mit ihm sank die räumliche und intensive Machterweiterung zusammen, welche Bolesław durch das Diadem hatte verkünden wollen. Bolesław Schiefmund war nur dux, trotzdem sich die fürstliche Gewalt unter ihm wieder erhob. Erst nach anderthalb Jahrhunderten unendlicher Schwäche, die jetzt über das getheilte Polen sank, erhob sich eine selbständige Politik in einem Theile des boleslaischen Reichs, in Grosspolen, das schon einmal die Wiege der Macht gewesen war; und der Ausdruck dieses neuen spontanen Lebens, war die Wiederannahme des königlichen Titels durch Przemysław und seinen glücklicheren Nachfolger Władysław; seit 1320 heisst das Oberhaupt des polnischen Staates ununterbrochen król. —

Ein dynastisches Princip hatte Polen zersplittert; Władysław Łokietek rief den Nationalgeist zu Hülfe, um die Haupttheile des alten Reichs zu vereinen. Unter ihm, noch mehr unter seinem Sohn, dem grossen Kasimir, dem Schützer der Armen und Elenden, dem Juden- und Bauernkönig, beginnen Barone und Kriegsleute sich als Reichstände der Fürstengewalt gegenüber aufzufassen. Seit 1365 und 1368 ist der König nur noch unter Theilnahme seiner Unterthanen souverän. Ganz besondere Schmälerung erleidet die königliche Macht seit jener Zeit durch die von Kasimir selbst eingeleitete Aufhebung des Erbrechts.

Zwar noch immer war der polnische König in seiner Machtfülle durch keine gesetzliche Einschränkung gehemmt, noch trug er mit Recht den allgemein slavischen Titel hospodar, gospodar, hospodyn (dominus), der das urslavische Fürstenthum, welches alle Thätigkeit der Staatsgewalt in sich vereinigt, so recht nachdrucksvoll bezeichnet. Noch sollte der polnische König, gleich den altgermanischen Monarchen alle Befugnisse in seiner Person vereinigen, die nur jemals vom Staat ausgeübt werden könnten. Und zwar war er mit demselben Bewusstsein zum Repräsentanten der Staatsgewalt designirt, mit welchem die Bürger von Nowgorod und die Vertreter von Moskau sich ihrem Zaren unterworfen. Aus der verschrieenen Idee der Volkssouveränetät, die sich in der ganzen slavischen Geschichte bei den verschiedensten Gelegenheiten deutlich nachweisen lässt, hat sich ja überall im Staatsleben der Welt nur eine condensirte Fürstengewalt entbunden.

Aber seitdem König Ludwig das Recht der Besteuerung und der freien Verfügung über die Wehrkräfte aufgegeben hat, ist die Macht des Königthums dahin. Unter den ersten Jagellonen bereits erleidet das monarchische Princip die Niederdrückung, der es bis zum Ausgang des Reichs ohne eine Periode der Hebung erlag.

Schwache Fürsten sind die gefährlichsten Feinde der Fürstengewalt; was die unbedeutenden Regenten des 15. Jahrhunderts an einen patriotischen Senat, an einen aufstrebenden Adel verloren hatten, konnten selbst so kräftige Naturen wie Siegmund I. und Stefan nicht wiedereinbringen.

Glänzend und das Ziel vieler Wünsche war die äussere Stellung des Monarchen. Schon 1426, ganz gewöhnlich aber in der zweiten Hälfte des 15. Jahrhunderts führt der König die Prädicate majestas und serenissimus. Es war eine nicht wiederholte Ausnahme, dass Ludwig XIV. dem König Sobieski die Majestät verweigerte.

Des Königs stolzer Titel Rex Poloniae, Magnus Dux Lituaniae, Dux Russiae, Prussiae, Masoviae, Samogitiae, Kijoviae, Volhiniae, Po-

doliae, Podlachiae, Livoniae, Smolensciae, Severiae, Czernichoviae enthielt von 1638, in welchem Jahr ihn Władysław IV. vollständig so
annahm bis 1686, in welchem Jahr Smoleńsk, Siewier, Czerniechów für
immer abgetreten wurden, keine unwahre Bezeichnung (wie vornehm!);
nachher nur drei, da zwar auch die Stadt aber nicht die Wojewodschaft Kiew an Russland 1668 abgetreten wurde. Dem Auslande gegenüber blieb der polnische König, was er seiner Idee nach sein sollte,
Vertreter und Inhaber der Staatsgewalt. Im Staate selbst aber war
ihm fast nur formelle Bedeutung geblieben.

Nicht mit Unrecht wird aus dem Principe der Königswahl die
ganze Schwäche des polnischen Königthums hergeleitet. Es bleibt für
alle Zeiten wahr, was Rousseau in seinem Gouvernement de Pologne
burschikos ausruft: „Hérédité dans le trône et liberté dans la nation
seront à jamais des choses incompatibles", wenn man eben die Freiheit so versteht, wie er und die Polen: als möglichste Ungebundenheit
und Unabhängigkeit des Einzelnen im Staate; und wenn man die Freiheit als Hauptzweck des Staatslebens, nicht als Mittel zum Zweck an-
sieht, wie die Polen thaten, so wird man unbedenklich für das Königthum den Wahlzwang einführen und als Grundsäule der Verfassung
festhalten. Doch darf nicht das Wahlprincip an sich als alleinige Ursache von Polens Unglück angesehn werden. Einmal wird Tocqueville
unzweifelhaft Recht behalten, wenn er sagt: „Les révolutions de Pologne ne doivent pas seulement être attribuées au système électif en
général, mais à ce que le magistrat élu était le chef d'une grande
monarchie", und zweitens war der Modus, nach dem sich die Wahl
in Polen vollzog, langwierig, unbestimmt und gefährlich.

Und so sollte denn auch der König, wie er von allen Edelleuten
persönlich gewählt wurde, auch die persönlichen Neigungen und Wünsche
Aller befriedigen. Er sollte Produkt, Diener und Werkzeug, nicht
der volonté générale, sondern der volonté de tous werden. „Ausser
den Edelleuten", sagte man in übertriebener Weise, „sind alle Polen
Sklaven, auch der König." Bis zu Siegmund August behauptete der
Monarch noch immer eine Stellung über dem Reichstag; seit 1573
tritt er als dritter Stand neben Senat und Ritterschaft und wird
in Reichstagsreden oft so bezeichnet.

Das monarchische Gewissen des biederen Lengnich sträubte sich,
den König in die gleiche Rangstufe mit denen, die ihm huldigten, zu
werfen; aber nach Lengnichs Tode wurde der König officiell ganz allgemein als stan republikantski, ein Stand der Republik, bezeichnet.

Die Macht, die der König noch besass, konnte sich nur in mittelbaren Wirkungen auf die Staatsgeschäfte äussern, dagegen war der König mit seiner Person haftbar und verantwortlich für alle Handlungen seiner Regierung. Der Satz der Const. 1791, welcher den König für unverantwortlich erklärt, hatte bei dem sonstigen Organismus des Staats, den auch diese Constitution beibehalten hatte, keinen Sinn. Schon dass man den König als Vorsitzenden des Senats bestehen liess, zerstörte die Idee der Unverantwortlichkeit. Auch die Contrasignatur des Kanzlers, die bei allen Regierungschriften des Königs erforderlich war, involvirte keineswegs dies Princip. Persönlich musste der König oft auf Reichstagen für alle Staatshandlungen Rechenschaft ablegen.

Das polnische Königthum blieb in diesem Charakter sich selbst getreu. Von persönlichem Recht, nicht von einem abstracten Gedanken, ist alle Macht und Herrschaft bei Germanen wie bei Slaven ausgegangen. Die vor dem Auftauchen der Fürstengewalt zerstreut geübten öffentlichen Gerechtsame sind sämmtlich auf die Person des Fürsten übertragen. Im Staate der Merowinger, mit dem Polen stets eine gewisse Aehnlichkeit behielt, tritt dieses Verhältniss am allerdeutlichsten hervor. Aber auch Ermanariks gothisches Königthum, das sich um 350 in denselben Gegenden erhob, über welche ein Jahrtausend später der polnische Scepter reichte, war schon auf demselben Princip entsprossen.

Diese materielle Thatsache, welche dem germanischen Königthum zu Grunde liegt, der oberste Besitz des Grundes und Bodens, ist auch in den altslavischen Zuständen zu erkennen. Ganz besimmt in der russischen Verfassung, wo allerdings Eroberung stattgefunden hatte; aber auch in einzelnen Zügen des polnischen Staatsrechts. Nicht nur alles unbebaute Land, sondern auch die besten und wichtigsten Strecken und Plätze, die Orte, an denen sich später die Hauptstädte des Reichs erhoben, und die Grenzlande gehörten persönlich dem Königsgeschlecht. Aber eine Oberlandesherrlichkeit wurde doch auch über die Güter aller Freien geübt; unerklärlich wäre sonst in jenen Zeiten die weitausgespannte Macht, welche in Besteuerung und Gericht die Fürsten und ihre Castellane über das ganze Land ausübten. Wir wissen, dass der polnische Monarch nicht Lehnsherr war; aber er hat ein gewisses Recht über die ganze Erde seines Landes besessen, sonst hätte er nicht von allen Grundbesitzern, sowohl von den Vollfreien, wie von den Kmeten, in jenen ersten Jahrhunderten Heerfolge fordern können.

Dies erklärt sich so: Nach einem Urgrundsatze des Rechtes der Arier gehört alles Land communistisch dem Stamme, der es in Besitz nimmt und späterhin wird es gemeinsames Eigenthum der einzelnen Sippen. Innerhalb der Sippe aber gebührt nach specifisch slavischem Recht die Verfügung über das Gut nicht sowohl einer öfter zusammentretenden Sippenversammlung, als dem erblichen oder gewählten Aeltesten, dem Starosta, dem russischen Starschina, dem stary pan, wie bei den karpatischen Slovaken noch heute der Gemeindebeamte bezeichnet wird. Die meisten Befugnisse dieser Sippenältesten nun sind in der fortschreitenden Entwicklung auf den Stammfürsten książę übergegangen, und somit hat dieser wie sein späterer Nachfolger, der König król, die allgemeine Landesherrlichkeit.

In frühen Zuständen aber gilt mehr oder weniger jeder Mensch nicht an sich, sondern nur in Anlehnung an eine materielle Basis, und zwar zunächst in Verbindung mit dem natürlichsten Eigenthum, mit dem Grundbesitz. Wer also Oberherr des Bodens ist, hat nothwendig auch Competenz über die auf dem Boden ansässigen Menschen. Und wie dann im 16. Jahrhundert die einzelnen Edelleute, nachdem sie souveräne Besitzer ihrer Ländereien geworden sind, sich zu absoluten Herschern ihrer Hintersassen geboren glauben; so meinte der polnische Monarch des 11. Jahrhunderts als Oberlandesherr auch despotische Gewalt über Alle ausüben zu dürfen, die sich von seinem Boden nährten. Und er übte sie aus.

Die Herrschaft des Fürsten über seinen eigenen alten Stamm, über die Grosspolen an der Warthe, wird um so fester und straffer, je mehr die Gewalt, welche der Monarch als E r o b e r e r in seinen andern Landestheilen besitzt, Rückwirkungen erlaubt. Nennt doch Bolesław gegen Heinrich II. die Lausitz und andre eroberte Landschaften sein E i g e n t h u m. Nur so gelang es dem polnischen Königthum, durch seine unumschränkte Gewalt einen wahrhaften Staat zu schaffen.

Die Anfänge jedes Staats und der Ausgangspunkt einer neuen Entwicklungsepoche innerhalb der Geschichte eines einzelnen Staats liegen in despotisch - dictatorischer Gewalt. Nur ein einzelner Mann kann mit Kraft die Mittel anwenden, welche zur Durchführung der Staatsidee nothwendig sind; nur ein einzelner Mensch ist für die jugendfrischen Sinne einer werdenden oder unvollkommenen Nation das passende Symbol des Staats. Den grossen Vater nennen die Indianer der Prairie die Centralgewalt der Vereinigten Staaten und denken sich dabei den Körper des washingtoner Präsidenten. Und wie die Kirche des Mittelalters im Papst enthalten war, so musste sich der polnische Staat des Mittelalters in der Person des Fürsten zusammenfassen.

So blieb es aber auch in Polen. Der König war beständig der wirkliche Repräsentant der Staatsgewalt. Wesentlich Privatinteressen vertraten ihm gegenüber die Edelleute. Darum war jede Schmälerung der königlichen Macht eine Schwächung des Staats. Und wie so mancherlei Erscheinungen in Polens eigenthümlicher Geschichte auf höchst persönliche Fragen sich zurückführen lassen, so ist für das Ansehn der polnischen Staatsgewalt der Punkt schwer ins Gewicht gefallen, dass gegenüber den vielen bedeutenden Kräften, die in den Adelsmassen frei umherwogten und dem polnischen Ruhm beständig neuen Glanz verliehen, kein durchaus grosser Monarch seit dem Bauernkönig Kasimir den polnischen Thron bestieg. Mehr als ein polnischer König war gradezu imbecill, die andern waren Schwächlinge; und dem Adel konnte das lieb sein. Für die energischen Gestalten eines Siegmund I., Stefan Batory und Johann Sobieski können wir uns begeistern — aber Herscher vom ersten Range hat es seit dem letzten Piastenkönig nicht mehr gegeben.

Das polnische Staatswesen emancipirt sich durch dauernde zunehmende Schwäche, wie das russische durch beständig wachsende Kraft, von jener Eigenthümlichkeit der slavischen Monarchien, die in der Abwechselung übergewaltiger und markloser Herschernaturen zu finden ist, und für welche die böhmische Geschichte und die serbische seit dem Fall Ottokars und dem Untergang von Duschans Zarenthum noch fortlaufende Belege bieten. Und als das Königthum der Polen vollkommen kraftlos geworden war, wie unter Stanislaus August, da hatte sich das Staatsinteresse in ein Conglomerat von Privatinteressen zerfasert.

Aus eigener Anstrengung konnten sich aber die aufgelösten Bestandtheile nicht wieder harmonisch zusammenfügen; und darum musste Polen untergehn, als das dringendste Erforderniss der polnischen Verfassung, die Herstellung eines starken Königthums, nicht befriedigt wurde.

# Zweiter Abschnitt

## Erwerb der Königswürde

Das Königthum der Polen ist seinem Ursprunge nach erblich. Aber erblich nur im herschenden Geschlecht, nicht in fester Linearfolge. Das Wesen des altslavischen wie des germanischen Königthums ist ja Herrschaft, die einem bestimmten Geschlecht zusteht; und zwar dem Geschlecht, das durch Alter, Besitz und zahlreiche Hörigenschaft hervorragendes Ansehn genoss. Bei dem patriarchalen Zuge, der das ganze altslavische Leben durchwehte, konnte es nicht anders sein. Vielmehr spiegelt sich die Sippenverfassung auch innerhalb des Königthumes ab.

Bestand ja doch das System einer annähernd gleichen Theilung des Geschlechtserbes unter alle Glieder der Königsippe. Dies System, das von einer reactionären Partei unseres Jahrhunderts seinen Grundzügen nach zurückgesehnt wurde und darum keineswegs so überaus antediluvianisch ist. Am 21. Mai 1824 schrieb die ultraistische Gazette de France in einem inspirirten Artikel: „Dans une Monarchie héréditaire la royauté se divise pour ainsi dire entre les membres d'une famille; le roi futur semble avoir le droit de veiller sur les dépots que le roi présent doit lui remettre." Können wir dann das Sippenkönigthum, aus dem sich die polnische Monarchie entwickelte, so unerklärlich finden?

Die gemeinsame Bezeichnung Piast für das polnische Königgeschlecht, das vom Beginn der Geschichte bis 1370 über Polen, bis 1525 über Masovien und bis 1676 über einzelne Theile Schlesiens erblich gebot, hat entschieden den Charakter andrer slavischen Sippennamen.

Wie bei allen slavischen Stämmen, so standen auch hier die Fürstensöhne in Paragium. Nur einzelne kräftige Fürsten duschbrachen den die Individualität hemmenden Sippenverband; mit moderner Hand schufen sie zeitweise gewaltsam eine wirkliche Monokratie; — so

Bolesław der Gewaltige und Bolesław Schiefmund. Die Heerführung, in der sie allein, nicht ihr Geschlecht sich auszeichneten, gab ihrem persönlichen Ansehn Stütze.

Andere stellten Ausnahmen von der alten Sippenerblichkeit mit Zustimmung der polnischen Freien gesetzlich fest, wie wir ein solches Verfahren auch öfter in Russland erblicken und bei den Angelsachsen. Was Alfred der Grosse und Boris Godunow für sich errangen, das erlangten für ihre Nachfolger Władysław Herrmann und Kasimir der Grosse. Unter diesem erfolgte der gänzliche Bruch mit der Vergangenheit.

Die damaligen Verhältnisse des polnischen Staats müssen im Sinn ihrer Zeit privatrechtlich aufgefasst werden und so können wir sagen; Kasimir testirte über das Gesammteigenthum der Sippe, dessen Depositar er als Aeltester seiner Sippe war: über das polnische Reich zu Gunsten eines ausser der Sippe stehenden, also ganz unrechtmässigen Erben, allerdings mit Einwilligung derer, welche durch das Eigenthumsrecht der Sippe bisher getroffen wurden; mit Zustimmung der Unterthanen seiner Königsippe, der polnischen milites.

Und als nun Kasimirs Erbe Ludwig ohne männliche Nachkommen dasteht und stirbt, so findet sich in dem bisherigen polnischen Gewohnheitsrecht kein Anhalt für eine Regelung der Thronfolge. Die rechtsbildende Kraft der Nothwendigkeit giebt die Verfügung über die polnische Königswürde von jetzt an in die Hände des Adels. Polen ist seit jenem Interregnum von 1386, in welchem Jagiełło durch freien Willen der Staatsgenossen den Thron besteigt, ein entschiedenes Wahlreich geworden. Das unter den Piasten geltende Princip: „Le roi est mort vive le roi," besteht nicht mehr. Ausdrückliche Uebertragung der Königswürde ist jedesmal nothwendig. Freilich, feste Formen der Wahl bestehen nicht. Dennoch liegt den verschiedenen Staatshandlungen, durch welche seit 1386 bis 1527 das Scepter vergeben wird, immer die Einwilligung der Nation zu Grunde, als deren Wortführer die Barone auftreten.

Secundären Einfluss auf die Besetzung des Throns übte allerdings noch beständig jener im Rechtsgefühl der Polen fortwurzelnde Grundsatz, dass das Königthum in dem herschenden Hause bleiben solle, dass Blutsverwandtschaft mit dem verstorbenen König den besten Kitt für die Befestigung des neuen gebe, und ein um so engeres Band herstelle, je näher sie gewesen. So erhielt sich thatsächlich Linealerbfolge unter den Jagellonen, welchem Factum diese Herrscher durch beständige Beilegung des Titel heres Ausdruck gaben.

Und wie Ludwigs Herrschaft an die Hand der Elisabeth, Jagiełłos an die der Hedwig geknüpft war, so betrachtete noch die Gesammtheit souveräner Edelleute 1573 den letzten Spross der Jagellonen, die Infantin Anna, im Verhältniss einer Erbtochter und machte die Verehelichung mit ihr zur Thronbedingung für den neu gewählten Fürsten; viel verlangt von dem 23jährigen Heinrich sich mit der dreissig Jahr ältern Jungfrau zu vermählen und begreiflich, wenn er, schon um sich dieser Pflicht zu entziehen, bei nächtlicher Weile davonfloh.

Gleichwohl erhielt der Adel im nunmehrigen Interregnum die einmal gestellte Bedingung aufrecht — mit anerkennenswerther Pietät gegen den Jagellonenstamm — und sie ward zur conditio sine qua non für Stefan Bátori (Batory nach polnischer Schreibart).

Dasselbe patriarchale Princip wirkte bei der Wahl Siegmunds III., der neben andern Gründen, als Neffe Siegmund Augusts, dem nicht so nah mit dem letzten Jagellonen verwandten Erzherzog Maximilian vorangestellt wurde, und bei der geräuschlosen Thronbesteigung seiner beiden Söhne. Auch 1669 noch bei der Ernennung Wiśniowieckis war es kein unbedeutendes Moment, dass seine Familie mit demselben altlitauischen Fürstenstamm für verwandt galt, zu dem die Jagellonen gehörten. In Wahrheit hatte sie reussischen Ursprung; aber selbst viele der moskauischen Bojaren leiteten sich lieber von Gedimin, dem Gründer der litauischen Macht, als von Rurik her.

Mit der Wahl Sobieskis aber tritt ein anderes Element in die Königswahl. Diese echt nationale Gestalt — król nasz lechski, wie noch heute polnische Volkslieder den König preisen — verdankte nur glänzendem Verdienste seine Erhebung. Aber Sobieskis persönliche Thaten, die keine blendende Genealogie zum Hintergrund hatten, vermochten nicht seinen Söhnen den Thron zu sichern; das Jahr 1697 ist das einzige Beispiel in der polnischen Geschichte, dass mündige Söhne des verstorbenen Königs nicht den Purpur erhielten.

Dagegen erlangte nach August des Starken Tode sein Sohn den Scepter, und die Anhänglichkeit der Polen an das Haus Wettin, die sich 1764 nicht bethätigen konnte, äusserte sich nicht nur in einer reichen während Stanislaus August fortlaufenden Dotirung der Prinzen von Kursachsen als Królewiczen (Königsöhnen) von Polen, nicht nur in der Proklamirung des Kurfürsten Friedrich August 1791 zum Thronfolger, sondern ist noch über den Untergang des Reichs hinaus in mannigfachen Spuren zu verfolgen.

Trotz dieses ursprünglich gebliebenen Grundzuges, der in fast allen Königswahlen seit 1573 zu beobachten ist, war doch die öffentliche Meinung während der Interregna der Form nach vollkommen voraussetzungslos und unbeeinflusst. Die Wahl sollte frei sein; das ist Glaubenssatz jedes echten polnischen Edelmanns. Von jeder äussern Anregung ledig, sollten die auf dem Wahlfeld versammelten Massen den wahrhaft Würdigsten erküren — diadema dignissimo, war eine oft wiederholte Devise des polnischen ursprünglich piastischen Wappenthiers. Auf vielen Abbildungen des Wahlplatzes von Warschau ist der weisse Adler dargestellt, wie er über die Scenerie mit einem derartig beschriebenen Blatte dahinrauscht. Der Adel dachte sich ein unmittelbares Eingreifen Gottes in die Wahlhandlung; die 1575 von der szlachta den Magnaten gegenüber einseitig erfolgte Ausrufung Batorys zum König, wurde ohne weiteres als vox Dei bezeichnet, und 1669 schrie der Adel: Den wählen wir, den Gott uns ins Herz giebt. Noch 1793 rief Kimbar, der Landbote von Upita, auf dem traurigen Reichstag zu Grodno dem König zu: „Die allgemeine Meinung ist, dass, um die Krone zu erlangen, Du Verbindlichkeiten gehabt gegen Katharina: zeige jetzt dem Weltall, dass Gott es war, der Dich zum Könige bestimmt."

So begannen die Wahlhandlungen auch immer mit der Bitte um Inspiration des heiligen Geistes; ein hunderttausendkehliges „Veni creator spiritus" eröffnete die Election, und ein feierliches „Te Deum laudamus" schloss sie. Anlass genug zu diesen religiösen Ceremonien war vorhanden; denn die höchst idealen Grundgedanken der eigenthümlich geordneten Wahlhandlung verwirklichten sich nur in sehr materiell getrübter Weise. Das Wahlfeld war nur zu oft ein Tummelplatz gemeinschädlicher Leidenschaften, der Habsucht und des Ehrgeizes. Schon ein genau blickender und anziehend darstellender Diplomat des 16. Jahrhunderts, Hubert Languet, rief von den polnischen Magnaten seiner Zeit: „Superbia et avaritia patriam perdunt" und sein Berufsgenosse, der bekannte ungrische Exbischof Dudith, schreibt mit jugurthischem Hohn: „Wer im Stande ist allen Grossen die Jahrgelder zu zahlen, die sie verlangen, der ist Herr von Polen, solange — er sie zahlt."

Wohl erkennt heute die ganze Nation, wie die Verständigen unter ihr es längst erkannt haben, welche Schmach durch das göttliche Princip der Königswahl über das Land gezogen wurde. Das ausländische Gold, welches der Krakauer Maler Matejko in seinem grossen von der diesjährigen pariser Urtheilungscommission preisgekrönten Gemälde, „der Untergang Polens" so reichlich über den Boden hinrollen lässt, cursirte in Polen nicht seit den Theilungen, sondern seit der

ersten freien Königswahl 1573. Allein durch die Erblichkeit des
Königshauses, welche die Männer von 1791 unter dem Namen der
Wählbarkeit nach Dynastien einführen wollten, hätte der im Lande
überhand genommenen Corruption und Gesinnungslosigkeit Einhalt gethan werden können. Das Staatsrecht war hier Ursache, die Moral-
verderbniss Wirkung. Die Kronprätendenten überboten sich ja bei jedem
Interregnum in Bestechungen, und so hiess es denn: Gott verrichte
bei einer polnischen Königswahl grössere Wunder, als bei Erschaffung
der Welt; denn bei dieser habe er mit keinem widerstrebenden Stoffe
zu kämpfen gehabt, bei jener aber mit unendlichem.

Nicht unbegründet war dieser metaphysisch spielende Vergleich.
Polen war ein Chaos zur Zeit eines Interregnums; und die Königs-
wahl, einer der wichtigsten Acte des Staatslebens, hatte keine feste
Regel erhalten bis zum Ausgang des Reichs. Warum? Damit die
Freiheit gewahrt bliebe, unter der dann hier entschieden Ungebun-
denheit zu verstehen ist.

Als der König noch bei Lebzeiten seines Vorgängers gewählt
wurde, mochte auch ohne sichere Normen der Staat keinen über-
mässigen Schwankungen erliegen; seit aber unter Siegmund August
sich die Meinung befestigte, dass nur während eines Interregnums
freie Wahl zu treffen sei, da erstaunte der Venetianer über die Antwort, die man ihm auf seine Frage gab, warum denn kein Wahlmo-
dus beschlossen werde. Sobald ein Gesetz gegeben ist, sagten die
polnischen Grossen, sinnen die Menschen darauf es zu umgehen; darum
geben wir hierin lieber keins. Dennoch stellte die merkwürdige Versammlung von Jędrzejów als Aufgabe des nächsten Reichstags die Bestimmung sicherer und bleibender Normen für die Königswahl auf.
Aber ebenso erfolglos als dieser Beschluss von 1576 blieben die mehr-
fachen Forderungen, die sich 1669 in Betreff desselben Gegenstandes
erhoben.

Die Könige Siegmund III. und namentlich Johann Kasimir beabsichtigten vergebens noch während ihrer Regierungszeit eine Wahl an-
zuordnen; dann sei die Wahl nicht mehr frei, meinte der Adel aus
Einem Munde und widersetzte sich mit Erfolg. Unter Siegmund kam
es zum Bürgerkrieg, unter Johann Kasimir fehlte nur wenig dazu.
Die Szlachta war sinnenbethört. Łubieński rief ihr zu: Durchblättert
unsre Annalen, ihr werdet kein Beispiel einer freien Wahl finden!
Die Edelleute aber redeten sich wirklich ein oder liessen sich von
schlauen Magnaten einreden, dass der blinde Zufall, der in den Interregnen so bedeutende Rolle spielte, und die meist unerwarteten,

selten glücklichen Resultate der Wahlhandlungen heilige, über menschlicher Bekrittelung stehende Erscheinungen seien.

Ganz regellos fanden nun allerdings die Wahl und ihre Vorberei-
tungen nicht statt; herkömmlich, gewohnheitsrechtlich wurde seit 1587
ein Verfahren beobachtet, zu dem die Vorgänge der ersten beiden Interregna nach dem Aussterben der Jagellonen als Beispiel dienten.

# Dritter Abschnitt

## Art der Königswahl und Thronbesteigung

Interregnum heisst der für Neubesetzung des Throns entscheidende
Zeitraum, und eine genaue Darstellung aller kleinen gewohnheitsrecht-
lichen Détails, die in Interregnen beobachtet zu werden pflegten, bildet den Glanzpunkt der ältern Werke über polnisches Staatsrecht.
Für unsere heutigen Zwecke wird weniger genügen; um so mehr als
eine ausführliche Aufstellung publicistischer Regeln eine noch aus-
führlichere Aufzählung der zahlreich stattgefundenen Ausnahmen bedingen würde. Die polnische Geschichte muss das lebensvolle Colorit
zu den abstracten Umrissen des Verfassungsrechtes liefern, wie im allgemeinen so besonders hier.

Der Tod des Königs wird durch den Primas als Interrex proclamirt, und zugleich durch diesen ein Reichstag ausgeschrieben, der
die dringendsten Geschäfte erledigt und Bestimmungen für die Dauer
des Interregnums trifft: die Convocationsversammlung, convocationis
comitia, sejm konwokacyjny. Als Interrex fungirt der Erzbischof von
Gnesen, und im Fall dieser verhindert oder nicht vorhanden ist, der
Bischof von Kujawien. Derselbe eröffnet die Convocation, zu der in
gewohnter Weise die übliche Zahl Landboten und der Senat sich in
Warschau versammeln. Die Dauer dieses Reichstags, der sich weder
mit Gesetzgebung noch sonstigen Reichstagsfunktionen beschäftigt, sollte
im allgemeinen 14 Tage nicht überschreiten. Der Convocationstag im
October 1575, auf welchem König Heinrich des Throns entsetzt wurde,
dauerte jedoch nur drei Tage.

Seit Einführung des liberum veto wurden auch die Convocationstage unregelmässiger; der 1696 wurde zerrissen. Gewöhnlich sollte
eine Conföderation den ungestörten Fortgang und die Durchführung

der Convocationsbeschliessungen sichern. Die Regierungsthätigkeit während eines Interregnums ging vom Primas und den um ihn versammelten Senatoren aus, die ihren Sitz in Warschau nahmen, beschränkte sich aber auf Abfertigung unaufschieblicher Angelegenheiten. Die fremden Gesandten dürfen den polnischen Boden nur mit Geleitsbriefen betreten, die vom Erzbischof ausgestellt sind, und verfügen sich alsdann auf die ihnen von diesem angewiesenen Aufenthaltsorte und Plätze. Die Gesandten des Auslands spielen in dem merkwürdigen Dramen, die sich in jedem Zwischenreich entwickeln, bedeutende Rollen. Fast alle hervorragenden Mächte schickten bis ins 18. Jahrhundert ihre Bevollmächtigten zu den polnischen Königswahlen.

Der Zugang zum polnischen Thron stand ja eigentlich Jedermann offen. Nur war seit 1669 die gewohnheitsrechtliche Ausschliessung aller Akatholiken in sämmtliche Pacta Conventa übergegangen, und bereits im Anfang des folgenden Jahrhunders wurde sie als Cardinalrecht des Staates bezeichnet und ging als solches in die Constitution 1768 über. Niemand, und keine Kategorie von Bewerbern war sonst ausgeschlossen. Das Wort corona dignissimo sollte sich ohne irgend eine äussere Beschränkung verwirklichen, damit die Wahlfreiheit auch in dieser Beziehung eine Wahrheit werde. Das Gesetz von 1696, welches Piasten, die sich um den Thron bewerben würden, für Feinde des Vaterlands erklärte, hatte nur einen augenblicklichen Zweck, den Sobieskis gegenüber. Unter Piasten verstand man seit 1573 Polen, die als Thronbewerber auftraten, 1669 zum ersten Mal mit Erfolg.

Ebenso war die Bestimmung von 1764, 1768, 1775, dass nur Piasten wählbar sein sollten, ein von den Theilungsmächten dictirter Satz. Die vaterlandsliebenden Polen nahmen im Uebrigen an, dass der König nicht einheimisch sein dürfe; er sollte über der Eifersucht der grossen Familien stehen. Und nach den schlimmen Erfahrungen, die in dieser Beziehung mit Stanisław Poniatowski vorlagen, war es ein berechtigter, wenn auch diplomatisch unkluger Gedanke, das sächsische Haus auf den Thron zu berufen. Auch ohne die preussischen Interessen zu verletzen, wäre es möglich gewesen künftigen Hader der sarmatischen Magnaten und der ausländischen Herscher gegenstandslos zu machen. Aber wie konnten von den 200,000 polnischen Kurfürsten scharfsinnige Rücksichten auf hohe Politik erwartet werden!

Allerdings, häufig genug erschien der polnische Thron den fremden Mächten als eine bequeme Versorgungsanstalt jüngerer Prinzen. Oestreich und Frankreich betrachtete ihn so in mehr als in einem Interregnum. Auch Philipp von Spanien dachte seinen heldenhaften

Bruder Don Juan d'Austria, den Sieger von Lepanto, an der Weichsel unterzubringen, und mancher kleine Monarch glaubte das ihm zustehende Recht der Bewerbung nicht versäumen zu dürfen und bot wie Alfonso von Ferrara, der Beschützer Tassos, Schmeichelei und Bestechung in reichem Maasse auf, um die Stimmen des polnischen Adels zu gewinnen. Kein Throncandidat aber sollte auf dem Wahlplatz persönlich erscheinen, und so war diplomatische Thätigkeit erfordert.

Auch Gesandte, die nicht für einen Candidaten als Vertreter kamen, durften das Reich während des Interregnums betreten; sie kamen dann meist mit Empfehlungen ihres Souveräns für einen oder den andern der Thronbewerber. Zu solchem Zweck erschienen häufig Gesandte der deutschen Kurfürsten, der Pforte und Russlands.

Ein ausnehmend weiter Spielraum eröffnete sich den Gesandten für ihre Wirksamkeit.

Am Anfang der vom Convocationstag festgesetzten durchschnittlich sechs Wochen dauernden Wahlzeit versammelte sich in Waffen zu Warschau Polens gesammter Adel, soweit er der Gleichheit theilhaft oder auch nicht theilhaft war. Ungrische Heiducken, deutsche Landsknechte in Masse, später auch disciplinirte Heerhaufen der einzelnen Magnaten und im 18. Jahrhundert russische Truppen erfüllten, was auf dem Wahlfelde noch leer blieb. Nicht immer waren sie stumme Zuschauer; unschuldige Verwechselung mit gerüsteten Szlachcicen war ja leicht möglich. Das Wahlrecht, früher in sehr unbestimmter und zufälliger Weise geübt, hauptsächlich von den Baronen, denen ein Theil des Adels, unter den spätern Jagellonen auch die Landboten zur Seite standen, wesentlich aber nur von den eigentlichen Gross- und Kleinpolen vollzogen, wird seit 1573 Eigenthum sämmtlicher zum Kriegsdienst verpflichteten Edelleute Polens, Litauens und aller einverleibten Lande, namentlich auch Preussens; so sehr diese Wojewodschaftsgruppe im Uebrigen ihre Zuziehung zu allgemein polnischen Verhandlungen für ein privilegium odiosum ansah und auf Grund ihres von polnischem Gewohnheitsrecht gar bald überwucherten Einverleibungspergamentes von 1454 nur als Ganzheit mit Einer gemeinsamen Stimme sich an der Königswahl betheiligen wollte. Wie geringe Rücksicht man aber auf ihre Sonderprätensionen nahm, ersahen die Preussen, als Siegmund August und Stefan Batory ganz ohne ihre Zuziehung erwählt wurden. Um also des Wahlrechtes nicht verlustig zu gehn, bequemten sie sich zur Wahl in derselben Weise, wie die andern Bürger der Republik. Die Städte Danzig, Elbing und Thorn blieben daheim und der Adel zog viritim gen Warschau. Der Schwerpunkt dieser Wahlversammlungen

7*

liegt seit 1573 jedesmal in den Adelsmassen, die wohl immer in einer Stärke von mindestens 100,000 Köpfen das Wahlfeld bezogen und mitunter bedeutenden Druck auf die von Söldnerschaaren und von adliger Dienerschaft begleiteten Magnaten hervorbrachten, wenn sie einig waren; oft aber auch heftigen Gegendruck erlitten.

Die Magnaten versammeln sich als Senat in einem Schuppen (szopa), der auf einem Ende des durch Wall und Graben umgebenen Wahlraumes aufgeschlagen ist. Bei ihnen nehmen die Landboten ihre Sitze, doch wurden nicht in allen Interregnen Electionslandboten gewählt. Auf dem eigentlichen Wahlraum ordnete sich der Adel nach Wojewodschaften und Powiaten, ganz so wie er zum allgemeinen Aufgebote sich gliederte. Seit 1575 wählte er auch einen Marschall oder Sprecher (orator, marszałek).

Ein Element von gar keiner Bedeutung auf den Wahltagen sind die Abgeordneten einzelner Städte. Sie figuriren nur als Statisten. Wenn die Abstimmungen des Senats und der einzelnen Wojewodschaften vorüber sind, wenn sich dann entweder ein Gesammtwille ausgesprochen hat oder zwei Gegenansichten die versammelten Herren und Ritter theilen, haben sie das Recht, ihre Meinung zu sagen. Im ersteren Fall unterzeichneten sie ohne Weiteres die Wahlurkunde, im zweiten wagten sie wohl selten sich bestimmt auszusprechen; oder sie brauchten auch hier die einzige Macht, die ihnen zustand, Einwilligung in die Beschlüsse der Adelsmehrheit, die sich seit 1575 meist mit Glück gegen die Magnaten aussprach.

In der Regel sind seit 1573 auf den Wahlen die Städte Krakau und Posen vertreten; Warschau erschien 1575 und seit 1669, Sandomierz 1575, Wilno und Lemberg seit 1632, Lublin kam vereinzelt, 1764 war auch Kamieniec erschienen. Die preussischen Städte wurden 1648 als Theilnehmer der Wahl aufgezählt, und 1673 unterzeichnete für sie der Bischof von Ermland. Seitdem werden sie nicht mehr erwähnt.

Die Jagellonen waren an verschiedenen Orten gewählt worden, meist zu Krakau oder Peterkau; seit 1573 blieb Warschau Wahlort. Der Wahlraum wurde 1575 zwischen der Stadt und dem Dorfe Wola abgesteckt und blieb hier. Heinrich war bei dem Dorf Kamień gewählt worden.

Die Wahlhandlung pflegte mit einer Sacrosancterklärung des Wahlplatzes auf die Dauer der Wahlzeit eröffnet zu werden. Alsdann wurden mehrere Tage hindurch, sobald die Versammlung hinreichend stark schien, selten an dem vorher bestimmten Datum, die officiellen Ansprachen der fremden Gesandten vernommen und durch den Erzbischof beantwortet; mitunter auch vom Marschall des Adels.

Die zweite Periode der Wahlzeit beginnt damit, dass der Primas im Senat die Liste der Candidaten verliest, durchgeht und sich nach irgend einer Seite hin selbst entscheidet; ihm folgen die Senatoren und Landboten, falls solche gewählt. Die Abstimmungen werden in der Regel sehr weitläufig motivirt. Auch diese Episode nimmt immer mehrere Tage in Anspruch.

Ebenso der dritte Abschnitt der Wahl, welcher in Debatte und Abstimmung bei dem Adel der einzelnen Wojewodschaften besteht. Hier gab es keine Regeln.

Als vierten und Haupttheil können wir die Zeit ansehn, während deren sich in wiederholten Verhandlungen die einzelnen Parteien klären und in vollkommen gemischter Weise, Senatoren, Landboten, Ritter und fremde Gesandte bunt durcheinander, jede Partei die andere für sich zu gewinnen sucht. Mit allen denkbaren Mitteln; Versprechungen und Drohungen natürlich am häufigsten. Aber wie hätten auch in einer solchen Versammlung die Gründe abstracter Ueberlegung gehört werden können! Stand doch der zu wählende König in nahem Bezuge zu den persönlichen Interessen jedes Bürgers. Wäre nicht die allgemein verbindende und oft zu vertrauenselige Gutmüthigkeit des Slavenstammes gewesen, o so hätte das absonderliche polnische Staatsrecht hier noch ganz andere Wahlscenen hervosgerufen! Wir dürfen an das polnische Wahlverfahren nicht den heutigen Maassstab legen, sondern müssen es mit den Sitten des gleichzeitigen Adels in andern Ländern vergleichen. Die Wahltumulte, wie sie uns am ergötzlichsten in den Denkwürdigkeiten Paseks beschrieben sind, erscheinen dann noch immer so sanft, als sie nach den Grundsätzen der polnischen Verfassung nur irgend sein konnten.

Gelingt allgemeine Einigung (zgoda), ist das Endziel polnischer Berathungen, Einstimmigkeit, hergestellt: so findet wohl noch pro forma eine Art Abstimmung statt, in Folge deren der Primas den Candidaten, auf den sich alle oder eine ganz überwiegende Majorität vereinigt haben, zum König ernennt (nominat, oznajmuje). Der Krongrossmarschall aber ruft ihn als König aus (promulgat, ogłasza), und zwar an jedem der drei Thore des Wahlraums, von denen das westliche nach Grosspolen, das südliche nach Kleinpolen, das östliche nach Litauen weist.

Lässt sich Einstimmigkeit nicht erzielen, wie das bei vier von den neun freien Wahlen nach 1572 sich ereignete, so gestaltet sich der fünfte Akt des Electionschauspiels in andrer Weise, je nach Zeit und Umständen. In der Regel proclamirt alsdann jede Partei durch die grade bei ihr vorhandenen Beamten ihren Candidaten, gleich als wäre er einstimmig gewählt, und erklärt ihre Gegner für Vaterlands-verräther. Einem rein völkerrechtlichen Mittel, den Waffen, bleibt alsdann die Entscheidung überlassen, welcher König als rechtmässig zu betrachten sei; und das Wahldrama erscheint dann als Vorspiel zu einem kleinen Bürgerkriege.

Die Bevollmächtigten des erkorenen oder der erkorenen Thron-bewerber unterschreiben nämlich gleich nach der Proclamation ihrer Auftraggeber die Pacta Conventa. Dieselben bestehen seit König Heinrich theils aus allgemeinen, von sämmtlichen spätern Wahlkönigen beschworenen Artikeln, wie Zusicherung freier Wahl, Habeas corpus, und stellen dadurch jedesmal einen Extract des polnischen Staatsrech-tes, eine Art Verfassungsurkunde, dar; zum andern Theil sind es be-sondere Paragraphen, deren Bedingungen der Gewählte entweder selbst angeboten hatte, oder mit denen sich die Bevollmächtigten einverstanden erklärt hatten. Und diese Specialitäten lassen manch helles Schlaglicht auf die eben bestehenden polnischen Verhältnisse fallen. Besonders anziehend sind gleich die Zusagen, durch welche sich König Heinrich verpflichtete. Er soll auf eigene Kosten Flotte und Heer gegen Moskau ausrüsten und den ganzen Krieg mit eigenen Ausgaben be-streiten. Ganz wie die ständischen Fürsten von Westeuropa!

Nach der Unterzeichnung, die seit jenem französischen Gesandten Montluc immer mit der reservatio mentalis vor sich ging, der Erwählte werde so viel halten, wie er könne, empfangen die Gesandten das Diplom für die Rechtmässigkeit der Wahl ihres Auftraggebers und leisten den Eid, den er später zu wiederholen hat.

Mit Bestimmung des Krönungstags ist die Wahlzusammenkunft geschlossen und die auf der Stätte noch Anwesenden (viele Edelleute, die da kommen, sind ja nicht einmal im Stande, die regelmässig für die Wahlhandlung angesetzten sechs Wochen auszuhalten) verlassen dieselbe, um nach Hause oder sogleich nach der Krönungstadt Krakau zu eilen. Von allen polnischen Königen seit Władysław Łokietek ist nur der letzte, Stanisław August, nicht in Krakau, sondern in Warschau gekrönt worden.

Die Krönung selbst schliesst das Interregnum. Erst von ihr ab darf der König seine Regierung datiren und polnische Staatshandlungen vornehmen. Ausnahmsweise wurde König Johann dem Dritten (Sobieski) erlaubt, seine Herrschaft von der Wahl herzuleiten und vor der Krönung mit vollkommener Gültigkeit Regierungsgeschäfte zu versehn: er befand sich im siegreichen Krieg gegen die Türken.

Die Krönung ist eine reine Ceremonie und in ihren Einzelheiten nicht von staatsrechtlicher Bedeutung. Kann sie vom Erzbischof nicht ausgeführt werden, so vollzieht sie seit 1576 der Bischof von Kujavien. Es geht ihr das feierliche Leichenbegängniss des verstorbenen Königs voran, nicht sowohl um dem Nachfolger zu moralischen Betrachtungen über die Vergänglichkeit alles Glanzes einigen Stoff zu geben, als doch wahrscheinlich um den altslavischen Grundsatz von der Continuität des Königthums, der in der Praxis schon geschwunden war, noch als heilige Reminiscenz festzuhalten. Darum wurde gleich König Kasimir zweimal begraben, einmal privatim, und darauf in Gegenwart seines Nachfolgers Ludwig.

Dass der einige Tage darauf stattfindenden Krönung feierlicher Eid auf die Pacta Conventa und alle Rechte und Freiheiten der Republik vorangeht, braucht nicht erst gesagt zu werden. Natürlich muss auch das in der Krakauer Kathedrale versammelte Volk seine Zustimmung geben, wie in andern Reichen.

Nach diesem Acte eröffnet sich die Regierungszeit des Königs unmittelbar mit dem Krönungreichstage, der oft nur untergeordnete Bedeutung hat und sich mit näherer Erklärung der Pacta Conventa und Abstellung dringender Beschwerden beschäftigt, mitunter aber auch dem König ein Programm für seine Regierung aufstellt.

Actenmässige Darstellung der Wahl und Krönung wird von den Kanzlern in Druck gegeben und in vielen Exemplaren ins Land gesandt. Die Grodgerichte sind zur Eintragung verpflichtet.

So wird die Oeffentlichkeit, dieser schöne Vorzug des polnischen Staatslebens, bei Uebertragung der polnischen Königswürde bis in ihre letzten Consequenzen verfolgt. Schlimm, dass alle andern Mächte des 17. und 18. Jahrhunderts Schweigen und Heimlichkeit als die erste Aufgabe der Staatskunst betrachten!

Wer sich vor seinen Umgebungen auszeichnen will, erscheint entweder lächerlich oder erhaben; die polnische Art, Könige zu wählen, war beides. Grossartige Rechtsgedanken von ergreifendem Idealismus in nothwendig unzureichender, zweckwidersprechender Ausführung!

Giebt man einmal zu, dass ein grosser Staat — und ein kleiner Staat kann für die wissenschaftlichen Betrachtungen der Neuzeit nicht mehr zu Frage kommen, da er ja kein moderner Staat ist; alle Gegenstände verlieren, wenn sie unter ein gewisses Quantum sinken, auch ihre Qualität, selbst ihre Farbe — einheitlicher Leitung bedürfe, und entschliesst man sich dann nicht zu einer erblichen Monarchie, so können allerdings die Gefahren des Wahlsystems durch regelmässige Wiederkehr der Wahl nach bestimmten Zeiträumen und durch Vornahme der Neuwahl während der Functionen des gewählten Oberhauptes abgeschwächt werden. Aber selbst so weise Einrichtungen, wie sie der nordamerikanische Präsidentenwahl zu Grunde liegen, können tumultuarische Auftritte und schlimme Beeinflussungen zumal bei äusserer Bedrängniss des Staates nicht verhindern.

Wer auf Wählbarkeit des Staatsoberhauptes besteht, der muss mit Rafael Leszczyński, einem bedeutenden Staatsmann des 16. Jahrhunderts, entschlossen rufen: „Malo secura servitute libertatem periculosam" und sich der Lebensgefahr wohl bewusst sein, der ein Wahlreich unterliegt, welches auf grosse Politik angewiesen ist.

# Vierter Abschnitt

## Rechte des Königs

Der berühmte Amerikaner Jefferson nennt an einer Stelle seinen Writings den Präsidenten der Vereinigten Staaten, „schlechte Ausgabe des polnischen Königs". Ein Ausspruch, über den sich viel disputiren liesse. Es ist wahr, dass die Rechte des Königs von Polen ausgedehnter waren, als die des Präsidenten; hingegen giebt die genaue Umgrenzung und Abgrenzung der Befugnisse dieses Staatsbeamten (abgesehen von seiner nur vierjährigen Regierungszeit) diesem in seiner Sphäre eine Machtintensität, wie sie der polnische König in den letzten zwei Jahrhunderten der Republik den beständigen Einmischungen der Landboten gegenüber nicht. besessen hat.

Wir haben als das Wesen des polnischen Königthums Vertretung der Nation vor ihr selbst und vor den Nachbarn bezeichnet. Der polnische Fürst vereinigt in seiner Person die Staatsgewalt, deren Bedürfniss von den Polen bei ihrem Eintritt in die Geschichte bereits nach allen Richtungen hin gefühlt wurde. Die bisher von den einzelnen Geschlechtshäuptern geübten Befugnisse sowie das, was von Volksrechten vorhanden war, sind um 1000 ihren vorzüglichen Theilen nach auf den rsten übergegangen. Bolesław der Gewaltige genoss unbestritten eine Art Gesetzgebungsrecht, das er allerdings wohl nur anwandte, um den bestehenden Gewohnheiten ungeschriebene Novellen hinzuzuzufügen; er hatte das alleinige Recht der Justizpflege und eine ausserordentlich weitgehende Berechtigung zur Administration, indem er unbeschränkt über die gesammte Steuer- und Wehrkraft des Landes gebot.

Seit jener Zeit sind die königlichen Gerechtsame in mählichem Verfall, der sich aber bis zur Mitte des 15. Jahrhunderts noch nicht in bestimmten Linien zeigt. Die Personen der Geistlichkeit waren wohl seit Einführung des Christenthums von der königlichen Gewalt eximirt; bald und bis zum Ende des 13. Jahrhunderts vollständig, begab sich der König des Gerichts über ihre Unterthanen. Mit gleicher Immunität wird ein grosser Theil des Adels ausgestattet und eine ausgebreitete Durchlöcherung des polnischen Staatsverbandes tritt mit der massenhaften Aufnahme deutschrechtlicher Gemeinden ein.

Unter Kasimir dem Grossen ist für Rechtspflege und Gesetzgebung des Monarchen eine Theilnahme der hervorragenderen Elemente des Adels Regel geworden. Dass Ludwig sich der Finanz- und Militärverfügung in so hohem Grade begab, machte im 15. Jahrhundert eine stete Theilnahme geregelter Adelsvertretung an allen Staatsgeschäften zur Nothwendigkeit und 1496 wird dann die bereits geltende Gewohnheit dahin festgestellt, dass der König keine Steuern und keine Gesetze ohne Einwilligung des Reichstages beschliessen dürfe, auch mit diesem das Recht zu Krieg und Frieden theilen solle. So hatte der König am Ende des 15. Jahrhunders Gesetzgebung und Administration fast ganz an den Reichstag und an die Nation verloren; am Ausgang der folgenden hundert Jahre war ihm auch die richterliche Gewalt beinahe vollständig aus den Händen gewunden. Nur wenige direkt zu übende Rechte blieben dem höchsten Beamten der Republik bis an deren Sturz.

Der König allein hat das Recht Reichstage während seiner Regierungszeit zu berufen. Die praktischen Versuche, dem Primas die Ausübung dieses Rechts zu übertragen, konnten keine nachwirkende Gültigkeit erlangen. Der Erzbischof Maciejowski hatte sich geweigert gegen Siegmund III. einen Reichstag zu berufen; und alle Handlungen, welche auf dem durch den Primas Radziejowski 1704 berufenen Reichstage stattfanden, wurden mit ihren Folgen für nichtig erklärt. Schwedische Waffen hatten damals den liebenswürdigsten Mann seiner Zeit, der zugleich die Schäden der polnischen Verfassung scharfsinnig begriff, auf den Thron gehoben; russische Waffen stürzten ihn und machten die einstimmige Wahl, welche denselben Leszczyński in recht-mässigster Form 1733 getroffen hatte, von neuem zu nichte. Polen gehörte seit August des Starken Thronbesteigung zum Zarenreiche.

Der Reichstag, der unter den Jagellonen öfter ohne die Anwe-senheit des Königs wichtige Beschlüsse gefasst hatte, ist seit den frei-gewählten Königen nur an dem Ort beschlussfähig, wo sich der König aufhält und muss durch den König in Person eröffnet und geschlossen werden. Desshalb begaben sich 1652 die versammelten Stände am Beginn und Ende ihrer Sitzungen nach dem Schloss Ujazdow bei Warschau, wo König Johann Kasimir bettlägerig durch seinen Kanzler die betreffenden Formeln verlesen liess.

Der König betheiligte sich an der Gesetzgebung seit 1572 im Allgemeinen nur durch Bestätigung der Constitutionen, die unter sei-nem Namen veröffentlicht werden. Er war auch durch keine aus-drückliche Bestimmung verhindert, ein Veto zu brauchen, zog es aber vor missliebige Gesetze auf andere Weise zu verhindern; und so haben wir keine Spur, dass der König allein durch seinen Widerspruch eine Constitution nicht hätte zu Stande kommen lassen.

In der Rechtspflege beschränkte sich des Königs Thätigkeit auf die Reichstagsgerichte, die höchste Instanz, in denen er präsidirte, und auf die Gerichtsbarkeit über die Städte, die er aber in späterer Zeit nicht nur mit den Senatoren, sondern auch mit den Landboten theilte. Die meisten gerichtlichen Vorladungen und Erkenntnisse gingen unter des Königs Namen; ohne dass er Einfluss auf sie üben konnte. Ohne Bedeutung war natürlich das Recht der Curatel über Wahnsinnige, das dem König als Vater der Nation zustand.

Nominell waren auch die administrativen Befugnisse des Königs; wesentlich waren sie auf die lebenslänglichen unabsetzbaren Beamten übergegangen.

Die Führerschaft des allgemeinen Aufgebots hatte schon unter den Jagellonen wenig reelle Bedeutung, da der König das Aufgebot eigentlich schon seit 1374 nur beschränkt und seit 1496 nur mit Willen des Reichstages verwerthen durfte. Das Soldheer aber stand seit seiner Errichtung unter den Hetmans; und war der König doch durch die Conf. 1573 verpflichtet, ... auch nicht einigen Krieg ohne vorhergehenden Reichstagsbeschuss zu erregen.

Der König hatte seit August dem Starken das nichtssagende Recht der Ordensverleihung. Der weisse Adlerorden von 1705, der Stanislausorden von 1765 widersprachen beide dem Geist der Nation, die den Begriff eines ständigen Ritterordens weder aus sich selbst entwickelt, noch jemals angenommen hatte. Sie waren von den Königen August und Stanislaus gestiftet worden, als diese in Unfrieden fast mit allen Bürgern der Republik lebten. Die Zahl der Ordenstheilnehmer beschränkte sich fast immer nur auf die höchsten Kreise des Adels und auf Ausländer. Ein Orden der unbefleckten Empfängniss, den König Władysław IV. 1634 gestiftet hatte, erlosch 1638 als unnütze Importation durch den Willen des Reichstages, bei einem allgemeinen Sturme, der gegen Lehnstitel und andre Ausländereien losbrach.

Adelstitel an auswärtige Unterthanen durfte der König nach Belieben verleihen. Dem Auslande gegenüber sollte er ein Monarch sein, wie andre gekrönte Häupter und empfing darum fremde Gesandte selbständig, nur in Gegenwart einiger Senatoren, wie er auch das Recht der Gesandtenernennung öfter uneingeschränkt ausübte. Im Uebrigen war dem König eigentlich alles gestattet, was nicht ausdrücklich verboten war; obwohl der Adel in einzeln unsichern Fällen niemals die Ansicht von Lengnich getheilt hat, dass die Vermuthung zu Gunsten des Königs spreche. Aber ein willenskräftiger Monarch konnte hier doch in andauerndem Kampf gegen die wogende Fluth der Adelsansprüche manches Terrain behaupten oder wiedergewinnen: Stefan Batorys Beispiel beweist es. Die Erinnerungen an die einstige Unumschränktheit des Königthums wirkten fort; die Praesumption sprach theoretisch dafür, dass der polnische Monarch alles mit Recht thue, wessen er sich nicht durch Abtretung an den Adel begeben habe.

Fremde Reiche neben dem polnischen zu beherschen, war ein nie angefochtenes Recht des Königs, trotzdem dass seine häufige Anwesenheit im Lande verlangt wurde.

---

# Fünfter Abschnitt

## Ausstattung des Königs

Die Einkünfte des Königs waren verhältnissmässig bedeutend und, es ist wahr, Kargheit in dieser Beziehung ist den Polen nicht vorzuwerfen.

Weit früher als in andern Ländern war in Polen ein bestimmter Theil des Staatseigenthums für den Bedarf des Königs ausgesetzt worden.

Allerdings, die Piasten hatten den freien Gebrauch aller Staatseinkünfte. Von ihrem Willen hing es ab, wie viel sie von den Einnahmen für Staatsbedürfnisse und für ihr Privatleben bestimmen wollten.

Auch die Steuer poradlne oder królestwo, 2 Groschen von der Hufe der Edelleute, die König Ludwig sich 1374 zum Zeichen unmittelbarer Herrschaft vorbehalten hatten, und die bis ins 16. Jahrhundert hinein erhoben, 1632 ausdrücklich abgeschafft wurde, fand meist eine Verwendung zu Staatsausgaben. So blieb denn für die Privatzwecke des Königs nur die Nutzniessung der sogenannten königlichen ganz ausserordentlich zahlreichen Liegenschaften denkbar. Schon von den Piasten waren dieselben, aber grösstentheils zur Ausstattung der Beamten verwandt worden, die des Königs, als des Staatsoberhauptes, Rechte wahrnahmen, und unter den Jagellonen hatten diese königlichen Güter bereits die Natur von Staatseigenthum angenommen. Und der Adel, der diese Güter, die als panis bene meritorum auf Lebenszeit verliehen wurden, seiner Gesammtheit erhalten wollte, drang darauf, dass dieselben nicht durch Schenkungen verkleinert würden. Władysław der Warnastreiter (Warnińczyk), wie ihn der Pole mit Stolz nennt, musste 1440 die Integrität der bona regia aufrechtzuhalten geloben, ebenso nach ihm Kasimir. Dennoch waren die Könige öfter gezwungen theils um Staatsausgaben, theils um dringenden Privatbedarf zu decken, königliche Güter zu verpfänden oder zu verkaufen, und so versprach Alexander Veräusserung von Staatsbesitz nur mit Einwilligung des Senats eintreten zu lassen.

Unter den spätern Königen sonderte sich ein Theil von Gütern für den Bedarf des Königs ab, namentlich seit die Privatgüter des jagellonischen Hauses, die sich auf die Infantin Anna vererbt hatten, 1576 gänzlich an die Republik als panis bene meritorum fielen.

1590 wurden als bona mensae regiae (królewszczyzny, ekonomie) dem König für seinen Haushalt angewiesen: in Litauen die Gütercomplexe (oeconomiae) von Grodno, Szawle, Brześć, Kobrzyn, Olita, Mohilew, in Kleinpolen die von Sandomir und Sambor, in Preussen die ausserordentlich ergiebigen Oeconomien von Marienburg, Dirschau und Roggenhausen, ausserdem die sogenannten Procuratorien von Krakau, (Wielkorządy krakowskie). Auch die Einkünfte aus den Salzwerken (Żupy) von Wieliczka und Bochnia sowie von Reussen. Ferner wurden als specielle Einkünfte des Königs die Grenzzölle betrachtet, namentlich die Abgabe für Rinderausfuhr (powołowszczyzna), doch ging im 17. Jahrhundert diese Einnahme meist auf die Republik über; ebenso wie der Pfundzoll, die Hafenabgabe von Danzig, Elbing und Riga, der fast niemals richtig an den König ausgefolgt worden war.

Der Vorspann (podwody), eine Leistung, später eine Abgabe von den sogenannten königlichen Städten und Dörfern, hörte seit 1647, mit Einführung der Post, allmählich auf.

Als dem König Stanisław August seine wichtigsten Einkünfte durch die Theilung von 1772 genommen waren, setzte ihm der Reichstag ausser dem Niessbrauch der übrig gebliebenen Oeconomien eine jährliche Civilliste von 4 Millionen poln. Gulden aus. Für damalige Verhältnisse keine kleine Summe, doch ersetzte sie die Verluste nicht. Der polnische König des 16. Jahrhunderts hatte bedeutend mehr Einnahmen. Der Venetianer Lippomano schlägt im Jahr 1574 die Jahresrente des Königs auf 1 Million Thaler an.

# Sechster Abschnitt

## Kern des Königthums

Die bis jetzt aufgezählten Rechte und Genüsse des polnischen Königs würden grade hingereicht haben um aus ihm einen Grosswahlherrn zu machen; wie sich Sièyes in seinem berüchtigten Verfassungsentwurf von 1799 einen solchen Würdenträger dachte. Und gewiss hätte niemals, um mit Bonaparte zu reden, ein Mann von Geist und Herz sich bereit gefunden, eine solche Maststelle anzunehmen, hätte nicht der König ein Recht besessen, das bis zur ersten Theilung des Reiches nicht geschmälert, ihm unberechenbare Einflüsse sicherte.

Der König nämlich erneñt beinah alle Staatsbeamten und vergiebt immer auf Lebenszeit das Brod für verdienstvolle Männer, die Staatsgüter. Der König von Polen ernennt nicht wie der Grosswahlherr (grand électeur) des Abbé Sièyes, die zwei obersten Beamten, sondern den gesammten Senat, darunter 13—16 Bischöfe, deren Stellen zu den am reichsten dotirten der Christenheit zählten, sowie über 130 weltliche Würdenträger, verschiedene Prälaten, namentlich die am besten ausgestatteten Aebte des Reichs, weit über 1000 Beamte der Rechtspflege und Verwaltung, unter denen die vielen Starosten die gesuchtesten Stellen bekleiden, und die Anführerstellen aller Grade im stehenden Heere.

Dies Recht der Aemterbesetzung ist das archimedische dos moi pu sto, von dem aus der König im Stande ist, den Staat nach seinem Willen zu lenken. Eine nähere Beschreibung, in welcher Art diese Befugniss von den Königen gehandhabt wurde, liegt ausser den Grenzen unsres Versuches; wir erwähnen das eine, dass Siegmund III. nur die Lockmittel anwandte, zu denen er durch die Verfügung über Aemter und Güter in Stand gesetzt war, um binnen 44 Jahren die polnischen Herren und Ritter wieder katholisch zu machen. Und es ist kaum die Frage, dass dies Recht einem energischen und wohlmeinenden König auch die Handhabe geworden wäre, die Grenzen der königlichen Gewalt wieder auszudehnen.

Im Allgemeinen war der König mit der Zeit bei Ernennung dieser Beamten und Würdenträger freier geworden. So lange das Sippenbewusstsein mächtig war, fühlte sich der König vorzugsweise in seiner Personenwahl an die Sippenhäupter gebunden; und als die Barone zur Macht gelangt waren, konnte der König nicht füglich über den Kreis ihrer Familie hinausgreifen.

Ein homo novus hatte auch im Senat der Jagellonen keine angenehme Stellung. Die vollendete Adelsdemokratie lieh dem König in dieser Beziehung die meiste Freiheit. Gebunden war der König in seinen Ernennungen wesentlich nur durch die Bestimmungen, dass der mit einer Auszeichnung zu bekleidende 24 Jahr alt und von einheimischem angesessenem Adel sein solle. Aber noch die beiden bekannten ermländischen Bischöfe Hosius und Cromer waren Plebejer, und noch im 17. Jahrhundert hatten öfter Patricier von Danzig, als Pfeffersäcke dem polnischen Adel keineswegs gleichgeachtete, königliche Güter inne, wie Lengnich berichtet; aber doch war dies verhältnissmässig wichtigste Recht des Königs, wie gleichzeitige Schriftsteller uns melden, auch damals oft nur formell, da bestimmte Regeln, nach welchen die Aemter von einem Würdenträger an den andern übergingen, beinahe gewohnheitsrechtlich geworden waren, und der König sich endlose Verlegenheiten bereitete, wenn er die Anwartschaft einflussreicher Leute übersehen wollte.

Als am Ende des 17. Jahrhunderts die Macht der grossen Familien mehr und mehr zunahm, wurde auch die Freiheit des Königs in der Aemterbesetzung wieder eingeschränkt. Es wurde verlangt, dass vacante Stellen auf dem Reichstage durch den König besetzt

werden sollten, oder dass der König wenigstens mit Zustimmung seines
Aufsichtrathes, der Senatoren an seiner Seite, die Aemter vergebe.

In den Pacta Conventa der beiden Sachsen wurde bestimmt, dass
nur wahrhaft verdienten Leuten Aemter übertragen werden sollten;
auch Niemandem, der unter 24 Jahr alt sei. Die gewohnheitsrechtliche
Praxis, keinen Dissidenten zum Senator oder Starosten zu machen,
die nach 1733 mehrmals schriftlich fixirt wurde, wie sie seit Johann
Kasimir in Uebung gewesen war, war natürlich auch eine wesentliche
Beschränkung toleranter Könige. Und bei Beobachtung dieser Regel
herrschte musterhafte Ordnung; waren doch die Dissidentenbedrückungen
seit dem 17. Jahrhundert der am wenigsten controverse Theil des
polnischen Staatsrechts.

Durch die Const. 1775 aber wurde das alte Recht des Staatsoberhauptes zur Unkenntlichkeit geändert. Dem König blieb nur die
Macht, von drei Candidaten, die ihm der Immerwährende Rath prae-
sentiren würde, einen zum Senator zu machen. Zu Starosten aber
sollte der Adel der betreffenden Landschaft vier Personen vorschlagen,
von denen der König eine ernennen würde. Nur die Ernennung der
Schatzmeister (Finanzminister) blieb dem König vorbehalten.

Und so vollzog sich progressiv eine folgerichtige Durchführung
jenes Satzes, den Zamojski dem König Heinrich zurief: Multa regibus
ad superandum summi muneris negotiorum molem adjumenta consti-
tuta. Wie liebevoll war die Besorgniss, dass der König der Last
seiner Geschäfte erliegen könne! —

Sehr unbestimmt waren die schriftlichen Verpflichtungen des Königs; meist nur negativer Natur. Er sollte seinen Eid nicht brechen,
der für die sicherste Gewähr der polnischen Verfassung galt, und alles
ausführen, was er in der Pacta Conventa versprochen, und in den
articuli Henriciani, einer Paragraphenreihe, die ein Résumé der Rechte
und Freiheiten enthielt und seit 1573 selbstverständlich von jedem
König beschworen werden mussten; alles, mochte es nun für seine Vorgänger gegolten haben, oder speciell von ihm übernommen sein. Niemals fehlte unter den feierlich übernommenen Pflichten des Königs
die Wiedereroberung der dem Reich entrissenen Provinzen und die
Erhaltung des katholischen Glaubens, sowie die Bewahrung des Friedens unter den Dissidenten, d. h. ursprünglich unter allen polnischen
Confessionen.

Kein polnischer Fürst war an die Handlungen seiner Vorgänger
gebunden, wenn er sie nicht besonders neu bestätigte. Als allgemeine
Pflicht des polnischen Königs galt jener hohe Beruf aller Monarchen,

Schützer der Unterdrückten zu sein, innere Gegensätze zu vermitteln, den Frieden aufrecht zu halten. Einmischung in alle Angelegenheiten und Sorge um das Staatsganze war ebenso Recht als Pflicht des Königs. Trotz seiner gewaltigen Einschränkung liefen alle politischen Fäden in seiner Person zusammen; er war die Schraube, die das ganze Staatsgebäude zusammenhielt.

Seine imponderable Bedeutung für den polnischen Staat tritt in Zeiten des Interregnums deutlich hervor. Hörte doch alle eigentlich staatliche Thätigkeit, Gesetzgebung, Rechtspflege, Verwaltung · mit der Hinwegnahme des Königs auf. Provisorische, fast revolutionäre Behörden ersetzten den regelmässigen Mechanismus der Geschäfte, der erst mit der Krönung des neuen Königs wieder in Wirksamkeit trat. Das Walten des polnischen Staatsoberhauptes glich, wie das gegensatzreiche polnische Staatsrecht nun einmal war, ungefähr dem Einfluss der athmosphärischen Luft, deren Gegenwart unmerklich ist, deren Abwesenheit sogleich empfunden wird und auf die Dauer unerträglich ist.

# Siebenter Abschnitt

## Verlust der Königswürde

Eine zeitweise Suspension der polnischen Königswürde tritt ein: erstens mit dem Tode des Inhabers. Ein Fall, der keiner nähern Erklärung bedarf. Der Engländer Coxe knüpft erbauliche Bemerkungen an die ·Sitte, den Leichnam bis zur Krönung des neuen Königs unbeerdigt zu lassen.

Ferner durch Abdankung. Ein Fall, der sich seit 1669 nicht wiederholte, der König gelobte feierlich in den Pacta Convnnta, das Beispiel Johann Kasimirs nicht nachahmen zu wollen. Die Verbindung des Königs mit der Republik wurde dem Sacrament der Ehe verglichen. Man sieht die jesuitische Bildung der damaligen Staatsmänner.

Endlich durch Entsetzung. Ein Fall, der sich auch nur einmal mit Gültigkeit ereignete. König Heinrich war in unehrenhafter Weise aus dem Lande gewichen, das ihn während viermonatlicher Regierungszeit verachten gelernt hatte. Da er den ihm zur Rückkehr gesetzten

Termin nicht einhielt, erklärte ihn die allgemeine Stimme des Landes und ein allerdings nur schwachbesuchter Convocationstag des Throns verlustig.

In die articuli Henriciani, die e r zuerst beschworen hatte, war bereits der Satz aufgenommen, dass die Unterthanen dem König keinen Gehorsam mehr schuldeten, falls er irgend ein Grundrecht oder Pacta Conventa nicht einhielte. Durch die Constitution 1607 wurde dem Volke, das noch kein Gesetz über den Erwerb der Königswürde besass, der Modus vorgezeichnet, durch den es sein Oberhaupt absetzen sollte.

Hat der König einen Staatsbürger gegen Recht und Freiheit gekränkt, sagt die Constitution, so theilt dieser seine Klage den Senatoren seiner Landschaft mit; diese berichten an den Primas, welcher nach vorgängiger Berathung mit dem Senat den König zur Abstellung der Beschwerde ermahnt, und die Ermahnung nöthigenfalls wiederholt. Bleibt auch eine Ermahnung des gesammten Reichstages fruchtlos, und weigert sich der König Rechenschaft über sein Verfahren zu geben, so gilt er des Throns verlustig.

Die Constitution 1609 fügte dieser Verordnung noch einige Aenderungen in Betreff des Instanzenzuges bei (Senatoren ad latus — Landtag — Reichstag) und befahl einen Zuwiderhandelnden vor das Reichstagsgericht zu stellen.

Diese Gesetze, zur Stillung des Zebrzydowskischen Rokosz ersonnen, sind als Zeichen der staatsrechtlichen Ansicht ihrer Zeit von Bedeutung; angewandt wurden sie niemals. Oefter noch wurde erklärt, dass der oder der König den Thron verwirkt habe; aber derlei Erklärungen gingen von Conföderationen aus, die ja in Polen über dem Gesetze standen; und blieben ohne Kraft, weil die, welche sie erliessen, nicht den Erfolg für sich hatten.

# Achter Abschnitt

## Familie des Königs

Mit Recht hat man in der Familie nur die potenzirte Einzel-persönlichkeit erblickt. Beide stehen unter gleichen Regeln.

Ebenso wie der polnische König, waren auch seine Gattin und seine Kinder in späterer Zeit fortwährender Beobachtung und Bewachung unterworfen; jedenfalls aber unselbständig.

Nach altslavischen und polnischen Principien ist die Frau von wirk-licher Herrschaft ausgeschlossen. Lässt sich auch hier das salische Gesetz als Parallele anführen, so bleibt doch als Unterscheidungsmerk-mal des altslavischen vom altgermanischen Geiste eine Geringer-Ach-tung der Frau bestehen, die nachweislich in Russland wie in Polen bis ins achtzehnte Jahrhundert angehalten hat.

Schon die stark verdunkelte Sage von Wanda, die den Tod in der Weichsel verhassten Fhebanden vorzieht, beweist uns, dass nach slavischem Gewohnheitsrecht selbst der letzte weibliche Spross des Fürstenhauses nicht persönlich zur Regierung fähig war, sondern nur als Mittel betrachtet wurde, um einen neu erkorenen Herscher anzu-stammen.

So hat denn auch weder Hedwig nach 1886, noch Anna nach 1576 irgend ein Regierungsrecht geübt, trotzdem beide ausdrücklich zu Königinnen gewählt waren. Gesetzlich sind Frauen niemals vom polnischen Thron ausgeschlossen worden, ebensowenig wie von der Regentschaft. Die herschende starke Gewohnheit sprach hier deutlich genug. Das polnische Sippenrecht, unter dem auch das Fürstenhaus stand, betrachtete ja die Gattin als nicht eigentlich zur Sippe gehörig, und so war es consequent, wenn Rixa, die Wittwe Mieczysław II., ver-trieben wurde, als sie die Vormundschaft für ihren unmündigen Sohn Kasimir zu führen begann.

Bei der Wahl seiner Gattin war der König gewiss selten ganz frei. In alter Zeit war er durch seine Agnaten gebunden, später durch die Barone beschränkt. Schon Władysław Herrmann hielt eine Art Reichsrath (wieca) wegen seiner Vermählung. Seit Siegmund August wurde die Einwilligung der Stände ausdrückliche Bedingung für eine gültige Königsehe, nachdem der Senat sein Recht als vorher schon bestehend in Anspruch genommen hatte. Als fester Grundsatz galt, dass die Königin, wenn sich der König nach seiner Thronbesteigung verheiratete, aus königlichem Stande sein müsse.

Catholicität der Königin war nicht unbedingtes Erforderniss: doch wurde eine akatholische Königsfrau nicht für ganz voll angesehn; König Alexanders griechischgläubige Gattin Helena wurde nicht gekrönt. Sonst fand ihre Krönung gemeinsam mit oder kurze Zeit nach der des Gemahls statt; regierte derselbe schon längere Zeit, so wurde ein besonderer Krönungsact feierlich angesetzt. Cäcilia Renata, die Gemahlin Władysław IV., und Eleonora, die Michaels, wurden unter besonderen Feierlichkeiten in Warschau gekrönt.

Auch trotz Ueberlebens der Gattin des verstorbenen Königs tritt die Gemahlin des neuen in alle Rechte einer Königin. Der Einspruch von Hedwig, Wittwe Łokieteks, und von Sophie, Wittwe Jagiełłos, gegen Krönung ihrer Schwiegertöchter war vergeblich.

Der direkte Einfluss auf die Regierung, der den Königinnen öfter durch Reichstagbeschluss, besonders noch 1669 ausdrücklich versagt wurde, fand einen Ersatz in äusserlich günstiger Stellung.

Die Königin hält einen eigenen prachtvollen Hofstaat und ihre pecuniäre Ausstattung ist für polnische Verhältnisse glänzend. Die Morgengabe an die Königin beläuft sich auf 2000 Ducaten und einige Starosteien; die Städter gaben ein Ringgeld (pierścionkowe), und der Reichstag sicherte ihr ein Nadelgeld (wiano) von 50,000, seit Maria Louise, der Gattin Johann Kasimirs, 100,000 Ducaten; derselbe besorgte zugleich die Einschreibung der Mitgiftswiderlage (oprawa, cautio de dote) auf gewissen Starosteien.

Diese Güter der jedesmaligen Königin sollten ebenso wie die Tafelgüter des Königs nur von einem angesessenen Edelmann, und zwar in der Krone von einem Kronländer, in Litauen von einem Litauer verwaltet werden.

Die Königin verliert diese Mitgiftswiderlage, sobald sie ausser Landes geht; der verwittweten Königen Bona wurde die Abreise erschwert, weil sie ihre Oprawa, die Siegmund I. noch persönlich auf Masovien fundirt hatte, Niemandem abtreten wollte. Auf die Nachkommen der Königin vererben diese Güter nicht. Um sie wenigstens auf Lebenszeit zu behalten, blieb eine verwittwete Königin in der Regel auf einem abgelegenen polnischen Schlosse wohnen. Der Königin Eleonore stellte der Reichstag die Wahl ihres Wittwensitzes frei, nur Krakau schloss er aus.

Da zur Piastenzeit das ganze Geschlecht als herschend betrachtet wurde, so war es nicht auffallend, wenn Königskinder noch zu Lebzeiten ihres Vaters in mitregierende Stellung auftraten. Aber auch noch in der Wahlmonarchie war den Söhnen des Königs eine verhältnissmässig wichtige, sogar unverantwortliche politische Befugniss geblieben, die sich äusserlich durch einen Platz in nächster Nähe des Königs bei Feierlichkeiten und auf Reichstagen manifestirte. Auch führten sie das Reichswappen und waren in jeder Beziehung von den übrigen Unterthanen des Königs unterschieden. Sie empfingen von der Republik eine besondere Dotation; August II. und III. versprachen zwar für ihre Kinder auf eine solche keinen Anspruch zu erheben: aber seit 1768 zahlte der polnische Reichstag aus eigenem Antriebe den Hinterbliebenen Augusts III. jährlich eine ansehnliche Summe.

Im Ganzen ist nicht zu verkennen, dass die Reminiscenzen des Sippenkönigthums auch im Wahlreiche fortwirkten. Und es ist bemerkenswerth, dass die Stände ein Recht, die E r z i e h u n g der Prinzen zu überwachen, nicht lebhafter behauptet haben. Man schreckte davor zurück, die Königskinder als das anzuerkennen, was sie waren, praesumptive Thronfolger.

Fremde Reiche und fremde Besitzthümer standen den Prinzen ohne Einschränkung offen. Dagegen konnten sie polnische Landgüter jeder Art nur mit Einwilligung des Reichstages kaufen und nur von diesem zu Geschenk nehmen, seit König Ludwig versprochen, weder Aemter noch Schlösser an Verwandte zu geben. Für ihre Güter leisten sie dem König und der Republik den Treueid als polnische Staatsbürger und stehen auch in Betreff derselben unter dem zuständigen Richter. Im Uebrigen sind sie der persönlichen Jurisdiction des Königs unterworfen.

Wie das polnische Recht im Allgemeinen die Töchter der Sippen und später der Familien sehr zurücksetzte, so ist es auch den Töchtern des Königs abgünstig. Aus seinen Privatmitteln muss der Monarch die weiblichen Sprossen seines Hauses versorgen und ausstatten. Eine Prinzessinnensteuer, im älteren deutschen Fürstenrecht von solcher Bedeutung, hat Polen niemals gekannt. Die Lage der polnischen Königstöchter war danach nicht sehr glänzend, die Infantin Anna litt nach dem Tode ihres Bruders Siegmund August bittere Noth, und wandte sich mehr als einmal an den Reichstag um Unterstützung.

Der Reichstag und hinter ihm stehend die ganze Nation, war ja Vormund des Königs. Wie war es also anders möglich, als dass auch über die ganze Familie des Königs dem Reichstag Oberaufsicht und Fürsorge zufiel! Und ist doch auch in England das Parlament ermächtigt, über die königliche Familie zu wachen.

Der polnische Reichstag aber war mehr als die englische Ständeversammlung; er war nicht die Staatsgewalt, sondern er stand über der Staatsgewalt, über dem König.

# Sechstes Buch

## Reichstag und Nation

La diète — rien ne la gouverne, mais rien ne l'obéit.
Rousseau, Gouvernement de Pologne

## Erster Abschnitt

### Entwicklung des polnischen Parlamentarismus

Vollkommen unumschränkt ist das polnische Königthum auch auf dem Gipfel seiner Macht nicht gewesen. Selbst der gewaltige Bolesław war in manchen Dingen theils an den Willen der Geschlechtshäupter, theils an den seines Heeres, der Freien, gebunden; so viel wird die Kritik als Residuum der traditionellen Nachrichten bestehen lassen, die uns von Chrobrys zwölf Wojewoden erzählen.

Unter den späteren Monarchen bildete sich der Gebrauch, dass wichtige Angelegenheiten vom Regenten auf den Gerichtstagen (wieca) erledigt wurden, zu denen der Fürst seine Beamten und die Sippenanführer, was in der Regel identisch war, einberief, theils um ihren Rath zu vernehmen, theils um sie statt seiner richten zu lassen. Auch in den politischen Angelegenheiten stand die eigentliche Autorität auf diesen wieca dem Monarchen zu; die seniores um ihn hatten nur berathende Stimme, wenn man bei diesen ineinanderfliessenden Verhältnissen zwischen votum decisivum und consultativum unterscheiden will. Nach des Königs Ableben vereinigten sich die Senioren, nicht zur Wahl, sondern zur Anerkennung des neuen Herschers.

Allerdings übten diese Versammlungen eine gewisse Beschränkung auf den König, aber Volksvertretung waren sie nicht. Im Gegentheil schon bei diesen Anfängen des polnischen Parlamentarismus erscheinen die mit dem Monarchen tagenden Herren nur als Vertreter der einzelnen Interessen, ja ihres speciellen Vortheils, und der König ist Vertreter der Gesammtheit. Dieser Grundzug polnischen Verfassunglebens bildete sich während der 200jährigen Theilung des Reichs in ganzer Schärfe aus.

Die kleinen Fürsten repräsentirten die Staatsgewalt; um ihre Autorität zu stärken, umgaben sie sich immer häufiger mit Berathern; die Grossen aber gewannen die Rechte, welche sie den oft in Verlegenheit befindlichen Piasten ablockten oder abdrangen, nicht für die Summe der Beherschten, für das Volk, sondern für ihre Häuser, für den Adel, für die einzelnen Landschaften.

Erst ein halbes Jahrhundert nach der Wiedervereinigung Grosspolens und Kleinpolens kamen gemeinsame Tagfahrten aus beiden Provinzen zu Stande. Łokietek und Kasimir der Grosse hatten gegen den Willen ihrer baronia zu kämpfen, als sie gleiches Recht einführen wollten; nur mit noch grösserem Widerstreben bequemte sich der Adel von seinen Provinzial-Colloquien, wo die Könige ihn besuchten, sich in seiner Gesammtheit zum Fürsten zu begeben. Eine fest begründete Einschränkung der Königsgewalt ist durch diese Versammlungen der Bischöfe, Beamten und Edelleute, denen sich eine Zeit lang während des 14. Jahrhunderts Abgeordnete der Städte zugesellen, keineswegs gegeben. Kasimir benutzte seine Unterthanen als Rathgeber; Er bot alle Mittel auf, um eine Art Vertretung zusammenzubringen, während unter der Herrschaft der modern-constitutionellen Gedanken die Unterthanen alles daran setzen Repräsentanten schicken zu dürfen.

Die für Ausbildung der Reichstage eigentlich bedeutsame Zeit ist die Epoche der Jagellonen. Noth zwang die Könige, sich Theilhaber ihrer Gewalt zu setzen. Abgerechnet, dass die Jagellonen als Wahlfürsten in Abhängigkeit von ihren Unterthanen geriethen, so waren sie bei Bestreitung der Staatsausgaben auf den guten Willen des Adels angewiesen, seitdem Ludwig das Besteuerungsrecht aufgegeben hatte. Wie in so vielen Staaten Finanzgründe die Quelle ständischer Vertretung wurden, so auch in Polen.

Bei Jagiełłos Thronbesteigung war ein ständischer Körper allerdings vorhanden; seine Zusammensetzung aber war äusserst ungeregelt — mit Sicherheit waren nur Bischöfe und höchste Beamte als Mitglieder zu betrachten — und sein einziges Recht war die Neubesetzung des Thrones. Unter jenen schwierigen Verhältnissen war damit aber implicite das Recht zu fortlaufender spontaner Berathung des neuernannten Herschers gegeben.

Und so entwickelt sich während Jagiellos Regierung erstens der Usus, dass diese Versammlungen, die den Namen conventiones oder parlamenta empfangen, stätig einberufen werden, und dass der König die Regierungsgeschäfte nur mit ihrer Zustimmung vollzieht. Namentlich für Verhandlungen mit dem Auslande erscheint seit 1397 (Convent zu Jungleslau) die Theilnahme des Parlaments öfter unumgänglich.

Ferner erscheinen unter Jagiełło zum ersten Mal auf der Reichsversammlung Mitglieder aus eigenem Recht. Bisher war das Parlament ein Staatsrath, aus Würdenträgern bestehend, die der König ernannt hatte. Eine Steuerbewilligung konnte von den praelati und barones, die weder durch persönliche Macht, noch als Vertreter der Nation, sondern nur Kraft ihres Amtes und aus fürstlichem Vertrauen im Rathe sassen, nicht ausgehen, da durch Ludwig alle Landbesitzer für steuerfrei erklärt waren, und nur mit allgemeiner Zustimmung eine Auflage erhoben werden konnte.

So liess denn Jagiełło von den Conventus particulares der einzelnen Landschaften Gesandte wählen, die berichten sollten, ob der Adel ihrer Gebiete eine einmalige Steuer für den Loskauf des Landes Dobrzyn vom Deutschritterorden zahlen wolle, oder nicht. Im Herbst 1404 erschienen zu Korczyn die Boten des Adels und bewilligten, jeder im Auftrag seiner Absender, eine Steuer von 12 Groschen pro Hufe (łan, mansus).

Endlich tritt unter Jagiełło der gesammte Adel als Theilhaber der Staatsgewalt auf. Zu Repraesentanten der einzelnen Wojewodschaften hatte der Adel allerdings 1404 noch keine unabhängigen Ritter, sondern die niederen Localbeamten, wie Kämmerer, Richter, Bannerträger erwählt; in persönlicher Masse jedoch hielt er sich selbst für fähig, Staatsangelegenheiten zu behandeln. In Czerwińsk 1422 wurde das erstemal ein bewaffneter Reichstag gehalten. Die freien Männer des gesammten Landes, als Heerbann gerüstet, tagten in voller Gesammtheit mit dem König und seinen Beamten. Nichts absonderliches waren solche Versammlungen für jene Zeit. Noch im 16. Jahrhundert bewilligte das schleswig-holsteinsche Aufgebot im Lager Steuern; die Ritterschaft zur Musterung entboten, fasste wohl auch Beschlüsse politischer Art. Heinrich der Löwe hatte eine Schenkung vollzogen, „coram frequentia totius exercitus... et confirmata est haec collatio favore et acclamatione totius exercitus."

Und wenn bei den alten Germanen die Reichsversammlung, das Landesding, zugleich das Landesheer bildete, wenn bei den primitiven

Römern die Centuriatcomitien zugleich eine Heerschau darstellten, so erscheinen die bewaffneten Reichstage nicht mehr so auffallend.

Und fand doch zu gleicher Zeit dieselbe Berathungsart bei den Ungern statt, mit denen die Polen im 14. und 15. Jahrhundert die engsten Beziehungen hatten.

So entwickelte sich von nun an im rapidesten Lauf die Ständeherrschaft. Immer deutlicher tritt hervor, dass der Pole dieselbe Beschränkung der Königsmacht erstrebt, die bei seinen römischgläubigen Nachbarn sich meist aus dem Feudalsystem entwickelt hatte. Mit dem unhistorischen Sinn, der jenen Zeiten eigen war, verkannte der Pole die Entwicklungsverschiedenheit zwischen sich und dem Westen; er glaubte, die andern Nationen, die es in ständischer Mitregierung damals so herrlich weit gebracht, einholen zu müssen. Das gelang ihm, er überholte sie.

Schon unter Jagiełło selbst übten die Reichsversammlungen nicht nur Gesetzgebung, sondern auch Gericht, das bisher nur den Provinzversammlungen gebührt hatte.

Das Ansehn und das Zusammengehörigkeitsbewusstsein der Mitglieder, aus denen sich die einzelnen aufeinanderfolgenden Parlamente zusammenstellen, wuchs in der Mitte des 15. Jahrhunderts ganz erstaunlich. Eine königliche Gewalt war buchstäblich oft nicht vorhanden, viele Reichstage wurden ja in Abwesenheit der Monarchen gehalten; die eigentliche Regierungsgewalt wurde vom Senat geübt, der sich als ständige Körperschaft immer mehr herausbildete, und controllirt wurden die Herren Räthe von der Ritterschaft.

Eine Trennung des Parlaments in diese zwei selbständigen Gewalten tritt auf der Tagfahrt von Peterkau ein, 1453. In der Reichsversammlung treten auf die eine Seite die consiliarii, barones, proceres, auf die andre nobiles, patriciique, pauperes. Und als das ganze Parlament, gegen den anwesenden König conföderirt, diesen zu seinem Willen zwingt — Kasimir IV. wollte die polnischen Privilegien nicht als dux Lituaniae beschwören, um kein Präjudiz für eine engere Verbindung beider Lande zu geben —, da leistete der Monarch den Eid nach der vorgeschriebenen Formel in die Hände von zwölf Baronen und ebensoviel Rittern. Schon stehen sich ältere und jüngere Brüder auf dem Fuss der Gleichheit gegenüber; noch unter demselben Regenten gewinnt die Ritterschaft das Uebergewicht.

Was sie, zum Kampf gegen die Deutschritter gerüstet, dem König auf dem Felde von Nieszawa abgetrotzt hat, ist unsicher; sie tritt aber ganz entschieden in den Vordergrund während der Steuerverhandlungen, die während und nach dem preussischen Kriege gepflogen werden, um die Söldner der Republik zu befriedigen. Hier entwickelte sich nun mit innerer Nothwendigkeit ein Repräsentationsystem durch Wahlen.

Die Parlamente, ihrer bisherigen Zusammensetzung nach aus den Räthen des Königs und einer zufällig grossen oder kleinen Anzahl Ritter bestehend, fühlten ihre Wurzeln nicht tief und weit genug, um alle Einzelwünsche und Einzelwillen auszudrücken, was in der Idee des polnischen Staatsrechts ihr Beruf sein sollte: sie erklärten sich in der Steuerfrage für incompetent und verwiesen den König an die Landtage.

Die Landtage jedoch, auf denen es jedem Vollfreien oder nobilis, wie er jetzt hiess, möglich war, zu erscheinen, da sie bereits begannen nach Kreisen höchstens nach Wojewodschaften stattzufinden, waren in einem hundertjährigen Entwicklungsprocess zur Erkenntniss ihrer gemeinsamen Interessen der königlichen Macht gegenüber gelangt: sie wollten einer ohne den andern nichts bewilligen. Und nachdem sich Kleinpolen seinerseits geeinigt hatte, erklärte der Provinztag von Wiślica 1467 nur mit allgemeiner Beistimmung der Grosspolen Steuern verwilligen zu wollen.

So bot sich denn der Ausweg, Bevollmächtigte der einzelnen Landtage in gemeinsame Berathung zusammenzuführen. 1468 vereinigte Kasimir in Peterkau Gesandte der Wojewodschaften, je zwei von ihren Brüdern nach der Anzahl der damals bestehenden Kreise frei gewählt. Und seit der Zeit wurde auf den Parlamenten die Wahlcurie der bestimmende Factor.

Allmählich geht die gesammte Competenz der ehemaligen Reichsversammlungen auf die nuntii terrestres über; ja diese gewinnen beständig grössere Macht. Die Senatoren, unter Vorsitz des Königs, werden ein die Reichstagsverhandlungen vorbereitender Ausschuss, der für alle seine Beschlüsse, falls sie Geltung haben sollen, die Zustimmung der Landboten gewinnen muss.

Die Landboten aber sind wiederum nicht aus persönlicher Macht auf den Reichstagen anwesend, sondern strict an Ausführung ihrer Instructionen gebunden; sie sind ferner keine stätige Versammlung, sondern sie sind und bleiben in Polen eine stets erneuerte Commission ad hoc. Die eigentliche Gewalt liegt in der Nation, wie es hiess; in den einzelnen Landschaften, wie es war. Die communitates, das heisst die Gebietseinheiten entsprechend den englischen commons, befehlen ihren Vertretern wie ebensoviel besondere Mächte ihren Gesandten und der polnische Ausdruck für Landbote poseł ist zugleich die diplomatische Bezeichnung.

Sind die Instructionen ungenügend, so bleiben die Verhandlungen des polnischen Reichstages ebenso resultatlos, wie die des weiland deutschen durchlauchtigsten Bundestages. Gleich die erste Landbotenversammlung 1468 ging aus diesem Grunde auseinander, und nach ihr viele andere.

Wenn die Mandate in ausführlicher Fassung gegeben, aber nicht in Uebereinstimmung waren, blieb den Abgeordneten ein Spielraum ihrer Thätigkeit, und oft wurden Steuerbeschlüsse von den Landboten gefasst, zu denen sie nicht ganz gleichmässig ermächtigt waren. Alsdann war es von den communitates abhängig, ob sie die Steuer zahlen wollten oder nicht.

Die Landboten waren nun einmal da und wurden gleich von Anfang an in regelmässiger Wiederkehr neu einberufen, alle zwei Jahr im gewöhnlichen Lauf der Dinge. In jeder Versammlung, sei sie auch von noch so kurzem Bestand und von noch so divergirender Zusammensetzung, bildet sich ein esprit de corps, ein eigenthümlicher Gemeingeist, der in seinen Wirkungen auffallend hervortritt, in seinem Wesen aber aller Definitionen spottet. Zu den ersten Beweisen von dem Dasein und der Thätigkeit dieser Collectivseele gehört die Liebe zum Leben. Eine bestehende Versammlung möchte gern recht lange bestehen, und liegt ihr kein Nahrstoff vor, so schafft sie sich welchen.

Die polnischen Landboten, die mit ihren eigentlichen Vorlagen, den Steuerprojekten, sehr schnell in irgend einer Art aufzuräumen verstanden, zogen bald die gesammte Staatsthätigkeit in den Kreis ihrer Besprechungen und Beschlüsse, allerdings nicht immer ganz im Auftrag ihrer Committenten. Sie legten an die vollbrachten oder beabsichtigten Handlungen der Staatsgewalt den Maassstab der Sonderinteressen, die sie zu vertreten berufen waren, und übten eine Beschränkung des Königs, der noch immer als Repräsentant des ganzen Staatsgebiets und aller Staatsbewohner erscheint, einmal zu Gunsten der Landschaften, andrerseits zum ausschliesslichen Vortheil der Vollfreien, des jetzigen Adels. So wich Polens Centralismus und starke Staatsgewalt immer mehr vor föderalistischen Grundsätzen zurück und wurde von der Gesellschaft verschlungen. Die polnische Verfassung ward völkerrechtliches Staatsrecht.

Die Landbotenkammer wurde in den eingeschlagenen Bahnen durch den Umstand erhalten, dass sie bei jedem Zusammentritt in neuer Composition erscheint. Bei einer Continuität des Reichstages würde sich in ihm eine einheitliche herschende Gewalt entwickelt haben gegenüber den geographischen Corporationen und dem Stande, aus denen und aus welchem er hervorging. Durch sein stetes Zurückkehren in den Boden, dem er entsprossen, blieb er der Willensausdruck, das Werkzeug seiner Committenten. Ein Parlamentarismus im modernen Sinn, wie ihn England am prägnantesten entwickelt hat, eine Herrschaft des ständischen Körpers, blieb also in Polen unmöglich.

Ansätze dazu finden sich freilich in der ganzen polnischen Geschichte; und namentlich unter den beiden letzten Jagellonen, sowie in der ersten Hälfte des 17. Jahrhunderts suchte sich der Reichstag vom Absolutismus der über ihm stehenden Nation zu befreien. Landboten und Senat, Rücken gegen Rücken an einander gestellt, behaupteten sich mitunter als eine Art Regierungsgewalt. In Wahrheit aber gehörte die Omnipotenz, welche dem Reichstag bisweilen von seinen Mitgliedern und von einzelnen Publicisten zugeschrieben wurde, nicht ihm, sondern den Wählern, der Gesammtmasse aller polnischen Adelsindividuen. Das allgemeine Aufgebot, in Wojewodschaften getrennt, hat seit Einführung der Landboten mehr als einmal persönlich die Gesetze und Geschicke des Landes bestimmt. Und die arbitri, die adligen Zuhörer und Zeugen spielen auf den polnischen Reichstagen eine bedeutende Rolle; ihr Verhalten und ihr Urtheil ist noch von grösserer Wichtigkeit, als das des „Umstandes" auf den deutschen Dingen und Schöffengerichten. Die Constitution 1504 ist zu Stande gekommen durch Uebereinstimmung der Senatoren und Landboten und vieler andrer Unterthanen des Königs, die auf dem Reichstag anwesend waren und öffentlich beriethen. Das Recht jedes Bürgers, die Staatsgewalt persönlich zu beaufsichtigen und zu leiten, ist in Polen nicht erloschen, vielmehr fortgehend heller aufgeflammt.

Lange hatte die Beschränkung des Königs durch den Adel bestanden, ehe sie schriftlich fixirt wurde. Als Abschluss und Bestätigung von faits accomplis tritt das Gesetz in Polen auf. Die Constitution 1496 knüpft die Abfassung neuer Gesetze und die Kriegserklärung, also die wichtigsten inneren und äusseren Lebenskundgebungen der Staatsgewalt, an die vorherige Zustimmung eines von allen communitates freigewählten Reichstages. 1505 wurde dasselbe noch prägnanter wiederholt. Die freie allgemeine Königswahl war 1503 in deutlichster Weise von König Alexander anerkannt worden.

Damit sich bei der Landbotenwahl möglichst alle Ritter betheiligen könnten, wurde 1521 ausdrücklich eingeschärft, dass die Landtage in möglichst kleinen Bereichen stattfänden und 1533 treten urkundlich die doch wohl schon lange bestandenen Relationslandtage auf, an denen die Landboten über ihre Thätigkeit Rechnung legen.

Dass der Reichstag nur die nach Landschaften gegliederte Nation, naród, den Stamm der polnischen Freien vertrete, wurde durch die 1539 und 1544 erfolgte Ausweisung der Städteboten präcedentisch dargethan. Schon tritt der König, bisher noch immer Träger der Staatsgewalt, in das Bewusstsein des Adels, als erster unter gleichen; primum tantummodo civem nannte ihn Raphael Leszczyński 1548. Er wird ein Stand im politischen Sinn, gleichwie jeder Edelmann einen Reichstand für sich ausmacht. Und bei Gelegenheit der Union mit Litauen wird der Rest königlicher Gewalt vernichtet.

Senat und Reichstag in fester Organisation und über allen die Gesammtheit der souveränen Ritter, alle nur die Vertreter von Sonderinteressen, betreiben seit dieser Zeit in Wahrheit die Staatsgeschäfte. Die Sonderinteressen haben das Mark der Staatsgewalt aufgesogen; der Vertreter des allgemeinen Interesses ist ein Schattenbild geworden!

Wohl donnerte Batory 1577 den Landboten entgegen: „Rex vester sum non fictus neque pictus. Herschen und regieren will ich und werde nicht dulden, dass einer von Euch mir befehle. Nur Hüter Eurer Freiheit seid Ihr, drum sollt Ihr nicht meine Lehrmeister noch Wächter meiner Senatoren sein!" Selbst diesem grössten der späteren Könige fehlten die Mittel seinen Worten materiellen Nachdruck zu geben. Die innere Entwicklung war bereits vollendet. Theoretisch war der Staat schon aufgelöst.

Einsichtige Staatsmänner sahen die äusseren Folgen voraus. Cromer rief zu Batorys Zeit: „Sehr zu befürchten ist, dass jene schrankenlose Macht (der Landboten und des Adels) und jene in Ungebundenheit ausartende Freiheit, die nicht dem Staatswohl zu gute kommt, sondern den besondern Interessen eines einzelnen oder den augenblicklichen Schwankungen des Gesammtwillens dient, den Polen eine zum Untergang führende Anarchie bereiten."

In der Stellung der polnischen Reichstage hat sich seit 1572 nichts geändert. Nur durch eigenthümlich häufiges Anwenden der schon damals staatsrechtlich bestehenden und gültigen Mittel trat die gefürchtete Anarchie im 17. Jahrhundert wirklich ein.

# Zweiter Abschnitt

## Einrichtung des Senats

Der polnische Senat ist eine Potenzirung des Königthums. Wenn man will, auch ein Anhängsel desselben.

Er ist nicht von der Natur des englischen Oberhauses, mit dem er vielleicht verglichen werden mag und mit dem er einige Befugnisse, wie namentlich die Gerichtsbarkeit gemeinsam hat; er hat im Gegentheil die Zusammensetzung eines Staatsraths (des englischen jetzt allerdings ganz verfallenen Privy Council), da Erblichkeit seiner Mitglieder niemals Bestand gewann, und die Senatoren somit niemals weder dem König noch dem Adel unabhängig gegenüber standen.

Auch die Thätigkeit der polnischen Senatoren ist die eines Staatsraths: Unterstützung und Berathung der ausübenden Gewalt ohne die Befugniss zu Beschliessungen. Derart sind denn die Rechte des Senats auf dem Reichstage.

Man halte fest: weder der Senat als Gesammtheit vermag irgend einen Beschluss der Landbotenkammer umzustossen, noch hat der einzelne Senator das liberum veto. Die Meinung der Senatoren gilt nicht als die des Landes, sondern als die von Räthen des Königs, wie sie auch officiell in Polen heissen.

Nur einmal unter Sobieski geschah der Versuch im Senat die Gebräuche der Landboten nachahmend die „Activität zu sistiren"; blieb aber ohne weiteres Beispiel. Theoretisch wurde dann allerdings am Ende des 18. Jahrhunderts auch den Senatoren das liberum veto nicht abgesprochen. Der Primas, meinte man, könne durch seinen Weggang einen Reichstag beschlussunfähig machen.

Der Senat ist so alt wie das polnische Königthum. Schon Bolésław hatte nach der Ueberlieferung seine 12 Grossen zur Berathung um sich und in den ältesten polnischen Schriftstellern und Urkunden finden wir des Königs consiliarii oder seniores erwähnt, später in derselben Stellung die praelati & barones.

Der Ausdruck Senat findet sich schon in einem Breve Papst Urbans VIII. von 1185 (Krakauer Capitelarchiv), worin es vom Krakauer Bischof lautet, dass er „inhaerendo antiquae consuetudini in senatu regni vestri primum locum et vocem post Archiepiscopum Gnesnensem habet." Wenn dies Schriftstück echt ist, so könnte allerdings der Ausdruck senatus vielleicht nur berathende Versammlung im allgemeinen bezeichnen. Officiell üblich wird das Wort erst seit dem Eindringen altrömischer Sprache und Rechtsbegriffe im 16. Jahrhundert. Polnisch blieb der Senatorentitel noch lange Panowie Rady.

Die Rathgeber wurden von Anfang an aus königlichem Vertrauen berufen; meist wurden die Bischöfe und höhern Beamten von dem Fürsten dazu erkoren, doch ist es keine Frage, dass unter den Piasten angesehene Männer aus den Sippen auch ohne äussere Stellung im engern Rath des Königs sassen. Feste Regel kam in die Zusammensetzung des Senats erst seit dem Häufigerwerden der Reichstage und seit Einführung der Landbotenkammer, durch welche verschiedene Elemente aus dem frühern Rath des Königs absorbirt wurden. Das Ansehn der übrig bleibenden Räthe, die jetzt nur aus den höchsten Würdenträgern und aus Wojewoden, Castellanen und Bischöfen bestanden, wuchs; von den Landboten empfingen sie das Prädicat ältere Brüder.

Zu den Senatoren Gross- und Kleinpolens traten 1529 die höchsten Beamten von Masovien, 1569 die von Podlachien, einiger reussischen, bisher unvertretenen Landschaften, Litauen und Preussen. doch es dauerte geraume Zeit, bis die in der Lubliner Union zusammengeschmiedeten Herren sich als eine Einheit fühlen lernten.

Vergebens sollicitirten die drei grossen Städte von Preussen um Aufnahme in den Reichsenat, da sie doch im preussischen Senat fast die Hauptstimme hätten. Verächtlich wurden sie gleich den Knäsen von Litauen und Reussen abgewiesen. Mit Bewusstsein hielt der Senat jede ständische Beimischung von sich zurück. Der Senat blieb eine Versammlung von Beamten.

Der vereinigte Senat für Polen und Litauen besteht in der Ausbildung, die er auf dem bedeutungsvollen Reichstage zu Lublin erhielt, aus 189 Mitgliedern. Mit der Eroberung Livlands und moskauischer Gebietstheile kamen entsprechende Würdenträger hinzu; seit den grossen Gebietsverlusten, die schon von dem Kriege Polens mit

Gustav Adolf datiren, blieben die Plätze leer stehen, deren Inhaber nicht mehr erscheinen konnten, aber sie blieben stehen.

Die Senatoren sassen längs den beiden grössern Seiten eines Rechtecks; auf jeder Seite zwei Reihen, von denen die beiden inneren Reihen auf besondern Sesseln den Senat erster Ordnung enthielten; die Senatoren zweiten Grades, die sogenannten kleineren Castellane, sassen auf Bänken in den beiden äussern Reihen. Die eine kleinere Seite des Oblongums nimmt der König ein, auf der andern befinden sich die zehn, seit 1768 zwölf Minister. In dieser 1569 bestimmten Ordnung wurde wenigstens immer abgestimmt.

Den Vorrang vor den weltlichen Senatoren haben die geistlichen. Selbst zu der Zeit, als der Senat fast ganz evangelisch war — im Jahr 1572 befanden sich nur zwei Katholiken unter den Räthen des Königs — geschah trotz allen Drohungen kein ernstlicher Versuch ihnen ihre Stellung zu bestreiten. Vergeblich waren auch die Forderungen von 1505, wonach die Bischöfe ausschliesslich auf der einen Seite des Königs sitzen sollten. So blieben noch 1569 drei Bischöfe auf der linken Seite dem König näher als die andern Senatoren der Reihe. Das Vorrecht wurde dadurch begründet, dass die Bischöfe anfangs allein den Senat gebildet hätten.

Wegen des hohen Ansehens und der grossen Einkünfte die ein Bisthum dem innehabenden Senator gewährt, gelten die Bisthümer seit dem 15. Jahrhundert für incompatibilia d. h. es dürfen nicht zwei in einer Person vereinigt werden. Der Ausnahmen sind wenige; Friedrich, der Sohn Kasimirs IV., war zugleich Oberhirt von Krakau und von Gnesen. Dafür wechselten Bischöfe oft ihre Stelle, von der geringeren zur besser dotirten aufsteigend. Als dem Stanisław Dąbski das fünfte Bisthum ertheilt wurde, weigerte sich der Kanzler sein Siegel unter das Diplom zu drücken. Die Ernennung der Bischöfe stand nämlich seit Kasimir IV. unbedingt dem Könige zu; die päpstliche Bestätigung blieb erforderlich, wurde aber wohl selten oder nie versagt. Die Capitel hatten auch unter den Piasten nur bestrittenes und bedingtes Wahlrecht; welcher europäische Fürst hätte in jener Zeit nicht simonirt!

Die polnischen Bischöfe zerfallen nach ihrer Ausstattung und nach ihrer politischen Macht in drei Klassen, die allerdings niemals ausdrücklich unterschieden wurden. In erster Reihe steht allein der Erzbischof von Gnesen; er ist Vorgesetzter der andern, und erhob im 13. und 14. Jahrhundert sogar den Anspruch, die Wahlen der Capitel durch seine Bestätigung gültig zu machen. Den zweiten Grad bilden der Erzbischof von Lemberg, die Bischöfe von Krakau, Kujawien, Wilno und Posen, auf der niedersten Stufe befinden sich die Bischöfe von Płock, Łuck, Przemysł, Samogitien, Kulm, Chełm, Kijew, Kamieniec, Livland und Smoleńsk. In exemter Stellung behauptet sich der Bischof von Ermland, seinem Range nach dem von Łuck gleichgeachtet.

Das Erzbisthum Gnesen, nachweislich seit 1084 bestehend, verleiht seinem Inhaber, der kat' exochén Erzbischof heisst, seit dem Constanzer Concil 1416 den Titel Primas regni Poloniae und seit dem Lateranconcil 1515, die Würde eines geborenen Legaten des apostolischen Stuhles, wie derselbe auch die Geschäfte der Nuntiatur versah, wenn kein Nuntius vorhanden war. Der Erzbischof heisst auch primus princeps, was der Primas Uchański davon herleitete, dass die Senatoren sämmtlich principes seien und sich mit den deutschen Reichsfürsten vergleichen dürften; was sich aber auch vielleicht dadurch erklärt, dass das polnische Wort zur Bezeichnung des Geistlichen ksiądz (tschechisch kniaź, ungefähr wie Abbé gebraucht, aber auch dem Namen der Bischöfe vorgesetzt) Fürst, princeps bedeutet.

Der Erzbischof führt im Senat seit unvordenklichen Zeiten den Vorsitz und lässt beständig ein Kreuz über seinem Haupte halten; ausnehmende Ehrenbezeugungen werden ihm gewährt; ein weltlicher Senator dient ihm in der Regel als Marschall und schreitet ihm mit erhobenem Stabe voran.

Während des Interregnums gilt er äusserlich als Stellvertreter des Königs (interrex) und empfängt öfter statt seines Prädicats reverendissimus, die königliche Bezeichnung serenissimus.

Auch ermangelten die Könige ihm gegenüber selten aller denkbaren Auszeichnungen, da sein Einfluss vom grössten Gewicht in weltlichen, wie geistlichen Dingen war. Konnte doch in der Regel derjenige, der den Erzbischof für sich hatte, auch der öffentlichen Meinung der Grosspolen sicher sein, die stolz darauf waren, dass in der Person ihres ersten Bürgers der alte Vorrang ihrer Provinz gewahrt blieb. Jagiełło nannte den Primas seinen vicarius, und Johann Albrecht bezeichnete ihn als gubernator in consiliis (Senatspräsidenten) und Majestatis regiae auctor.

Da geschah es denn, dass der unwürdigste der Diener Gottes, wie er sich 1648 nannte, öfter auch während blosser Abwesenheit des Königs die diesem zukommenden Ehren beanspruchte.

Von den Bischöfen zweiter Ordnung ist der krakauer am bedeutendsten. Seine Diöcese erstreckt sich über das ganze eigentliche Kleinpolen und ist darum reicher selbst als die des Primas. Ausserdem beherscht er als vollkommener Souverän das ehemals schlesische Herzogthum Siewierz (Severia), welches der berühmte Oleśnicki dem Herzog von Teschen 1443 abkaufte. Wenn der Bischof von Krakau den Cardinalshut empfing, stand er dem Primas gleich.

Das Erzbisthum Lemberg ist vollkommen unbedeutend: ein Ruheposten.

Dagegen schwangen sich auf den Hirtensitz von Kujawien (Leslau, Włocławek) meist Idealisten und strebsame Köpfe, die nach dem Primatialpurpur ausschauten. Der Bischof von Kujawien ist Stellvertreter des Primas in allen politischen Funktionen, im Vorsitz des Senats, in der Leitung der Interregna etc. Die Könige Stefan und August II. sind von kujawischen Bischöfen gekrönt worden.

Der Bischof von Posen hat für die gottesdienstlichen Handlungen auf den Warschauer Reichstagen Bedeutung, da Warschau in seiner Diöcese liegt.

Ein Versuch, den der Bischof von Wilno unter Johann Kasimir machte, sich den Titel Primas von Litauen beizulegen, misslang.

Unter den Bischöfen dritten Ranges ist der von Płock durch die souveräne Gewalt, die er über den Bezirk und die Stadt Pułtusk ausübt, nicht bedeutungslos.

Die Einkünfte und das Ansehn der andern Bischöfe dieser Stufe sind gering und werden immer geringer, so dass sie zu standesgemässem Leben in der Regel erst durch Verleihung eines reinen Staatsamts oder einer Abtei befähigt wurden. Kanzlerstelle zu bekleiden war ihnen ausdrücklich gestattet.

Der Bischof von Ermland theilte mit seinem Capitel die völlig souveräne Herrschaft über das gleichnamige Bisthum, das also nicht zu Polen gehörte, in welchem der König kein Recht ausübte. Der Bischof führte seit Kaiser Karl IV. den Titel eines deutschen Reichsfürsten, den er auch bei Verhandlungen mit den polnischen Behörden nicht immer wegliess. Er hatte seit 1515 das Präsidium im preussischen Generallandtage und sollte dieselbe Stellung in Preussen bekleiden, die der Primas in Polen einnahm, solange die Idee einer Personalunion Preussens mit Polen noch Aussicht auf Verwirklichung hatte. Die Einkünfte des Bisthums Ermland, dessen Edelleute ebensowenig wie die von Siewierz und des Bereiches von Pułtusk an den polnischen Privilegien theilnahmen, fielen zu zwei Dritteln an den Bischof, zum Rest an das aus 16 Personen bestehende Capitel, und die materielle Stellung des Bischofs, der nicht unter dem Primas, sondern direkt unter dem Papste stand, wurde als sehr glänzend ge-

schildert. Die Forderung, dass der Bischof indigener Preusse sein
solle, war schon im 16. Jahrhundert bedeutungslos geworden; und
ebenso war es lächerlich, dass der Bisthumscandidat, welchen der König dem Capitel vorschlug und der gewählt werden musste, Dom-
herr sein sollte, da sich immer ermländische Canonici bereit fanden
dem Candidaten solange ihre Stelle abzutreten, bis er rechtmässig in-
augurirt war.

Unter den weltlichen Senatoren steht der Castellan von Krakau
obenan. Der Grund dafür liegt wohl darin, dass dieser Beamte seinem Beruf nach die Gerichtsbarkeit in der Residenz des Königs übte,
also für dessen eigentlichen Bevollmächtigten gelten musste; wie er
denn auch bei einer öffentlichen Versammlung im Krakauer Bezirk
als Richter der versammelten Herren gelten konnte, so lange die Gerichtsbarkeit um die Person des Königs noch nicht dem Grossmarschall
gebührte. Uebrigens hat Lengnich Recht, wenn er den Vorrang dieses
Castellans „lieber unter das rechnet, dessen wahrer Grund unbekannt." Die Castellane von Troki und Wilno werden den Wojewoden gleichgeachtet, weil sie zu den ältesten Beamten von Litauen
gehören.

Die Wojewoden, meist 32, mit jenen drei Castellanen und mit
dem Starosten von Samogitien, bilden die erste Ordnung der weltlichen
Senatoren.

Der Titel Wojewoda (Heerführer) ist altslavischen Ursprungs,
dient bei den Südslaven zur Bezeichnung fürstlicher Stellung (Herzog.)

Lateinisch wird er durch palatinus ersetzt, welcher spätrömische
Ausdruck im Mittelalter bekanntlich theilweise den Stellvertreter des
Monarchen bezeichnet (der Pfalzgraf bei Rhein als palatinus des
deutschen Königs; der palatinus von Ungarn.) So setzte sich auch
während der Erbtheilungen Polens jeder kleine Piastenfürst seinen
Wojewoden; diese Beamten blieben nach der Wiederzusammenfassung
des Reichs bestehen und wurden dort eingeführt, wo sie noch nicht
vorhanden waren; so namentlich in Litauen, in den von Polen eroberten Provinzen Reussen, Preussen, Livland.

Sie hatten die Gerichsbarkeit über die Juden und waren Anführer
der einzelnen Abtheilungen der Landwehr.

In letzterer Eigenschaft secundirten ihnen die Castellane, die in
grössere und kleinere getheilt waren, oder in Castellane mit Stimme
und Sessel, die an Zahl immer mit den Wojewoden gleich waren, und
in Castellane mit blosser Stimme (sie sassen auf Bänken) oder Kreiscastellane (kasztelanowie powiatowi), die ihren Namen von Orten in-

nerhalb der Wojewodschaft, nicht von der Wojewodschaft selbst herleiteten, 49 an Zahl.

Unter den Piasten erscheinen die Castellane als Vertreter des
Monarchen in jeder Beziehung, namentlich in der Rechtspflege. Als
diese seit dem 14. Jahrhundert immer mehr an die Starosten über-
geht, verliert der Castellan allmählich auch seine Verwaltungsbefugnisse
und hat eine reale Thätigkeit nur noch als Anführer des allgemeinen
Aufgebots.

Festen Gehalt bezieht er ebensowenig, als der Wojewode; beide
Würdenträger waren auf Geschenke verschiedener Corporationen, namentlich der Stadtgemeinden und der Juden angewiesen, die durch
ihre regelmässige Wiederkehr die Natur von Gefällen angenommen
hatten. Aber eine accidentielle Versorgung mit den Staatsgütern, dem
panis bene meritorum blieb für die Senatoren selten aus; sie ging
der Senatorenwürde meist voran.

Die Wojewoden und grössern Castellane gelten schon sehr zeitig
als barones; die kleineren Castellane, früher judices genannt, traten
erst seit dem 16. Jahrhundert unter die Räthe des Königs.

Mit ihnen die Minister. Auf dem Reichstage von Peterkau 1564
finden wir diese zuerst erwähnt. Die Krone Grosspolen und Kleinpolen hatte 5 ministri status, nämlich den Grossmarschall, den Kanzler,
den Vicekanzler, den Schatzmeister und den Hofmarschall. Durch die
Constitution 1569 wurden ebensoviel Minister für Litauen geschaffen
und den polnischen gleichgestellt. Im Jahre 1768 wurde auch den
beiden Grosshetmans der Krone und Litauens der Eintritt in den Senat
eröffnet, so dass dieser im Ganzen 12 Minister enthielt.

Diese ministri status sind wirkliche Verwaltungsbeamte und nehmen darum eine gesonderte Stellung im Senat ein, wie sie auch wirk-
liches Gehalt beziehen.

Bei Abstimmungen und Reden — beides fiel im polnischen Senat
so ziemlich zusammen — wurde eine feste Reihenfolge beobachtet.
Nachdem die Bischöfe und alle anderen Senatoren in fester Ordnung
gesprochen hatten, erhielten die Minister das Wort und zwar immer
erst einige Tage nach den Castellanen.

Sämmtliche Senatoren sind auf Lebenszeit ernannt. Die Conföderation von Gołębiow wollte verantwortliche Minister einführen, die immer auf zwei Jahre, von einem Reichstag zum andern, ernannt werden sollten. Eine Idee ohne Ausführung, wiewohl sie in
einzelnen polnischen Köpfen früher und später wieder auftauchte.

Ministerstellen sind incompatibilia mit andern weltlichen Senatorenstellen. Wer Minister war, sollte niemals eine andre Senatstelle bekleiden; nur durften die Bischöfe dritten Rangs Kanzler sein. Dennoch wurde erst im 18. Jahrhundert dies Gebot, das schon im 16. Jahrhundert mehrfach wiederholt wurde, streng befolgt. Friedrich Sapieha legte 1735 die Castellanei von Troki nieder, um Kanzler von Litauen zu werden. Auch war schon eine Bestimmung von 1565, dass Niemand zwei Ministerstellen zugleich bekleiden dürfe: und dennoch war Bogusław Leszczyński noch 1658 Schatzmeister und Unterkanzler zugleich.

Dass ein Senator in der Landschaft, von der er den Namen trug, eingeboren oder wenigstens eingesessen sei, wurde zwar stets nachdrücklich gewünscht, war aber niemals streng erforderlich. Bereits im 17. Jahrhundert erhielten Litauer Würden in Polen. Speciell die Preussen erhoben fortwährenden Anspruch, dass nur Indigene bei ihnen Senatoren werden dürften; aber schon im 16. Jahrhundert hatten ihre Proteste kein Gewicht mehr; wurde doch Cromer, der polnische Geschichtschreiber, der nicht indigen war, sogar zum Bischof von Ermland erhoben.

Die Ernennung der Senatoren sollte auf einem Reichstage stattfinden, wenn irgend möglich; zur Zeit des Interregnums kam es öfter vor, dass der Adel der Wojewodschaften und Kreise sich Senatoren wählte, die vom neuen König bestätigt werden mussten. Im 18. Jahrhundert nahmen die Senatoren den Titel Excellenz an; sonst hiessen die Bischöfe Reverendissimi; die Minister, Wojewoden und grössere Castellane Magnifici und die kleinern Castellane Generosi mit entsprechenden polnischen Praedicaten.

In seiner vollständigen Zusammensetzung bot der Senat ein imposantes Schauspiel dar, wie Mickiewicz mit Recht hervorhebt. Der Senat gab dem Reichstage einen gehaltenen würdevollen Charakter. Schiller lässt seinen Demetrius treffend sagen:

„Ich kann
Vor keiner glänzendern Versammlung reden."

Die einzige mit dichterischem Genius behandelte Staatsaction, welche die ganze Litteratur kennt, eben der erste Act jenes gewaltigen Torso, von dem sich der erbleichende Künstler auch sterbend kaum trennen mochte, ist von einer polnischen Senatsitzung genommen.

# Dritter Abschnitt

## Stellung der Landboten

Den wesentlichen Bestandtheil des Reichstags bilden die Landboten, nuntii terrestres, posłowie ziemscy, die im Deutschen wohl besser Landschaftsboten genannt würden, da sie nicht das ganze Land zu vertreten haben, wie heutige Abgeordnete nach constitutionellen Paragraphen verpflichtet sind, sondern die einzelnen Landschaften, terrae, ziemie, von denen sie gewählt worden. Schon die Tagfahrt von Wiślica im Interregnum nach Ludwigs Tode war zusammengesetzt aus den nuncii terrarum universarum regni Poloniae, die aber allerdings auf kaum gleichmässige Weise designirt waren.

Gleich seit ihrer regelmässigen Einberufung im Jahre 1468 gewannen die Landboten nun den bedeutendsten Einfluss und suchten das vollständige Uebergewicht, welches sie über den Senat erlangten, auch durch ihre Zahl zu documentiren. Nur dieses ist der Grund, wesshalb im 16. Jahrhundert zu wiederholten Malen die übergrosse Menge der Landboten gerügt wurde, und wesshalb auch spätere Bestimmungen von der Const. 1540 an, die jeder Wojewodschaft oder Landschaft eine genaue Zahl vorschrieben, niemals inne gehalten wurden. Namentlich Preussen, eingedenk seiner früheren und vertragsmässig noch immer bestehenden Personalunion, behauptete das Recht, eine beliebig grosse Zahl Landboten zu senden, meist vierzig, die nur Eine Stimme abgeben sollten. In der Regel belief sich die Kopfzahl der Landbotenkammer auf 200 Mitglieder. Im Jahre 1468 waren jeder communitas, districtus zwei Landboten gegeben worden, wie in England, und diese Zahl blieb das Minimum für jeden Wahlbezirk. Die späteren Constitutionen, welche die Zahl der Landboten für die einzelnen Wahlbezirke mehrfach feststellten, wurden niemals befolgt. Die Const. 1775 wollte eine derartige Vertheilung der Landbotenzahl auf die Districte durchführen, dass jede der drei Provinzen gleichviel, nämlich 68 Abgeordnete, senden sollte.

Die Landboten wurden sehr verschieden gewählt, theils von sehr grossen Bezirken, z. B. wählten die beiden Wojewodschaften Posen und Kalisch, später auch Gnesen, gemeinschaftlich 12—20 Vertreter, theils von sehr kleinen, wie zum Belege jede der 10 Landschaften des Palatinats Masovien zwei Abgeordnete schickte.

Wer eine Rechtsache hätte, die auf dem Reichstag zur Verhandlung kommen würde, sollte nicht zum Abgeordneten gewählt werden, Constitution 1540, 1601, ebensowenig wer Tribunalsdeputirter sei, Constitution 1616, 1678, 1683. Die Wiederholung dieser Gesetzesbestimmungen und die uns aufbehaltenen Verhandlungen der Reichstage beweisen uns, dass jene Beschränkungen ebensowenig eingehalten wurden, als die häufigen Verordnungen, dass Niemand gewählt werden solle, gegen den ein noch nicht ausgeführter Rechtspruch (condemnata) verhängt sei, oder der mit den Quittungen, die er als gewählter Steuereinnehmer abzuliefern habe, bei seiner Wojewodschaft im Rückstande sei.

Eher band man sich an die alte Gewohnheit, keinen impossessionatus, mochte er immerhin bene natus sein, auf den Reichstag zu schicken. Das Alter des Landboten sollte mindestens 18 Jahr sein, aber auch jüngere Leute sind öfter gewählt worden. Bei den Polen wird die Jugend noch rascher als bei den andern Slavenstämmen thatkräftig und für thatfähig angesehn.

Die Thätigkeit der Landboten auf dem Reichstage besteht wesentlich in Collationirung und Verschmelzung ihrer Instructionen, wofür sie nach dem Schluss des Reichstags ihren Mandanten Rechenschaft geben.

Im 15., 16. und 17. Jahrhundert erhielten die Landboten eine beträchtliche Vergütung auf die Dauer des Reichstags, die meist vom Adel der Powiate (Districte, Kreise) getragen wird und gegen die säumigen Zahler bei den Grods eingeklagt werden kann. Constitution 1598, 1601. Die Senatoren hatten diese Diätenrepartition (pieniądze poselskie) nicht zu tragen, auch einige andre Beamte nicht. Constitution 1611. In der Wojewodschaft Bracław verwendete man eine ziemlich beträchtliche Summe, die Hälfte der Grundsteuer, in Folge eines dauernden Landtagsbeschlusses (Laudum) für die Abgeordnetenentschädigung. Constitution 1683. Ein Landbote, der die Diäten nahm, ohne auf den Reichstag zu gehn, konnte durch Grod- oder Landgericht zu einer Geldstrafe im doppelten Betrage der Diäten nach derselben Constitution verurtheilt werden.

Während der langen Periode der zerrissenen Reichstage schienen diese Diäten (opatrzenie, strawne) allmählich in Wegfall gekommen zu sein; wir können mit Sicherheit annehmen, dass sie am Ende des 18. Jahrhunderts nicht mehr bestanden.

Ebenso war das freie Quartier obsolet geworden, das den Mitgliedern des Reichstags noch im 17. Jahrhundert durch die Grossmarschälle verschafft werden musste.

Die Wojewodschaften und Kreise hatten bestimmte Plätze im Reichstagsaal angewiesen und es fand unter den Landboten häufiger Streit um den Vorrang der einzelnen Landschaften statt, deren Plätze wechselten oder bestritten waren.

Gleich nach dem Schluss des Reichstags erfolgte die Rechenschaftsablegung der Abgeordneten vor ihren Auftraggebern, und damit erlosch dann erst das Mandat. Wer sich freilich an die Constitutionen halten wollte, der konnte annehmen, dass der Reichstag schon nach Ablauf der ihm für regelmässige Sitzungen gesetzten sechs Wochen keine Vollmacht mehr habe und beschlussunfähig werde. Eben dies gab dem Landboten Siciński 1652 den Vorwand zur Zerreissung des Reichstages; und die Landboten stimmten ihm damals bei, sie hielten sich selbst nach sechswöchentlicher Function nicht mehr für competent zur Abfassung von Beschlüssen, ausser wenn für den Bruch dieser oft wiederholten Constitutionbestimmung Einstimmigkeit vorhanden war; die ja auch in allen Parlamenten unseres Jahrhunderts erforderlich ist, sobald eine Ausnahme von der Geschäftsordnung stattfinden soll.

# Vierter Abschnitt

### Näheres über den Reichstag

Eine genaue Zusammenstellung der die Reichstage betreffenden polnischen Rechtsbegriffe ist ausserordentlich schwer. Garczyński, Wojewode von Posen unter den sächsischen Königen, sagt in seiner „Anatomia" treffend: „Dies stürmische Meer des polnischen Parlamentarismus wird Niemand so glücklich sein weder zu ergründen, noch zu begreifen, noch zu beschreiben."

Dem vollständigen Reichstag d. h. der Vereinigung von König, Senat und Ritterschaft, legen die älteren polnischen Staatsrechtslehrer absolute Gewalt, ja Allmacht bei und stellen ihn dadurch dem englischen Parlamente gleich, das ja alles kann, ausser einen Mann in ein Weib verwandeln. In der That ist die Competenz des Reichstages unbeschränkt, in Verwaltung, Rechtspflege und Gesetzgebung.

Die Berufung des Reichstags ist, wie schon erwähnt, eine Prärogative Seiner Majestät. Alle Reichstage, die mit Ausnahme während des Interregnums von andrer Seite berufen waren, wurden für ungültig erklärt. Unter den Jagellonen kam der Reichstag mitunter alle Jahre zusammen. Die Cf. 1578 setzte die Periode eines ordentlichen Reichstags auf 2 Jahre fest.

Die Jahreszeit war meist der Herbst; eine Versammlung von Landbesitzern konnte sich am bequemsten nach Beendigung der Erndte zusammenfinden.

Die Dauer der Reichstage war und blieb verschieden. Anfangs währte sie selten länger als eine Woche. Długosz erwähnt als curiosum, dass der Reichstag von 1453 ganze neun Tage gedauert habe. Dagegen erzählt Bielski von einem Reichstage unter Siegmund August, der erst in sechs Monaten zu Ende war.

Im Allgemeinen war in späterer Zeit das Durchschnittmaas sechs Wochen, wie auch die Conf. 1573 verlangte; dennoch dauerte der Reichstag von 1681 bis in den fünften Monat, um schliesslich zerrissen zu werden, und der allerdings auch sonst in sehr ungewöhnlicher Weise gehaltene Reichstag von 1717 — heisst er doch der stumme, weil keine Debatte auf ihm stattfand; die Conföderation von Tarnogrod, von welcher er ausging, hatte alle Beschlüsse vorher schon mit der königlichen Partei abgekartet — dauerte nur sieben Stunden.

Den Ort des Reichstages zu bestimmen, hing ursprünglich vom Könige ab; Ludwig hielt zwei Reichsversammlungen in Ungern. Unter Jagiełło nahm man für gemeinsame Reichstage der Polen und Litauer Lublin und Parczow in Aussicht. 1540 wurde einer mehr als hundertjährigen Gewohnheit zu Folge Peterkau zum gewöhnlichen Reichstagsitze bestimmt.

Endlich wurde seit 1569 Warschau, als annähernd in der Mitte des Reiches gelegen, für die gemeinsamen Versammlungen Polens und Litauens festgehalten. Da jedoch die Litauer niemals abliessen, auch Reichstage in ihrem Gebiet zu fordern, so wurde 1673 auf den Antrag von Pac beschlossen, dass immer der dritte Reichstag in Grodno sein solle; was denn auch als recht und billig anerkannt und innegehalten wurde.

Die Reichstage während eines Interregnums hingegen fanden beständig in und bei Warschau, die Krönungsreichstage in Krakau statt.

Senatoren und Landboten haben das Recht der Suspensa. Sechs Wochen vor und nach einem Reichstage sind sie weder von Civilnoch von Criminalklagen zu belangen. Const. 1678. 1764.

Schon ein Statut Siegmunds I. von 1510 stellt die Mitglieder des Reichstags bis auf vier Wochen vor und nach diesem sacrosanct. Wer sie verletzt, wird als Majestätsverbrecher behandelt. So wurde in der That noch 1710 ein General, der einen Landboten verwundet hatte, durch das Marschallsgericht zum Tode des Erschiessens verurtheilt. Die Sache eines ermordeten grosspolnischen Poseł wurde durch die Const. 1667 dem Tribunal übertragen. Landboten, die sich während der Dauer des Reichstags etwas zu Schulden kommen lassen, haben vor ihrer Kammer Gerichtstand. Ein Zweikampf, der 1722 unter zwei Abgeordneten stattgefunden hatte, zog beiden Theilnehmern strenge Verurtheilung zu, und als die Betreffenden vom König begnadigt waren, mussten sie den gesammten Reichstag um Verzeihung bitten.

Als Reichstag im engern Sinn gelten nur die Landboten; der Senat konnte seiner Natur gemäss auch ohne die nuntii zusammentreten, da ja seine Thätigkeit berathend, nicht beschliessend war.

Polen hat zwei Kammern, die sich aber beide ganz wesentlich von ähnlichen Institutionen in andern Ländern unterscheiden. Man kann das polnische System kurz als die Verbindung eines Staatsraths mit einer Art von Bundestag oder Tagsatzung bezeichnen.

Weder der Senat noch die Landboten waren juridisch selbständig. Der erste hing vom König ab, die zweiten von der Nation. In ihrer Vereinigung aber gelang es beiden zeitweise, grosses Gewicht auf die Staatshandlung auszuüben; dass sie ihre Bedeutung nicht wohl anwendeten, ist erklärlich: denn Niemand handelt, sobald ihm Spielraum für seine Kräfte gegeben ist, unbesonnener, als derjenige, welcher für seine Handlungen nicht in letzter Instanz verantwortlich ist, sondern noch höhere Gewalten über sich hat, die das Odium und den Schaden tragen müssen.

Der Idee nach handelten Senatoren immer als Räthe des Königs, und Landboten immer als vorübergehend abgesandte Unterhändler der einzelnen Theile der Nation. Erst die Constitution 1791 wollte, dass der Reichstag immer auf zwei Jahre gewählt würde, nicht wie früher alle zwei Jahre auf sechs Wochen, und dass er stets fertig sei und einberufen werden könne. Aber sie wollte es nur.

Und eben weil der Reichstag keine unabhängige dauernde Stellung einnahm, betrachtete er sich als eine umumschränkte immer neu zusammentretende Commission für Beaufsichtigung der Staatsgewalt, und so gelangte er dazu, wie ein tiefer politischer Denker ausspricht, „nicht etwa die Regierungsgewalt selbst an sich zu ziehen und auszuüben, sondern die Regierung zu schwächen und zu demüthigen.“

# Fünfter Abschnitt

---

## Geschäftsordnung des Reichstags

„Es ist weder unwichtig, noch ist es leicht, zweckmässige Bestimmungen über das formelle Verfahren einer grossen berathenden
und beschliessenden Versammlung zu entwerfen", sagt Mohl im Eingang
seines Aufsatzes über die Geschäftsordnung der Ständeversammlungen.

Dass in der That die Sache von der bedeutendsten Wichtigkeit
ist, kann nicht besser bewiesen werden, als durch das Beispiel Polens,
welches nach dem Urtheil seiner eigenen Bürger nicht zum wenigsten
durch die mangelhaften Formen seiner Reichstagsverhandlungen auf
die niederste Stufe staatlichen Daseins hinabsank.

Dass aber die Auffindung zweckmässiger Geschäftsregeln nicht
leicht ist, zeigt uns eine Körperschaft wie der polnische Reichstag,
die erst nach 300jähriger Praxis an Abstellung der schlimmsten Mängel
dachte.

Mögen die eindringlichen Lehren, die der polnische Staat aus den
Missbräuchen seiner Geschäftsordnung zog, nachdem es zu spät war,
für die Künftiglebenden nicht verloren sein! „Kann die Geschichte
Polens den heutigen Völkern in ihrem gegenwärtigen Ringen als War-
nerin nicht vorschweben?" ruft uns ein polnischer Schriftsteller zu.

Die Gebräuche, welche sich im 15. und 16. Jahrhundert auf den
Reichstagen entwickelt hatten, wurden schon gegen Ausgang der Ja-
gellonenzeit mit einigen schriftlichen Anordnungen vermehrt, dann im
17. Jahrhundert durch Gewohnheit und Gesetz mannichfach geändert.
Da trotzdem jeder Reichstag sich vielfacher Willkür erlaubte, wurde
1690 das Beispiel, welches die Const. 1633 und 1678 gegeben hatten,
in umfassender Weise wiederholt und eine Zusammenstellung aller Regeln gegeben, mit dem Verbot, niemals in Zukunft von ihnen abzu-
weichen.

Dennoch traten noch in den Jahren 1699, 1736, 1764, 1768,
1775 viele Neuerungen ein, sodass für den politischen Geschäftsgang

ein in Einzelheiten consequent durchgeführtes System niemals bestanden hat; gewisse Grundzüge der Geschäftsordnung aber lassen sich wohl durch die gesammte Dauer des polnischen Parlamentarismus erkennen. Wenigstens war die Zeitfolge der einzelnen Obliegenheiten eines Reichstags im ganzen immer dieselbe.

Vor allen Dingen bemerke man, dass der Zweck eines jedesmaligen Reichstags darauf hinausgeht, die Ansicht des Landes über die schon in den Universalen ausgesprochenen königlichen Vorschläge, verbunden mit Beschlüssen über etwaige anderseitige Anträge in Einem Gesetze auszusprechen, eine Constitution zu schaffen.

Ein oder zwei Tage vor dem Beginn der Verhandlungen, wie es durch die vom König an alle Grods gesandten litterae universales festgesetzt ist, werden dem Marschall des vorhergehenden Reichstags Einwendungen (zarzuty) übergeben, die gegen die Gültigkeit von Landbotenwahlen oder gegen die Persönlichkeit einzelner Landboten gerichtet sind, und von den Denuncianten oder deren Bevollmächtigten eingereicht werden müssen. Klagen gegen die Functionsberechtigung einzelner Senatoren nimmt der Grossmarschall der Krone oder Litauens entgegen.

An dem durch die Universale bestimmten Tage — seit der Constitution 1717 der Montag nach Michaelis, eine 1768 geschaffene anderweite Bestimmung hatte keine Dauer — wird der Reichstag mit einem solennen Hochamte, das der Primas, der Nuntius oder mindestens ein Bischof abhält, eröffnet; und folgt eine Predigt. Der König nimmt hieran persönlich Theil. In Grodno zieht er zu Fuss nach der Kirche über die Hauptstrassen der Stadt; in Warschau begiebt er sich auf einem bedeckten Gang aus dem Schloss in das Gotteshaus.

Darauf empfängt der König in feierlicher Senatsitzung den Marschall des vorhergehenden Reichstags oder den ersten Landboten der Provinz, an welcher die Reihe ist, einen neuen Marschall zu stellen, und gestattet auf die vorgebrachte Bitte, dass die Wahlprüfungen und die Sprecherwahl stattfinde.

In Folge dessen eröffnet der zur provisorischen Leitung des Reichstages ermächtigte Landbote die Sitzungen der Abgeordneten mit einer feierlichen Rede, lässt die arbitri abtreten und nur die zurückbleiben, welche Zarzuty eingereicht haben. Mit der Verhandlung über diese Einwürfe beginnen die Rugi (Rügen, Wahlprüfungen), und es werden diejenigen Landboten entfernt, die einen Process haben, Tribunalsdeputirte sind, eine Condemnate auf sich lasten haben oder bei deren Wahl auf den Landtagen Unzukömmlichkeiten sich nachweisen lassen. Nach der Const. 1768 genügte Stimmenmehrheit, um einen Landboten für functionsunfähig zu erklären. Bei den Abgeordneten, gegen welche keine Klage eingelaufen ist, findet auch keine Untersuchung statt.

Diese Wahlprüfungen sollten höchstens drei Tage dauern, nach der Const. 1678 sollten sie nur Einen Tag in Anspruch nehmen; dennoch dauerten sie mitunter mehrere Wochen, wenn es eben das Interesse Jemandes war, den Reichstag nicht zu wirklichen Geschäften kommen zu lassen.

Die nächste Handlung des Reichstags ist die Wahl des Landboten-marschalls, die nach der Const. 1678 nur einen Tag in Anspruch neh-men sollte und im Jahre 1744 in der That nur drei Stunden dauerte, sonst aber oft sich mehrere Wochen hinzog. Der Reichstagsmarschall ist bald nach der regelmässig periodischen Einberufung der Landboten nachzuweisen und heisst bei den Schriftstellern des 16. Jahrhunderts Sprecher, orator. Auf dem Convocationstage von 1573 wagte man nicht, ihn zu wählen, sondern liess einzelne Landboten der einzelnen Wojewodschaften in der Leitung der Verhandlungen miteinander ab-wechseln. Die Stellung gewann grosses Ansehn und seit dem 17. Jahr-hundert empfing der Marschall ein Salär von 40,000 Gulden, 1736 sogar 60,000. Einer Beförderung durch den König war er sicher. Um das Provinzialinteresse nicht zu verletzen, erfand man seit Sieg-mund III. die Regel, auf dem ersten Reichstag von drei einander fol-genden einen Marschall aus den grosspolnischen Landboten zu wählen, auf dem zweiten aus den kleinpolnischen, auf dem dritten aus den litauischen und so im Turnus von neuem; doch wurde dieser Gebrauch erst 1673 schriftlich bestätigt. Die erste Wojewodschaft der jedesmal berechtigten Provinz beginnt namentlich für einen Marschall ihre Stim-men abzugeben, ihr folgen die andern Landschaften in ihrer Reihe. Wird von der bevorrechteten Nation nur ein Candidat vorgeschlagen, so wird oft nach dreimaliger Fragestellung von sämmtlichen Anwesen-den mit „zgoda" abgestimmt.

Als provisorischer Sprecher fungirt bei dieser Wahl der Marschall des vorherigen Reichstags, falls er Landbote ist; wo nicht, so statt seiner der erste Landbote der ersten Wojewodschaft aus der bevor-rechteten Provinz.

Nach vollendeter Wahl sind Zuhörer (arbitri) nicht mehr ausge-schlossen, Disciplin unter ihnen war schwer zu halten; sie sassen unter den Abgeordneten und betheiligten sich an der Debatte, wenn nicht durch Reden, so durch laute Aeusserungen des Beifalls oder Unwillens. Man liess ihnen aber volle Freiheit, weil man meinte, dass solche Theilnahme an den Berathungen des vertretenden Körpers sehr heilsam zur staatsbürgerlichen Ausbildung sei. In sehr schlimmen Vorkommnissen schritt der Landbotenmarschall oder ein Grossmarschall dann öfter mit Strenge ein.

Der Marschall leistet einen feierlichen Eid, der aber erst seit 1669 üblich geworden scheint. 1678 und 1768 werden besondere Eidesformeln festgesetzt.

Der Marschall dankt der Kammer für seine Wahl und bestimmt sich darauf einen Schriftführer (sekretarz sejmowy), der nicht Landbote, aber angesessener Edelmann ist und eine Vergütung von 10,000 Gulden empfängt. Man sieht, welche Bedeutung im alten Polen die Einzelpersönlichkeit gewählter oder ernannter Beamten hat. Diese ausgedehnte Befugniss polnischer Würdenträger sich Unterbeamte nach Belieben zu ernennen, ist ein bedeutsames Kennzeichen polnischen Verfassunglebens. Man hat es als Satrapenwirthschaft brandmarken wollen; aber treffendere Vergleiche liegen in manchen englischen jetzt theilweise obsolet gewordenen Einrichtungen bereit.

Seit 1764 leistet auch dieser Sekretär einen Eid, wie denn das Schwören im polnischen Staatsrecht von nicht geringer Bedeutung ist.

Alsdann designirt der Marschall aus jeder Provinz eine Anzahl Landboten (vier in der Regel, sieben im Jahr 1744), welche König und Senat von seiner Wahl zu benachrichtigen haben, sowie aus jeder Provinz zwei Landboten für die Bearbeitung des Constitutionsentwurfs und ebenso verschiedene andre Ausschüsse, die in Gemeinschaft mit einzelnen Senatoren den verschiedenen permanenten Commissionen, wie seit 1768 und 75 die Schatz-, Kriegs- und Educationscommission und der Immerwährende Rath, Bericht abzunehmen haben.

Es erfolgt nunmehr Vereinigung der Kammern, wozu die Landboten durch drei vom König abgesandte Senatoren (aus jeder Provinz Einer) aufgefordert werden. Zuerst der Marschall, darauf die Landboten in ihrer vom Schriftführer nach Wojewodschaften festgesetzten Reihenfolge, schliesslich dieser selbst defiliren bei Seiner Majestät mit jedesmaligem Handkuss.

Es werden alsdann die Prüfungs- und Constitutionsausschüsse durch eine Anzahl Senatoren ergänzt, damit ihre Thätigkeit beginnen kann. Zugleich wählen die Landboten in Sessionen, die jede Provinz besonders hält, die Beisitzer zum Reichstaggericht.

Die sämmtlichen Mitglieder des Reichstags versammeln sich hierauf zu einer feierlichen Sitzung beim König, um die Propositionen zu vernehmen, die der Kanzler an den Stufen des Thrones verliest; seit

1768 wird mit ihnen zugleich die Liste der Candidaten für die Er-
neneruung der permanenten Commissionen vorgetragen.

Seit 1669 geht diesem Act eine formelle Recitation der Pacta
Conventa vorauf, bei welcher es Jedem freisteht, das Wort zu ergreifen.

In vereinigten Sitzungen beider Kammern werden alsdann Berichte
der Gesandten vernommen und diesen Entlastung ertheilt. Auch werden die Wahlen für die permanenten Ausschüsse vollzogen. Mit diesen
Geschäften sind meistens bereits 2—4 Wochen verstrichen, und jetzt
erst beginnt der Haupttheil der Reichstagsverhandlungen, die Sitzungen
der Landbotenkammer.

Wir sind bei einer Betrachtung dieser wichtigen Episoden des
polnischen Verfassunglebens von sichern Anhaltpunkten verlassen; nur
die Diarien der Reichstage geben uns Aufschluss über die selten sich
gleich bleibenden Formen der Berathung. Auch die zur Zeit der
ersten Reichstheilung festgesetzten Regeln sind äusserst dürftig und
beschränken sich nur auf die Berathung der nebensächlichen, zufälli-
gen Gesetzvorschläge, die materye ekonomiczne, welche mit Stimmenmehrheit den wichtigen Einstimmigkeit erfordernden Hauptprojecten,
den materye status, vorangehn sollten. Bis zu jener Zeit aber war
gar kein fester Haltpunkt gegeben.

Das Element, welches Ordnung in diese Verhandlungen der Landboten untereinander brachte, war der Grundsatz, dass sowohl bei der
Besprechung, wie bei der Beschlussfassung ein Nacheinander der Pro-
vinz- und Landschaftsvertreter gelten müsse. Im Uebrigen hielt man
sich an keine Regeln; die einzige Schranke gegen Ausschreitungen
und Ungeheuerlichkeiten sollte die Gewalt des Marschalls bilden. Diese
war allerdings bedeutend; der Marschall konnte sich scharfer Worte
bedienen, um die Landboten zurechtzuweisen, z. B. nie proszę o ora-
cye, ale o racye (ich bitte nicht um Reden, sondern um Gründe),
dennoch vermochte seine Kraft, da sie nicht von schriftlichen Satzungen
unterstützt war, keine sichere Berathungsweise herzustellen. Aus dem
Principe des Redens per turnum hatte sich der Gebrauch ergeben,
dass die, welchen der Marschall das Wort überliess, nicht zu einer
Sache sprachen, sondern sich über alle Gegenstände, die den jedesmaligen Reichstag irgendwie angehen konnten, gleichzeitig ausliessen.
Namentlich wurden fast niemals die einzelnen Punkte des vorliegenden
Constitutionsprojectes, sondern dieses nebst den dazu eingegangenen
Amendements im Ganzen besprochen.

Seitdem aber das liberum veto jedem Landboten das Recht gab,
bei jeder Gelegenheit einzuschreiten und dadurch Vermittlungsbestre-

bungen von den verschiedensten Seiten hervorgerufen wurden, so entwickelte sich die anarchische Sitte, dass jeder zu jeder beliebigen
Zeit über jeden beliebigen Gegenstand reden durfte, und unter den
sächsischen Königen stand diese Gewohnheit in höchster Blüthe.

War die Uneinigkeit zu allgemein, so suchte man durch besondere Berathungen der einzelnen drei Provinzen (sesye prowincyonalne)
eine Verständigung, wenigstens in grösseren Kreisen, herbeizuführen.
Damit diese Sessionen stattfänden, musste der Marschall die Erlaubniss des Königs einholen, denn auch die Senatoren nahmen an ihnen
Theil.   Bei den zwei polnischen Provinzen hat ein hervorragender
Senator den Vorsitz während dieser Sitzungen; bei den Litauern der
Kanzler oder Unterkanzler.   Die Blüthezeit dieser Institution ist das
17. Jahrhundert.   1695 hielt man die Provinzialsitzungen noch vor
der Marschallswahl.   Im Ausgang des Reichs wurden sie fast nur noch
für unmittelbare Provinzialsachen angewandt.

Gleichzeitig mit den abgesonderten Verhandlungen der Landboten-
kammer findet das Reichstagsgericht unter des Königs Vorsitze statt.
Die Beisitzer bestehen aus dem gesammten Senat und seit 1588 aus
Deputirten des Ritterstandes.

Diese Gerichtsitzungen brechen gleichzeitig mit dem Zustande-
kommen einer Einigung unter den Landboten ab, und zwar sollte dies
nach der Eintheilung der sechs regelmässigen Reichstagswochen, die sich
in mehreren Constitutionen findet, am Ende der fünften Woche geschehn.

Der gesammte Reichstag vereinigte sich zu einer Schlussberathung,
die fünf Tage dauern sollte, in der Regel aber kürzer ausfiel, wenn
nicht noch ganz hesonders wichtige Rechtsachen der Schlichtung des
gesammten Reichstags unterlagen.   Gegen die Constitutionen, wie sie
aus dem Schoos der Landbotenkammer hervorgingen, wurde selten
mehr etwas vorgebracht, auch fanden kaum irgend Zusätze eine Stelle.
König und Senat hatten und übten tausend Mittel um ihre Zwecke
durch Anträge in dem gesetzgebenden Körper erfüllen zu lassen.
Durch den Mund eines Landboten zu sprechen schien dem polnischen
Magnaten ungefährlicher, vornehmer und staatsmännischer als persönlich für seine Bestrebungen einzustehen.   Dass der König und seine
Räthe eine gesetzgebende Befugniss gar nicht besassen, lässt sich nicht
schroff hinstellen.   Zwar darf der König an den von der Landbotenkammer gefassten und vom Senat bestätigten Schlüssen ebensowenig
etwas ändern als die Sacra Caesarea Majestas an einem conclusum
Imperii, aber das Veto stand dem polnischen Monarchen theoretisch
eben so zu wie dem König von Grossbritannien.

Der König gilt seiner persönlichen Regierungsthätigkeit gemäss als Centrum des Reichstags. In den vereinigten Sitzungen der Senatoren und Landboten wenden sich alle Redner zuerst an den König, dann an die Brüder. Der König selbst muss das Wort vom Landbotenmarschall, der diese Sitzungen leitet, so oft erhalten als er begehrt. Gewöhnlich ergriff er es an jedem Reichstage zuletzt von allen Rednern, oder in seinem Auftrage ein Kanzler. Schon Cromer sagt, dies geschehe, um keine andere Ansicht auszusprechen, als die, über welche sich Senatoren und Landboten oder ihr grösster Theil geeinigt hätten.

Dass allerdings auch nach dieser Vereinigung der Kammern die Landboten noch mitunter besondere Sitzungen hielten, zeigt die Constitution 1633, welche ausdrücklich gebietet, dass nach jenen 5 Tagen der Reichstag auseinander gehen solle, sine regressu do poselskiéj izby.

So wurden denn dem Gesetz und der Gewohnheit nach die Constitutionen von allen Mitgliedern des Reichstags unterschrieben, seit 1620 auch vom Reichstagsekretär, mitunter selbst ohne dass vorher noch einmal um zgoda gefragt worden wäre, und der Reichstag ging mit einem mehrhundertfachen Handkuss an den König und mit einer Rede des Marschalls oder des ersten Landboten der Vorprovinz auseinander.

Eine Vertagung der Geschäfte eines Reichstags auf eine zweite Sitzungsperiode derselben Versammlung (Limitation) fand äusserst selten Statt und war dem Buchstaben nach verboten. Ebensowenig sollten die täglichen Sitzungen jemals bei Licht fortgesetzt werden, geschweige denn gegen Abend eröffnet werden, und auch hiervon wurden nur wenige Ausnahmen gemacht.

Die Constitutionen, denen zum Schluss der Name des Königs beigefügt wurde, bis 1688: Na własne rozkazanie króla Jmci, (auf eigenen Befehl Seiner Majestät) werden auf Kosten des Schatzes gedruckt und an alle Behörden, namentlich an die Grodgerichte vertheilt. Sind auf dem Reichstag besondere Gesetze und Verordnungen für die Krone und für Litauen geschaffen worden, so ist natürlich auch die Vertheilung nur einseitig.

Nicht immer war die Herstellung durch die Presse mit dem Wortlaut des Beschlossenen übereinstimmend, 1658 musste der Druck zweimal wiederholt werden und wurde erst zum drittenmal für authentisch anerkannt. Desshalb wurde 1659 den Senatoren ausdrücklich untersagt, Aenderungen in der Redaction vorzunehmen.

Beschlüsse, die eine Geheimhaltung erforderten, kamen nicht in die gedruckten Constitutionen; sie wurden auch in der Regel semotis arbitris gefasst und schriftlich aufbewahrt (scripta ad archivum).

## Sechster Abschnitt

### Das liberum veto

In dem beschriebenen Geschäftsgange haben sich nur wenige Reichstage vollzogen, aber doch alle zu Stande gekommenen, d. h. die, welche den Zweck eines Reichstags, die Aufstellung einer Constitution, erreicht haben. Mitunter hingegen konnte der Reichstag nicht einmal in der vorgezeichneten Weise beginnen, oft wurden seine Berathungen im besten Fortgang unterbrochen. Ja, in der Zeit von 1652—1764 sind von 55 Reichstagen überhaupt nur sieben zu ihrem natürlichen Ende gelangt, achtundvierzig zerrissen worden und ohne alles Ergebniss geblieben. Seit der Mitte des 17. Jahrhunderts nämlich begann eine eigenthümlich ausgedehnte Anwendung des urgermanischen und echtslavischen Grundsatzes, dass freie Männer nur durch Beschlüsse gebunden seien, in die sie selbst eingewilligt.

Schon im 16. Jahrhundert war öfter eine Minderheit der Landboten dem Fortgang der Berathungen entgegengetreten oder hatte durch ihren Widerspruch den Reichstag ganz zerrissen; unzweifelhaft stand auch einem Einzelnen theoretisch die Befugniss des Veto zu, namentlich seit altrömische Ideen unter den Polen Macht gewannen und die Landboten den Volkstribunen gleichgestellt wurden. Aber erst Siciński gab 1652 das noch 17 mal befolgte Beispiel, dass der Reichstag von einem Mitgliede gesprengt wurde. Unzählige Mal kam es vor, dass die Verhandlungen zeitweise durch einzelne Landboten mit dem Rufe: „sisto activitatem" gehemmt wurden und erst nach Beschwichtigung des Störers ihren Lauf fortsetzten. So ruhte die massgebende Gewalt nicht in der Mehrheit, sondern in der Minderheit, ja im Individuum.

Dass im liberum veto oder „nie pozwalam" der hervorstechendste Mangel der polnischen Verfassung lag, ist allbekannt. Aber grade um ihrer Trivialität willen verdient diese Behauptung näher ergründet zu werden.

Das naturrechtliche Axiom: Staaten bilden sich durch übereinstimmenden Willen der ganzen Gesellschaft, erhält einen Schein von Wahrheit durch die Thatsache, dass Bundesstaaten immerdar nur durch Einmüthigkeit entstehen. Von anderen Staaten lässt sich das nicht nachweisen, indessen das Naturrecht hat für seine Vereinigungs-, Unterwerfungs- und Verfassungsverträge doch gewisse historische Anhaltspunkte.

Die Einstimmigkeit ist ein völkerrechtliches vorstaatliches Princip. In den geschichtlichen Zeiträumen und bei den Völkern, wo sich die Staatsidee aus staatsähnlichen Gebilden herausarbeitet, oder wo der Staat auf niedrer Entwicklungstufe sich befindet, können wir sicher sein, ihm zu begegnen.

In allen Ständestaaten des Mittelalters herschte Einstimmigkeit; der Staat war in ihnen gewissermassen beständiger Neubildung unterworfen. Von allen Ländern zwischen dem 14. und 16. Jahrhundert lässt sich das liberum veto nachweisen; als prägnantestes Beispiel gilt Arragonien; aber auch England und Frankreich, die meisten deutschen Territorien, waren um jene Zeit mehr Staatenbünde als Staaten; zusammengestellt aus den Monarchien der weltlichen und geistlichen Grossen und den Aristokratien der Rittergemeinschaften und Städte, nicht durch Gesetze geleitet, sondern durch Verträge, die stets einstimmig geschaffen und durch den Bruch Eines Mitgliedes ungültig wurden.

Der siegende Gedanke des modernen Staats vernichtete das Einstimmigkeitssystem. Die unaufhörliche weitgreifende Staatsgewalt konnte ihren Aufgaben mit einem so oft versagenden und unzureichenden Mechanismus nicht Genüge leisten. Nicht zu verwundern, wenn denn die Feinde unserer heutigen Staatsgesittung ihre Angriffe mit Vorliebe gegen das Recht der Mehrheiten wenden. Wenn ein deutscher Reactionär sein Glaubensbekenntniss dahin ausspricht: „dass im Staatsleben die verlangte Einstimmigkeit niemals die nothwendige Bewegung hindert..... es entbehrt also die Behauptung, als ob das Princip der Einstimmigkeit ein für staatsrechtliche Zustände unpraktisches wäre jeder Begründung," so hatte schon früher ein südstaatlicher Prosklavereimann bewiesen, „dass jede Minderheit ein veto gegen die Mehrheit haben müsse."

Es ist wahr, eine allzustarke Betonung des Majoritätsprincips führt zum schrankenlosen Despotismus; und es ist auf der andern Seite nicht nothwendig, dass jede Anwendung der Einstimmigkeit Anarchie hervorbringe. Die vereinigten Niederlande waren trotz des liberum veto, welches auch der kleinsten Stadt zustand, ein verhältnissmässig geordnetes Gemeinwesen, und das englische Parlament gewährt durch seine Geschäftsordnung nicht nur den Minoritäten die Möglichkeit, ihren Willen negativ durchzusetzen, „sondern jedem Einzelnen," wie Bucher sagt, „das anerkannte Recht durch den unaufhörlich wiederholten und zur Abstimmung gebrachten Antrag auf Vertagung alle Geschäfte zum Stocken zu bringen. Theoretisch hat jedes Mitglied des Unterhauses das Liberum Veto der Landboten·" Dies Recht ist aber in England mehr als einmal gebraucht worden, und Lord John Russell hat es 1851 als unbestritten hingestellt.

Ja auch in den parlamentarischen Versammlungen des Continents ist in gewissen und sehr wichtigen Fällen bekanntermaassen Einstimmigkeit erfordert, und polnische Abgeordnete haben im preussischen Landtage zu Gunsten ihrer Fractionstendenz das liberum veto palingenetisch geübt.

Wir sehen also, Einstimmigkeit in gesetzgebenden Körpern ist nichts Unerhörtes. Das Princip war herschend in Europa, als der Parlamentarismus in Polen entstand. Aber wurden die Polen durch Nachahmung germanischen Wesens zu ihrer vielgerügten Einrichtung getrieben, so wirkte doch jedenfalls auch ein congenialer Zug in kräftiger Weise mit. Die Einstimmigkeit, welche in der germanischen Gemeinde des 1. Jahrtausends unserer Zeitrechnung ganz sicher geherscht hat, wie uns der Rest des gemeinfreien Volksdings, die englische Jury, bezeugt, finden wir im folgenden Jahrtausend ganz entschieden bei den Slaven ausgeprägt. Wer gedächte nicht des Mir, der russischen Bauerngemeinde, die noch heut ihre Beschlüsse unter absoluter Einstimmigkeit fasst?

Ganz gewiss, auch der polnische Adel, die Vollfreien des Stammes, hat im 14. und 15. Jahrhundert nach diesem Princip seine Angelegenheiten geordnet und die Uebertragung desselben auf gewählte Versammlungen war keine Abnormität. Als erster durch eine Minderheit von Landboten zerrissener Reichstag wurde der von 1536 betrachtet. War doch der Landbote weder Vertreter der Republik, noch zum Aussprechen seiner persönlichen Meinung berufen: er hatte keine andere Pflicht und kein anderes Recht, als die Meinung seiner unmittelbaren Auftraggeber in der von ihnen anbefohlenen Weise vorzutragen und zu motiviren.

Nach heutigem Repraesentationsystem setzt sich ein Volk mehrere Hundert unverantwortliche Herscher, die nur durch ihre grosse Zahl und ihre kurze Amtsdauer beschränkt sind. Dem polnischen Adel der einzelnen Landschaften aber waren seine Abgeordneten nur Sprachrohr, vermittelst dessen er selbst sich unter einander vernehmen liess — er übertrug ihnen also das liberum veto, das er gleichzeitig selbst übte. Oft wurde den Boten einer Landschaft ausdrücklich befohlen, in nichts zu willigen, ehe nicht bestimmte Forderungen der Committenten erfüllt seien. Als nun allmählich auch in Polen der Volksvertreter unabhängiger von seinen Auftraggebern wurde, begann das Veto ein bleibendes Attribut der Landboten zu werden. Es wurde auch ohne Vollmacht angewandt. Wenn der Reichstag von Einem Landboten zerrissen wurde, was seit 1652 noch so vielemal der Fall war, so lässt sich wohl immer annehmen, dass das Mitglied aus eigenem Antriebe handelte. Oder verfuhr es nach Instruction, so war doch der Wortlaut des befehlenden Mandats zweifelhaft, da sonst die Collegen des zerreissenden Landboten sich ihm hätten anschliessen müssen.

Dass durch das Veto des Landboten nicht nur Ein bestimmtes Gesetz, sondern alle Beschlüsse des Reichstags vernichtet wurden, und ebenso, dass durch die Hemmung der Activität die gesammten Berathungen des Reichstags unterbrochen wurden, erklärt sich aus dem bereits mehrfach erwähnten polnischen Grundsatz, dass die gesammte Thätigkeit des Reichstags sich in die Abfassung Einer einzigen Constitution jedesmal zusammenfassen sollte. Es ist hier wieder dieser selbe Gedanke der Einheit, der uns schon mehrmals als so verderblich für die Entwicklung des polnischen Staatsrechtes entgegengetreten· ist, wie andrerseits in ihm Polens Grösse gewurzelt hatte.

Selbst bei entschieden unzweckmässigem Gebrauch wurde das Recht niemals in Zweifel gezogen. Zwar Siciński und verschiedene seiner Nachahmer wurden von den Flüchen des Reichstags verfolgt, man rechnete ihnen nach, für wieviel hundert Gulden sie sich hätten bestechen lassen, und die Personen der hoch und höchstgestellten Bestechenden konnten mit Fingern gewiesen werden; aber es blieb das Veto bestehen, es konnte ja doch einmal in lauterer Absicht mit gemeinnützlichem Erfolge gebraucht werden! Und so hiess es denn „der Freiheit Augapfel" und wurde als der äusserste Gipfel gefeiert, zu dem sich die Entfesselung der Individualität steigern könne.

In dieser Ausbildung nun ist das Veto allerdings ganz eigenthümlich polnisch und nur aus der überreizten Entwicklung zu erklären, die das polnische Staatsleben seit Einführung der Landboten annahm. Es war eine nothwendige Folge der absoluten Herrschaft, die der Adel gewonnen hatte. Der Kampf ist ein natürliches Bedürfniss im Staate; „hätte ich keine Opposition, so würde ich mir eine schaffen", sagte Pitt. Nun war aber um die Mitte des 17. Jahrhunderts kein eigentlicher Gegensatz in Polen vorhanden; die sociale Gleichheit hatte ihren höchsten Grad erreicht, jeder Anspruch der Königsgewalt gegenüber dem Reichstag war erstorben, die Dissidenten waren zu so geringem Häuflein zusammengeschmolzen, dass sie auf Reichstagen nicht mehr recht bemerklich waren; auch äussere Ableitung war in fühlbarem Maase nicht vorhanden: da wurde die Nation sich selber feind. „Ihre Constitution gab ihren Bestrebungen die Richtung gegen sie selbst", sagt Dumouriez. Die Frucht war reif; der Granatapfel musste springen.

Zwar dass der polnische Staat durch Uebermuth seiner Bürger in diese unglücklichen Bahnen gerieth, wäre zu viel behauptet. Halten wir fest, dass die polnische Verfassung wesentlich auf reinen Rechtsprincipien basirt war, die ohne Rücksicht auf Nützlichkeit und Zeitgemässheit folgerichtig ausgebaut wurden. Von dem idealen Standpunkt, auf dem sich die Grundsätze des polnischen Staatsrechts erheben, schien das Intercessionsrecht der Landboten eher in bonam partem anwendbar, als in malam; und war doch das seit 1652 so häufig in Uebung tretende Recht nur die Consequenz lange geltender Staatsgrundsätze, die an sich betrachtet auch heute kaum verwerflich erscheinen.

Auch ein Majoritätsgesetz muss nach seiner Verkündung von allen Bürgern des Staats als gültig betrachtet werden; diese allgemeine Anerkennung wird durch das Einstimmigkeitsystem noch kurz vor der Promulgation des Gesetzes in Anspruch genommen. Zur Minorität wird das Vertrauen gehegt, dass sie noch bei der Berathung des Gesetzes sich dem moralischen Uebergewicht einer entschiedenen Mehrheit füge und, damit das Gesetz grössere Autorität erlange, ihm sämmtliche Stimmen zuwende, wenn es gut sei; sei es schlecht, so könne ein energischer Widerspruch nur heilsam wirken.

Man sieht, das Veto war eine vollkommen begründete Einrichtung in einem Staat, der das Resultat seiner Reichstagsverhandlungen immer in ein einziges Gesetz fasste und sich überdies mit seiner gesellschaftlichen Grundlage so congruent fühlte, dass die bestehenden Gesetze als die besten erschienen; in einem Staat, bei dem die Praesumption im allgemeinen allen schriftlichen Gesetzen ungünstig war, gegenüber der allmächtigen Gewohnheit. Muss doch in England die Partei, welche ein neues Gesetz will, den Berathungssaal verlassen, damit sie die Unbequemlichkeit habe!

Aber die Folgen eines staatlichen Gedankens entwickeln sich nur allmählich im Leben, und namentlich kommen fehlerhafte Uebertreibugen erst dann zu Tage, wenn die ursprünglichen Absichten in Vergessenheit gerathen sind.

Polen war eine Republik ohne Republikanertugend geworden. Das Veto, an sich adiaphor, ist fast immer nur aus schändlichen Gründen und mit schädlichen Folgen angewandt worden. Gegen das Mittel des Verderbens wandten sich darum die Reformbestrebungen. Jede Durchsetzung einer Reform war mit dem Veto unmöglich. Und so war es das Verdienst des frommen und zugleich aufgeklärten Piaren Konarski, mit seinem Buch „über erfolgreiche Weise der Berathungen" den Schaden an der Wurzel zuerst angegriffen zu haben. Von dem verständigen Garczyński ward das Zerreissen der Reichstage als Sünde wider den heiligen Geist bezeichnet. Gegen die frommen Umtriebe der Jesuiten für Aufrechthaltung des Veto mussten ähnliche Mittel angewandt werden. Wirksam konnte ein Kloster nur durch das andre bekämpft werden.

Der Reichstag von 1768 beschränkte nun die Intercession sowohl in der Art ihrer Anwendung, als in den Fällen, für die sie gültig sein dürfe. Aber er gab dem verhängnissvollen Rechte damit auch den ersten schriftlichen Ausdruck und liess die schlimmsten Möglichkeiten offen.

Als materiae status, die immer nur durch Einstimmigkeit geschlichtet werden konnten, galten von nun an:

1. Erhöhung der Steuern und Tarife
2. Vermehrung des Heeres
3. Verträge und Unterhandlungen mit fremden Monarchen
4. Krieg und Frieden
5. Indigenat und Adelsertheilungen
6. Münzrecht
7. Veränderungen im Organismus der Beamten und Gerichte
8. 9. 10. Veränderungen in Landtags-, Reichstags- und Tribunalsachen
11. Erwerb von Gütern durch den König
12. Allgemeines Aufgebot
13. Veränderungen der Gesetze

Es war nicht schwer, unter diese Rubriken überhaupt alle politischen Gegenstände zu bringen, und so blieben als materiae oeconomicae, die mit Stimmenmehrheit entschieden werden konnten, nur Rechnungslage der Beamten und Dechargegewährung bestehen. Die Const. 1791, welche das Veto ganz abschaffte, blieb ebenso vergeblich, als die Const. 1764, welche schon einmal das gleiche ausgesprochen hatte.

Der Staat war so schwach geworden, dass er jedem Windstoss von
aussen nachgab. Aber auch ohne fremden Einfluss wäre das Palla-
dium der Freiheit, die Einstimmigkeit, noch bestehen geblieben. Ein
so tief und fest eingewurzeltes Recht liess sich nicht wegdecretiren.

---

# Siebenter Abschnitt

## Conföderationen

Göthe hat Recht; „Das Gleichgewicht in den menschlichen Handlungen kann leider nur durch Gegensätze hergestellt werden."

Die staatliche Thätigkeit war in Polen durch die Folgen des
Einstimmigkeitgrundsatzes erst geschwächt, dann fast auf null reducirt
worden; die Nation konnte sich nur in ausserrechtlicher Weise für
das durch Zeitumstände gebotene Handeln Raum schaffen. Da diese
gewaltsamen, revolutionären Mittel, die Conföderationen, aber häufig,
ja regelmässig angewandt wurden, so bildete sich aus ihnen ein System, und man kann in Polen, so seltsam es klingt, von rechtlichen
Normen der Revolution sprechen.

Nicht grundlos spricht ein edler Pole mit bitterem Spott: In
Polen habe das Recht die Formen der Unordnung, und die Unordnung
die des Rechts gehabt. Die polnische Verfassung eint in sich das
Extrem der allgemeinsten Rechtsgewährung (liberum veto) mit dem
der allgemeinsten Gewaltübung, der concessionirten ja autorisirten Revolution, kurz mit dem Conföderationsprincip.

Conföderation ist bekanntlich ein völkerrechtlicher Ausdruck und
bezeichnet eine dauernde Verbindung souveräner Staaten. Seltsamer-
weise giebt sich schon in der Bezeichnung der eigenthümliche Charakter zu erkennen, den das Institut bei den Polen trug. Die polnische Conföderation ist die Verbindung einer Anzahl souveräner
Edelleute, die sich an Stelle der bestehenden politischen Gewalten
setzt und alle Rechte des Staates usurpirt, für den Staat selbst gelten will und gilt.

Eine kurze Definition der Ursachen zu geben, aus denen Conför-
derationen hervorgehen, ist schwer. Der Publicist Skrzetuski sagt:
„Conföderation in Polen ist ein Bündniss, mit Schwur und Ehrenwort

bekräftigt, auf bestimmte Zeit geschlossen zur eigenen Vertheidigung, oder zur Erhaltung von Sicherheit und Ordnung im Lande, oder zur Bewahrung von Freiheiten und Rechten, oder zur Sicherung des Reichsansehns, oder zu irgend einem andern Zweck." Das klingt wie eine Umschreibung von den heiteren Versen, in denen Seneca seine fünf Gründe zum Trinken aufzählt:

Freundesbesuch, vorhandener Durst und künftiges Dürsten
Und ein trinkbarer Wein und irgend ein anderer Grund noch.

Begnügen wir uns damit, dass die Entstehung der Conföderation, eines staatlich organisirten Vereins für alle staatlichen Zwecke, der Willkür anheimgestellt ist. Allerdings bildete sich nach dem Beispiel des Zwischenreichs von 1386 auch in allen Interregnen seit 1572 dies zeitweise Surrogat einer starken Staatsgewalt regelmässig und meist unter Initiative des Reichstages, aber im Allgemeinen erhob sich das Institut seinem Ursprunge getreu immer aus dem Grunde der Gesellschaft, von privaten Elementen getragen.

Solange Polens alte Sippenverbände kräftig bestanden, war eine beständige Organisation der Unterthanen gegenüber der Staatsgewalt gegeben. Die Art, in der sich Hochschottlands Clane in neuern Jahrhunderten wider ihren gemeinsamen Herscher zusammenthaten, lässt uns auf die Formen der Aufstände und Vereinigungen unter der ersten Dynastie ungefähre Schlüsse ziehen. Indessen wirkte doch auch hier bald deutsches Beispiel ein. Zur Zeit der letzten Piasten begegnen wir einer politischen Verbindung, die, wie es scheint, nicht im Sippenzusammenhang steht und mit einem damals für Körperschaften innerhalb des Staates allgemeinen Ausdruck als Conföderation bezeichnet wird. In Grosspolen verbinden sich 1352 einundzwanzig Ritter, gegen Jedermann mit Ausnahme des Königs, mit gemeinsamem Einsatz von Gut und Blut zur Sicherung ihres Vermögens. Auch alle späteren Conföderationen während der Regierung eines Königs haben immer nur einen bestimmten praktischen Zweck, gleich dieser ersten, in der wir einen Verein gegen willkürliche Besteuerung erblicken müssen; sie waren sämmtlich für vorübergehende Bestrebungen geschaffen, und unterschieden sich von heutigen Vereinen ähnlicher Art (die englische Anti - cornlaw - league bis 1846) nur dadurch, dass sie nicht „mit allen gesetzlichen Mitteln," sondern auf jede auch die gewaltsamste Art Durchführung ihrer Pläne unternahmen. „Sollte auch einer hiewieder zuhandeln," hiess es in den Conföderationsacten „den gemeinen Frieden und diese unsre Ordnung zerrütten, zu zerrütten

ihm gelüsten lassen, wider den sollen wir zu seinem gänzlichen Ver-
terb und Untergang uns allesambt auflehnen."

Massregeln, die sich auf ordentlichen Reichstagen nicht durchsetzen liessen, versuchte man mit Conföderationen zu erzwingen. Wenn
nun auch diese Verbindungen nicht immer zum Ziel gelangten, wenn
sie auch oft mit Glück vom König bekämpft wurden, so wurden sie
doch an sich immer als ein dem polnischen Adel zustehendes Grundrecht angesehen und Anführer wie Theilnehmer gingen immer straflos aus.

Ja, das Mittel wurde vollkommen autorisirt, seit König Siegmund III.
das späterhin von andern Regenten erneuerte Beispiel gab, sich als
Staatsoberhaupt an die Spitze einer Gegenconföderation zu stellen, um
eine schon bestehende Conföderation zu sprengen.

Wiederum gingen die privatim entstandenen und lawinenartig an-
gewachsenen Conföderationen darauf hinaus, den König zum Beitritt
zu bewegen. Gelang ihnen dies, so waren auch Senat und Minister
zum Anschluss verpflichtet und das Programm der Conföderation, die
sich dann Generalconföderation nannte, wurde auf einem rasch berufenen Reichstage unter dem Bande der Conföderation mit Stimmenmehr erledigt, Die Beschlüsse eines solchen Reichstags aber erhielten
nach selten bestrittener Anschauung dieselbe Gültigkeit, wie die eines
zu Stande gekommenen freien Reichstages.

Gelang es einer Conföderation nicht, sich zur Generalconföderation zu erheben, und auch nicht einen Compromiss mit der Staatsgewalt zu schliessen, so blieb sie erfolglos und ging auseinander. Alsdann empfing sie den Namen Rokosz (von den Versammlungen des
ungrischen Adels auf dem Wahlfelde Rakos bei Pest hergeleitet) und
als das erste Beispiel eines solchen wird der Lemberger „Hühnerkrieg"
von 1537 bezeichnet. Der Unterschied von Rokosz und Conföderation
dürfte also derselbe sein, wie zwischen émeute und révolution, wenn
wir die Begriffsbestimmung annehmen, in welcher Thiers bei seiner
kurzen aber drastischen Unterhaltung mit Ludwig Philipp am 22. Februar 1848 die Worte unterschied.

Die Gebräuche der Conföderationen blieben sich im Allgemeinen
immer gleich, obwohl niemals schriftlich fixirt. Einige Ritter, auch
Senatoren, traten in einer Wojewodschaft oder in einer Wojewodschaftsgruppe über einige bestimmte Artikel zusammen und verpflichteten
sich mit Eid, Ehre und Gewissen, ihren Bund erst nach Erreichung
des Ziels aufzulösen. Gleichzeitig luden sie andre Wojewodschaften
zum Beitritt ein und verkündeten, jeden Gegner als Feind des Vater-

landes behandeln zu wollen. Waren Mitglieder sämmtlicher Wojewodschaften auf dieselben Bedingungen zusammengetreten, so consti-
tuirte sich die Conföderation endgültig und machte Anspruch für
eine Generalconföderation zu gelten. Meist bildete sich eine besondere für die Krone, eine besondere für Litauen. Oder das Directo-
rium, die Generalität der Generalconföderation, war nach diesen Provinzen zusammengesetzt und der Titel lautete immer Generalconföderation beider Nationen. Auch traten 2 Marschälle für die beiden
Provinzen an die Spitze, gewöhnlich dem Ritterstande, nicht dem Senat
angehörig. Die andern Behörden der Conföderation sind Rathscollegien für die Provinzen und für die Wojewodschaften, die sämmtliche
Staatsfunctionen: Einberufung der Versammlungen, Steuererhebung,
vor allem aber die Rechtspflege übernehmen, wo sie auf keinen Widerstand stossen.

Behauptet sich die Conföderation in den Kämpfen, ohne die es
selten abgeht, und tritt ihr die Staatsgewalt bei, so wird ein Reichstag berufen, der sonst während der Dauer der Conföderation unmöglich ist. Er wird von den Marschällen der Conföderation geleitet,
während der Conföderation von Tyszowiec fungirten als solche die
Hetmans. Das ganze Verfahren auf einem solchen gebundenen Reichstag ist summarisch, getrennte Berathungen der Stände finden nicht
Statt. Und die Cnnföderationsgerichte, welche sich auf solchen Reichstagen vollzogen, waren gewiss sehr tumultuarisch.

Dies Durcheinandersitzen von König, Senat und Landboten war
zuerst 1672 auf dem Conföderationstage von Gołąb oder Gołębiow
bemerkt worden, man hatte aber damals hinzugefügt, es solle nicht
als Präcedenzfall gelten.

Ein solcher Reichstag wiederholt sich nöthigenfalls; so leitete der
Conföderationsmarschall für Polen und Litauen, Herr v. Dönhof, der
ausnahmsweise alleiniger Marschall der Conföderation war, ohne einen
litauischen Collegen zu haben, 1710 und 1712 gebundene Reichstage.

Die Conföderationsacte wird von den Ständen bestätigt, und wenn
die Ziele der Conföderation erreicht sind, löst sich diese, mitunter
noch während des Reichstages, auf; und die Einstimmigkeit der Beschlüsse wird wieder Erforderniss. Diese war auch auf den Confö-
derationstagen meist vorhanden, denn die Minorität wagte unter so
gewaltsamen Umständen selten zu widersprechen.

Eine Unterabtheilung der Conföderationen bilden die allgemeinen
Bündnisse zur Zeit der Interregna, auch Kaptur genannt, nach dem
Beispiel 1382, in welchem die Grosspolen zu Radomsk, die Klein-

polen zu Wiślica sich für allgemeine Sicherheit, Bewahrung der Freiheiten und Thronfolge der Hedwig verbunden hatten. In späterer Zeit wurde der Convocationsreichstag immer mit allgemeiner Annahme einer Conföderationsacte beschlossen, die Reichsgesetz wurde. Im Jahr 1696 vereinigte man sich über keine Acte, erst im folgenden Jahr, und deshalb wurde damals der Convocationstag zerrissen. Im Jahr 1764 achtete die Czartoryskische Partei nicht auf die bis dahin bestandenen Regeln, denn eine litauische Conföderation trat vor dem Convocationstage in Wilno zusammen und eine Kronconföderation erst nach dessen Schluss.

Nach einer Doppelwahl fanden allgemeine Zusammenkünfte statt, wie unter andern die denkwürdige Versammlung von Jędrzejów 1576 war; und deren Beschlüsse erhielten öfter dieselbe reichsgesetzliche Kraft wie die Conföderationsacte der Convocationstage. Als vollkommen gültig sind in der That alle Conföderationsacten der Interregna seit 1573 zu betrachten, soweit in Polen von Gültigkeit schriftlicher Bestimmungen die Rede sein kann; trotz des Widerspruchs, der sich gegen ihre Verbindlichkeit öfter erhob, noch während sie abgefasst wurden, und der in den bei den Grodacten eingereichten Protesten seinen Ausdruck fand. In der Regel wurden diese Acten auf den Krönungreichstagen bestätigt.

Die Schriftsteller, welche das Gegentheil zu beweisen suchten, weil ihnen die Glaubensfreiheit, welche in den Conföderationsacten zugesichert wurde, ein Dorn im Auge war, haben ihren Behauptungen keine staatliche Autorität verschaffen können. Jene Zusicherung der Glaubensfreiheit, von allen Königen beschworen, ist allerdings nicht gehalten worden, aber die Bestimmung der Conföderation wurde nicht gebrochen, sondern ihrem Buchstaben nach gehalten und in ihrem Sinne umgedeutet.

Allerdings blieb sich der Pole stets bewusst, dass in den Conföderationen Gewaltthätigkeit liege, und er erfuhr es nur zu oft durch die Weise des Auftretens seiner conföderirten Brüder. Alles lose Gesindel fand in den undisciplinirten Heerhaufen der Conföderirten Aufnahme, und Mord, Raub und Brand auf adligen Schlössern, Ruin nicht nur der Bauerschaften, sondern wesentlich immer der Stadtgemeinden, bezeichnete das Auftreten auch solcher Conföderationen, die edle Ziele und wohldenkende Führer hatten. Niemand hat uns die Folgen solcher Adelsbündnisse ergreifender geschildert als die polnischen Schriftsteller des 17. und 18. Jahrhunderts.

Wie sehr durch Conföderationen der Rechtsinn irregeleitet wurde, dafür können wir nur Ein Beispiel geben und vielleicht nicht einmal das am meisten drastische. Die Conföderationsacte 1632 bestätigt den Dissidenten mehre ansehnliche Rechte und schliesst mit denselben Worten, wie die meisten Documente ihresgleichen: „Cuncta haec manutenere pro nobis et posteris nostris sub fide honore et conscientia nostris promittimus. Quicunque vero his contravenire et pacem superius toties nominatam ordinemque publicum turbare voluerit, contra talem omnes consurgemus in ejus destructionem." Diese Worte waren aber blosser Schein.

Denn der Kern des ganzen Schriftstücks wird in Frage gestellt durch die Clausel, mit welcher Bischöfe und Ultramontane die Conföderation unterzeichnen „salvis juribus sanctae ecclesiae Romanae," oder „excepto articulo confoederationis dissidentium".

Und hiergegen legen nun die Evangelischen bei den Grodacten der Krone und Litauens Proteste ein, welche von den Katholiken durch andere Proteste bei denselben Acten zurückgewiesen werden. Ja, die Bischöfe und Ultramontanen protestiren nun sogar gegen alle Beschlüsse des Convocationstages von 1632.

Und diese Vorgänge wiederholen sich, wenn die Conföderationsacte vom König beschworen werden soll.

War hierdurch nicht das ganze öffentliche Recht, welches in den Conföderationsacten immer kurz zusammengestellt war, für controvers erklärt?

Oefter wurden alle schriftlichen Denkmale einer Conföderation, die in ihren Bestrebungen nicht glücklich gewesen war, auf Befehl eines Reichstages vernichtet. Nicht Urtheilspruch oder Vergleich, sondern in der Regel ein durch kriegerische Mittel hervorgerufener Erfolg entschied in völkerrechtlicher Weise, welche Conföderationsbeschlüsse Recht schüfen, welche nicht.

Wie nun aber einmal die polnische Nation geworden war, konnte sie der Conföderationen nicht entbehren. Man gefiel sich darin, diese Einrichtung, durch welche die sonst überschwache Staatsgewalt auf Zeit übergewaltig potencirt wurde, mit der römischen Dictatur zu vergleichen. Und in der That ist die Republik, von ihren ordnungsmässigen Leitern ins Unglück geführt oder verlassen, öfter nur durch patriotische Conföderationen gerettet worden. Es liegt eine gewisse Wahrheit darin, wenn Rousseau behauptet: „Sans les confédérations il y a longtemps que la Rp. de Pologne ne serait plus."

Das Princip der Conföderation blieb das Correlat zu dem der Einstimmigkeit; beide fussen auf der Idee von der unübertragbaren Souveränetät, nicht des Volkes, wie Rousseau sich schmeichelte, der die Conföderationen für bestimmte Fälle beibehalten wollte, sondern jedes Einzelnen im Volke. Gab man dem Individuum das Recht alles zu hindern, so übertrug man ihm auch die Befugniss alles zu thun. Wo diese Grundsätze einmal Platz gegriffen hatten, waren sie nicht leicht auszurotten. Jeder Staatsbürger war ein Staat für sich geworden. Einen dirigirenden Mittelpunkt gab es wohl noch, aber seine Anziehungskraft war äusserst schwach geworden. Oft wurde er selbst, der König, nach der Peripherie hingerissen.

Das Verbot der Conföderationen, welches der Pacificationsreichstag von 1717 aussprach, war nur ein Schlag ins Wasser. Auch die ein gleiches besagende, so gut gemeinte Constitution 1791 war doch eben selbst nur das Produkt einer Conföderation, die durch eine folgende, mit stärkeren Mitteln auftretende Conföderation für ungültig erklärt werden konnte. Und die Männer des vierjährigen Reichstags zeigten, dass in ihren eigenen Herzen diese urpolnische Anschauung wurzele, als sie der drohend einherschreitenden Conföderation von Targowice sich unterwarfen oder das Feld räumten.

Diese Conföderation erschien mit russischer Hülfe; aber seit dem Frieden von Oliva waren ja auswärtige Mächte als Garanten einzelner polnischer Rechtsätze oder der ganzen Verfassung zum Eingreifen in das polnische Staatsleben berechtigt. Auch hatten andere Conföderationen unbedenklich die Hülfe des Auslandes in Anspruch genommen; durch den Charakter, welchen die freien Königswahlen angenommen hatten, war es so nahe gelegt, das was während der Interregnen von den Parteien gebraucht wurde und wegen der ausländischen Thronbewerber gebraucht werden musste, fremdes Geld und fremde Truppen, auch anderweitig zu verwenden. Was war zuletzt in Polen ausländisch und was einheimisch?

Auch die Conföderation von Bar, die nach den authentischen Schriftstücken zu urtheilen, identische Zwecke mit der Targowicer verfolgte, Reinerhaltung des polnischen Staatsrechts in seinem historisch hergebrachten Charakter, stützte sich unbedenklich auf fremde, nämlich französische Hülfe; und so unglücklich waren Polens Zustände geworden, dass sogar die edlen Männer des vierjährigen Reichstags das Programm ihrer grossen Conföderation, die zugleich die letzte Conföderation sein sollte, nicht anders durchzusetzen hofften, als mit

östreichischer Aufmunterung und, nachdem mit Preussen ein dem neuen
Verfassungswerke günstiges Bündniss geschlossen war.

Ein Verfassungsentwurf jedoch, der sich auf ausländische Hülfe
verlassen muss, ist als verlassen zu betrachten, und das Verhalten
Russlands im Jahre 1792, die Politik der europäischen Mächte ihm
gegenüber kann von verschiedenen Standpunkten aus verurtheilt werden, rechtlich ist es unangreifbar. Denn verschiedenfach hintereinander und ganz besonders noch 1775 war Russland mit Einwilligung
der regelmässigen polnischen Behörden und der europäischen Staaten
als Bürge der in Polen bestehenden Zustände proclamirt worden, und
so war es nicht nur berechtigt, sondern verpflichtet, diejenige Partei,
welche jene Zustände aufrecht halten wollte, zu unterstützen und deren
Conföderation, abgesehen von Zahl und Beschaffenheit ihrer Mitglieder, für die einzig wahre Staatsgewalt Polens zu erklären, ebenso wie
Frankreich nach 1768 nicht den König Stanisław, sondern die Generalität der Barschen Conföderation, welche sogar nicht einmal in Polen residirte, für die polnische Staatsgewalt ansah.

Wo alle Augenblicke verfassungsmässig an Stelle des in gesetz-
mässige Schranken gebannten Königs und der Republik „die conföde-
rirte Republik" treten konnte und sogar treten sollte mit allen Mitteln
individueller Gewaltübung und mit ihrem Gefolge von Klagen und
Protesten, da war die Anarchie vollendet und ein eiserner beständiger
Despotismus nothwendig geworden. Und der Grund dieses Uebels war
das Princip der Conföderation. Noch als dieser verderbenbringende
Grundsatz nicht so auffällig seine Schattenseiten hervorgekehrt hatte,
im Jahre 1622, sprach eine mit obrigkeitlicher Autorität herausgege-
bene Belehrung über die Lemberger Conföderation jenes Jahres: „Dass
in Polen allzuviel Unordnung und Uebel besteht, das sieht Niemand.
Aber vergebliche Arbeit ist es dies Uebel nur von oben her abreissen
zu wollen, man muss es mit der Wurzel ausreissen. Die Wurzel des
Uebels ist die übergrosse Freiheit oder vielmehr Willkür. Herr Gott,
behüte uns vor einem fremden Jäter!"

# Achter Abschnitt

## Bedeutung der Landtage

Bolesław dem Gewaltigen schreibt die Sage zu, dass er Polen in Kreise und Landschaften getheilt habe. In der That ist der Staat seit dem Jahr 1000 nach Castellaneien geordnet, die aber in centralisirtester Weise von oben regiert werden und ein spontanes Leben nirgend aufweisen, solange das Reich ungetheilt bestand.

Erst seit dem Tode Krzywoustys regt sich in den einzelnen Gebieten Sonderbewusstsein. Die Gerichtstage in den einzelnen Provinzen „wieca" (colloquia), gestalten sich zu Versammlungen, die über Wohl und Weh der Wojewodschaft des Kreises oder der Landschaft berathen und auch beschliessen. Feste Regeln bilden sich hier aber erst seit den Jagellonen; seit 1404 (noch mehr seit 1454) finden vor jedem Reichstag die Versammlungen der Edelleute statt, in einzelnen Kreisen und wie die gewohnheitsgemäss zusammengesetzten Bezirke heissen.

Die Landtage werden erst seit der Zeit bedeutend, als die Zahl der Theilnehmer an der öffentlichen Gewalt sich vergrösserte. Solange bloss die Barone den König beschränkten, konnten sie die Angelegenheiten ihrer Heimath leicht bei der Person des Königs erledigen, der Adel aber muss sich zu ganz besonderen Landtagen versammeln, wenn er specielle Angelegenheiten erledigen will. Keineswegs ist also in Polen, wie etwa in England und sonst in germanischen Ländern die Theilvertretung der Gesammtvertretung vorausgegangen, im Gegentheil die spätere Bedeutung der Landtage erscheint als vom Reichstag übertragen, und zwar geht allmählich immer mehr von den Rechten des Reichstages auf die Landtage über. Im 17. und 18. Jahrhundert, ganz besonders seit dem häufigen Zerreissen der Reichstage, liegt der Schwerpunkt der staatlichen Gewalt nicht mehr im Reichstag, sondern im Landtage. Der Reichstag war ein internationaler Congress, auf welchem die Gesandten der Kreise und der Wojewodschaften miteinander niemals ganz verhandelten. Wie die Constitutionen erst dann vollkommen gültig waren, wenn sie von allen Landtagen ratificirt wurden, sonst nur für diejenigen Kreise, in denen sie angenommen worden, so ging ja auch der Impuls zu den Reichsverhandlungen immer von den Landtagen aus.

Die bei weitem wichtigste Art der Landtage besteht darum aus den Wahlversammlungen, die vor jedem Reichstage stattfinden. Soviel auch über eine vollkommen regelmässige Geschäftsordnung dieser Landtage berathschlagt wurde, so kam es doch erst sehr spät zu festen Normen.

Nach der ersten Theilung war die Zahl der Landboten und der Ort ihrer Wahl folgendermassen bestimmt:

### Grosspolen

Die drei Wojewodschaften Posen, Kalisch und Gnesen wählen zusammmen in Środa . . . . . . . . . . . . . . . . . . 20

| | |
|---|---|
| Sieradz in Szadek . . . . . . . . . . | 4 |
| Wieluń in Wieluń . . . . . . . . . . . | 2 |
| Łęczyca in Łęczyca . . . . . . . . . | 4 |
| Brześć Kujawski in Radziejewo . . . . | 2 |
| Inowracław in Radziejewo . . . . . . . | 2 |
| Landsch. Dobrzyn in Lipno . . . . . . | 2 |
| Płock in Raciąż . . . . . . . . . . . | 4 |
| Masowien in 10 Landsch. je zu 2 . . | 20 |
| Rawa in 3 Landsch. je zu 2, nämlich | 6 |
| die Landschaft Gostyń in Gąbin, die | |
| andern bei sich, d. h. an dem Ort, | |
| nach dem die Landschaft heisst. | |

Summa . . . 66 Landboten

### Kleinpolen

| | |
|---|---|
| Krakau in Proszowice . . . . . . . . | 8 |
| Sendomir in Opatow . . . . . . . . . | 7 |
| Lublin in Lublin . . . . . . . . . . | 6 |
| Podlachien in 3 Landsch., 2 bei sich, | |
| Bielsk in Brańsk . . . . . . . . . | 6 |
| Kijów in Żytomierz . . . . . . . . . | 6 |
| Reussen (nur Landsch. Chełm in Chełm) | 2 |
| Wołynien in Łuck . . . . . . . . . . | 6 |
| Podolien in Kamieniec . . . . . . . . | 6 |
| Bracław in Winnica . . . . . . . . . | 6 |
| Czerniechów in Włodzimierz . . . . . | 4 |

57 Landboten

## Litauen

Wilno in 5 Kreisen, jeder bei sich zu 2 . . . . . 10
Troki in 4 Kreisen, davon Upita in Poniewież . . 8
Samogitien in Rosienie . . . . . . . . . . . . . . 6
Smoleńsk in Olita . . . . . . . . . 2
Kreis Starodub in Żyzmory . . . . . . . . . . . . 2
Połock in Usacz . . . . . . . . . . . . . . . . . 2
Nowogrodek in 3 Kreisen, jeder bei sich . . . . . 6
Witebsk (nur noch Kreis Orsza in Chołopienicze) . 2
Brześć Litewski und der Kreis Pińsk . . . . . . . 4
Mińsk und die beiden Kreise Mozyr und Rzeczyca 6

48 Landboten

Nach dem gänzlichen Verluste Livlands ernennt der König die 6 Landboten, die früher dort gewählt wurden, nämlich 2 aus Livland selbst, 2 aus der Krone, 2 aus Litauen.

Eine feste Regel war es immer, dass nur der König ebenso Wahllandtage, wie Reichstage einberufen dürfe — 6 Wochen vor dem ordentlichen, 3 Wochen vor dem ausserordentlichen Reichstage. Im Jahre 1688 hielten die Grosspolen (die Wojewodschaften Posen und Kalisch) einen Wahllandtag, obgleich das an sie erlassene Universalausschreiben ihnen nicht vorgelesen, sondern unterwegs verloren gegangen war; die von ihnen gewählten Landboten wurden auf dem Reichstag für ungültig erklärt.

Durch die Constitution 1775 wurden die bei Einberufung der Landtage für die Abgeordnetenwahl üblichen Gebräuche noch einmal bestätigend zusammengefasst. Der König sendet in genügender Zeit vor dem Reichstage ein Circular bei den Senatoren herum und aus den Antworten, die er empfängt, wird das Universalausschreiben (litterae universales, uniwersał) zusammengesetzt, das eine möglichst genaue Darlegung der auf dem Reichstag zu behandelnden Stoffe in sich schliessen soll. Die Redaction des Universalbriefes wurde durch das Gesetz von 1775 dem Immerwährenden Rath übertragen. Doch wurde hier zum ersten Mal den Landtagen gestattet, im Fall das Universal nicht richtig eintreffen sollte, mit einer gültigen Abgeordnetenwahl vorzugehn, und somit die Bestimmung von 1717 umgestossen, nach welcher alle nicht ausdrücklich vom Monarchen berufenen Landtage und Zusammenkünfte verboten und nichtig sein sollten. Freilich war diese Vorschrift das ganze 18. Jahrhundert hindurch nicht eingehalten worden; am verhängnissvollsten wurden die Landtage, welche 1792 nicht der König, sondern die Targowicer Conföderation sich versammeln liess.

Auf dem Landtage sollten ausser der Ritterschaft auch die Senatoren des Bezirks erscheinen und zwar bedrohte die Constitution 1510 einen Bischof, der sich dieser Pflicht entzöge, mit 40 Mark Geldbusse, den Wojewoden und Castellan mit 20, den kleinern Castellan mit 10 Mark, die in den Schatz der Krone zu zahlen seien. Die Constitution 1768 befreite den Bischof von der Verpflichtung auf dem Landtage zu erscheinen.

Das Recht, daselbst aufzutreten, gebührte nur echten alten Edelleuten, und solchen neuen, auf die der scartabellatus ausdrücklich keine Anwendung finden sollte. Zu verschiedenen Malen, wie auch noch in der Constitution 1611, wurde betont, dass nur den in dem Bezirk angesessenen Edelleuten der Zutritt zu gestatten sei. Die Constitution 1768 fügte sich der bereits laxer gewordenen Gewohnheit, als sie bestimmte, dass auf Landtagen zulässig seien: erstens alle die in dem Bezirke indigenae seien und Güter in demselben erblich, lebenslänglich, pfandweise oder emphyteutisch besässen, auch wenn diese Landgüter eigentlich nicht adlig seien, sondern der Geistlichkeit oder dem Könige gehörten; zweitens die Söhne solcher Bürger; drittens die Brüder solcher Bürger, wenn schon ihr Vater im Bezirk ansässig gewesen; viertens solche, deren Familie notorisch aus der Wojewodschaft stammte. Das active Wahlrecht wurde mit 18 Jahren ausgeübt, oft schon früher; wählbar auf einem Landtage war jeder unbescholtene Ritter, der über 23 Jahr alt und ansässig war, aber auch hier fanden sehr viele Ausnahmen statt.

Allen, die nicht in die bezeichneten Kategorien fielen, war der Zutritt versagt, namentlich Militärpersonen, falls sie nicht zugleich ansässige Ritter, waren ausgeschlossen, und an keinem Landtagsorte mit Ausnahme von Warschau, Kamieniec und den Tribunalstädten sollte Besatzung liegen.

Die Landtage pflegten am Vormittage des festgesetzten Datums durch einen weltlichen Senator eröffnet zu werden, oder durch den ersten nichtsenatorischen Beamten des Bezirkes. Ihre nächste Thätigkeit bestand in der Wahl eines Marschalls und einer Anzahl Assessoren, die schwören mussten, die abgegebenen Stimmen genau zu zählen und die den Landboten zu gebende Instruction, sowie den Landtagsbeschluss, das Laudum, in richtiger Fassung aufzunehmen.

In Litauen, wo keine speciellen Landtagsbeamten gewählt wurden, fielen diese Befugnisse dem ersten Beamten jedes Kreises, der eo ipso Landtagsmarschall war, und den vier ihm an Rang folgenden Würdenträgern zu.

Alsdann erfolgte die Eröffnung und Vorlesung des Universals. Oefter, wie auch im Jahre 1576 bestimmt festgesetzt wurde, liess der König den Landtagen durch specielle Abgesandte noch mündliche Mittheilungen über die Aufgaben des kommenden Reichstages zufliessen; doch war dieser Gebrauch dadurch in Verachtung gekommen, dass die Könige mitunter ihre Pagen, unreife Jünglinge, mit derartigen Aufträgen geschickt hatten.

Wenn die Candidatenliste festgestellt und durch den Marschall verlesen war, so wurde mit Stimmenmehrheit in sehr ungeordneter Weise über die Personen abgestimmt; thörichter Weise suchte man auch bei dieser Wahl Stimmeneinheit geltend zu machen und wenn Ein Edelmann sich hartnäckig gegen die von den übrigen ernannten Abgeordneten sträubte, konnte er deren Wahl annulliren und den Landtag zerreissen. Zwar führte die Constitution 1764 für die Landtage Stimmenmehrheit ein und bedrohte jeden, der eine Bezirksversammlung zerreissen würde, mit einer hohen Geldstrafe und einem halben Jahr Thurm: aber ohne durchschlagenden Erfolg.

Allein die Gewalt — fanden sich doch alle Theilnehmer der Berathungen in Waffen ein —, welche von der Mehrzahl gegen einen hartnäckigen Störenfried geübt werden konnte und geübt wurde, verhinderte ein zu häufiges Zerreissen. Die Bestimmung, dass ein dreimal hintereinander aufgelöster Landtag keine Abgeordneten mehr auf Reichstage senden dürfe, blieb eine blosse Drohung, die, ausgeführt, dem Charakter der polnischen Verfassung durchaus widersprochen hätte. Einem Territorium andauernd seine Vertretung zu entziehen, wie gegenwärtig in Nord-Amerika geschieht, war in Polen undenkbar.

Die Stimmen der auf einem Landtage versammelten Edelleute wurden per turnum gesammelt. Stimmenkauf oder Stimmenverkauf wurde 1764 als ein vor die Land- und Grodgerichte gehöriges und mit Geldstrafe zu belegendes Verbrechen bezeichnet.

Wer eine politische Versammlung durch Waffengebrauch beunruhigen und einzelne Mitglieder verletzen oder tödten würde, sollte nach einem Statut von 1507, ohne Unterschied seines Standes, Todesstrafe leiden. Das Tragen der Waffen auf öffentlichen Zusammenkünften im 16. Jahrhundert noch vielfach beschränkt, war in der Folgezeit bis zum Ausgange des Reiches ganz gewöhnlich und flösste selbst Rousseau, der sonst doch vieles an den polnischen Einrichtungen zu loben fand, Abscheu und Entsetzen ein.

Auch die Constitution 1764 bedrohte die Anwendung der Waffen nur, wenn sie zu Wunden oder Todtschlag geführt hatte.

Ein bei den persönlichen Erörterungen der Landtage sehr gewöhnliches Vorkommniss waren die Zweikämpfe. Seit dem 17. Jahrhundert in Polen thatsächlich straflos und ausserordentlich zahlreich; obwohl sie durch die Constitution 1585 mit 60 Mark und ein halb Jahr Thurm bedroht wurden, wenn sie ohne Bewilligung des Königs geschehen.

War die Landbotenwahl vorüber, so wurden die Instruction und das Laudum beschlossen. Erstere ward den Abgeordneten mitgegeben, letztere wurde in die Grodacten eingetragen. Der Beschluss fand gewohnheitsrechtlich mit Stimmeneinheit statt; die Const. 1768 verlangte möglichst Einstimmigkeit. Konnten sich die Theilnehmer in ihren Wünschen und Willensmeinungen für den künftigen Reichstag nicht vereinigen, so gingen zuweilen die Landboten dennoch auf den sejm und stimmten nach Gutdünken; meist aber blieb der Bezirk ohne alle Vertretung. Freilich noch im 16. Jahrhundert hatte man in solchen Fällen den Abgeordneten öfter absolute Vollmacht ertheilt. Aber seit dem 17. Jahrhundert fand auch das Beispiel der Grosspolen keine Nachahmung mehr, die 1520 zu Schrodda ihre Landboten beauftragt hatten, für das zu stimmen, was die Mehrheit des Reichstages gutheissen würde.

Ueber seine Handlungen auf dem Reichstage war der Landbote aber jedenfalls verpflichtet, den Wählern Rechenschaft zu geben. Dennoch hielt er sich dessen für entbunden, wenn der Reichstag zerrissen war und so mussten schon im 16. Jahrhundert, Const. 1589, die Sitte der Relationslandtage wiederholt aufgefrischt werden. Während der Sachsenzeit war sie ganz abgekommen und wurde 1764 und 1778 wie etwas neues wieder einzuführen geboten. Die Rechenschaftsablegung erfolgte, indem ein einzelner Landbote über seine und seiner Collegen Thätigkeit Bericht erstattete und für etwaige Ueberschreitung der Instruction das Gutheissen der Wähler forderte. Eine Strafe für diesen Fall war nicht festgesetzt: aber auch in Polen wurde aus moralischen Beweggründen Indemnität nachgesucht.

Oft weigerten sich die Landtage, ihre Zustimmung zu ertheilen, sie cassirten vielmehr häufig genug die Reichstagsbeschlüsse, soweit diese Bezug auf ihr Gebiet hatten. Namentlich Steuerbeschlüsse des Reichstags wurden ganz gewöhnlich von den Landtagen perhorrescirt, und der Reichstag oft zu deren Zurücknahme oder Modification gezwungen. So stiess der Landtag von Schrodda 1590 mehrere Decrete des vorhergängigen Reichstages um, und der sejm von 1591, der ja mit dem früheren in keiner Continuität stand, hob dessen missliebige Anordnungen auf, indem er sich jenem Landtagsbeschluss fügte.

Also war der politische Schwerpunkt der polnischen Verfassung wesentlich in den Landtagen zu finden und genaue Darstellung des öffentlichen Rechts, wie es sich in Polen entwickelt hat, wäre nur dann erst möglich, wenn die Acten sämmtlicher Landtage, die sich meist in den wohlverwahrten Grodarchiven befanden, gesammelt, geordnet und zugänglich wären.

Ausser den gewöhnlichen Zusammenkünften vor und nach den Reichstagen (sejmiki przedsejmowe und sejmiki posejmowe) fanden drei minder wichtige Arten ordentlicher Landtage statt, nämlich die Deputatenlandtage, auf denen die Beisitzer der Tribunale jährlich neu gewählt wurden, im Allgemeinen aus jedem Bezirk Ein Deputat, der niemals zugleich Landbote sein durfte,

die Electionslandtage, auf denen es sich um Erneuerung der Beamten handelte, in Betreff deren der Adel des Bezirks ein Wahl- oder Praesentationsrecht übte, und

die Wirthschaftslandtage, auf denen über Erhebung und Verwendung der Steuern, Wege- und Brückenordnung, Zölle etc. berathen wurde.

Uebrigens war es trotz einzelner entgegengesetzter Constitutionen dem Adel unbenommen, sich zu jeder beliebigen Zeit zu versammeln und Beschlüsse von öffentlichem Interesse zu fassen. Der Einzelne sollte in Ausübung seiner Souveränetät niemals beschränkt sein.

Aus demselben Grunde und damit sich die Souveränetät jedes Bürgers möglichst unmittelbar äussern könne, wurden die Mittelinstanzen zwischen Reichstag und Landtag allmählich hinweggeräumt. Die Generaltage von Grosspolen und Kleinpolen, die noch im 15. Jahrhundert eine Rolle spielen und meist zu Koło für die erstere und Korczyn für die zweite Provinz ihren Ort hatten, waren bereits im 16. Jahrhundert fast obsolet geworden, wie wir aus den zu ihrer Auffrischung bestimmten Paragraphen von 1563 und 1565 ersehen. Sie verwandelten sich in die Provinzsessionen, welche zur Zeit des Reichstages abgehalten wurden. Auch der Generaltag, den Masowien in Warschau abhielt, bestand kaum ins 16. Jahrhundert. Litauen hatte seine „generały" in Wolkowysk und Słonim, den letzten 1685.

Allein die Gruppe der drei preussischen Wojewodschaften hielt an diesem Institute fest, so lange sie bei Polen war; ohne den festen Kern dieser preussischen Landtage, der aus den im polnischen Reichs-

tage nicht vertretenen „grossen Städten" Danzig, Thorn, Elbing bestand
(die kleineren Städte, die mit der preussischen Ritterschaft in einer
Kammer sassen, sowie jene mit den Senatoren, hatten das Recht zur
Landstandschaft im 17. Jahrhundert verloren), hätte auch hier das
Institut nicht so lange bestanden. Aber der preussische Generaltag
stand bis zuletzt in hohem Ansehn. Er fand nicht nur vor jedem
polnischen Reichstage statt, sondern auch sonst regelmässig und wurde
sehr oft von königlichen Abgesandten besucht. Namentlich rühmte
man an ihm die Ordnung und den Anstand, mit welchen sich die Verhandlungen vollzogen.

Die Sprache der Verhandlungen auf dem preussischen Generaltage
war noch im 16. Jahrhundert deutsch und lateinisch, im 17. Jahrhundert setzte die Ritterschaft durch, dass das Polnische geltend wurde.
Nur den Städten blieb beständig der Gebrauch des Lateinischen erlaubt.

Der preussische Senat bestand aus acht Senatoren erster Ordnung,
die sämmtlich auch im polnischen Senat Sitz und Stimme hatten, nämlich aus den Bischöfen von Kulm und Ermland, aus den Wojewoden
von Kulm, Marienburg und Pommern, den Castellanen von Kulm, Elbing und Danzig. Senatoren zweiter Ordnung waren die Kämmerer
von Kulm, Marienburg und Pommern, der Schatzmeister von Pommern
und die in unbestimmter Zahl gesandten Vertreter der drei grossen
Städte. Die zweite Kammer bildeten die gleichfalls unbeschränkt vielen
Abgeordneten der einzelnen Palatinate (Kreise wie in Polen gab es in
Preussen nicht), die auf Landtagen gewählt wurden.

Vor diesem Generaltage hat der polnische Schatzmeister Rechenschaft zu legen und die preussischen Landboten empfingen hier erst
ihre definitive Instruction. Die Const. 1764, welche von jeder preussischen Wojewodschaft nur drei Landboten auf Reichstagen sehen wollte,
hatte selbst für die kurze Zeit, die das Land noch bei Polen blieb,
keinen Erfolg.

Ausser diesen territorialen Gemeinschaften, in welche sich die
einzelnen souveränen Edelleute zusammenfassten und in welche sich die
Nation zerlegte, hat der eigentlich polnische Staat keine Corporationen
gekannt und auch keine geduldet. In ihrer Gleichheit und individua-
lisirten Freiheit erschienen die Bürger der polnischen Republik wie
die losen Körner des Dünensandes. Das Bindemittel der Sippenverfassung verlor immer mehr von seiner Kittkraft und so waren es zuletzt nur vorübergehende Windstösse, die zeitweis wechselnde und
sich bald wieder auflösende Vereinigungen hervorbrachten, die Conföderationen.

Welch schroffer Gegensatz zwischen dieser pulverisirten Masse
des Adelvolkes und dem grossartigen Corporationensystem, das sich
in den Staaten des Westens auch die neuern Jahrhunderte hindurch
erhielt, nur von dem durch byzantinisches Recht importirten Absolutismus überdacht! Und dieses Gegensatzes war sich die Nation der
souveränen Edelleute wohl bewusst, hatte sie doch auf ihrem eigenen
Gebiete Jahrhunderte lang Mikrokosmen jener westlichen Staats- und
Gesellschaftsordnung gehegt; — aber immer abgesondert gehegt, ohne
sich jemals mit ihnen zu verschmelzen. Das ist unbestreitbar ein
grosses und vielleicht nicht unverschuldetes Unglück gewesen! Wären
die deutschrechtlichen Gemeinden in den polnischen Reichstag aufgenommen worden, nimmermehr hätte dann die Ständeversammlung ihren
Einfluss in so einseitig schädlicher Weise verwandt. Das polnische
Parlament wäre eine ständige Körperschaft geworden und hätte sich
über die Nation erhoben.

Nicht mit Unrecht will man meinen, dass ein Staat und ein Volk
desto stärker und längerlebend wäre, je gemischter die Bestandtheile
seien. Ganz unverhältnissmässig rein hat sich nun aber die polnische
Adelsnation erhalten, und darum vielleicht hat sie ihre Geschichte so
früh beschlossen und sich nicht in der Macht behaupten können.

Die feindselige Richtung gegen sich selbst, wie sie in liberum
veto und Conföderation hervortritt, hätte die polnische Nation nicht
nehmen können, wenn ausser den Landtagen des Adels die Stadtgemeinden auf Staatsangelegenheiten einen maassgebenden Einfluss gehabt hätten. Ein beklagenswerthes Geschick!

Wohl ist es der Mühe werth, dass man zu verstehen suche, warum
das städtische Bürgerthum, überall sonst Träger der Neuzeit, in Polen
so bedeutungslos blieb.

# Siebentes Buch

## Gemeinden deutschen Rechtes

Transporter dans les siècles reculés toutes les
idées du siècle où l'on vit c'est des sources de l'er-
reur celle qui est la plus féconde.
Montesquieu, Esprit des loix. L. 30. Chap. 40.

## Erster Abschnitt

### Stellung der Städte in Polen

In jenem Staat, wo die grosse Mehrzahl der Staatsangehörigen
nichts von dem genoss, was man später die Rechte des Menschen und
des Bürgers genannt hat, wo der Begriff Adel mit der Idee des Staats-
bürgerthums identisch geworden, wo der Clerus als politischer Stand
in der Ritterschaft aufgegangen war und wo die Juden als eine nothwendige Schmarotzerpflanze der Gesellschaftsvegetation betrachtet und
behandelt wurden, kurz in dem eigentlich polnischen Staat gab es nur
Eine Immunität noch: die Städte und Dörfer, die nach magdeburgischem
Recht ausgesetzt waren.

Diesen Gegensatz zu brechen musste seit dem 15. Jahrhundert
das Streben der polnischen Staatsmänner sein. In Polen kam die
Idee des modernen Staates, als der über allen Theilen und Kräften
eines Landes gebietenden Autorität, schon früh zum Bewusstsein (freilich in andrer Ausführung als die von Italien und Frankreich aus ihren
Umzug haltende Staatsraison) und sogleich ging ein lebhafter Zug
darauf hinaus, die Staaten im Staate zu paralysiren und aufzulösen.

Nur traf man mit der Form, die zerstört werden sollte zugleich
die Sache; um den deutschrechtlichen Gemeinden ihre politische Son-

derstellung zu nehmen, vernichtete man ihr Wachsthum, ertödtete man ihr Leben. So wurden die Städte in Polen immer unbedeutender, bis sie zuletzt eine ganz verschwindende Potenz waren.

Der Satz ist zur Phrase geworden: Polens Unglück habe im Fehlen oder in der Verkümmerung des Mittelstandes gelegen. Eine gewisse Wahrheit enthält er.

Es scheint, als sei ein Staat desto höherer Blüthe fähig, je gleichmässiger die wirthschaftlichen Güter unter seine Gesellschaft vertheilt sind. Eine verhältnissmässige Beschränkung der überreichen und der besitzlosen Klasse, eine gewaltige Ausdehnung der Mittelschichten, lässt sich wenigstens überall nachweisen, wo ein Staat, wenn auch nicht kampflos in seiner Verfassung, mit Erfolg nach aussen hin aufstrebte, im Rom des 4. Jahrhunderts v. Chr., wie im Preussen unserer Tage.

Einen ackerbauenden Mittelstand nun hat Polen zu keiner Zeit entbehrt, der Staat fusste in seiner glücklichen Epoche auf einem solchen. Diese Klasse war nicht entfernt so zahlreich, wie im heutigen Nordamerika, das ebenfalls in ihr seinen Halt findet, aber doch gehörte ihr der überwiegende Theil der Staatsbürger, des Adels noch im 16. Jahrhundert an.

Indessen Polen stand nicht allein; es musste sich der Entwicklung des europäischen Continentes anschliessen. Der Fortschritt der Neuzeit beruht im Emporkommen des beweglichen Capitals gegenüber dem Grundeigenthum, des Handels und der Gewerbe gegenüber der Rohproduction, der Städte gegenüber dem Lande.

Und weil Polen in der Entwicklung seiner Städte zurückblieb, ja Rückschritte machte, mangelten ihm die Kräfte, die im Ringen moderner Staaten den Ausschlag geben. Verhängniss und Schuld haben auch hier traurig zusammengewirkt.

Als entschieden falsch ist zu betrachten, wenn man den Slaven überhaupt Sinn für Städtewesen, für Gewerbe und Handel abgesprochen hat. Nicht nur dass der heutige Pole geschätzter und rühriger Techniker wie Geschäftsmann ist, so wissen wir von gleichen Anlagen bei allen slavischen Völkern. Der Russe ist nach Peters des Grossen ins Nationalbewustsein übergegangenem Ausdruck dem Juden und dem Armenier überlegen. Kijew, Moskau, die Nowgorods; auf der andern Seite das sagenhaft reiche Julin, sind Zeugen für den städtischen Trieb der Slaven, der bei dem jugendlichen Charakter ihres Gesammtlebens, bei der immensen Ausdehnung des unbebauten Landes naturgemäss noch keine Früchte gezeitigt hat, an die sich ein westeuropäischer Maassstab legen dürfte.

Sicherlich hat auch den Polen dieser Trieb niemals gefehlt. Zwar ist es richtig, dass Polen zu allen Zeiten bei den kümmerlichsten Anläufen zu einem Bürgerthum stehn geblieben, doch diesen Gedanken in vorwurfsvollem Tone auszudrücken, hat keine Begründung. Es ist eine rein subjective Auffassung des agricultur-socialistischen Mierosławski, wenn er als Princip auch des Zukunftstaates der Slaven die stete Unterordnung des Stadtlebens unter die Interessen des Ackerbaus aufstellt. Nach vorurtheilsloser Untersuchung kann man nur sagen, dass erst eine Reihe ungünstiger Verhältnisse zusammengewirkt hat, um die Keime der Stadtentwicklung, welche im polnischen Staat bei seinem Eintritt in die Geschichte unzweifelhaft lagen, nicht zur Ausbildung kommen zu lassen. „Polens Städte sind älter, denn ihre Geschichte", lautet ein oft nachgedrucktes, aber richtiges Wort Surowieckis, der zuerst über polnisches Städtewesen Untersuchungen angestellt hat.

Der Slave kennt nicht die Selbstgenugsamkeit des Germanen: stets hat er das Bedürfniss, den Ellenbogen seines Nachbarn zu fühlen. Dichtere Ansiedlungen finden sich bereits im 10. Jahrhundert an allen Stellen, wo später das magdeburger Stadtrecht verliehen wurde, nur haben sie nicht den geringsten rechtlichen Unterschied von anderen Gemeinden zu jener Zeit. Damals erhob sich in den romanisch-germanischen Ländern ein abgeschlossenes Städtewesen als Zufluchtsort der altgermanischen Gemeinfreiheit, während auf dem platten Lande die Hörigkeit immer weiter um sich frass. Die deutschen Städte wurden „anomalische Körper im Reich", wie der alte Möser sagt, aber sie waren mit ihren hermetisch abgeschlossenen Gemeindeverfassungen ein nothwendiges Correlat zu der herschend gewordenen Knechtschaftshierarchie des Feudalismus, wenn das edelste Bewusstsein der alten Germanen in die Gesittigung der modernen Zeit hinübergerettet werden sollte.

Polen kannte das Lehnswesen nicht. Ueber alle Landesbewohner reichte das Scepter des gewaltigen Bolesław, keine Mittelautorität, keine kleinen Herren drängten sich zwischen ihn und sein Volk. Die Städte des alten Polen jener Jahrhunderte konnten nicht einmal das Bedürfniss rechtlicher Absonderung haben.

Da kam die Mode der Immunitätsertheilungen in das Land — eine Nothwendigkeit für den Bruch, den die altpolnische Verfassung im 12. und 13. Jahrhundert erlitt, existirte nicht. Allerdings es ist auch keineswegs zu läugnen, dass die Befreiung der Unterthanen

des Clerus von den Lasten des polnischen Rechts und von der Un-
annehmlichkeit des königlichen Gerichtstandes viel zum augenblicklichen Flor des wirthschaftlichen Zustandes beitrug. Denn nur unter
der Bedingung, nach eigenem Recht und eigener Verwaltung leben zu
dürfen, liessen sich deutsche Ansiedler herbei, stromweise auf die Güter
der grossentheils aus Deutschland stammenden und mit Deutschland
in enger Verbindung stehenden Geistlichkeit zu ziehen. Ein bisher nur
in Deutschland gekannter Wohlstand schien auf einmal in Polen fest-
wurzeln zu wollen.

Da ahmten die Fürsten bald das Beispiel des Clerus nach und
zogen auf ihre nach dem altslavischen Rechtsatz alles unbebaute Land
umfassenden Besitzungen mit glücklichem Erfolge deutsche Bauern,
denen sie durchgängig Exemtion vom polnischen Recht und Gericht,
ja vom polnischen Staatsverbande gewährten. Selbst die Heerfolge,
die oft von den fremden Ansiedlern verlangt wurde, konnte nach der
concreten Auffassung des Mittelalters viel eher als eine Pflicht gegen
die Person des Zinsherren, der zugleich Fürst war, gelten, denn als
ein Dienst für den Staat, welcher die deutschen Colonisten umschloss.

Noch höhere Bedeutung und weitere Ausdehnung gewann das
deutsche Gemeinderecht in Polen, als die Fürsten, die unmittelbare
Besitzer des Grundes waren, auf dem sich die bestehenden städtischen
Vereinigungen der Slaven befanden, deutsche Auswanderer in Masse
auf diese Plätze lockten und verpflanzten. Diese einflussreichen Vor-
gänge lassen sich gewiss nicht kürzer noch besser schildern, als es
Richard Roepell in seiner Geschichte Polens gethan hat. „Durch die
Germanisirung der Marken, Pommerns und Preussens rückte die deutsche
Bildung den Polen näher und es ist auch ohne dass wir eine genauere
Kunde hievon haben, nicht zu bezweifeln, dass dieses Vorrücken von
den entschiedensten Folgen auf die Belebung des Handelsverkehrs und
der Gewerbe sowohl, als überhaupt aller Beziehungen Polens zum
Westen Europas sein musste. Da waren denn aber freilich nicht die
alten polnischen Einwohner der Städte zunächst diejenigen, welche
diese Vortheile benutzten, denen sie zuerst zu Gute kamen. Waren
sie wirklich unfähig dazu, oder glaubten es die Fürsten und wollten
auf eine langsamere Entwicklung des städtischen Lebens aus ihrem
eignen Volke heraus nicht warten, sondern so bald als möglich Früchte
desselben auch in ihrem Lande sehen und geniessen, oder wirkte auch
die allgemeine Vorliebe für die deutschen Colonisten hierbei mit, —
genug, sie wandten auch in Bezug auf die Städte diesen Deutschen
ihre Gunst entschieden zu, räumten ihnen die alten Städte, liessen

durch sie neue erbauen und kamen ihrem Aufblühen mit Privilegien vielfacher Art zu Hülfe."

So allein erklärt sich das Phänomen, welches darin liegt, dass innerhalb des 13. Jahrhunderts ganz Gross- und Kleinpolen sich mit deutschen Colonien besäten. Nicht die schlechtesten Männer waren es, die damals vom Herzen Europas sich dem Osten zuwandten, um dem Faustrecht zu entgehen; grade in den Jahren, als das Elend der kaiserlosen, der schrecklichen Zeit am empfindlichsten war, bevölkerten sich die wichtigsten Punkte des polnischen Staatsgebiets, die alten Hauptstädle, Posen, Gnesen, Krakau und im Allgemeinen die meisten Orte, welche für Handwerk und Verkehr Aussichten boten, mit asylsuchenden Deutschen, und überall schlossen sich diese unter deutschem Recht zusammen, als wohnten sie allein im Lande.

Polens deutsche Gemeinden tragen in ihrem Ursprung und in ihrer Gründungsepoche vollkommen ausgeprägt den Charakter von Colonien; was wunder, wenn sie in ihrer weiteren Dauer dem allgemeinen Naturgesetz unterworfen waren, das coloniale Niederlassungen beherrscht: Athemloses Steigen, überraschende Prachtblüthe, Vortheile gegen das Mutterland in materieller Beziehung, dann plötzlicher Sturz und langsames klägliches Hinsiechen. Und blieben sie ja doch auch beständig zu ihren Umgebungen und zum Mutterlande, ja zu einander im Verhältniss colonialer Absonderung. In vereinzeltem Streben von Deutschland entwickelten sich ihre öffentlichen Zustände mikroskosmisch; in ihrer Verwaltung hatten sie beinahe noch weniger mit dem sie einschliessenden Makrokosmus gemeinsam als mit ihrer Verfassung.

Jedes grösseren Gesichtskreises beraubt, sahen diese deutschen Städter bald nicht mehr die Gefahr, in der sie schwebten; sie wollten nicht bemerken, dass sie durch ihre Abgesperrtheit, die dem slavischen Geiste so sehr zuwider war, den nationalen Hass derer erregen mussten, die ihnen Wohnsitz gegeben hatten, und dass diese im Stande waren, jederzeit den verhassten Weichbilden die Lebensadern zu unterbinden.

Zwei Wege hätten zum Heile dieser versprengten Deutschen führen mögen: Energische Versuche, eine Anknüpfung mit Deutschland herzustellen und ganz Polen in der Weise zu germanisiren, wie mit Schlesien der Fall wurde, hätten auch im Fall des Misslingens einen kräftigen Geist in diesen Städten erzeugt und den Polen Achtung abgenöthigt. Eine kräftige Theilnahme am polnischen Staatsleben würde auf der andern Seite zwar einen Verlust der Nationalität und der rechtlichen Sonderstellung herbeigeführt, aber die wohlthätigsten Folgen für Polens Gemeinwohl und für die Nachkommen der Ansiedler erzeugt haben.

Zum ersten Unternehmen aber glaubten sich die Städter zu schwach; für das zweite waren sie zu engherzig. Und doch galten ihre Wünsche beständig einer Annäherung an Deutschland, ihre Befürchtungen einem schliesslich doch nicht zu umgehenden Verluste der Privilegien und Aufgehen in Polen. In einem traurigen Dilemma gemischter Empfindungen und Erwägungen, das leider des Deutschen Thatkraft und namentlich politisches Wirken oft genug lähmte, haben die deutschen Städter in Polen beständig verharrt, und so wurden sie vom Rad der polnischen Staatsgeschichte in den Grund gedrückt.

Ihr Schicksal dient uns zum Merkzeichen, dass Colonien einer Nationalität, die nicht so eng an einander geschlossen sind, um ein selbständiges Ganzes zu bilden, langsamer Aushungerung und absichtlichem Ruin von Seiten ihrer andersprachigen Umgebungen ausgesetzt sind, wenn sie nicht eine spontane Selbstentäusserung ihrer Besonderheiten üben. Denn verschiedene Nationalitäten sind von ihrer Natur gedrängt, sich einander zu beherschen oder einander auszuschliessen, und das Staatsrecht wird hier nur Werkzeug zur Entscheidung von Machtfragen, und in den Rechtsätzen finden wir schliesslich das Caput mortuum eines an Kämpfen reichen Entwicklungsprocesses.

„Die Gesetze, sagt Richter, müssen den Geist der Geschichte erklären. Sie allein sind im Stande es streng und wahr zu thun, denn wie Marksteine am Wege der Zeit stehen sie da, unparteiisch und interesselos, widerstrebend dem Parteigeist zu dienen, nur geeignet das zu sein, was sie in Wahrheit sind. Starre Zeugen vom Geiste der Zeit, welche sie geschaffen!" Aber beurtheilen wir diesen Geist nicht zu hart, wenn uns Tendenz und Inhalt dieser Gesetze abstösst. Wohl treffen Vorwürfe den polnischen Adel für das Verhalten, das seine Gesetzgebung zu den deutschrechtlichen Gemeinden einnahm.

Anstatt dass er versucht hätte, die fremden Pflanzungen zu assimiliren, betrachtete er sie als schädliche Pfropfreiser auf den Aesten seines Staats und brachte sie durch Entziehung der Lebenssäfte zum verdorren. Aber schwer haben die Enkel, derer die solches unternahmen, den Frevel gebüsst, und mehr als eine restitutio in integrum wollte man den Städten am Abende des Reichs gewähren, als sie unter dreihundertjährigem Druck zwar meistentheils polnisch aber durchweg elend und unsäglich öde geworden waren.

Und da einmal in der politischen Welt Alles entweder leidend oder thätig werden muss und eine neutrale Zurückgezogenheit immer

nur übergangsweise möglich ist, so konnten die deutschrechtlichen Gemeinden nur dadurch der Unterdrückung entzogen werden, dass sie
in die Theilnahme an der Herrschaft thätig eintraten, als der Adel
sich derselben bemächtigt hatte. „Von der faktischen Gewalt aber ist
nicht gut zu verlangen, dass sie freiwillig theile, am wenigsten wenn
sie in der Hand von Leuten ist, welche auf Kosten derer leben, die
man die misera contribuens plebs nennt", wie ein polnischer Magnat
mit andrer Beziehung sich äussert. Die polnischen Städte hätten aus
eigenem Antrieb eine gebührende Stellung in der Verfassung des Reiches fordern sollen. Niemals, bis zum Jahr 1789, haben sie einen
ernstlichen Versuch dieser Art gemacht.

Sie selbst haben ihr Schicksal nicht besser gewollt und es auch
nicht besser verdient. Die sentimentale Klage über die schmähliche
Zurücksetzung der deutschen Einwanderer im polnischen Staat, wird
von Niemand wiederholt werden, der die entschwundenen Thatsachen
einer vorurtheilslosen Prüfung unterwirft. Die Entwicklung, welche
das deutsche Städtewesen in Polen genommen hat, ist weder der Achtung noch des Mitleids würdig. Ein rohes und dabei armseliges Pa-
tricierthum herschte in ihnen von Anfang bis zu Ende. Aller Cultur-
bestrebungen; jedes politischen Interesses baar, gingen die Städter nur
auf sachlichen Erwerb aus, wie es allerdings colonialer Naturtrieb
ist. Kein irgend bedeutender Kopf ist aus ihrer Mitte hervorgegangen; von Deutschlands geistigem Leben hatten sie sich losgesagt; erst
wenn sie polonisirt waren, leisteten sie etwas für höhere Strebungen.
Die Bezeichnung Stiefgermanen, die Arnold Ruge nicht ganz mit Recht
den Posener Deutschen im Jahre 1848 zu theil werden liess, passt
leider nur zu sehr auf die schlaffen Pfahlbürger der deutschen Städte
in Polen, zwischen dem 15. und 18. Jahrhundert. Nur die preussischen Gemeinden sind ehrenvoll auszunehmen; vom Kaiser und Reich
schmählich verlassen, hielten sie fest an der ideellen Verbindung mit
der deutschen Nation und vertheidigten ihre politische Stellung im
polnischen Staat mehr als einmal mit gewaffneter Hand.

Freilich auch sie unterlagen schliesslich, nachdem der sie umge-
bende preussische Adel sich völlig polonisirt hatte. Aber bitter haben die Polen jene „Thorner Affäre" (sprawa Toruńska) von 1724 be-
reut, die in die Epoche von der tiefsten Erniedrigung des Nationalgeistes fällt. Und doch war auch jene Hinrichtung zehn unschuldiger
Menschen kein Gewaltact, wie man oft meint, sondern ein Process in
denselben rechtlichen Formen, denen sich die Thorner seit lange unterworfen hatten.

Doch genug! jede politische Kraft bereitet sich selbst das Schicksal und die verfassungsmässige Stellung, die sie verdient. Und in Polen kämpfte nur die Selbstsucht eines Standes vergeblich gegen die Herschsucht eines anderen Standes an; auf beiden Seiten kurzsichtige Aristokratie. Die Städter der Republik Polen trugen ebensowenig moderne Gesittung in sich, sind ebensowenig mit heutigen Staatsbürgern auf eine Linie zu stellen, als der polnische Adel.

Wohl richtig, die Peitsche des polnischen Ritters hat keine angenehmen Erinnerungen unter der arbeitsamen Bauernschaft zurückgelassen; aber noch ganz andere Geschichten können sich die unterirdischen Gewölbe der Rathhäuser in Polens deutschen Städten erzählen.

Und so ist es zwar im Interesse des polnischen Staates zu beklagen, dass der Adel, um die Sonderstellung der Städte zu vernichten, diese selbst dem Untergang nahe brachte, aber wer die Geschichte und das Wesen der deutschrechtlichen Gemeinden kennt, wird sich schwerlich von Mitleid für diese ergriffen fühlen.

Jener Kampf zwischen slavischen Altfreien und privilegirten Deutschen konnte zu keinem andern Ergebniss führen. Der unglückliche Gegensatz von Land und Stadt, der auf dem westeuropäischen Leben seit den Zeiten des Feudalismus so unglückbringend gelastet hat, und in Deutschland zum Theil noch heute Rechtsungleichheit und viele schädliche Verkehrshemmungen bedingt, musste sich in Polen bei den obwaltenden Verhäitnissen noch schärfer gestalten, und so wurde die Republik über die Gebühr in mittelalterlichen Zuständen festgehalten.

Wenn England seit verschiedenen Jahrhunderten in wirthschaftlicher und rechtlicher Beziehung dem Festland vorausgeeilt war und in jenen Puncten noch heute, trotz seines organisch verwachsenen Baus, vielfach moderner erscheint, als Staaten der Gegenwart, deren künstlicher Organismus von geistigen Kräften erfolgreich bewegt wird, so ist der Unterschied nicht zum mindesten darin zu suchen, dass in England Stadt und Land fast niemals entgegengesetzte Begriffe waren, und dass die schwachen Trennungsmerkmale, wo sie bestanden, bald verschliffen worden sind. Und hierin liegt zweifellos auch ein von doctrinären Staatslehrern unterschätzter Hauptgrund für das Wachsthum und die Grösse von Albions transatlantischem Tochterstaat.

Polen aber hat sicherlich auch darum einen von Englands verwandter Verfassung so verchiedenen Entwicklungsgang genommen, weil es in keinem Bezuge mehr als in diesem von Englands Organisation sich unterschied. Dort eine selten wiederkehrende Mischung und innigste Verbindung mehrerer Stämme und Stände; hier eine höchst sorgfältige Bewahrung und Pflege von Gegensätzen der Nationalität und des Berufs, die uns an die unausgebildeten orientalischen Zustände erinnern muss.

---

# Zweiter Abschnitt

## Gesetzgebung der deutschrechtlichen Gemeinden

Von den Städten in Deutschland hat man gesagt: Sie sind geworden, man hat sie nicht gegründet, nicht gemacht. Das direkte Gegentheil ist von den deutschen Pflanzungen auf polnischem Boden zu behaupten.

Sämmtliche Städte in Polen verdanken die Art ihres späteren Daseins und zum Theil selbst ihre Existenz ausdrücklichen Willensacten des Fürsten. Ein Freibrief, von ähnlicher Bedeutung für die Stadt als eine constitutionelle Charte für einen heutigen Staat, schrieb jeder Ansiedlung die Normen ihrer Entwicklung vor.

Nicht zwei Städte sind im späteren Gang ihres Rechtlebens einander gleich geblieben; aber die Grundlage sämmtlichen Stadtrechts, wie sie in den Schöpfungsurkunden angegeben wird, ist überall nahezu identisch, nämlich das Recht von Magdeburg und Neumarkt in Schlesien (polnisch Srzoda, davon jus sredense) oder Culm; und auch das Recht der deutschen Dorfgemeinden, meist allgemein als jus teutonicum, jus teutonicale bezeichnet, wich von jenen speciellen Rechten niemals wesentlich ab.

Der Felsen, auf dem sich die deutschen Communen erbaut haben, ist das Princip der Immunität, in dem alle Eigenthümlichkeiten der mittelalterlich-deutschen Verfassungen ihre Wurzel finden, das aber für Polen nur als importirt zu betrachten ist. Die Immunität ihrem Kerne nach Abgabenfreiheit bezeichnet Loslösung oder im alten Frankenreich, wo sie entstand, Unberührtbleiben von der erstarkenden Staatsgewalt und schliesst darum vor allen Dingen eine abgesonderte Gerichtsbarkeit in sich. Wie im westlichen Europa, so wurde sie auch in Polen zuerst von der Geistlichkeit für ihre Unterthanen und Colonisten in Anspruch genommen, und schon seit dem 13. Jahrhundert beginnen die Fürsten, theils den auf ihre speciellen Güter her-

beiziehenden Ansiedlern, theils den alten Bewohnern Immunität und
Selbstverwaltung zu gewähren, aber immer nur für ein bestimmt ab-
gegrenztes Gebiet.

Es ist richtig, den ersten Anstoss zur Verleihung deutschen Ge-
meinderechts haben überall Deutsche gegeben, deren Herbeiziehung in
das Land nach der gewaltigen Tatarenverheerung im 13. Jahrhundert
doppelt wünschenswerth schien; und den Stamm sowie die Aristokratie
der Communen bildeten, an den meisten Orten bis über das 16. Jahrhundert hinaus Deutsche: aber eine gewisse Beimischung slavischer
Elemente zu der massenhaften germanischen Einwanderung lässt sich
auch in den frühen Perioden nicht abläugnen.

Schon im 14. Jahrhundert ist der Ausspruch nicht mehr gerecht-
fertigt, den ein Darsteller der Stadtentwicklung für einen Theil Polens gethan hat: Wo deutsches Recht verliehen wurde, da waren auch
Deutsche, die es empfingen. Und wieviel germanisches Blut mag wohl
unter der „lateinisch, griechisch und armenisch gläubigen Bürgerschaft
von Kijew" gewesen sein, welche im Jahr 1516 von König Sigismund
magdeburgisch Recht erhielt?

Nein, seit dem 15. Jahrhundert schon ganz entschieden, waren
die Begriffe Stadtwesen und magdeburgische Verfassung für die Polen
sogut wie unzertrennlich; und viele Stadtgemeinden im Osten des Gebiets der Republik, die nur ein schwaches Bruchtheil deutscher Bevölkerung enthielten, wurden mit dem niedersächsischen Recht bewidmet, bloss weil unter dessen Schutz ein merkliches Aufblühen wahrgenommen wurde; und viele Grundherrn erhoben ihre slavischen Hintersassen zum Range deutscher Colonisten, weil die durch das jus
teutonicale bedingte Leistung von Geldabgaben sich als vortheilhafter
erwies, denn der Frohndienst.

Nicht sowohl die privatrechtlichen Bestimmungen der Sachsen-
gesetze waren die Hauptsache bei der immensen Verbreitung des deutschen Rechts: als vielmehr das grosse Princip der Selbstverwaltung,
das sich in dem streng pyramidal construirten altpolnischen Staate
bis zum 13. Jahrhundert noch nicht hatte von selber entwickeln können. Grossartig waren theilweise die Folgen der Einführung dieses
Grundsatzes in die polnischen Gemeinden, aber im allgemeinen konnten die hohen Erwartungen nicht befriedigt werden, die von der ausgedehnten Geltung des Sachsenrechts anfänglich gehegt wurden. Denn
die Wahrheit, welche im 19. Jahrhundert oft genug so schmerzlich
empfunden wurde, ist zu allen Zeiten begründet gewesen: schablonenmässig übertragene Gesetzvorschriften können nur selten eine wesent-

liche Verbesserung staatlicher Zustände erzielen; einzig auf die gesellschaftlichen Verhältnisse, auf die Natur des Staates kommt es an,
ob eine menschliche Genossenschaft sich nach dem Muster einer andern umbilden könne.

Nun war aber die opferwillige und gebildete Aristokratie, welche
das norddeutsche Selfgovernment ebensosehr voraussetzte, als das englische, nicht einmal in allen deutschen Ansiedlungen auf polnischem
Boden vorhanden, geschweige denn in den überwiegend slavischen Gemeinden; und so führte das magdeburgische Recht, welches den Stadt-
behörden unbeschränkte Vollmacht in den meisten städtischen Dingen
verlieh, zu den schändlichsten Missbräuchen. Von wenigen Familien
— ergänzten sich doch die Behörden durch Cooptation — wurden
Eigenthum und Privilegien der Gemeinden ausgebeutet; der zahllosen
Justizmorde und sonstigen Gräuel gar nicht zu gedenken, welche das
jus gladii (Recht über Leben und Tod) einer böswilligen und unwissenden Stadtbehörde gestattete.

Eben die Beschränkung auf isolirte, verhältnissmässig immer
kleine Parcellen war es, die das Selfgovernment in Polen seiner ge-
deihlichen Wirkung beraubte, grade so wie die Beschränkung der freiheitlichen Grundsätze des polnischen Gesammtstaats auf den Adel die
schädlichsten Folgen nach sich zog. Nicht die Selbstverwaltung allein,
nicht freie Gesetze allein, haben Englands Glück begründet, sondern
deren beider Ausdehnung über ein grosses einheitliches Gebiet und
eine grosse einheitliche Gesellschaft.

Fast dieselben Ideen, die England zum vielbewunderten Lande
der Erbweisheit gemacht haben, herschten als schweinslederner Folio-
band des magdeburgischen Rechts in den obscuren Städtchen Litauens:
aber anders entfaltet sich die Kraft der Eichel auf sonnigem Hügel,
anders in den Blumenscherben einer Kellerwohnung.

Ja und hätte man dem magdeburgischen Recht der deutschen
Gemeinden freien Spielraum in dem kleinen Boden gelassen, den es
zum Wurzelschlagen hatte! aber unaufhörliche Eingriffe theils des Monarchen, theils seiner Beamten, der Wojewoden und Starosten, theils
des Adels und des Reichstages, liessen den Gemeinden nicht einmal
die Möglichkeit consequenter Entwicklung. Oft war die Einmischung
gut gemeint; gewöhnlich aber schadete sie mehr als sie nützte, und
der neue Eingriff widersprach meist dem vorhergehenden.

Schon im ersten Jahrhundert des Bestandes deutscher Gemeinden
wurde die vertragsmässig zugesicherte Selbstbestimmung nicht immer
geachtet; liess sie sich doch wirklich in einem Lande, wie Polen, nur

schwer durchführen, in einem Gebiet, das noch immer die Reminiscenzen einer starken, über alle Bewohner gleich gebietenden Staatsgewalt aus den Zeiten des grossen Bolesław bewahrte.

Verleihungen des deutschen Rechts erfolgten zuerst und zwar zwischen 1240 und 1250 in Schlesien und Kleinpolen, seit 1250 auch in Grosspolen. Krakau erhielt 1244 deutsches Stadtrecht, ja nach anderen Nachrichten berief man sich in diesem Jahre bereits auf sein Recht. 1253 wurde die neue Stadt Posen auf dem linken Warteufer mit magdeburgischem Privileg ausgestattet.

Bis zum Jahre 1400 ungefähr ist die Ausbreitung des deutschen Rechts über das ganze Gebiet der späteren Republik vollendet, denn gleichzeitig mit der Christianisirung Litauens wurden die bedeutenderen Plätze im Osten und Südosten theilweise ihrer Bevölkerung nach, immer ihrem Rechte nach germanisirt, so Troki, Połock, Witebsk, Smoleńsk, Nowogrodek, Brześć, Mińsk, Słuck, Żytomierz. Kostbare Privilegien erhielt 1386 Wilno.

In den reussischen Landen erfolgte die Verleihung deutschen Stadtrechts seit 1339, in welchem Jahr die Stadt Sanok durch den Fürsten Georg bewidmet wurde; 1356 schenkte König Kasimir der Metropole Lemberg das deutsche Recht, er, der überhaupt mehr als einer von seinen Vorgängern oder Nachfolgern für Verbreitung und Befestigung der Städtefreiheit gethan hat.

Eine gleichmässige Gesetzgebung für die Städte hat niemals bestanden; käme es auf eine genaue Darstellung des polnischen Stadtrechtes an, die bis jetzt noch nicht existirt, so wüsste man nicht zu sagen, was Regel und was Ausnahme sei. Und wenn irgendwo, so gilt ja vom alten Polen die germanistische Rechtsparömie:

Landrecht bricht gemeines Recht; Stadtrecht bricht Landrecht und Willkür bricht Stadtrecht.

An den meisten Orten wurde den Bewohnern oder Ankömmlingen ausdrücklich das magdeburger Recht angewiesen. Man verstand darunter die Summe des in Magdeburg geltenden Systems, wie es sich aus niedersächsischen Gewohnheiten und verschiedenen, theils unächten Privilegien (ist doch das berufene Ottonianum von 973 entschieden gefälscht und als ältestes Zeugniss für Magdeburgs Vorrechte die Urkunde des Erzbischofs Wichmann von 1188 anzusehn) gebildet hatte. Grade damals, als die Einwanderung der Deutschen nach Polen häufiger wurde, war das norddeutsche Recht in das Stadium der Aufzeichnung getreten; seit jener Zeit datirt aber auch gleicherweise die Erstarrung der einheimischen germanischen Rechte. Nur nach zufäl-

ligen Bedingungen wurde das Recht seit jener Zeit geändert, seine
Principien wurden nicht weiter entwickelt und so sind das lübische
und culmer Recht, die beide neben dem eigentlich magdeburgischen
Geltung in Polen hatten, nur Varianten, nicht Verbesserungen der
magdeburgischen Rechtsbücher.

Im deutschen Reich begann sich bald über diesen verworrenen
und unvollkommenen Stadt- und Landrechten, die Herrschaft des Corpus Juris zu erheben: und wer nicht zu der kleinen Schule pedantischer Germanisten zählt, erkennt die Aufnahme des römischen Privat-
rechtes in Deutschland nicht nur für eine Nothwendigkeit, sondern
für einen Segen. Wohl entsprachen die sächsischen und schwäbischen
Rechte in ihren durchweg gesunden Grundlagen den eigenthümlichen
deutschen Verhältnissen, aber sie erschienen den gesteigerten Anforderungen der Neuzeit gegenüber unentwickelt und entwicklungsunfähig.
Man behauptet, das römische Recht habe ihrer Fortbildung bei seinem Eindringen den Boden entzogen; dass dem nicht so ist, zeigt das
Beispiel der polnischen Städte, in denen die Pandekten und ihre Glos-
satoren niemals Bedeutung gewonnen haben.

Ganz dieselben kindlichen Rechtsysteme, welche im 13. Jahrhundert als wesentlicher Fortschritt gegen die einheimische slavische Gewohnheit betrachtet und den Städten des Landes zugewiesen wurden,
werden noch im 16. und 18. Jahrhundert auf neue Gründungen oder
ältere Orte polnischen Rechtes übertragen. Und wo die Gewohnheit
und einzelne im Lauf der Zeit aufgezeichnete Specialbestimmungen in
schwierigen Fällen nicht ausreichten, da wurde nicht das römische
Recht subsidiär angezogen, sondern das Gutdünken des Richters trat
ein. Nur einzelne Ausdrücke des byzantinischen Codex nahm man im
Laufe der Zeit gedankenlos an; das war die einzige Wirkung der
römischrechtlichen Vorlesungen, die zu Krakau gehalten wurden.

So waren die deutschen Städte Polens mit ihrer deutschen Gesetzgebung wahrlich nicht zu beneiden. Das Institut der Oberhöfe,
welches in frühern Jahrhunderten noch einige Ordnung gehalten hatte,
verschwindet seit dem 16. Jahrhundert immer mehr. Nur hin und
wieder wird bei grösseren Städten noch einmal Rechtsbelehrung nachgesucht.

Im Einzelnen gestaltete sich nun die Ausbreitung des ausdrücklich deutschen Rechts (denn viele deutsche Rechtsbegriffe gingen unter
der Hand mit befruchtender Kraft in die Landrechte des Adels über)
in Polen folgendermaasen:

Den vielen seit dem 12. Jahrhundert in Polen entstehenden deutschen Dörfern ward in der Regel nur allgemein deutsches Recht, jus teutonicale, zugesichert und wurde darunter meist nur die Befugniss, sich selbst besteuern und richten zu dürfen, so wie die Freiheit von allen Leistungen an den Grundherrn verstanden, die nicht vertragsmässig bedingt wären. Für privatrechtliche Fälle wurden wohl die sächsischen Gewohnheiten vorausgesetzt, und das Criminalrecht blieb wie fast immer in jenen Zeiten der discretionären Gewalt überlassen, wo der Grundherr es sich nicht vorbehielt. Die Klöster und Kirchen übertrugen den Blutbann immer für mehrere ihrer deutschrechtlichen Ansiedlungen zugleich einem advocatus, der von den sonstigen Rechten der deutschen Bauern unabhängig sein Urtheil sprach.

Auch den Städten ward öfter nur allgemein deutsches Recht verliehen, mitunter auch hinzugefügt, „welches von den deutschen Rechten sie lieber wollten." Die Präsumption sprach hier aber meist für das sogenannte magdeburgische Recht, das meist in einem stärkeren oder schwächeren Bande zusammengefasst abschriftlich auf den Rathhäusern niedergelegt wurde. Von Magdeburg selbst aus wurde das Recht schon im 15. Jahrhundert nicht mehr verschrieben; man übertrug es aus einer älteren deutschen Ansiedlung in Polen, die öfter in der Gründungsurkunde angegeben wurde, auf die neuen Gründungen. Magdeburger Recht, oder was man darunter verstand, herschte durch den ganzen Osten, Süden und Westen der Republik. Seit dem 16. Jahrhundert gab es verschiedene Druckausgaben, auch in lateinischer und polnischer Sprache.

Das kulmer Recht herschte in der Wojewodschaftgruppe Preussen, wo die meisten Städte ihre Satzungen noch unter der Deutschritterherrschaft nach „dem alten Colm" empfangen oder gebildet hatten. Noch bedeutendere Geltung erhielt es seit 1476 durch die Verordnungen König Kasimirs. Mit dem ursprünglichen Privileg, welches Kulm 1233 vom Marienorden erhalten hatte, war dem späteren Kulmer Recht nur weniges gemeinsam; auch waren nirgend so viel Specialbestimmungen herschend, als im Gebiete des Kulmer Rechtes. Namentlich Danzig hatte sich in seinen Willküren, die 1761 zum letzten Mal revidirt wurden, ein eigentümliches System gebildet.

Ausserhalb Peussens war das Jus Culmense von den masowischen Herzögen in den Wojewodschaften Warschau, Płock und Rawa eingeführt worden und hier erhielten es auch später neue Gründungen; es galt in Dobrzyn, in den podlachischen Städten Kleszczewo und Narew und in einigen Orten des litauischen Districtes Pińsk.

Das lübecker Recht galt in einigen preussischen Städten, namentlich Elbing; vorzugsweise sonst subsidiär; es wurde in seiner Geltung noch 1639 und 1649 bestätigt.

Die üblen Resultate, welche das deutsche Recht mit seinen eigenthümlichen Einrichtungen, namentlich mit der appellationslosen Criminalgerichtsbarkeit, in kleineren Städten erzeugte, bewirken, dass man gegen das Ende der Republik an eine gründliche Reform der städtischen Gesetzgebung denkt.

Durch die Const. 1776 ward das Magdeburger Recht den kleineren Städten Litauens sämmtlich entzogen und blieb nur in Wilno, Lida, Troki, Kowno, Nowogrodek, Wołkowysk, Pińsk, Mińsk, Możyr bestehen. Die andern freien Städte Litauens wurden unter die Grodstarosten gestellt. Die königlichen Mediatstädte (miasta stołowe), die zu den bona mensae regiae gehörten, behielten auch nur zum Theil magdeburgisches Recht, so Grodno und Brześć Litewski in Litauen.

Hingegen liess nun das Städtegesetz vom 18. April 1791, das magdeburger und kulmer Recht überall in Geltung bleiben und achtete die Autonomie der Städte. Aber diese wäre von selbst gefallen gegenüber der modernen Staatseinheit, sobald die durch das gleiche Gesetz den Städtern zugesicherte Theilnahme an allgemeinen Staatsangelegenheiten ihre nothwendigen Wirkungen geübt hätte.

# Dritter Abschnitt

## Behörden der deutschrechtlichen Gemeinden

Längst wissen wir, dass in den freien Städten des heiligen römischen Reiches nichts weniger als das Ideal volksthümlicher Regierungsform bestanden hat. Auch die Ansicht, welche von einigen deutschen und polnischen Schriftstellern verbreitet worden ist, es sei in den Städten Polens ein demokratisch sich selbst regierendes Bürgerthum zu suchen, kann bei näherer Untersuchung keine Gültigkeit behalten.

In den deutschrechtlichen Dörfern erhielt sich noch immerhin ein freierer Geist, als in den Städten; die meisten Angelegenheiten wurden von den versammelten Hausvätern oder Wirthen geordnet. Die Macht des Schulzen, der auch zuweilen Vogt heisst, erstreckte sich auf Sammlung der Abgaben und Vertretung der Gemeinde. Er hatte die allgemeine Leitung selten unbeschränkt in den Händen; seine Einsetzung aber hing andrerseits auch nur selten von den Bauern ab, sondern die Würde ruhte entweder erblich in einer vom Grundherrn bestimmten Familie, oder haftete auf dem für immer ausgesetzten Schulzengut, oder wurde stets neu vom Gutsherrn, oder auf Staatsgütern vom Starosten, verliehen.

Die Gerichtsbarkeit übte dieser Gemeindebeamte (sołtys, scultetus, wójt, advocatus) selten allein, sondern fast immer mit mehreren Schöffen (ławnicy, scabini) gemeinschaftlich. Ein Theil der Gerichtseinkünfte ging an den Grundherrn, der auch die höhere Gerichtsbarkeit und fast immer die Urtheilsprechung in letzter Instanz sich vorbehielt.

Aehnlich war auch die Organisation der zum Theil recht ansehnlichen Mediatstädte. An der schlesischen Grenze gab es deren sehr bedeutende (Rawicz und Lissa) und auch auf den königlichen Gütern waren verschiedene grössere Orte nur Mediatstädte, unter den Verwaltern der königlichen Tafelgüter stehend, nicht freie königliche Städte, so z. B. Grodno, durch die Reichstage ausserordentlich wichtig, und Brześć Litewski, die Hauptstadt einer Wojewodschaft. Die Mediatstädte zerfallen in solche, deren Privileg vom König oder vom gesammten Reichstag bestätigt und in die Grodacten eingetragen ist, und in solche, die nach dem persönlichen Ermessen des Gutsherrn ohne staatliche Garantie mit einigen Vorrechten bewidmet sind, die aber nach strenger Auffassung wieder zurückgezogen werden konnten. Denn eine Standeserhöhung von Sklaven, so schloss man, oder von einem unter der unumschränkten Herrschaft des Grundherrn stehenden Ort ist nur so lange gültig, als es dem Herrn beliebt.

Die Privilegien der meisten Mediatstädte und namentlich aller Orte, auf denen die im 16., 17. und 18. Jahrhundert wegen Religionsbedrückung zahlreich eingewanderten protestantischen Deutschen sassen, waren unter staatlicher Genehmigung erlassen, und daher unwiderruflich.

Die oberste Behörde war auch in ihnen der Herr, oder auf königlichem Boden der Starost.

Er hat überall die letzte Entscheidung und übt starken Einfluss auf die Ernennung der Beamten, die für ihn die fixirten Steuern und Gefälle heben und die Stadt nach allen Richtungen hin zu verwalten und zu vertreten hatten. Aber doch hat die Mediatbürgerschaft für den Vogt und die Schöffen, deren Zahl bis über zehn stieg, ein gewisses Wahl- oder doch Praesentationsrecht.

Die Steuern, welche an den Staat zu zahlen waren, trieb der Grundherr meist durch besondere Beauftragte ein.

Der Vogt und die Schöffen und überhaupt die Mediatgemeinde, konnte bei den physischen oder juristischen Personen über solche Grundherrn klagbar werden, die ihr Privileg bestätigt oder garantirt hatten. Gleichwohl waren eigenmächtige Privilegienänderungen von Seiten des Herrn nichts seltenes.

Zum Theil hatten Mediatstädte ein durch schriftliche Urkunde zugesichertes jus gladii; dies wurde ihnen durch die Const. 1768 genommen, welche allen Grundherrn das Recht über Leben und Tod entzog. In demselben Jahre mischte sich der Reichstag auch insofern in die Angelegenheiten der Mediatstädte, als er die Competenz der commissio boni ordinis auch über sie ausdehnte.

Die Mediatstädte wurden erst in den letzten Jahrhunderten gewöhnlich; ihre Bewohner waren grösstentheils Ackerbürger, und ein Bedürfniss zu ihrer so häufigen Gründung lag oft nur darin, dass die Grundherren durch den Gewinn von Jahrmarkt und Spirituosenausschank, die beide nur in Städten erlaubt waren, ihrer Kassenebbe aufhelfen wollten.

Daher hatte denn auch die ganze von den Grundherren angeordnete Einrichtung dieser Städte ein durchscheinend finanzielles Gepräge und diese Orte gelangten selten zum Wohlstand. Sonderbarer Weise gediehen die Mediatstädte todter Hand verhältnissmässig noch immer am besten. Die Einwohner hatten hier noch die meiste Freiheit bei Ernennung ihrer Behörden, und diese selbst waren nicht einzig zur Auspressung des in den Orten zusammenfliessenden Geldes bestimmt.

Von wirklicher Autonomie getragen waren nur die Behörden der zahlreichen königlichen Städte, im Gebiet der ganzen Republik um 1772 etwa vierhundert.

Als Hauptbeamter tritt uns ursprünglich in ihnen allen „der Herr Vogt" entgegen; in späterer Zeit bekleidet er nicht mehr die angesehenste, aber immer doch die ins Leben am meisten eingreifende Würde. Im Anfang der Städte wurde die Vogtei gewöhnlich dem locator, d. h. demjenigen, der es unternommen hatte, die Einwanderer zu sammeln und sie auf den vom Fürsten bestimmten Ort zu führen, und seinen Erben verliehen; fast allen Städten aber gelang es, das Amt von diesen Inhabern abzulösen und die freie Verfügung über dasselbe in eigene Hände zu bekommen. Ebenso wurde die an den Fürsten auf Grund der Locationsurkunde fallende Abgabe von den Einkünften der Vogtei, meist $\frac{1}{3}$ mitunter $\frac{2}{3}$ des Gesammtertrages, in späterer Zeit von den Städten durch eine grössere einmalige Zahlung compensirt.

Die Thätigkeit des Vogtes in grösseren Städten beschränkt sich wesentlich auf das Gericht, nach mittelalterlich deutschen Begriffen die eigentliche Sphäre der über eine Vereinigung von Menschen eingesetzten höheren Gewalt, der Obrigkeit. Kann doch der Dichter des dreizehnten Jahrhunderts das Bedürfniss seiner Zeit nach politischer Ordnung nicht besser bezeichnen, als mit den Worten:

Si diuhten sich ze nihte,

Si 'n schüefen starc gerihte.

Nun sind zwar zur Competenz des Vogtes alle Zweige der Rechtspflege gehörig, und alle Arten von Beglaubigungen, Aufnahmen, feierlichen Erklärungen fanden, solange magdeburgisches Recht bestand, vor ihm statt und wurden in die Acta Advocatiae eingetragen; aber seine wichtigste Aufgabe bildete die Pflege des Criminalrechts, die er ohne Appellation übte.

In dieser Thätigkeit hat er die Schöffen zur Seite, sie bilden mit ihm zusammen das officium domini advocati; er und sie führen das Praedicat spectabilis. Die Scabini sind für den Vogt das Mittel zur Rechtsfindung, das Urtheilsprechen steht bei ihm. Sie sind seine ständige Jury: heissen sie doch auch Geschworene, jurati. Nur freilich genügte in den deutschpolnischen Städten ein trial by jury nicht zur Feststellung des Thatbestandes; schon sehr früh zog die schauderhafte Zwangsgymnastik jener Jahrhunderte mit ihren Geräthen, in deren Vervollkommnung die Mechanik jener Zeiten sich erschöpfte, bei den polnischen Städtern ein und erhielt sich bei ihnen bis über das Jahr 1776, in welchem eine Reichstagsconstitution die Anwendung der Folter für alle Gerichte verbot. Die Henkerkunst wurde in Polen vorzugsweise bei den deutschrechtlichen Gemeinden gepflegt; und an die Schöffengerichte der Städte wandten sich die polnischen Staatsgerichte in der Regel, wenn es galt, „einen Missethäter vom Leben zum Tod oder auf die Marter zu bringen." So beweisen uns mehrere Stellen polnischer Gesetze, insbesondere des Statut Litewski.

Die Zahl der Schöffen war nach der Grösse der Stadt und sonstigen Verhältnissen sehr unbestimmt, sie schwankte zwischen zwei bis dreissig. Aus ihnen wählte sich der Vogt zwei Substitute, den judex surrogatus und den judex banniti (sc. judicii). Die Art der Ernennung von Schöffen ist verschieden. Nach der ursprünglichen Idee wurden sie vom Burding, Bürgerding, der Versammlung aller Grundbesitzer, der Schöffenbar-Freien gewählt, und zwar auf Zeit; ein

Gebrauch, der im 18. Jahrhundert theilweise wieder hergestellt wurde; aber schon die Urkunde für Pudewitz von 1258 überlässt dem Vogt die Ernennung der Schöffen. Seit aber dessen Erneuerung auf die Rathsherren übergegangen war, stand auch die Ergänzung des Schöffencollegiums meist jener Vereinigung zu und die Schöffen, früher die erste Körperschaft in deutschrechtlichen Gemeinden, müssen sich seit dem 15. Jahrhundert in allen königlichen Freistädten (der polnische Name bedeutet genau dasselbe, wie das ungrische Szabadalmás), mit dem zweiten Range begnügen.

An einigen Orten completirten sie sich selbst bei Todesfällen ihrer Mitglieder. Selten hatte der Starost auf ihre Einsetzung zu wirken ein Recht, nur bei kleinen Städten. In Mediatorten, wo sie meist die Hauptcorporation blieben, standen sie zum Grundherrn in sehr beschränktem Verhältniss. Fast überall waren sie lebenslänglich, wie eine Bestimmung des Culmer Rechts verlangte und die Stellen blieben in der Regel Generationen hindurch in den gleichen Familien. Ein Unterschöffencollegium, wie in einzelnen deutschen Städten, welches jüngere Mitglieder jener Familien in Vorschule genommen hätte, lässt sich in Polen nicht nachweisen.

Die Zahl der Schöffen lässt sich auch an ein und demselben Ort niemals constant annehmen; meist bildeten sie eine ungrade Zahl, sieben, elf, dreizehn, siebzehn, dreiundzwanzig. Nie waren sie unter zwei, sehr selten über dreissig. Auch ihre Competenz war nicht genau begrenzt; doch blieb ihnen neben kleineren Verwaltungsangelegenheiten wohl überall vorzugsweise die Pflege und Fortbildung des Civilrechtes; während sie in dem zu jener Zeit nur wenige mit einer für uns empörenden Nachlässigkeit zusammengestellte Sätze umfassenden Strafrecht auf sehr ungeordnete Weise an den Herrn Vogt gebunden waren.

Die wesentlich maassgebende Gewalt in den freien königlichen Städten ist seit dem 14. Jahrhundert bei dem Rath, einer Körperschaft von 4 bis 13, in der Regel von 6 oder 8 Mitgliedern. Die Rathmannen (seniores, consules, rajey oder burmistrzy) wurden, wie es in der Natur der Sache lag, anfangs von dem Burding gewählt, bald aber begann das Princip der Cooptationen Platz zu greifen, das in der für polnisches Städtewesen manche Anknüpfung bietenden Verfassung von Breslau sich bis ins 18. Jahrhundert ungeschwächt erhalten hat. Verschiedene Handschriften des magdeburger Rechts, wie es in Polen gültig war, aus dem 14. Jahrhundert, so namentlich der Pergamentcodex des posener Stadtarchivs, haben nach den Eingangsworten:

„Hie hebet sich an megdeburgisch Recht," gleichsam als Cardinalsatz des ganzen Rechtes den lakonischen Paragraphen: „dass die alden Rathmannen die niuwen kiesen."

Zwar bereits im 16. Jahrhundert wurde das Cooptationsrecht an verschiedenen Orten durch Verordnung des Königs auf ein Präsentationsrecht eingeschränkt; die consules sollten, nachdem ihre Amtsperiode vorüber war, die ein oder mehrere Jahre dauerte, dem König oder dem Starosten eine Anzahl neuer Männer vorschlagen, in der Regel dreimal so viel als neu zu ernennen waren. Doch in den meisten Städten erhielt sich der Modus, dass die jährlich aus dem Rath scheidenden Mitglieder, etwa $^1/_4$ desselben, ihre Nachfolger bestimmten. Niemals haben die Zünfte in den polnischen Städten eine höhere Bedeutung erlangt, aber dennoch fehlten selten Reibungen und Unzufriedenheit zwischen ihnen und dem Rath, der ihnen in den grösseren Städten immer nur wenig Antheil an der Stadtverwaltung gewährte und sogar Mitglieder von sich oder von seinen Familien oft zur Obrigkeit der einzelnen Zünfte setzte.

Um diesem scheinbar demokratischen Missvergnügen Rechnung zu tragen, wurde im 18. Jahrhundert mehrfach eine Wahl oder eine Präsentation der Mitglieder des Raths durch die immer nur eine kleine Zahl der Stadtbevölkerung betragenden vollberechtigten Bürger oder durch die Zünfte vom Könige angeordnet. Mitunter war die Wahl der Schöffen den Bürgern freigegeben und den Schöffen die Ergänzung des Raths übertragen. Auch gerieth die Regierung auf den Gedanken, der aber niemals festgehalten wurde, die in grösseren Städten neben dem Rath und dem Vogt mit seinen Schöffen bestehende dritte Corporation, den Bürgerausschuss, der nach der Zahl seiner Mitglieder als Siebenmänner, Zwanzigmänner, Dreissigmänner (septemviriae etc.) bezeichnet wurde und sich meist aus den Zünften cooptirte oder sehr oft aus einer jedesmaligen Ernennung des Raths hervorging, zu benutzen, um durch ihn wiederum die Rathmannen ergänzen zu lassen. In complicirten Zusammensetzungsversuchen für die tres ordines civitatis, wie man die drei Körper nannte, wurde das möglichste geleistet; fast kam man den in Italiens Republiken üblichen gegenseitigen Durchsiebungsmethoden nahe.

Jener Bürgerausschuss nun hatte überall nur wenig Gewicht; er war höchstens eine berathende Versammlung, die selten vom Rath einberufen wurde und fast immer aus lauter Jaherren bestand, wie man in deutschen Reichstädten sagte. Nach dem culmer Recht hat der Bürgerausschuss oder eine Bürgerversammlung zusammenzutreten,

so oft es den Weiseren, das heisst also, den oberen Behörden gut
scheint; „und die Vorschläge dieser entgegenzunehmen und was dann
beschlossen sein wird, das sollen Alle als Gesetz annehmen."

Die wahre Autorität blieb trotz aller angestrebten Schmälerung
dem Rathe. Fast überall behielt dieser das Recht die grössten Würdenträger der Städte, die praeconsules, proconsules, Schultheisse seit
dem Ende des 17. Jahrhunderts Praesidenten genannt, zu küren und
zwar aus seiner Mitte. Diese Vorsteher, Praesidenten, drei, zwei oder
einer an Zahl, kehrten nach ihrer selten ein Jahr übersteigenden Amtsdauer in den Schoos des Raths zurück, dessen Berathungen sie sonst
geleitet hatten.

Die Thätigkeit des Raths, dessen einzelne Mitglieder in grösseren
Städten Bürgermeister heissen, erstreckt sich über alle Zweige des
öffentlichen Lebens, die für die Städte in Frage kommen können.
Eignete er sich doch sogar nach Belieben eine mit dem Vogt und
den Schöffen concurrirende Gerichtsbarkeit zu! Die consules sind das
aristokratische Centrum der communitas oppidanorum, ja diese communitas civitatensis selbst, soweit sie in äusseren Verhältnissen zur
Erscheinung kommt. Die Steuern, welche an den König, später an
die Republik zu zahlen, jeder Einfluss, den der König, der Reichstag,
ein einzelner Wojewode oder Starost auf die Stadtverhältnisse üben
will, geht durch den Rath. Dieser ist für die ganze Gemeinde in
civil- und criminalrechtlichen Sachen haftbar; und zwar verantwortlich
in desto höherem Maasse, je weiter seine Competenz in den inneren
Angelegenheiten der Stadt reicht.

Allerdings wird seit dem 16. Jahrhundert, in welchem sich der
Rath die anderen städtischen Behörden vollkommen unterwürfig gemacht hatte oder ihre Erneuerung wesentlich in seiner Hand hat, öfter
der totus burgensium seu oppidanorum magistratus, wie man Rath,
Vogt und Schöffen, Bürgerausschuss also die tres ordines zusammen-
fassend nannte, als Vertretung der Stadt aufgefasst — so sagen zum
Beispiel die Constitutionen 1584 und 1611, dass als grössere Städte
diejenigen Gemeinden zu betrachten seien, in welchen der Magistrat
die Befugnisse des Krakauer Magistrates habe und demgemäss für
Vergehen der Bürger haften müsse — aber in den gewöhnlichsten
Fällen wurde doch der Rath als die persönliche Verkörperung der
Stadtgemeinde aufgefasst und so zum Beispiel den Bürgermeistern in
mehreren Gesetzen seit 1520 mit Enthauptung gedroht, falls Edelleute
für ein in der Stadt begangenes Vergehen von städtischer Behörde
ohne Zuziehung eines staatlichen Gerichtsbeamten verurtheilt seien.

Darum wurde denn auch im Jahre 1724 an den höchsten Magistrats-
personen von Thorn die den Jesuiten widerfahrene Unbill gerächt,
für welche man doch nicht die ganze Stadt enthaupten konnte.

Uebrigens wurden die Rathsherren verschiedener Städte, wie besonders Krakau, Posen, Thorn, Wilno, reichsgesetzlich als Edelleute
behandelt, indem die an ihnen begangenen Verbrechen in diesem Verhältniss bestraft werden sollten, und indem man ihnen das allerdings
oft bestrittene und auch zurückgezogene Recht des Landgüterbesitzes
zugestand. Dem Rath der grösseren Städte wurde auch allgemein
das Prädicat szlachetny, generosus selbst von Edelleuten ertheilt.

Der Rath allein hat das Recht, alle Beamten der grösseren Städte
zu ernennen und zwar galt hier, streng nach dem Culmer Recht, jener
urdeutsche, heut noch in England gültige Satz, dass jeder, dem ein
Amt übertragen werde, dieses annehmen müsse und im Nothfall mit
Zwangsmaassregeln dazu angehalten werden könne. Wo es irgend ging,
nahm der Rath die Personen für alle Stadtämter aus eigenen oder
befreundeten Familien, und diese Stellen, wie auch öfter der Sitz im
Schöffencolleg, dienten denn häufig als Vorbereitung für einen Sessel
im Rath.

Wo möglich verbanden auch Rathsherren mit ihrer sella curulis
(nicht selten bezeichneten sich die Stadträthe als senatus) die einträg-
lichen Einzelämter. Dies gilt zum Beispiel von dem Procurator oder
Syndicus, der Rechtsmandatar der Stadtgemeinde war, und von den
Lohnherren (lonheri, quaestores, lonorzy), welche drei, vier oder fünf
an Zahl, die städtischen Finanzen verwalteten. Diese Stellungen waren besoldet, während die Rathstellen in der Regel unentgeltlich verwaltet werden mussten.

Persönlich getrennt vom Rathe waren dagegen die Schreiberstel-
len. Grossen Einfluss und gutes Gehalt hatten die notarii actorum
officii consularis, aber dafür in den Sitzungen der Bürgermeister nur
berathende Stimme. Auch die Schreiber des Vogt- und Schöffenge-
richtes wurden später meist vom Rath ernannt. Manche Städte hielten sich in ihrer guten Zeit auch noch secretarii und cancellarii,
welche die Oberaufsicht über Archive und Schreibwesen hatten.

Auch die Rechtsanwälte bei dem Gericht, welches sich der Rath
angemaasst hatte, und bei dem Schöffencolleg (Fürspreche, rzecznicy,
ferendarii) waren vom Rath autorisirt. Sie erhielten sich durch Sporteln; als Simplum ihrer Forderungen in einer Rechtsache bestimmte
ihnen Siegmund I. für Krakau täglich 4 polnische Groschen pro cura
& labore,

Bei den Gerichten, die der Vogt allein abhielt, waren Anwälte nicht nöthig oder nicht zugelassen. Noch gab es eine Art städtischer Gerichtsbarkeit, die vom Burggrafen (burgrabia, comes) ausging, der in den meisten Städten Polizeibeamter war und also nur über kleinere Gegenstände Recht sprach; auch in den Acten dieser judicia burgrabilia finden wir Anwälte selten erwähnt. Das Recht, nach welchem in diesen städtischen Gerichten verfahren wurde, war sehr unbestimmt: man ging theils auf dem Richtsteige des magdeburger oder culmer Stadtrechtes, wie es in einzelnen Rechtsbüchern verzeichnet war, theils nach mündlich überlieferter Gewohnheit und einzelnen Stadtgesetzen (Willküren, plebiscita, wielkierze), theils nach vorher in ähnlichen Sachen gefällten Urtheilen, wie sie sich aus den sorgsam bewahrten Gerichtsacten darstellten, theils endlich wo alles dies nicht ausreichte, nach den allgemeinen Reichsgesetzen, von denen die Städte eigentlich nur die ausdrücklich auf sie zielenden Artikel zu befolgen hatten. Man begreift, wie gewaltig bei einem so unsichern Rechszustande die Macht der Stadtgerichtsbarkeit war, wie unendlich viel hierbei auf persönliche Verhältnisse ankam. Gewalt über Eigenthum und Leben der Stadtbürger lag also in der Hand einiger wenigen Beamten, die von dem in sich selbst ruhenden Rathe abhängig oder mit ihm identisch waren. Ausser der Gerichtsbarkeit, von welcher es in Criminalfällen ja nicht einmal Appellation gab, stand jener Aristokratie doch auch die Regierung zu und namentlich ein sehr weit gehendes, bei indirecten Abgaben uneingeschränktes Besteuerungsrecht. Die Stadtsoldaten wurden gleichfalls nur vom Rath in Eid und Pflicht genommen und hatten seinen Befehlen zu gehorchen.

Unter jener mit dem Rath ungefähr auf gleicher Stufe stehenden Beamtenklasse gab es noch eine zweite und dritte Schicht von städtischen Angestellten, die aber sämmtlich vom Rath abhängig waren. Auf der mittleren Stufe befanden sich die Steuereinnehmer (exactores, poborcy), die Aufseher der städtischen Anstalten, namentlich für Arme und Kranke (provisores), die Verwalter des städtischen Eigenthums an Häusern, Grundstücken und Dörfern (officiales, administratores), die Grenztheiler (wiertelnicy, quartalienses), vereidete Beamte zur Theilung von Grundstücken bei Erbschaften, die Anführer der Stadttruppen und die Polizeibeamten (aediles).

Zu den untersten Beamten der Städte gehörten die Wächter, Thorwärter, Gefängniss- und Gerichtsdiener, die Röhren-, Spritzen- und Ziegelmeister (die meisten grösseren Städte besassen Ziegeleien), verschiedene für allgemeine Zwecke benutzte Stadtdiener (praecones, famuli, pedelli) — den Scharfrichter oder Henker (im polnischen Recht nicht unterschieden), den „Meister" nicht zu vergessen, der eine we- sentliche Bedeutung für die eigenthümlich geordneten Zustände jener deutschen Gemeinden auf polnischem Boden gehabt hat.

Zwar nur in wenigen königlichen Freistädten wurden alle diese Beamten gehalten, aber viele der aufgezählten Functionäre waren fast allerorten zu finden. Nach einer genaueren Untersuchung erscheint es doch, als wären die Stadtbürger an den meisten Orten durch die zur Erhaltung jener Beamten nothwendigen Steuern gar sehr belastet gewesen. Die Lage der Städter erscheint in keiner Beziehung benei- denswerth; von einer kurzsichtigen und meist unwissenden Aristokratie innerhalb des Weichbildes ausgesogen und misshandelt, im Uebrigen allgemein verachtet und zurückgesetzt!

Unter den Städtern selbst herschte nach Besitz und Geburt eine vielfach abgestufte Ungleicheit, und so war die ungleiche Stellung, die gegenüber den andern Gesellschaftklassen ihrem ganzen Stande ange- wiesen war, nicht so auffallend, als sie heut erscheinen mag.

---

# Vierter Abschnitt

## Gesellschaftliche Lage der Städter

„Der Städter lebte wie ein Gast in fremdem Hause, geduldet und abhängig von der Grossmuth oder vielmehr von der Laune des Wirthes," sagt derjenige Pole, der sich zuerst der bis jetzt noch im- mer verwahrlosten polnischen Städtegeschichte angenommen hat. In der That war die sociale Lage der Einwohner von deutschrechtlichen Gemeinden gar prekär. Sie waren nun einmal aus der polnischen Gesellschaft nicht mehr auszumerzen, seitdem ihnen die piastischen Herscher und besonders noch Kasimir der Grosse einen so fest fun- damentirten Platz im Staatsgebiete angewiesen; aber der Adel, wel- cher gleich nach dem Aussterben jener Dynastie das Scepter der Gesetzgebung in die Hand nahm, wusste sich mit dieser Klasse, die weder abhängig von ihm noch ihm gleichgestellt war, niemals richtig abzufinden. Da die communitates oppidanae es in ewig beklagenswerther

Feigheit oder Gesinnungslosigkeit unterliessen auf einer Vertretung neben den communitates terrestres im Reichstage zu bestehen, so begannen sie in der öffentlichen Meinung des Adels gar bald auf Ein Niveau mit den Bauern zu sinken und wurden bald mit diesen gemeinsam als plebeji zusammengefasst.

Doch nun begannen sich die Städter zu sträuben. Im funfzehnten Jahrhundert hatten sie die Reichstage vermeiden zu dürfen geglaubt und die Kosten für ihre Vertreter gespart, weil die Parlamente damals noch vorzugsweise einen gerichtlichen und privatrechtlichen Charakter zu tragen schienen, und weil sie durch ihren eigenen Gerichtstand und ihr deutsches Recht sich von den andern Unterthanen des Königs geschieden, ja über diese erhaben glaubten; nun im sechzehnten Jahrhundert, da die Reichstage eine staatsrechtliche und politische Bedeutung ganz sichtbar und für die Städter durch mehrere ihnen nachtheilige Statuten gar fühlbar gewonnen hatten, begannen sie ein Recht zu fordern, sich auch an der Gesetzgebung betheiligen zu dürfen.

Aber es war zu spät; der Adel hatte die Herrschaft, der König konnte die Zurücksetzung der Stadtbewohner nicht mehr hindern. Jetzt war diesen klar geworden, dass sie jeden Fussbreit der socialen Rechte, die ihnen noch geblieben, aus eigner Kraft vertheidigen müssten, wenn ihr materieller Erwerb, der ihnen doch Hauptsache war, nicht ganz vernichtet werden sollte; und so haben sie in ungleichem Kampfe, nachdem sie nicht mehr zu staatlicher Bedeutung gelangen konnten, doch verhindert, dass sie in derselben Weise Unterthanen der souveränen Edelleute wurden, wie die Bauern. Und es blieb denn doch stets eine bedeutende Kluft zwischen dem rusticus laboriosus, welches Praedicat dem unglücklichen Landmann officiell stets gebührte, und zwischen dem oppidanus famatus oder honestus. Und weil dieser letztere sich soviel als möglich ausser dem Staat zu erhalten suchte, so gelang es ihm sich mit dem nobilis oder eques, der im Staate die maassgebende Macht geworden war, in manchen Beziehungen auf gleicher socialer Stufe zu erhalten.

Namentlich im Verhältniss zu den Gerichten stand der Städter nicht ungünstig gegenüber dem Edelmann.

Sybel hat in seinem mit Recht so verbreiteten Buche über die Revolutionszeit, die diplomatischen und militärischen Begebenheiten, welche das Polenreich zu Falle brachten, in klares Licht gesetzt; über die gewaltige Ursache, welche in letzter Instanz den Untergang Polens möglich machte und entschied, über die Verfassung der Republik Polen, haben dem grossen Gelehrten nur unzureichende Quellen Auskunft gegeben. Denn unrichtig muss es zum Beispiel bleiben, wenn der berühmte Schriftsteller meint, „Erst seit dreissig Jahren bestand ein Gerichtshof im Lande, der Klagen eines Bürgers gegen einen Edelmann entgegennahm."

Nein, auch in Polen hat von jeher der uralte allgemeine Rechtssatz Geltung gehabt, dass der Kläger sich an den für den Beklagten zuständigen Richter zu wenden habe. Also hat der Bürger zu jeder Zeit den Edelmann bei den allerdings sehr mannichfachen Staatsgerichten verklagen dürfen, und zwar nicht nur wegen Rechtskränkungen, die ihm von dem Edelmann selbst widerfahren, sondern auch wegen Forderungen, die er gegen die Bauern desselben hatte. Ja in diesen Fällen wurden, wie die Grodacten beweisen, sogar häufig genug, beinah könnte man sagen regelmässig, städtische Richter denen des Staates beigesellt. Oder es wurden gleichzeitig doppelte Urtheile in derselben Sache gefällt, einmal vom Rath oder vom Vogt mit den Schöffen und andrerseits vom Starosten oder vom Tribunal; und unterschieden sich die Erkenntnisse, so behielt der König in seinem Hofgericht, seltener im Reichstagsgericht die letzte Stimme, und seine Entscheidung fiel oft zu Gunsten der Städter aus. So befinden sich in den Acten des posener Stadtarchivs mehrere Bände mit Eintragungen über solche gemischte Gerichtsbarkeit, aus denen hervorgeht, dass noch im 17. Jahrhundert Edelleute für Ausschreitungen gegen Bürger ganz gewöhnlich durch den Starosten und den Vogt gemeinsam zu strengen Strafen verurtheilt wurden.

Desshalb ist es eine tendenziöse Entstellung der Rechtsgeschichte, wenn man in der öfter wiederholten Verordnung von 1520, dem sogenannten Statutum Torunense, einen ungebührlichen Nachtheil für die gesellschaftsrechtliche Stellung der Städter sieht. Dies Statut gestattete dem Rath oder dem Vogte, einen Edelmann wegen Vergehungen oder Verbrechen gegen Stadtbürger innerhalb des Weichbildes festzunehmen, verbot aber strenge diesen einseitig zu richten. Die Städter hatten hier den mittelalterlich-germanischen Rechtsatz von der Territorialgerichtsbarkeit geltend gemacht, und demnach über alle Verbrechen, die auf ihrem Grund und Boden begangen, öfter gerichtet, wie unter andern auch der Vogt von Posen bei Gründung der Stadt zugesichert erhielt, dass er jeden Streit zwischen Polen und Deutschen schlichten solle; jetzt ward das unzweifelhaft viel allgemeinere Princip vom Forum des Beklagten, nach dem sich der Kläger zu richten habe und das in privatrechtlichen Angelegenheiten immer geherscht hat, auch für das Criminalrecht zur Geltung gebracht. Aber das polnische Criminalrecht ist durchweg nur nach civilrechtlichen Normen zu beurtheilen und so war das Thorner Statut nur eine folgerichtige Anwendung der damals anerkannten Auffassungen.

Wurde der Städter von einem Edelmann belangt, so blieb dasselbe Princip in Kraft; denn wie eine fraustädter Urkunde von 1849 beweist, sollte er nur nach deutschem Recht antworten, und wie aus einem Privileg für Schulitz von 1325 hervorgeht, sollte alsdann der Landrichter neben dem Vogte Urtheil sprechen. Und die gemischte Gerichtsbarkeit erhielt sich bis spät für diese Fälle.

Doch sind socialrechtliche Beeinträchtigungen der Städter sonst vielfach in den polnischen Gesetzen ausgedrückt; nur muss man sich hüten anzunehmen, dass dasjenige, was den Städtern in einzelnen Constitutionen verboten wird, ihnen vor Erlass der betreffenden Constitutionen gestattet und von ihnen allemal auch wirklich ausgeübt worden sei. Vielmehr tritt ja das polnische Gesetz, wie wir wissen, so unendlich häufig nur als Bestätigung lange geltender und vielleicht nur vorübergehend in Frage gestellter Gewohnheiten auf.

So mag man vielleicht das in den Gesetzen oft wiederkehrende Verbot der städtischen Zünfte und die Schmälerung der städtischen Realrechte aus dem natürlichen Hasse erklären, den eine ackerbauende Bevölkerung gegen alle Beschränkungen der Gewerbefreiheit und des Freihandels haben muss, welchen Hass am deutlichsten die Theorien Quesnays, Mirabeaus und der andern französischen Physiokraten aussprechen: aber es lässt sich nicht nachweisen, dass die fraternitates jemals mit Einwilligung des polnischen Staats bestanden haben, der allen Corporationen abgeneigt war, schon ehe der Adel die maassgebende Macht in ihm wurde. Vielmehr lag, wenn die gesellschaftliche Freiheit der Städter hier beschränkt werden sollte, — die Unterdrückung der Zünfte gelang bekanntlich durch alle Gesetze nicht; im siebzehnten und achtzehnten Jahrhundert genossen sie die volle Anerkennung des Königs, ja des Reichstags, wie die Zunftprivilegien aus jener Zeit in den Stadtarchiven beweisen — ein Conflict des Princips der germanischen Genossenschaftlichkeit mit der weitgreifenden slavischen Staatsgewalt vor. Die socialen Vereine in den Städten bestimmten bekanntlich in monopolistischer Weise die Preise der Waaren und Handwerkserzeugnisse; aber eine Festsetzung von Maximalpreisen für die beweglichen Gegenstände des Verkehrs gehörte unbestritten ins Ressort der polnischen Staatsbeamten, namentlich der Marschälle, der Wojewoden und Starosten.

13*

Im vorliegenden Falle nun trugen die Städter den Sieg davon. Im Jahre 1420 wurden alle Zünfte bei Strafe von 70 Mark (siedndziesiąt, eine nominelle, in Wahrheit höhere Geldstrafe) verboten; 1538 erklärte sie Siegmund I. abermals für aufgehoben, bewegt durch die häufigen Klagen des gesammten Adels und der Gesandten desselben und allen Unterthanen unsres Reichs." Und 1550 wurde dies gänzliche Verbot bestätigt: aber hundert Jahre darauf bestehen die Zünfte in ganz Polen in grossem Glanze mit königlicher Autorität.

Dagegen zogen die Städter in manchen andern Fällen ganz entschieden den kürzeren. Während Edelleute ganz gewöhnlich städtische Häuser und Grundstücke besassen, war es den Städtern verwehrt ländlichen Grundbesitz zu erwerben. Dies Verbot, von dem ausdrücklich nur Krakauer und preussische Städter, nach dem Publicisten Chwałkowski gewohnheitsrechtlich auch Posener, ausgenommen waren, ward seit 1496 mehrmals wiederholt. Schwerlich ist anzunehmen, dass die Städter damals zahlreich Landgüter besessen hätten, obgleich Alexander den Städtern, die noch nach der Constitution 1496 Landgüter inne hatten, 1505 gebot, denselben Kriegsdienst wie ihre adligen Nachbarn zu leisten.

Als Grund jener Ausschliessung, die noch 1550, 1611 und 1775 mit Nachdruck wiederholt (im letzteren Jahr wurden für wenige bestimmte Städter Ausnahmen gemacht, wobei ihnen alle Pflichten und kein Recht des Adels, ausser dem Güterbesitze zugewiesen wurden) und erst durch die Constitution 1791 ganz und gar hinweggeräumt wurde, während sie doch noch bis zum Ende des Reichs, ja darüber hinaus, in Kraft blieb, ward in früherer Zeit angegeben, dass die Städter sich eben dem adligen Kriegsdienst zu entziehen suchten, der ihnen doch als Landbesitzern obläge, und dass die Städter den Edelleuten den Besitz von städtischem Grunde wehrten.

In der That sahen die Männer deutschen Rechtes nur ungern, dass sich Edelleute unter ihnen niederliessen. Sie konnten es auf die Dauer nicht hindern, aber niemals setzten sie durch, dass die Edelleute sich den Anordnungen der städtischen Behörden, soweit sich diese auf die in adligem Besitz stehenden Grundstücke bezogen, ordnungsmässig bequemten, und die städtischen Grundsteuern von solchen Plätzen waren niemals regelmässig beizutreiben. So blieb es von der Constitution 1550, in welcher den Edelleuten zuerst befohlen wurde, sich in dieser Beziehung den Rechten und Gebräuchen der Städte zu fügen, bis zur Constitution 1791, die zum letzten mal eine solche Unterordnung des Adels durchsetzen wollte.

Im Uebrigen war die sociale Bewegung der Städter durch staatliche Einschränkung wenig gehemmt. Freilich von Staatsämtern waren sie ganz und gar ausgeschlossen. Selbst die niedrigsten Stellen im Zoll- und Gerichtswesen gebührten allein den Edelleuten. Sogar das Recht, Anwaltstellen bei den Tribunalen und Schatzgerichten zu bekleiden, war ihnen genommen, Const. 1726 und 1768, und auch auf die Land- und Grodgerichte wurde dies Verbot ausgedehnt.

Auch Verdienst bahnte den Städtern nur selten den Weg aus so beengten Verhältnissen hinaus. Die adligen Praerogativen, welche den Krakauer Rathmannen von jeher und im Lauf der Zeit auch einigen andern Rathscollegien, so 1561 und 1670 dem von Wilno, 1658 dem von Lemberg und 1703 dem von Lublin gewährt wurden, hatten keine Bedeutung, da sie bei etwaiger Anwendung vom Adel fast niemals anerkannt wurden. Zu praktischer Geltung kam nur, dass der, welcher ein Verbrechen gegen diese Personen beging, so bestraft wurde, als hätte er es gegen einen Edelmann verübt.

Eine Vermischung der Städter mit adligen Elementen, die für beide Theile die wohlthätigsten Früchte getragen hätte, blieb unmöglich, da der Edelmann seinen Adel verlor, sobald er zu städtischem Gewerbe griff oder ein Stadtamt annahm. Erst die Männer des vierjährigen Reichstags beschlossen, hier mit energischen Reformen vorzugehn, und ihr Gesetz vom 18. April 1791 unter dem Titel: „Unsre freien königlichen Städte in den Staaten der Republik" war fast die einzige ihrer Arbeiten, die praktische Wirkungen gehabt und als rechtsgültig bestanden hat. Und alle Parteien waren für seine Einführung, wenn auch die Targowicer Conföderation es späterhin wieder abschaffte. Durch Suchorzewski von Kalisch, einen der am meisten russisch gesinnten Landboten, der nur über seine Leiche hinweg die Annahme der Ustawa vom 3. Mai 1791 gestatten wollte, ward das Städtegesetz wenige Wochen vorher durchgeführt.

Mit wohlwollendem Blick beschloss man einen Stand zum andern hinaufzuziehen, und es wurden darum, wie man einerseits dem Adel gestattete, sich um städtische Aemter zu bewerben und städtischen Verdienst zu suchen, den Städtern alle gesellschaftsrechlichen Grundprivilegien des Adels zugesichert. Es wurde ihnen die persönliche Sicherheit der Edelleute und das Recht zum Landgütererwerb gewährleistet, und ihnen der Zutritt zu allen Officierstellen im Heere so wie zu vielen niederen Staatsämtern gewährt, auch Beförderung in der geistlichen Hierarchie versprochen.

Ausserdem sollten auf jedem Reichstage dreissig Städter geadelt werden, die städtische Grundstücke hätten und von den Land- und Städteboten empfohlen würden, und jeder, der zwei Jahre lang städtischer Bevollmächtigter im Reichstage gewesen, sowie jeder, der ein Dorf oder eine kleine Mediatstadt kaufe, die zu der Steuer, genannt der zehnte Groschen, zweihundert Gulden beitrüge, und alle, die im stehenden Heere Hauptleute oder in den Gerichtshöfen Regenten (die höchste Schreiberstelle, die man erlangen konnte) geworden seien, sollten aus eigenem Recht gleichzeitig Edelleute werden.

So war eine starke Brücke zur allmählichen Verschmelzung der beiden Stände gebaut, und man muss diesem Gesetz alle Achtung zollen, wenn man bedenkt, mit wie vielen Vorurtheilen grade der erste Bruch in die kastenartige Absonderung des Adels zu kämpfen hatte, und dass eine völlige Aufnahme der Städter in die Adelsfreiheit bei dem höchst armseligen und verfinsterten Zustande der Städte unthunlich und nicht einmal deren Verlangen war. Hatten diese doch bis dahin nicht einmal unter einander sich verbunden gefühlt; wie konnten sie plötzlich und in Gesammtheit sich der Adelsnation harmonisch einfügen?

---

# Fünfter Abschnitt

## Verhältniss der deutschrechtlichen Gemeinden untereinander

Die deutschen Ansiedlungen in Polen waren wesentlich nicht aus eignem Willen der Einwanderer hervorgegangen, sondern die Form und die Rechtsgrundlage, die sie erhielten, sowie der Ort, die Niederlassung und die Ausstattung der Stadtgemeinde mit Grundbesitz war jedesmal ausdrücklich vom Fürsten bestimmt und von jedem Fürsten mussten immer neu die Privilegien der Städte bestätigt werden, so dass sich am Eingang einer gültigen Stadturkunde mitunter sieben bis zwölf chronologisch auf einanderfolgende Bestätigungen jagen.

So blieb denn der Monarch die einzige Kraft, zu der die Städter sich gemeinsam hingezogen fühlen konnten. Ihre Verwaltung, die überall in jeder kleinen Ansiedlung völlig autonom und ohne Bezug

auf andre Städte war, fand nur im Fürsten einen allgemeinen Aufseher. Und so kam es, dass die Städte sich niemals untereinander
in engere Beziehungen einliessen. Sie schlossen niemals bleibende
Bündnisse untereinander und fügten sich so dem Charakter des polnischen Staates, der ständige Vereinigungen seiner Mitglieder gar nicht
oder nur in möglichster Beschränkung duldete. Sie traten aber auch
nur äusserst selten in vorübergehende Verbindungen zur Durchsetzung
gemeinsamer Zwecke, wo sie doch an den Conföderationen des Adels
einen beständig erneuerten Vorgang gehabt hätten. Den materiellen
Interessen, die leider das Lebensprincip der deutschen Städte in Polen
waren, wird heutzutage oft eine weltverbindende und staatenzusammen-
schliessende Kraft nachgerühmt: unter den deutschrechtlichen Gemeinden
des alten Polen haben sie nur trennend gewirkt.

Hätte es unter den Städtern bedeutende politische Talente gegeben, so hätten diese ohne Zweifel erkennen müssen, dass ein festes
Zusammenhalten aller deutschrechtlichen Ansiedlungen gemeinsame greif-
bare Vortheile bringen müsse; aber „der Blick der Bürger reichte
nicht zu den Höhen des Staatslebens," wie Wuttke richtig sagt; für
die städtischen Patricier schloss die öffentliche Thätigkeit mit den Grenzen des Weichbildes ab. Und so sahen die Einwohner von Krakau
in ihrer Kurzsichtigkeit nur, was in ihren Interessen verschieden von
denen der Posener war, und der Fraustädter hatte keinen Begriff von
dem, was ihm mit dem Lemberger gemeinsamen Nutzen bringen könne,
Und jede Stadt glaubte sich hinreichend gesichert, wenn sie ausschliesslich für sich Privilegien zusammenraffte, so viel als möglich war; ein
Verhältniss der Städte unter einander zu öffentlichen Zwecken, das,
sobald es einträchtig sich erhalten hätte, die Billigung der Staatsgewalt erlangt haben würde, hat fast niemals bestanden.

Nur das den Städten gemeinsame Privatrecht, die niederdeutschen
Gewohnheiten und Satzungen, auf die im Handel, Gewerbe und Verkehr
nothwendig grosser Nachdruck fiel, und deren Auslegung und Fortbildung haben einen gewissen Zusammenschluss einzelner Städte her-
vorgebracht. Und doch waren es hier nicht die Städte, die behufs
der Rechtspflege sich zusammenordneten, sondern die Hand des Fürsten
schuf gemeinsame Institute.

Auf einander angewiesen waren einzelne Städte schon, wenn einer
jüngern und kleineren Niederlassung ausdrücklich die Rechte und
Privilegien einer älteren und grösseren verliehen wurden, was vom
13. Jahrhundert bis ins 18. häufig der Fall war. Ganz häufig wurde
auch eine Stadt, der ihr magdeburgisches Recht und ihre sonstigen

Schriftstücke bei dem häufigen Unglück, welches die Städte heimsuchte, verbrannt oder verloren gegangen waren, auf die Documente und Ueberlieferungen einer andern verwiesen; so die kleineren Städte in Grosspolen, wie Gnesen und Peisern, auf Posen. Auch naturgemäss wandten sich kleine Orte, in denen eine constante und ausgebreitete Rechtsentwicklung ja unmöglich war, an die benachbarten Schöffenstühle und Vogteigerichte, und aus diesen rechtlichen Beziehungen bildete sich dann häufig ein Verhältniss, wie zwischen Muttercolonie und Tochterpflanzstädten.

Aber eine feste Ordnung bestand hierin nicht, und ganz allgemein wandten sich alle grösseren und kleineren polnischen Städte nach Magdeburg und Halle oder sonst nach Norddeutschland um Rechtsbelehrungen. Und dies Verhältniss zu ausserpolnischen „Oberhöfen" bestand auch fort, nachdem Kasimir innerhalb Polens Einrichtungen für den richtigen Gebrauch des magdeburgischen Rechts getroffen hatte. Noch tief ins 15. Jahrhundert hinein wurde vom Posener Schöffenstuhl nach Magdeburg hin appellirt, oder dieser wies Kläger und Angeklagte aus freien Stücken dorthin, wie aus dem posener Stadtarchiv hervorgeht.

Welcher Art die Oberhöfe waren, die der grosse König errichtet hat, ist noch heute nichts weniger als aufgeklärt. Bis jetzt lässt sich als feststehend nur betrachten, dass Kasimir einmal einen Codex des magdeburgischen Rechtes veranstaltet hat, der bei streitigen Fällen zu Rathe gezogen werden sollte und im Schatz zu Krakau niedergelegt wurde, dass er aber andrerseits im Jahre 1365 zu Krakau ein förmliches Appellationsgericht eingesetzt hat, und bei Strafe der Güterconfiscation die Rechtsbefragungen in Magdeburg und an anderen Orten untersagt hat. Die Zusammensetzung dieses krakauer Hofes, der für gewöhnliche Fälle aus dem Vogt von Krakau, dem königlichen Procurator und sieben Beisitzern, die aus den um Krakau gelegenen Städten genommen werden sollten, und in besonderen Umständen aus je zwei Rathmannen der Städte Krakau, Sandec, Bochnia, Wieliczka, Kazimierz und Olkusz, die unter persönlichem Vorsitz des Königs tagten, bestand: diese nur auf die Wojewodschaft Krakau Bezug habende Zusammensetzung lässt uns nun aber schliessen, dass auch die Competenz dieses Gerichts sich nur über die Wojewodschaft Krakau erstreckt hat.

Es ist also gewiss falsch anzunehmen, dass diese Einrichtung Kasimirs auf Kleinpolen in weiterem Sinne, geschweige denn, dass sie sich auf ganz Polen bezogen hat. Wir haben im Gegentheil deutliche

Beweise, dass seit dem 14. Jahrhundert ähnliche Oberhöfe in andern Landschaften Polens bestanden haben.

So sind nicht nur in -Lemberg und in Sendomir Gerichte gewesen, die aus den Schöffen verschiedener Städte zusammengesetzt waren, sondern in Posen wurde, wie aus dem Stadtarchiv hervorgeht, dreimal im Jahre ein jenem von Kasimir in Krakau eingesetzten Institute ganz ähnliches Gericht unter Vorsitz des Vogtes von Posen und des Generalstarosten von Grosspolen gehalten. Für Kujavien aber fanden derartige Appellationen nach Leslau oder Inowraclaw hin statt; in Masowien waren noch im 16. Jahrhundert zu Plock und Warschau Oberhöfe; und die preussischen Städte appellirten seit dem 15. Jahrhundert an den Vogt von Thorn, und die Richter, welche er zusammenrief. Dort war ihr „Obercolm", nachdem die eigentliche Stadt Culm, „dar man die ratlute sonsten vragen solte", während langwieriger Kriege vom Gipfel ihres Glanzes gesunken war.

Noch während des 16. Jahrhunderts bestanden diese Gerichte in Kraft; seitdem aber gingen sie durch gegenseitige immer wachsende Eifersucht der Städte in Verfall. Und so gewannen für Appellationen aus den Städten die Hofgerichte, welche „vom König mit seinen Rechtsgelehrten abgehalten wurden" und Entscheidungen der Kanzler fast allein Gültigkeit.

Aber bis ins 18. Jahrhundert blieb doch noch ein Schatten jener Oberhöfe zu erkennen, und das Städtegesetz von 1791 benutzte die noch vorhandenen Anhaltspunkte, um förmliche städtische Appellationsgerichte zu schaffen, die in Civilprocessen, welche nicht über dreitausend Gulden oder ein dreiwöchentliches Gefängniss gingen, desgleichen in Criminalprocessen über Verbrechen, die kein lebenslängliches Gefängniss nach sich zögen, als letzte Instanz Recht sprachen — sonst aber die zweite Instanz gegenüber dem Assessorialgericht, als dem souveränen Gerichtshof für alle Städtesachen, bilden wollten.

Diese Appellationsgerichte würden stattfinden in Posen, Kalisch, Gnesen, Łęczyca, Sieradz, Warschau, Płock; in Krakau, Lublin, Łuck, Żytomierz, Winnica, Kamieniec, Drohiczyn; in Wilno, Kowno, Nowogrodek, Mińsk und Pińsk, auch in Grodno und Brześć Litewski. In Litauen wurde den kleinen Städten gleichzeitig ihr magdeburgisch Recht wiedergegeben; das jus gladii aber, wegen dessen Missbrauch man es ihnen entzogen hatte, sollte fortan überhaupt nur den Appellationsgerichten zustehen, und die Todesurtheile vom Assessorialgerichte bestätigt werden. Die Schöffen dieser Appellationsgerichte oder Oberhöfe sollten alle zwei Jahre in sämmtlichen Städten des Bezirks, der zu je einem Oberhof gehörte, von allen angesessenen grundbesitzenden Bürgern gewählt werden.

In solche Bezirke waren die Städte auch wegen der Abgeordnetenwahl für den Reichstag durch dies Gesetz zusammengelegt worden; und die Stellung, welche ihnen im Reichstag angewiesen wurde, machte ihre Gesammtheit zu einer geschlossenen Corporation, was sie bis dahin niemals gewesen waren, und stellte sie in dieser Beziehung dem Adel gleich.

Die Städte selbst hatten sich in der letzten Zeit als eine Einheit fühlen gelernt und gemeinsam seit dem Jahre 1788 um eine Erhebung aus ihrer drückenden Lage angehalten. Es verdiente wohl nähere Untersuchung, warum ein solches Zusammenschliessen bis dahin unmöglich geblieben war. Die deutschen Städtebünde, welche so Grosses erreicht hatten, vor allen die Hansa, zu der ja Posen und Krakau zeitweise gehörten, ferner die achtungswerthe Stellung, welche sich die geeinigten deutschen freien Städte im heiligen römischen Reichstage zu erringen gewusst hatten, gaben den deutschrechtlichen Gemeinden Polens doch auffallende Fingerzeige.

Hätten die deutschen Städte in Polen nur jemals den Muth gehabt, jenen Wahlspruch der vereinigten Niederlande zu befolgen, „durch Eintracht wachsen kleine Dinge", hätten sie sich untereinander in ein inniges Verhältniss gesetzt, wahrlich, sie hätten im polnischen Staat eine andere Stellung errungen, als ihnen zugefallen ist. Zu ihrem und zu dessen Heile hätten sie ihren Sondergeist aufgeben sollen. Die deutschen Eigenthümlichkeiten hätten sich dann allerdings nicht erhalten!

# Sechster Abschnitt

## Städte und Staat

Persönlicher Oberherr der deutschrechtlichen Gemeinden, die auf seinem unmittelbaren Grunde, auf dem eigentlichen Gebiete der Staatsgewalt angesiedelt waren, blieb der König. Seine freien Städte verhielten sich ihm gegenüber anfangs in weit unabhängigerer Stellung als der Adel, erst seit Ludwigs Kaschauer Privileg beginnen sie im Verhältniss zu diesem sichtbar zu verlieren; während dem Adel alle

Abgaben bis auf die zwei Groschen Pflugsteuer erlassen werden, ohne dass von irgend einer künftigen Besteuerung durch den König die Rede ist, wird in jener Charte von 1374 hinzugesetzt, den Städtern bleibe es unbenommen, in künftigen Zeiten Steuern zu zahlen so viel sie wollten.

Nun gestaltet sich aber in der Folgezeit die Machtverschiebung und demgemäss die Rechtstellung zwischen dem König, der die eigentliche Staatsgewalt in seiner Person darstellt, und zwischen den beiden Sonderkräften, dem Adel und den Städten, die ursprünglich ihm beide unterlagen, derart, dass der Adel sich zum Aufseher, dann zum Beherscher des Inhabers der Staatsgewalt macht und durch diese Persönlichkeit seinen Einfluss auf die deutschrechtlichen Communen übt. Es gelang ihm dies, weil er vom Anfang des Staates beständig mehr für die Erreichung der Staatszwecke durch Opfer von Gut und Blut gethan hatte, als die Städte, und also in näheren und ursprünglicheren, organischen Beziehungen zur Staatsgewalt stand, als die Städte; die vom König, der ihnen ein Fremder, dem Adel aber Stammeshaupt war, nur durch äusserliche mechanische Bande abhängig waren.

Gleichwohl wurden auch die deutschen Gemeinden oft noch zu Staatsgeschäften gezogen, solange der König diese aus eigenem Willen besorgte oder zu besorgen schien. Brachten sie doch nicht unansehnliche regelmässige Steuern von Boden, Waaren und Handwerkserzeugnissen, von Verkehr und Gericht, sowie grosse ausserordentliche meist freiwillige Abgaben in den Staatsschatz und waren sie doch zu beständiger Wehrhaftigkeit, sowie in Kriegsfällen zu bedeutender Mannschaftslieferung verpflichtet. Der gewaltige Ringkampf, welcher zwischen den polnischen Königen und dem deutschen Orden fast anderthalb Jahrhunderte sich hinzog, und namentlich der letzte Act der gewaltigen Tragödie wurde nicht zum kleinen Theil mit Geld und Menschenkraft der damals noch in ganz entschiedener Weise überwiegend deutschen Städte durchgeführt.

So war es denn natürlich, dass besonders bei den Verhandlungen, die das polnische Reich mit dem „Hause der heiligsten Jungfrau Maria" pflog, den Städten hervorragender Antheil gewährt wurde.

Der kalischer Frieden von 1343, in welchem uns König Kasimir durch die resolute Entsagung, mit der er sich von einem sichtlich undankbaren, wenn auch das Gefühl des mittelalterlichen Polen mächtig anregenden Gegenstande, von der Wiedergewinnung Westpreussens wegwandte, als vollendeter Staatsmann erscheint: dieser Frieden wurde von den Städten Krakau, Posen, Sandomir, Sandec, Kalisch, Leslau und Brześć unterzeichnet.

Ebenso wurde noch 1436 der Frieden mit den Kreuzrittern von Krakau, Posen, Kalisch, Lemberg Płock und Warschau besiegelt.

Auch zur innern Staatsthätigkeit zogen die Könige bis ins 16. Jahrhundert unbedingt oftmals die Städte. Von Kasimir dem Grossen und Ludwig wissen wir es ganz genau, aber auch König Alexander berief sie noch 1505 auf den Reichstag nach Radom. Und der Adel sträubte sich nicht sichtbar gegen diese Theilnahme der Leute des magdeburgischen Rechtes; die Ständeunterschiede traten überall im Mittelalter bei gegenseitiger Berührung derer, die verschiedenes Recht genossen, nicht so scharf hervor, wie in der Neuzeit. Damals war alles im Fluss und in Gährung; die starr auf einander stossenden und einander abstossenden Krystallisationsformen gehören allgemein den neuern Jahrhunderten an, die es auch in ihrem Recht nicht verläugnen können, dass sie durch mechanische Erfindunden und den Fortschritt der exacten Wissenschaften sind, was sie sind.

So zog denn der Adel die einzelnen Städte damals ohne Arg in seine Bündnisse. 1383 verband sich der grosspolnische Adel mit der Stadt Posen zu gegenseitiger Sicherung, und die allgemeine Adelsconföderation von 1438, welche gegen alle Friedensbrecher und Ketzer gerichtet ist, wurde unter Zuziehung der Städte beschworen.

Aber im sechzehnten Jahrhundert wurden die Städteboten verschiedenfach von den Reichstagen weggewiesen; und ausser Krakau, das aus einer Urkunde von 1378 völlige Gleichheit seiner Bürger mit Edelleuten deduciren wollte, konnte sich keine einzige Stadt in der Theilnahme an den gewöhnlichen Reichstagen behaupten. Aber selbst Krakau kommt ausser 1569, wo seine beiden Abgeordneten das Lubliner Unionstatut unterzeichneten, sonst kaum bei irgend einer wichtigen Constitution in Erwähnung.

Nur während der Interregna hatten die Unterschriften der Städte noch mit nomineller Bedeutung zu figuriren. Einige von ihnen unterzeichneten gewohnheitsmässig in solchen Fällen die Conföderationsurkunde (auch das Document über Johann Kasimirs Abdankung 1669 ist von Krakau, Posen, Wilno und Lemberg unterschrieben) und die Wahlprotocolle, sowie die Pacta Conventa seit 1632, des neuen Königs, welchen ihre Abgeordneten auf dem Krönungsreichstage nach allen anwesenden Senatoren und Rittern die Hand küssen durften. Dies war das einzige politische Recht, welches den Städten bis zur Zeit des grossen Umsturzes blieb. Kein Wunder, dass ihnen desto mehr politische Pflichten aufgebürdet wurden, so sehr sie selbst sich von der Berührung mit dem Staate möglichst loszulösen bestrebt waren!

Die königlichen Freistädte waren bei ihrer Gründung fast immer ganz ausdrücklich unter die unmittelbare Herrschaft des Monarchen, nicht unter die Botmässigkeit seiner Beamten gestellt worden und eben darin ruhte ihr Wesen. „Diese Stadt nehmen wir aus," heisst es fast gleichlautend in den meisten Schöpfungs- und Bestätigungsurkunden aus dem dreizehnten bis funfzehnten Jahrhundert, „von aller Gewalt der Wojewoden, Castellane, Richter, Kämmerer oder irgend welcher unserer Officialen." Und im Gerichtswesen hielten sich die auf magdeburgisch Recht ausgesetzten Ansiedlungen auch tapfer an die unmittelbare persönliche Oberherrlichkeit des Königs, nicht nur die ganzen Gemeinden, sondern auch einzelne Stadtbürger perhorrescirten selbst in denjenigen Sachen, wo sie sich dem Forum des verklagten Edelmanns hätten fügen sollen, das Gericht der einzelnen Staatsbeamten und die Tribunale oder sie appellirten dann doch immer noch an den König selber.

Und dieser entschied dann persönlich die so häufigen Streitigkeiten zwischen den Zünften und Behörden einer einzelnen Stadt, zwischen den Behörden untereinander und zwischen verschiedenen Städten, sowie die meisten wichtigen Conflicte von deutschen Gemeinden mit Leuten polnischen Rechts und mit den Staatsbehörden sowie mit der Kirche. Aber er entschied sie „mit seinen Räthen und Rechtsgelehrten" und dies waren ja die officiellen Ausdrücke für die Sénatoren und Kanzler, die mit dem König oder auch für diesen das Hof- oder Assessorialgericht besetzten. Und diesen schloss sich seit dem 17. Jahrhundert sehr gewöhnlich eine Anzahl Landboten als Beisitzer an; denn die wichtigeren Städtesachen kamen immer zur Zeit des Reichstages vor das königliche Gericht.

So wurden die Städter nominell zwar vom König gerichtet und dieser sprach in den Urtheilen als erste Person Pluralis; aber wie die Verhältnisse wirklich standen, so waren dieselben Gewalten, welche sonst des Königs Meister, auch hierin seine Lenker geworden, und er ihr Werkzeug. Das trat gar deutlich bei jener unglücklichen Thorner Sache hervor, in welcher die Polen ihren Gegnern ein so stets parates Mittel zum Angriff und zur Verdächtigung in die Hände gegeben haben; damals zeigte es sich, dass der Reichstag in demselben Verhältniss, als er auf den König und dieser auf die Städte zu wirken im Stande war, von den Jesuiten beherscht wurde. Doch erschien hier wohl ein Parallelogramm der Kräfte, denn gleichzeitig mit dem religiösen Hass influenzirte auf die verblendeten Richter von 1724 die Erbitterung eines Standes gegen den andern.

War es schon im Gerichte der Staatsgewalt über die Städte soweit gekommen; so war die Verfügung über die Städte, welche durch Verordnungen und Steuererlasse vom König, als von deren eigentlichem Grundherrn, ausgeübt werden konnte, noch in weit höherem Maasse auf den Reichstag übergegangen, der seit dem 16. Jahrhundert den König nur als seinen officiellen und unentbehrlichen Mund zu betrachten anfing. Die Zahl der Constitutionen, welche den Städten insgesammt ungünstig waren, ist eben nicht gross; aber desto sicherer wurde ihre mit Privilegien wohl verschanzte Stellung dadurch angegriffen, dass man in häufigen Reichstagsdecreten, die wie Tirailleurlinien vorgeschoben und auch zurückgezogen wurden, sich bald gegen diese bald gegen jene einzelne Stadt richtete.

Und von den regelmässigen Steuern, die das Haus, in dem sie zu Gaste waren, für seine Erhaltung seit dem siebzehnten Jahrhundert brauchte, konnten sich die Städte trotz mancher Proteste nicht losmachen. Sie zahlten eine theure Wirthsrechnung! Freilich einige Abgaben hatten sie auch schon in früheren Jahrhunderten an den König gezahlt; so die Rauchfangsteuer, (podymne), und den Schoss, eine Grundsteuer (szos), die sich die Fürsten entweder vorbehalten oder später aufgelegt hatten. Ebenso war die Marktsteuer (targowe) von allen Dingen, die auf den städtischen Märkten verkauft wurden, und verschiedene Zölle sehr alt.

Seit dem sechzehnten Jahrhundert wurden verschiedene neue Accisen und namentlich eine allgemeine Schanksteuer (czopowe) allen Städten aufgeladen, und im siebzehnten Jahrhundert forderte man von ihnen das Winterbrot, eine zur Erhaltung des Soldheeres bestimmte Abgabe (hiberna), und das subsidium charitativum, weil beide Steuern von der Geistlichkeit getragen würden, die ebenso immun sei als die Städte! Doch ist hierbei nur auffallend, dass die Städte ohne ihre eigne Einwilligung dem Staate zahlten; überbürdet waren sie nicht und die meisten Privilegien bewirkten ja den Zusammenfluss von baarem Geld eben in den Städten. Auch wurden den neugegründeten oder von Unglück heimgesuchten Orten nicht selten Freijahre dauernd bewilligt.

Auch ein Kopfgeld (pogłówne) wurde von ihnen zu verschiedenen Zeiten eingetrieben, von dem aber die Patricierfamilien befreit waren, und in Kriegszeiten mussten sie ausser den Soldaten, die sie auf ihre eigenen Kosten zur Vertheidigung der Stadt halten sollten, noch Feldzugsteuer entrichten. Zur Instandhaltung, Ausbesserung und Verstärkung ihrer Festungswerke und Geschütze wurden sie bis ins achtzehnte Jahrhundert hinein durch verschiedene Constitutionen aufgemahnt.

Um sich den König, den sie bei seiner Durchreise mit seinem Gefolge zu verpflegen hatten, und dessen Boten sie Vorspann stellten, geneigt zu halten zahlten sie seit jeher an ihn und seine Familie häufig ausserordentliche und ordentliche Summen. Jede Privilegienbestätigung und jedes Urtheil kostete natürlich erkleckliches Geld.

Solche Zahlungen geschahen nun seit dem sechzehnten Jahrhundert ungezwungen auch an die Beamten des Königs. Denn seit jener Zeit begann sich die Staatsverwaltung ungescheut in die Stadtverhältnisse zu mischen. Und die Städte opponirten nicht mit Gewalt gegen diese offenbaren Privilegienbrüche, sondern zogen es vor die Starosten und Wojewoden mit regelmässigen Zahlungen· mild zu stimmen.

Namentlich der Starost war ein Schreckbild für die königlichen Freistädte. Er konnte nicht nur seine discretionäre Gewalt ausnutzen, um den Städtern ungestraft Schaden zu thun — es war eine gewöhnliche Plackerei, dass er dicht vor die Thore der Stadt eine andere neue gründete oder zu gründen drohte; erst die Constitution 1768 gestattete derartiges nur in einer Entfernung von zwei Meilen — sondern der König übertrug ihm öfter auch die Erneuerung der städtischen Behörden aus der Zahl der von der communitas burgensis praesentirten Männer; und der Reichstag ermächtigte ihn zu einer förmlichen Ueberwachung der Stadt, wie ihm denn durch die Constitutionen 1565, 1630, 1631 zur Pflicht gemacht wurde, jährliche Rechnungslegung über Einnahmen und Ausgaben der Städte zu fordern.

Die Städte waren des materiellen Nutzens wegen, den die Staatsgewalt von ihnen erwartete, gestiftet worden; und sie selbst betrachteten die materiellen Interessen als ihre eigentliche Sphäre. So durften sie sich denn nicht beklagen, wenn sie vom Reichstag als eine Art milchender Kuh betrachtet wurden, der ihr Futter regelmässig vorzuschneiden und die in ihrer Diät streng zu beaufsichtigen sei, damit die gute Quelle nicht versiege. Die Republik betrachtete alle Rechte, die eigentlich nur dem König persönlich zustehen sollten, als auf sich übergegangen. Und damit die Städte ihr Geld nicht unproductiv anlegten, wurden denn viele Luxusverbote erlassen, von denen nur die Rathmannen und ihre Familien ausgenommen wurden, so in den Constitutionen 1613, 1620, 1629 für die Krone, 1655 auch für Litauen und dann von neuem für die ganze Republik 1683, 1764, 1776. Für Ueberschreitungen dieser Gesetze sollte das Stadtgericht als Forum gelten, und so war dies eben kein schlimmer Eingriff.

Aber eine grosse Missachtung des abgeschlossenen Stadtrechts lag in den Commissionen der guten Ordnung, welche unter König Stanisław zu wiederholten Malen für Beaufsichtigung und Reorganisation der Stadtgemeinden eingesetzt wurden, die wegen allgemeinen sichtlichen Verfalls die Steuern nicht mehr pünktlich zahlen konnten. Diese Commissionen haben unläugbar wohlthätig gewirkt, denn unter der letzten Regierung haben die Städte sich in ihrem sittlichen Gefühl und in ihrem Wohlstande gehoben, aber sie bestanden aus einer Anzahl von Edelleuten und Beamten, ohne Zuziehung von Städtern. Sie wurden durch Reichstagsbeschluss für Wojewodschaften und Provinzen zusammengesetzt — Wojewoden und Starosten standen an der Spitze — bereisten die Städte, nahmen überall Inventare auf und trafen verbessernde, oft gänzlich umgestaltende Anordnungen.

Als die Städte nun beim vierjährigen Reichstage ihre Wünsche und Beschwerden vortrugen, verlangten sie nicht aus dem Mechanismus der allgemeinen Staatsverwaltung wieder auszutreten, sondern sie beanspruchten active Theilnahme an den Beschlüssen der Republik, soweit sie durch diese getroffen würden. Der Reichstag handelte denn auch in diesem Sinn. Und wie er später durch sein nicht mehr zur Ausführung gekommenes Gesetz vom 24. Juni 1791 die innere Verwaltung der Städte zu einer demokratischen Selbstregierung umgestaltete und der Staatsgewalt willkürliche Eingriffe erschwerte, so gab er ihnen schon durch das Gesetz vom 18. April das Recht wieder im Reichstage zu sitzen, welches die Städte selbst als ein ihnen staatsrechtlich zustehendes historisch nachgewiesen hatten. Und die Städteboten haben in der That noch eine Zeit lang an den polnischen Staatsverhandlungen theilgenommen.

Sämmtliche königliche Freistädte wurden unter 24 Abtheilungen geordnet, und jede Abtheilung sollte alle zwei Jahre zwei Bevollmächtigte zu den Reichstagen schicken.

Die Städteboten sollten nicht nur an der Gesetzgebung berathend und in allen Finanz- und Städtesachen beschliessend theilnehmen, sie sollten nicht nur zu Beisitzern des Obertribunals für die Städtesachen, des Kron- und litauischen Assessorialgerichts gewählt werden, sondern es wurde ihnen auch ein Platz bei der Staatsverwaltung angewiesen, indem ihre Bevollmächtigten ebenso wie die Senatoren und Landboten in die alle zwei Jahre erneuerten Polizei- und Schatzcommissionen eintreten sollten, mit gleichem Gehalt wie die Commissarien des Ritterstandes.

So suchte damals eine grosse Partei des Adels das Unrecht wieder gut zu machen, welches langjähriges Kasteninteresse den Städtern zugefügt hatte. Fast schien es eine Zeit lang, als habe der Adel den deutschrechtlichen Einwanderern ein ähnliches Gastgeschenk zugedacht, wie der Cyclop dem herlichen Dulder Odysseus, als wolle er sie zuletzt von den Insassen seiner Sklavenhöhle, wie Lelewel einmal die Republik Polen nennt, verschlingen. Nunmehr übte jene Reformpartei, um den Staat zu retten, einmal die Entsagung, schädliche übergrosse Freiheiten des Adels aufzugeben, andrerseits aber entschloss sie sich neue frische Kräfte auf die Höhe der Grundrechte des Adels hinaufzuziehen.

Allgemein glaubte man in jener Zeit, um einen Staat zu beglücken und zu retten, bedürfe es kaum andrer Vorkehrungen, denn einer umformenden Gesetzgebung und um den Staat zu erhalten, genüge es, dass die Summe der Macht an die gerecht organisirte gesetzgebende Körperschaft übertragen werde. Hätten diese Sätze Anspruch auf allgemeine Gültigkeit, so wäre Polen möglicherweise durch die annähernde Gleichstellung mit dem souveränen Adel gerettet worden, welche man anfing den deutschrechtlichen Gemeinden zu gewähren; und der Adel hoffte ernstlich durch diesen Bruch mit seinen gegen das Städtewesen gerichteten Traditionen das Vaterland zu erhalten.

Aber die Erfahrung hat uns seit jener Revolutionszeit gelehrt, dass die wesentliche Kraft in jedem Staate die Regierungsgewalt ist, eben so wie der Wille das maassgebende im Leben des einzelnen Menschen. — Wo die Regierungsgewalt in ihren Wurzeln so gelockert war, wie in Polen das Königthum, da konnte weder eine gleichmässige Zuziehung aller Staatsbewohner zu der Gesetzgebung, die man in der zwölften Stunde begann, noch die wohlgemeinten Verbesserungen, die man im Mechanismus der Staatsverwaltung anbrachte, den Staat sichern. Sondern das, was kräftige und folgerichtige Functionen des Staates ermöglicht, die Regierungsgewalt, hätte wie ein rocher de bronze etablirt werden müssen. Ohne deren radicale Erneuerung konnten alle gesellschaftsrechtlichen Verbesserungen, die der Staat den herabgesetzten und unterdrückten Klassen seiner Bevölkerung gewährte und versprach, nicht zum Zwecke führen.

Ein Unglück aber, das noch lange grausig die Weltgeschichte durchleuchten wird, war es nun eben für den polnischen Staat, dass die Epoche seiner beabsichtigten Wiedergeburt mit den ersten Zuckungen der französischen Revolution zusammenfiel. Grundverschieden waren zu jenen Tagen die Bedürfnisse Polens und Frankreichs; aber des letzteren Freiheitsrufe durchhallten damals so mächtig die Welt, dass eine gesetzgebende Körperschaft in Polen nicht im Stande gewesen wäre, grade zu jener Zeit ein durchweg selbständiges Königthum oder wenigstens eine Dictatur zu schaffen. Zehn Jahre früher oder zehn Jahre später wäre der Versuch vielleicht gemacht worden!

Aber dann bleibt noch immer die Frage, ob ein so gewaltsamer Bruch mit der Vergangenheit sich durch einen legislativen Act des Reichstages hätte durchführen lassen! Hatte sich doch der Nationalgeist gänzlich monarchischer Gesinnung entfremdet und das polnische Staatsrecht war in seiner gewohnheitlichen Färbung weiter nichts, als eine der reinsten Ausstrahlungen des Geistes der gesammten „nation noble."

Jene Eigenschaft, die gewiss ein accidentieller Vorzug kräftiger Staaten sein kann, die religiöse Einheit, war in Polen ebenso wie in Spanien zu einem Characteristicum der Nationalität gemacht worden. Nicht eben lauter waren die Mittel, durch welche sich diese den Völkern von aussen aufgedrungene, aber noch heute geltende Thatsache vollzogen hatte, und das Wesen beider Nationen hat lange unter deren vergiftender Nachwirkung gelitten. Doch in Polen musste die Art und Weise, in der das Land katholisch gemacht wurde, zu noch weit schlimmeren politischen Wirkungen führen, als in Spanien.

Denn abgesehen von der Verschiedenheit der geographischen Stellung, — so war es in Spanien die Regierungsgewalt, welche die Glaubenseinheit zu ihrer eigenen Stärkung durchführte; in Polen aber knüpften die Jesuiten ihre Tendenzen an die unter dem Adel vorhandenen Antipathien gegen jede Kräftigung der Staatsgewalt, sie schmeichelten den Gelüsten der Magnaten und Ritter, sie trieben jene Theorien der Wahlfreiheit und Einstimmigkeit in Schriften und Reden durch sophistische Beweisführung auf die Spitze, erzogen den Adel von Kindesbeinen in diesen süssen politischen Glaubenssätzen, um eine desto festere Anhänglichkeit an ihre religiösen Glaubenssätze zu erzielen.

Die Jesuiten auch waren es, die des Adels Kastengefühl durch religiöse Scheingründe bestärkten; und sie sind die erbittertsten Feinde der deutsch-evangelischen Städte gewesen. Gegen Riga, das doch schon im Jahr 1621 schwedisch wurde, hatten sie bis dahin 400 Processe eingeleitet.

Wo es ihnen aber gelang, die Herrschaft über die Behörden in einer katholischen Stadt zu gewinnen, da vernichteten sie durch ihre Intoleranz oft den Wohlstand der deutschrechtlichen Gemeinde, ebenso wie sie den Staat zerstört haben.

Man kann Achtung haben vor der grossartigen Organisation und vor der planvollen Wirksamkeit der Gesellschaft Jesu; aber eine Achtung, ja Bewunderung, wie sie uns der durchweg auf geschickt vernichtende Thätigkeit berechnete Bau einer Boa oder eines vorsündfluthlichen Drachen einflösst. Den Jesuiten bleibt zuletzt doch der Ruhm, Polen zu Grunde gerichtet zu haben. Sie waren ein schlimmerer Fluch für das Land, als die Inquisition für Spanien. Um etwas durchzuführen, das in einem Staat als Nebensache wohlthätig wirken kann, die Verschmelzung verschiedener Bekenntnissgemeinschaften, haben sie die Hauptsache in jedem Staate, das Ansehn der Regierunsgewalt, systematisch in den Gemüthern ausgetilgt und ein modernes, auf Heranziehung aller Staatseinwohner in das Staatsinteresse ausgehendes Verfassungswesen für lange Zeit und zur rechten Zeit unmöglich gemacht.

# Achtes Buch

## Bekenntnissgemeinschaften

*Dolemus maxime in tantum adduci periculum Po-
loniae regni statum & formam cum qua ipsius catholicae religionis conjuncta est securitas.*

Papst Clemens XIII. zur Zeit der Barschen
Conföderation.

## Erster Abschnitt

### Bedeutung der Religion im polnischen Staate

„Neben die von den meisten Politikern allein behandelte Frage: Was
hat der Staat der Kirche gegenüber zu thun? tritt die andre: Welche
Veränderungen erfährt der Charakter des Staats durch den Einfluss
der Kirche?" - Also meint ein kühner scharfer Denker unseres Jahrhunderts.

Ohne Zweifel harrt in der angegebenen Richtung noch viel bra-
ches Gebiet des Anbaus.   Die Praxis hatte jene Gesichtspunkte bis
ins vorige Jahrhundert streng im Auge gehabt; wie wären die Schei-
terhaufen der Inquisition, das deutsche „cujus regio, ejus religio" und
Jacobs I. „no bishop, no King" auch anders zu erklären? Man fürchtete eine Veränderung des Staatswesens durch neue Confessionen. Das
einzige nennenswerthe Resultat aber, welches die Theorie seitdem
auf diesem Felde erreicht hat, ist negativer Natur; man weiss, dass
unter den gegenwärtigen Verhältnissen ein möglichstes Fernhalten der
kirchlichen Interessen vom Staatswesen am zweckmässigsten sei.

Wie stark jedoch das nicht abzuhaltende, sich mit Naturgewalt
bahnbrechende Maass von Macht sei, welches kirchliche Verhältnisse

auf Verfassung und Verwaltung der einzelnen Staaten üben, ist bis jetzt wenig untersucht worden. Hat man doch sogar bei Beurtheilung des belgischen Staats die grade dort für die Entwicklung des öffentlichen Rechtes so bestimmenden Kräfte des Catholicismus ausser Acht gelassen.

Wie wäre aber überhaupt die Verbreitung jenes Satzes von der Trennung des Staats und der Kirche unter den Politikern erreicht worden, ohne den ausgleichenden, versöhnenden Gang, welchen die Gesinnungen der grossen Mehrzahl unter allen Religionsparteien angenommen haben, also ohne religiösen Einfluss? Die Bekenntnisse sind andere geworden im Lauf der Zeit; die Pflicht der Ketzervertilgung oder Ketzerverminderung war vom vierten bis ins achtzehnte Jahrhundert ebenso gut eine Religionsvorschrift der christlichen Genossenschaften, als die Nächstenliebe und das Bibelwort: „Die Hexen sollst du nicht leben lassen."

Uebrigens ist, wenn man den Gedanken Treitschkes weiter verfolgen will, genau zu unterscheiden, welchen Einfluss auf die Art des Staates das Dogma, und welchen die Organisation und die Einrichtungen der im Staat vorhandenen Bekenntnissgemeinschaften übe. Jener Seite des kirchlichen Lebens darf keine tief eingreifende Bedeutung für das Staatsrecht beigemessen werden. Zwar mag man in den Verwaltungsmaximen, die den preussischen Staat bisher beherscht haben, die nüchterne Klarheit des evangelischen Bekenntnisses wiederfinden und ein Volk, das auf die Freuden des muhamedischen Paradieses hofft, wird gewiss einer andern Lenkung bedürfen, als Leute, die für die armen Seelen ihrer im Fegefeuer brennenden Fürsten Gebete zum Himmel senden; aber andrerseits wäre für das englische Staatsrecht doch gewiss gleichgültig, ob die Hochkirche die Transsubstantiationslehre hätte oder nicht und im russischen Staat würde sich nichts ändern, wenn morgen die heilige Synode den Heidelberger Katechismus in seinen Hauptsätzen für ein symbolisches Buch der russischen Nationalkirche erklären sollte.

Grade in den slavischen Ländern und auch in Polen konnte das Dogma stets nur untergeordnete Wirkungen auf den Staat ausüben. Denn im slavischen Geiste liegt nichts weniger als die Bigotterie, die man ihm oft nachsagt; kein Slavenstamm hat jemals Hinneigung zum Uebersinnlichen bekundet, Sprachen und Litteraturen reden hier deutlich genug. Nur in Verbindung mit nationalen Interessen haben dogmatische Fragen die grosse Masse des Volks bei Böhmen, Polen und Russen in Erregung setzen können.

Ueberraschend schnell erfolgte die Bekehrung dieser Völker und namentlich der Polen zum Christenthum, und ebenso rasch traten in der späteren Zeit Secten auf und verschwanden wieder mit gleicher Geschwindigkeit fast spurlos. Das Flagellantenwesen, der Hussitismus, dann die Lehren der Reformatoren und selbst die Systeme der verstiegenen Socinianer fanden zeitweise ungeheuren Anklang in Polen, aber sie änderten weder irgend etwas im Nationalcharakter, noch würde ein Wechsel der Glaubensmeinungen allein und an sich das Staatsrecht umgestaltet haben. Selbst die Einführung der römisch-katholischen Lehre gegenüber der slavischen Nationalreligion, von der wir im Grunde fast gar nichts wissen, hat keinen merklichen Umschwung bewirkt.

Ja, die Staatsgewalt und die Staatsinteressen waren gegenüber der Kirche so stark, dass auch die aristokratische Organisation des Catholicismus, die Hierarchie, nur sehr allmählich zur Geltung gelangte. Der Fürst war nach den altslavischen Begriffen Oberpriester seines Volkes, er hatte, wie bei allen arischen Stämmen, die Opfer für sein gesammtes Volk zu bringen und die Priester, die sich etwa als besonderer Stand ausgebildet hatten, standen unter seiner Leitung. Darum gelang auch die Christianisirung ausserordentlich schnell; sobald der Fürst für die neue Lehre gewonnen war, zog er das Volk nach sich, welches ihm in Cultusangelegenheiten vertraute. Es war nun aber sehr erklärlich, dass der Fürst auch die christlichen Priester kurzweg als seine Beamten zu behandeln geneigt war. Er nahm die Bischöfe in seinen Rath auf: aber wie uns die Klagen der Päpste bis ins dreizehnte Jahrhundert beweisen, nach Gutdünken stellte er sie an, versetzte sie und nahm ihnen ihre Würde, grade wie er mit den Wojewoden und Castellanen that oder versuchte. Auch tödtete er sie im Zorne ebenso wie seine weltlichen Beamten.

Im altpolnischen Staat war die Kirche ein secundäres Element der Verwaltung; fast könnte man sagen, wie in einigen modernen Ländern. Ihre sonst im Mittelalter den Fürsten so schreckliche Hierarchie fügte sich dienend dem Staatsganzen ein.

Aber eine Rückwirkung der westlichen Beispiele konnte unter den schwachen piastischen Kleinfürsten nicht ausbleiben, grade der Clerus war Urheber jener Immunitätsertheilungen, die das Gebäude der die ganze Staatsgesellschaft umschliessenden, streng monarchischen Ordnung Boleslaws unterwühlt haben. Die vielen päpstlichen Legaten, welche wir seit dem dreizehnten Jahrhundert in Polen finden, haben nicht zum wenigsten den mittelalterlichen Ideen über das Verhältniss von imperium und sacerdotium Eingang verschafft.

Den Fürsten gegenüber hatte die Geistlichkeit, auf ihr kanonisches Recht gestützt, sich unabhängig gemacht. Sie hatte sich und ihren Unterthanen einen rein geistlichen Gerichtstand ausgewirkt; sie zahlte keine Steuern und ihre Unterthanen waren vom Kriegsdienst befreit, den ja in früher Zeit die Kmeten zu leisten hatten. Aber ähnliche Privilegien erlangte kurz darauf auch der gesammte Adel und nun drückte dieser Stand mit grösserem Gewicht auf den Clerus zurück.

Nicht nur, dass durch den Einfluss des Adels den Geistlichen jene Freiheiten geschmälert wurden, dass die Geistlichen wegen privatrechtlicher Dinge gar oft vor die Staatsgerichte citirt wurden, während die Competenz der geistlichen Gerichte über weltliche Personen nicht anerkannt ward, Steuern zahlen und sogar zeitweise Soldaten stellen mussten; so raubten die Edelleute auch durch beständige Beeinträchtigung des Zehnten, den sie ihre Bauern zwangen an sie und nicht an die Geistlichen abzuliefern, die Einkünfte des Clerus, jede Schenkung an die Kirche war verboten oder unterlag strenger Beaufsichtigung des Adels, der seine bona terrestria als eine Einheit fasste, welche nicht verringert werden dürfte.

In dieser stets feindseligen Haltung gegen die Geistlichkeit, als Stand, wurde der Adel weder durch die Jesuitenbekehrung umgestimmt, noch durch den Umstand, dass seit dem funfzehnten Jahrhundert alle irgendwie einflussreichen Stellen der Kirche, die Propsteien, Canonicate, Abteien, Bisthümer, mit echten alten Edelleuten besetzt wurden, was seit der Mitte des sechzehnten Jahrhunderts auch für die besseren Posten in der griechischen Confession durch Reichstagsbeschlüsse geltend wurde. Die Organisation der Kirche wurde seit jener Zeit wieder vollständig in das Interesse des Staates gezogen, das heisst nunmehr in das Interesse des Standes, der die Macht im Staat inne hatte. Mit Unterstützung und zu Gunsten des Adels erlangte König Kasimir IV. das Recht, ohne Befragung der Capitel, alle Bisthümer zu besetzen, die nun vollständig wie andre Senatstellen behandelt wurden. Und die Pfründen, deren Verleihung dem König vorbehalten wurde, galten dem panis bene meritorum gleich.

Die Organisation der Bekenntnissgemeinschaft, zu der sich die Mehrzahl der Einwohner eines Staats rechnet, wird in der Regel vom Staate überwacht oder bestimmt; denn sie ist von bedeutender Rückwirkung für den Staat und kann von diesem getrennt kaum gedacht werden. Sowie in Amerika die Einrichtungen der verschiedenen protestantischen Secten mit dem demokratischen Charakter des Staates harmoniren, so wie für den bisherigen preussischen Beamten- und Heerstaat eine andre Gliederung der Landeskirche kaum denkbar war, als die nach Consistorien und Superintendenturen; so konnte auch der polnische Adel seit dem funfzehnten Jahrhundert nur solchen kirchlichen Instituten aufrichtig geneigt sein, die ihm ähnliche Vortheile gewährten, als die seit lange bestehende Hierarchie des Staatsdienstes. Die politische Welt wird nun einmal vorzugsweise durch Interessen, nicht durch allgemeine Principien regiert.

Und nur so erklärt sich der schmähliche Verfall des in Polen seiner Zeit so blühenden Protestantismus. Hätte König Siegmund August das Beispiel Heinrichs VIII. und Elisabeths befolgt, hätte er die Organisation der Kirche beibehalten, und sich im Uebrigen mit Aenderungen einzelner Dogmen und Gebräuche und mit der allseitig ersehnten Loslösung von Rom begnügt — so hätte Polen mit Sicherheit in die Gemeinschaft der evangelischen Staaten sich eingefügt und der spätere Aufschwung Preussens wäre alsdann in der Weise, wie er sich vollzog, nicht möglich gewesen; Ostpreussen wäre in Polen aufgegangen. Aber nun war die Thatsache, dass grade die in Polen am meisten verbreiteten Richtungen der neuen Lehre in der hierarchischen Ordnung der Kirche einen der schlimmsten Fehler erblickten. Kein einziger der polnischen Protestanten hat sich für Aufrechthaltung der bischöflichen Gewalt ausgesprochen. Auf sie wirkten theils das Beispiel Norddeutschlands, theils Calvins Theorien von der Kirchenorganisation. In Polen schien nur der Protestantismus ohne Bisthümer und Pfründen, oder die Hierarchie, mit der katholischen Lehre verbunden, möglich. Der Adel zog nach längerem Besinnen das letztere vor. Denn ebensowenig als man England seine Hochkirche nehmen kann, ohne die Macht der Gentry empfindlich zu verletzen, ebensowenig konnte die Hierarchie in Polen aufgehoben werden, ohne dass der Adel, der nun einmal das Bestimmende im Staate war, in seiner Stellung lebhaft erschüttert worden wäre.

Und für einen scharfen politischen Denker war die Auflösung der Hierarchie in Polen doch eine Chimäre; denn was hätte man wohl mit den immensen Liegenschaften der Kirche beginnen sollen und wie wäre eine andere Landeskirche, als eine hierarchisch organisirte in Polen jemals denkbar gewesen, in Polen, wo die ganze Verwaltung nicht in Collegien oder Versammlungen, sondern in einzelnen, stufenweis über einander stehenden Persönlichkeiten concentrirt war! Und war etwa vom Adel zu verlangen, dass er die Leitung seiner projectirten evangelischen Landeskirche den nach deutschem Muster fast durchweg nichtadligen Prädicanten überlassen sollte? In Deutschland lagen eben die Dinge vollkommen anders; da machten die Fürsten die Reformation und sie standen in entschiedenem Obrigkeitsverhältniss zu den neuen Priestern, was der Adel von sich nicht sagen konnte.

Um den Protestantismus in Polen nun vollends unmöglich zu machen, kam noch hinzu, dass unter den polnischen Akatholiken eine grenzenlose Zersplitterung herschte. Der Versuch, eine „polnische Confession" zu schaffen, der 1570 zu Sandomir gemacht wurde, scheiterte an dem unpraktischen Sinn der einzelnen evangelischen Gemeinschaften, deren Leitung fast ganz in den Händen bürgerlicher Prädiger war, die an öffentliches Handeln nicht gewöhnt waren. Für keins der verschiedenen Bekenntnisse hat sich eine energische Majorität bilden können, geschweige denn, dass man eines um des andern willen aufgegeben hätte. So war die Idee der Einheit, die sonst im polnischen öffentlichen Leben von der grössten Bedeutung, im polnischen Protestantismus nicht einmal keimartig vorhanden, und die Adelsnation konnte sich in ihrer Masse schon darum für ihn nicht begeistern. Wohin sollte sie sich wenden, zu den böhmischen Brüdern, zu den Lutheranern oder zu den Calvinern? Ihre Unterscheidungslehren trugen alle mit gleich pedantischer Strenge vor und boten sämmtlich ihren Gegnern, dem Cardinal Hosius und seinen Jesuiten, schon zur Zeit ihrer grössten Ausbreitung, während deren sie zusammengenommen mehr Macht und Einfluss als die Katholiken besassen, erwünschte Angriffspunkte.

Und die polnischen adligen Protestanten selbst haben im Gefühl ihrer zersplitterten Schwäche und aus gegenseitigem Neid, niemals gewagt, sich in die Herrschaft zu setzen, sie haben in den Interregnen von 1573 und 1575, wo sie es gekonnt hätten, nicht einmal versucht, einen evangelischen Wahlcandidaten vorzuschlagen. Noch ehe König Siegmund III. allen Einfluss, der ihm geblieben, zur Unterdrückung des Protestantismus anwandte, war es entschieden, dass der Protestantismus niemals positive Bedeutung für das polnische Staatsrecht erlangen würde. Dass alle in Polen während des sechzehnten Jahrhunderts eingekehrten Bekenntnisse fremdländischen Ursprungs waren, trug auch nicht wenig dazu bei, den Jesuiten ihren Kampf für die „Religion der Väter" zu erleichtern.

Jede rückläufige Bewegung ist in Gefahr, über die Grenzen der Zweckmässigkeit hinauszuschiessen. Sobald in Polen die Mehrzahl des Adels wieder katholisch geworden, begnügte man sich nicht damit, die Organisation der katholischen Kirche, die Hierarchie, als ein staatliches Institut sicherzustellen, nicht damit, das katholische Dogma als das herschende zu erklären und katholische Confession in den Thronbewerbern vorauszusetzen, sondern der polnische Adel, der bis ins sechzehnte Jahrhundert, tolerant wie alle Slaven, orthodox griechische Ritter und Magnaten für seine vollberechtigten Brüder gehalten, islamitische Tataren als willkommene Kampfgenossen gegen Deutschritter und Moskowiter in seine Reihen aufgenommen und ihnen privilegirte Sitze innerhalb Litauens gewährt, die Juden aber mit mehr Freiheit, als ihnen irgendwo anders gewährt wurde, in seinem ganzen Gebiet gehegt hatte, begann nunmehr, von den Jesuiten umgebildet, die akatholischen Glaubensgenossenschaften zu verfolgen und seinen protestantischen Stammgenossen schrittweise ein politisches Recht nach dem andern zu entziehen! Die katholische Kirche „qua domina", hatte von den in Polen zur Beherschung des Staates unfähigen dissidentischen Bekenntnissgemeinschaften nichts zu fürchten. Das polnische Staatsrecht gab sich hier zum Werkzeug ausländischer, nämlich römischer und sogar schlechtverstandener römischer Interessen her; kein Wunder, dass andere ausländische Mächte die Klagen der nutzlos in ihrer zugesicherten Glaubensfreiheit bedrängten Religionsparteien als Anhalt benutzten, um ihre Hebel zur Auseinanderreissung des Staates einzusetzen.

---

# Zweiter Abschnitt

## Die römische Kirche in Polen

An Polen hatte das Papstthum im zehnten Jahrhundert einen unschätzbaren Vorposten gewonnen und es erhielt ihn sich sechshundert Jahre später zum doppelten Kampf gegen die protestantischen und gegen die orthodoxen Staaten des europäischen Nordosten. Aber so gross der Einfluss auch war, den die Kirche auf den Nationalgeist geübt hat, so hat die Kirche als Corporation und die Geistlichkeit als Stand doch niemals die Bedeutung für Polen gehabt, wie in anderen römischen Ländern. Hätte der Clerus ein kräftiges Königthum und eine geschlossene Städtevertretung zur Seite gehabt, wie in den westlichen Ständestaaten, so würde er im Kampf gegen den Adel vielleicht eine feste Position gewonnen haben; ihm fehlten aber hier diese Bundesgenossen, und so wurde er nicht nur vom allmächtigen Adel in seiner politischen Wirksamkeit stark eingeschränkt, sondern sogar von diesem aufgesogen; und die Aebte und Bischöfe vertraten schon im vierzehnten Jahrhundert gezwungen oder ungezwungen nicht sowohl den Vortheil ihrer Kirche, als den ihrer Sippe, und im siebzehnten Jahrhundert stritten sie gegen den König für die Freiheiten der gesammten Brüder oder für die Vorrechte einzelner Provinzen und Territorien der Republik.

Im Reichstag haben nur die Bischöfe Sitz, und nicht einmal sie bilden eine Curie, ja sie haben sogar nicht die Bedeutung der geistlichen Mitglieder des englischen Oberhauses, sondern sie sind gewöhnliche Senatoren ohne reellen Vorzug, ohne grösseres Gewicht, als ihre weltlichen Collegen, denen sie schon ihrer geringen Zahl halber nicht gewachsen waren. Aber die Bischöfe wagten auch niemals getrennt von den anderen Senatoren irgend etwas durchzusetzen, und selbst bei den Protesten gegen die Glaubensfreiheit schlossen sich immer einige Bischöfe aus, wofür dann Wojewoden und Castellane sich zur Unterzeichnung bereit fanden. Der Ausdruck: „geistliche und weltliche Räthe" konnte niemals den Gedanken einer Curientheilung des Senates erwecken.

Eine andere politische Vertretung als diese dreizehn später bis zur ersten Theilung funfzehn Senatstellen hat die polnische römisch-katholische Geistlichkeit nicht gehabt. Unter den Landboten sass ab und zu ein von den Brüdern gewählter Kleriker, aber nur in seiner Eigenschaft als bene natus et possessionatus; der Eintritt in die Geistlichkeit derogirte den Adelsrechten nicht, und fast alle geistlichen Edelleute fühlten sich mehr ihrem Geburtstande als ihrem Berufe angehörig. Meist bezogen sie nur die Pfründen, ohne die Pflichten des geistlichen Amtes auszuüben, die den aus dem Städter- und Bauerstande hervorgegangenen Vicaren und Plebanen zufielen. Die Herren Aebte, Pröpste und Domherrn liessen sich dafür oft vom König und vom Reichstage zu Staatsgeschäften brauchen, namentlich wurden ihnen öfter diplomatische Aufträge ertheilt, und die Secretariate, Referendariate, und Notariate des Staates sowie die Kanzlerstellen standen ihnen offen.

Naturgemäss erlaubte sich der Staat in die hierarchische Organisation der Kirche, die seinem eigenen Wesen so nahe verwandt war, manche Eingriffe. König Kasimir setzte 1463 den Candidaten, den er zum Bischof von Krakau haben wollte, gegen die beiden andern vom Capitel und vom Papst gewählten durch; und seitdem ging das schon oft, namentlich unter den Piasten und unter Ludwig, bestrittene Wahlrecht der Capitel völlig auf den König über. Ebenso behielt sich der Monarch einige andere Stellen und Stifter vor. Hier schwankte der Streit zwischen dem König auf der einen Seite und zwischen der polnischen Geistlichkeit und dem Papste andrerseits, welche die Stellen seit dem Concordat von 1525 und 1532 in der Art besetzten, dass ein in den graden Monaten erledigter Posten je nach Gewohnheit vom Bischof, vom Klosterconvent oder vom Capitel, ein in den ungraden Monaten offen gewordener vom Papst wiederausgefüllt wurde, noch längere Zeit.

Endlich ward er im wesentlichen durchweg 1788 mit Rom dahin ausgetragen, dass die meisten Pfründen den geistlichen Behörden zur Wiedervergebung zugewiesen wurden und dass der König die dreizehn reichsten Abteien des Landes zur Verleihung erhielt, nämlich: Tyniec, Lubin, Płock (Benedictiner), Wąchoc, Mogiła, Sulejów, Wongrowitz, Andrzejów, Paradies (Cistercienser), Czerwińsk, Trzemeszno (Augustiner-chorherrn), Hebdów (Norbertaner), Miechów (Kreuzherrn). König Stanisław wirkte ausserdem für sich noch die Wiederbesetzung der Cistercienserabteien Blesen und Lenda beim römischen Stuhle aus im Jahr 1776.

Die Einkünfte dieser Abteien sowie der Bischöfe bestanden zum grössten Theil aus den Abgaben und Leistungen der Dörfer und Me-diatstädte, die der Geistlichkeit in den ersten Jahrhunderten von König und Adel geschenkt waren und von dieser theils unter polnischem Recht belassen und also von hörigen Frohnbauern bewohnt, theils nach deutschem Recht ausgesetzt und demnach von freien Zinszahlern besiedelt wurden.

Als im 15. Jahrhundert der Adel die königlichen Güter als eine an seine Mitglieder stets neu zu verleihende Sinecure zu betrachten anfing und, nachdem er im Staate der maassgebende Factor geworden, jede Schmälerung des gesammten adligen, allodialen Güterbesitzes, der als eine Einheit aufgefasst wurde, für einen politischen Schaden halten musste, wurden Schenkungen sowie alle Veräusserungen an die Geist-lichkeit verboten. Aber wie es scheint, anfangs mit wenig Erfolg; erst im 17. Jahrhundert erhielten diese Bestimmungen Werth. Ein volles Drittel des polnischen Bodens war in geistlichem Besitz, als durch die Constitution 1635 aller Erwerb adligen Güterbesitzes für geistliche Stiftungen verboten wurde und durch die Const. 1676 ein gleiches für die städtischen Grundstücke festgesetzt wurde. Ausgenommen waren durch Constitution 1641 und 52 die Capitel an den Cathedralen, die ja doch aus Adligen bestanden, da durch verschiedene Bestimmungen des 16. Jahrhunderts Städter nur für die bei jedem Capitel eingerichteten Doctorenstellen beschränkt zulässig waren. 1764 und 1768 wurden alle Verbotbestimmungen erneuert; nur die Convente des Piarenordens wurden durch Const. 1775 eximirt.

Die niederen Geistlichen, deren Ackerbesitz, die Widmut, Wiedemut mit deutschem Ausdruck genannt, nur selten umfangreich war, sahen sich auf Geldbeiträge verschiedener Art angewiesen. Für sie hatten vorzugsweise die auf verschiedenen Grundstücken zu Gunsten der Kirche haftenden Servituten, gleichfalls deutsch bezeichnet als Wiederkäufe, Widerkafy, ihre Bedeutung. Diese von einem frommen Eigenthümer in frühen Zeiten vertragsmässig ausgesetzten Zinsen betrugen ursprünglich und gewöhnlich 10 Procent; die Const. 1635 setzte sie gleichmässig auf 7 Procent, und 1775 wurden sie für Litauen auf 6 Procent, für die Krone auf $8\frac{1}{2}$ Procent heruntergedrückt. Und in der Praxis stellte sich das Verhältniss für die Geistlichkeit noch ungünstiger.

Den eigentlichen Grundstock der geistlichen Einkünfte bildete der regelmässige Zehnte, den der Staat bei Einführung des Christenthums der Geistlichkeit garantirt hatte und der nach einem bestimmten Verhältniss von den Bischöfen und Pfarrern getheilt wurde. Die Ablieferung erfolgte vom gesammten bebauten Landgebiete; denkbarerweise und bei dem in Polen herschenden Geldmangel nothwendig zuerst in Naturalportionen; die hierbei aber unvermeidlichen andauernden Streitigkeiten veranlassten schon im 14. Jahrhundert, dass einzelne Bischöfe für den Clerus ihrer Diöcesen unter Vermittlung der Staatsgewalt mit dem Adel, der bereits völlig für seine Bauern eintrat, Verträge über die Umwandlung der Naturalzehnten in Geld abschlossen. So Jaroslaw von Gnesen; besonders berühmt aber war die „compositio", die Bodzanta von Krakau unter Kasimir dem Grossen zu Stande brachte. Doch war Niemand gezwungen, in Geld zu zahlen, und so gingen die Unbequemlichkeiten fort, da vielen Edelleuten der von Bodzanta aufgesetzte und vielfach nachgeahmte Tarif zu hoch erschien.

Während der Reformation nahm die Lust zum Zehntenliefern erklärlicherweise noch mehr ab; die Geistlichkeit suchte nun durch zu Gunsten des Adels gestellter Compositionen wenigstens in Geld noch etwas zu gewinnen. Von 1573 bis 1611 finden sich elfmal Bestimmungen über die Composition in den Reichstagsgesetzen.

Endlich wurde eine Art dauernden Rechtszustandes in dieser Angelegenheit, die als Staatsache behandelt wurde, durch das Abkommen
erzielt, welches der berühmte Kanzler Georg Ossoliński mit Papst
Urban VIII. abschloss und welches in die Constitution des Jahres
1635 aufgenommen wurde.

Danach sollte auf königlichen Gütern der Zehnte in Natur, also
der Regel nach in Garben, von den Nutzniessern gezahlt werden; auf
den adligen Gütern aber sollten die Einzelverträge über Geldumwand-
lung rechtliche Kraft haben, welche zwischen Plebanen und Grundbesitzern abgeschlossen seien und wo dergleichen noch nicht bestän-
den, da sollte der Bischof auf Verlangen des Edelmanns den Compo-
sitionsvertrag vermitteln. Wegen Bezahlung der ausgemachten Summen
sollten nicht geistliche Gerichte, wie früher prätendirt wurde, sondern
die Grods das Forum sein und zwar in erster und letzter Instanz.
Doch wurde mitunter an die Tribunale appellirt.

Die Compositionen wurden von den Edelleuten, die für ihren
und für den ihren Bauern angewiesenen Acker zugleich den Geld-
zehnten ablieferten, darum gesucht, weil es ihnen freistand, sich von
den Bauern einen richtigen Garbenzehnt geben zu lassen, und den
Geistlichen die selten ein Aequivalent bildende Geldsumme auszuzah-
len oder das einmal ausbedungene Geld, falls es der Kleriker als einen nicht richtigen Zehnt zurückwies, auf dem Grod zu deponiren.

Anstatt des gewöhnlichen Zehnten, der von dem Körnerertrag
der Erndte genommen und berechnet, bestand an einigen Orten die
Malterlieferung (małdraty), also ein Zehntel vom gemahlenen
Korn, oder die Messlieferung (meszne), die vom Korn berechnet
wurde, solang es grün war, also nach dem Umfang der Felder. Beide
sollten nach verschiedenen Constitutionen jede Zehntenforderung aus-
schliessen.

Die Streitigkeiten um den Zehnten, die bei der politischen Stellung des polnischen Adels immer als Staatsache behandelt wurden,
waren aber noch unter König Poniatowski eine brennende Frage und
grade im bigottesten Theil der Republik, wo nach verschiedenen Aus-
nahmegesetzen kein Protestant geduldet werden sollte, in Masovien,
mussten damals verschiedene, aus Geistlichen und Weltlichen gemischte
Commissionen zu ihrer Beilegung fungiren und noch die Constitution
1768 und 1775 beschäftigte sich mit diesem Gegenstande.

Die Geistlichkeit war, um den Zehnten richtig zu erlangen, einzig auf die Hülfe des weltlichen Armes angewiesen; die kirchlichen
Disciplinarstrafen, welche sie auferlegte, hatten seit dem sechzehnten

Jahrhundert für den weltlichen Ruf und die politischen Rechte des Betroffenen keine Bedeutung; selbst eine andauernde Excommunication, die früher Rechtlosigkeit und Gütersequestration nach sich ziehen sollte, verlor diese Wirkungen, und es wurde den Starosten verboten, derartige Strafen zu exequiren. Wenn ihnen dies im funfzehnten Jahrhundert geboten war, so ist nicht sowohl die damals grössere Anhänglichkeit an den katholischen Glauben als Grund anzunehmen, sondern im Gegentheil die Excommunication, der Bann, wurde als eine bürgerliche Strafe angesehn, die nach dem Statut 1457 ohne weiteres denjenigen Starosten treffen sollte, der einem von Söldnern beschädigten Edelmann Gerechtigkeit verweigern würde, und welche, wie 1505 verkündet wurde, durch Sondergesetze der Provinzen und Wojewodschaft beliebig angedroht werden könne. So tritt die katholische Kirche als ein staatliches Institut auf.

Demgemäss war die Competenz der geistlichen Gerichte, gegenüber denen des Staats, schon früher beschränkt. Während Geistliche in fast allen Civilsachen und, wie es scheint auch in Criminalibus, trotzdem dass noch die Constitution 1635 bestimmt, ein geistlicher Deliquent solle in erster Instanz vom Bischof, in zweiter vom Primas, in dritter vom päpstlichen Nuntius gerichtet werden, vor Grod- und Landgericht, sowie vor den Tribunalen klagen und antworten sollten; war die Competenz der geistlichen Gerichte, die von den Bischöfen abgehalten wurden, über Personen weltlichen Standes nur auf rein geistliche und mit ihnen verbundene Sachen ausgedehnt worden, Statut 1433, wie auch 1496 und 1510 erneuert wurde. Da aber nicht genau bestimmt wurde, was eine geistliche Sache sei, so setzte König Siegmund I. aus den beiden Kronsekretären (geistlichen Standes) und vier weltlichen Richtern eine gemischte Commission zusammen, und deren Bestimmungen wurden 1543 vom Reichstäge bestätigt. Doch war das damals aufgestellte Verzeichniss, in welchem wir ausser anderm Ketzerei, Zauberei und Wucher finden, vollkommen nutzlos; denn die geistlichen Gerichte behielten bald gar keine Macht über Personen weltlichen Standes.

Die Gewohnheit begann sich energisch dagegen zu sträuben, und den Wünschen des seiner Mehrzahl nach protestantischen Adels, gaben die Reichstagsbeschlüsse von 1563 und 1565 Ausdruck. Schon 1552 hatte die geistliche Gerichtsbarkeit sich nur auf niedere Strafen beschränken müssen.

Die geistlichen Gerichte kamen ab; dafür wurde den Klerikern ein Antheil an den Tribunalen gegeben. Der Einfluss der Geistlich-

keit wurde auch nach erfolgter Katholisirung des Landes nicht wieder
hergestellt; alle die Niederschläge, welche die religiöse Bewegung des
sechzehnten Jahrhunderts in dem Rechtsystem des Landes erzeugt
hatten, wurden beibehalten, soweit sie der Adelsfreiheit und den Adels-
vortheilen entsprachen.

So auch die Besteuerung und Belastung der Geistlichkeit zu Staats-
zwecken. Schon Kasimir der Grosse hatte auf die von seinen Vorgängern ertheilten Privilegien nicht geachtet; und wie er durch das
Statut von Wiślica von den Unterthanen der Geistlichkeit, ja selbst
von angehenden, noch nicht geweihten Priestern Kriegsdienst forderte,
so hatte er den geistlichen Gütern verschiedene Leistungen aufgelegt;
insbesondere mussten sie zur Erbauung von königlichen Schlössern beitragen.

Später behauptete der Adel ein Recht, auf den Gütern der Geistlichkeit, die sich beständig gegen alle Kriegsverpflichtungen sträubte,
unentgeltlich zu fouragiren und Quartier zu nehmen. Seit König Siegmund I. aber ward die Geistlichkeit zu dem pobór, der gewöhnlichen,
durch Reichstagsbeschluss auferlegten Grundsteuer herangezogen; bald
musste sie, das heisst ihre Bauern und Mediatbürger, alle Steuern so
ziemlich geben, die in adligen Orten eingetrieben wurden. Ausserdem
hatte sie ausserordentliche Auflagen; unter Siegmund I. 1507 und
1520 hatte man von allen Geistlichen ein Kopfgeld eingefordert, im
siebzehnten Jahrhundert kam die Hiberna und seit 1717 wurde das Subsidium charitativum, früher unregelmässig gezahlt, zu einer dauernden
Last gemacht; seinem Begriff widersprechend.

Entschädigt wurde die Geistlichkeit für diese materiellen Verluste
nur durch den moralischen Einfluss, den sie über die Gemüther des
Adels seit dem siebzehnten Jahrhundert stärker als im Mittelalter
übte. Und war es eine Nothwendigkeit für die täglich wachsenden
Staatsbedürfnisse den, wie der Adel meinte, vollgesogenen Schwamm
des geistlichen Reichthums ein wenig auszupressen, so konnte sich der
Clerus damit trösten, dass die beständig sich mehrenden Beeinträchtigungen der akatholischen Bekenntnissgemeinschaften Zeugniss von dem
brennenden Glaubenseifer des Adels ablege.

# Dritter Abschnitt

## Die Griechen

Bei der Eroberung Reussens durch Kasimir im vierzehnten Jahrhundert, bei der Annectirung der von den Litauern eroberten russischen Landschaften und in Litauen selbst hatte der polnische Staat eine grosse Anzahl griechischrechtgläubiger Christen in sich aufgenommen. Dieselben wurden, soweit sie dem Adelstande jener Länder angehörten, unterschiedslos dem polnischen Adel gleichgestellt; und die Magnatenfamilien jener Gebiete erhielten ohne Rücksicht auf ihr Bekenntniss Senatorenstellen für ihre Mitglieder. Dass die Könige, wo es ging, römische Katholiken vorzogen, war erklärlich und nicht anzufechten, da ja auch in Polen ebensowenig als in modernen Staaten irgend jemand ein jus quaesitum auf Staatsämter hatte. Aber rechtlich blieb die Stellung der Griechen bis zum Ende des sechzehnten Jahrhunderts unangefochten. Dass die Bischöfe dieser Confession nicht in den Senat eintraten, fand darin seinen Grund, dass der König sie nicht ernannte, dass sie also nicht als Staatsbeamte gelten konnten, ferner in dem geringen Grade von Macht und Ansehn, welches ihnen bei den eigenthümlichen Institutionen der griechischen Kirche zustand.

Nun wurden aber durch verschiedene Gesetze des sechzehnten Jahrhunderts die besseren Stellen der orthodoxen Kirche ebenso zu einer Domäne des Adels gemacht, wie die der katholischen Hierarchie bereits waren und die Forderung um Gleichstellung der griechischen Bischöfe tauchte jetzt mehrmals auf, wurde in dem 1658 zu Hadziacz zwischen dem Kosakenhetman und den königlichen Kommissaren abgeschlossenen Tractate sogar zugesichert; doch sie wurde nicht erfüllt, ebensowenig als jener Vertrag zur Ausführung gelangte.

Als Köder aber hatte sie den Jesuiten gedient, um jene unter dem Namen der Union bewirkte Zerreissung der orthodoxen Kirche durchzusetzen. Eine zweifelhafte Erwerbung machte Rom, einen entschiedenen Nachtheil erlitt Polen durch die Folgen jener Union von

1595, durch welche der Metropolit von Kijew, der Erzbischof von
Połock und vier Bischöfe sich dem Papst unterwarfen. Denn einerseits wurde den Unirten doch nicht die verheissene Gleichstellung mit
den eigentlichen Katholiken bewilligt und ein Stachel der Unzufriedenheit blieb in ihnen daher beständig haften; demungeachtet aber
wurden die Griechen, welche sich der Union nicht anschlossen, und
dies war die grosse Masse, beständig tiefer herabgesetzt, und mit Naturgewalt in die Arme des gleichgläubigen und benachbarten Moskau
getrieben. Seit dem Jahre 1607 dauerte beständiger Streit zwischen
Unirten und Nichtunirten über die einzelnen Stellen und Güter.

Die Constitutionen und Zwischenreichconföderationsacten versuchten es, diese Zwistigkeiten beizulegen — an verschiedenen Stellen
waren jetzt doppelt griechische Bischöfe und Popen, unirte und nichtunirte, die sich um Vorrang und Einkünfte bekämpften — aber es
geschah zu Ungunsten der Nichtunirten, „salvis juribus ecclesiarum
Graecorum unitorum," wie man 1669 und 1674 sagte. Oefter zwar
wurden noch den Griechen im Allgemeinen ihre Glaubensfreiheit und
Rechte gesetzlich garantirt, aber die Praxis wusste hiervon nur noch
wenig und die Conföderationsacte 1733 kennt nur noch Privilegien
der Unirten.

Die eigentlichen griechischen Christen, deren Religion in vielen
Theilen Polens älter war, als die katholische, wurden jetzt von allen
Staatsämtern ausgeschlossen, in der Ausübung ihres Gottesdienstes
beeinträchtigt; auf gleicher Stufe mit den Bekennern der seit neueren
Jahrhunderten eingedrungenen Glaubensmeinungen, mit den Dissidenten,
geachtet, öfter auch unter diesem Namen begriffen.

## Vierter Abschnitt

### Die Dissidenten

Die Reformation fand in Polen ein bereits gelockertes Terrain
für die Ausstreuung ihres Samens. Durch alle Ketzerverbote, welche
König, Reichstag und Conföderationen im funfzehnten Jahrhundert erliessen, war der Wiklefismus und das Hussitenthum im Lande nicht

ausgerottet worden. Freilich hatte die Lehre des Kelches auch nicht die staatliche Sanction erlangen können.

Den böhmischen Brüdern, die nun im sechzehnten Jahrhundert mit offnem Visir als geschlossene und nicht unansehnliche Glaubenspartei auftraten, gesellten sich bald lutherische, calvinische und socinianische Genossenschaften zu. Sie ergänzten sich durch beständigen Abfall römischer und griechischer Katholiken vom „Bekenntniss der Väter". In jenem gewaltigen Interregnum 1573 war der souveräne Adel so gemischten Glaubens, dass er sich als „dissidentes de religione" zusammenfasste.

Keine der christlichen Bekenntnissgemeinschaften hatte damals eine absolute Majorität für sich, aber die relative Mehrheit unter den Glaubensfractionen des Adels war bei den römischen Katholiken. Stets war die grosse Ueberzahl der Landbewohner Polens, abgerechnet Rothreussen, Weiss- und Schwarzrussland sowie die Kosakengebiete, dem Papstthum treu geblieben; die protestantischen Edelleute wagten niemals an das Bewusstsein der Masse zu appelliren, weil jede Aufrüttelung des versklavten Bauern aus seinem Stumpfsinn gefahrdrohend scheinen musste; selbst mit seinen natürlichen Bundesgenossen, den deutschevangelischen Städtern, unterhielt er nur schüchtern einige Verbindung.

Und da keine Vereinigung der evangelischen Bekenntnisse erzielt wurde, vielmehr jede aus der Reformation hervorgegangene Genossenschaft in Polen dem Charakter der Secte treu blieb, so behielt Hosius Recht, jener „dreizungige Höllenhund", der in drei Sprachen (lateinisch, deutsch und polnisch) zugleich gegen die Reformation ankämpfte, er, der Vater des Jesuitismus in Polen, wenn er meinte, dass keine der unzähligen Glaubensmeinungen die Republik werde umändern können.

Und als nun die adligen Katholiken im siebzehnten Jahrhundert stärker geworden waren, als vor der Reformation, denn für einen grossen Theil des reussischen Adels war die Reformation der Uebergang aus dem griechischen ins römische Bekenntniss geworden, da begriffen sie sich unter dem Wort Dissidenten nicht mehr mit, sondern nannten also nur einige akatholische Bekenntnisse. So hatte nun das pacem inter dissidentes de religione manutenebo, welche Formel seit dem Schwur König Heinrichs in den Eid aller Wahlkönige aufgenommen wurde, keinen rechten Sinn mehr; es hätte eigentlich bei der veränderten Bedeutung des Ausdrucks Dissidenten heissen sollen: erga dissidentes; aber dann wäre es eben auch nicht der Wahrheit gemäss gewesen, denn Unfrieden in Menge ward den Dissidenten unter den Augen der Könige bereitet und von diesen selbst angestiftet.

Siegmund III. hielt mit Strenge darauf, dass alle ehmals katholisch gewesenen Kirchen in den königlichen Freistädten, selbst dort, wo es fast gar keine Katholiken gab, dem römischen Ritus wieder übergeben wurden. Die Erlaubniss zum Bau neuer Kirchen aber ward nur selten ertheilt. Ja, die Zwischenreichsconföderationen von 1632 bis 1674 verboten den Bau von Bethäusern in allen königlichen Städten und gewährten nur Privatgottesdienst. Den dissidentischen Edelleuten aber wurde durch den im siebzehnten Jahrhundert geltend gewordenen und dann gesetzlich bestätigten Usus das Recht zu Staatsämtern genommen, sie wurden auch in der Ausübung ihrer Religion gehindert, indem man ihnen verbot, Praedicanten zu halten. Die wesentlichsten Grundrechte des Adels galten nicht mehr für sie; und obwohl man 1717 Sicherheit ihrer Güter und Gleichheit vor Gericht zusicherte, so hatten sie doch keine Gelegenheit, sich für die beständigen Unbilden, denen sie von königlichen Beamten und fanatischen „Brüdern" ausgesetzt waren, Recht zu verschaffen, da ihnen durch dieselbe Constitution 1717 das Recht, in den Landbotenkammern, in Commissionen und in Tribunalen zu sitzen, genommen und ihnen scharf untersagt wurde, Conföderationen für ihre religiösen Zwecke zu schliessen.

Im Jahre 1719 wurde denn in der That ein evangelischer Landbote aus der Kammer gewiesen, und so war den Dissidenten alle Gelegenheit genommen, sich activ am Staatsleben zu betheiligen. Den Glanzpunkt der gegen die Dissidenten gerichteten schriftlichen Bestimmungen bildet die unter der trübseligen Regierung König August III. genau innegehaltene Conföderationsacte von 1733 und die Pacta Conventa dieses Jahres. So ziemlich alles ausser dem Recht im Lande zu leben ward ihnen genommen (wer aber aus einem Katholiken erst Dissident wurde, unterlag der Strafe der Verbannung), und sie wurden mundtodt gemacht, indem man ihnen verbot, sich bei auswärtigen Mächten zu beklagen, was doch sonst ein ungestraft geübtes und sehr natürliches Recht der polnischen Staatsbürger war.

Unter Dissidenten verstand man damals Griechen, Calviner und Lutheraner, nachdem die böhmischen Brüder sich in die beiden andern evangelischen Bekenntnisse aufgelöst hatten. Die Socinianer, in Polen Arianer genannt, denen man als Dreieinigkeitsläugnern, also Nichtchristen, im Jahre 1648 katholischerseits die Rechte der Dissidenten streitig gemacht hatte, wurden im Jahre 1658 den Bestimmungen des obsoleten, 1424 von Jagiełło erlassenen Ketzergesetzes für unterworfen erklärt, doch mit der Milderung, dass sie nicht Todesstrafe erleiden sollten, im Fall sie binnen drei Jahren das Land verliessen. Noch 1658 war ein Arianer Landbote gewesen und schon 1659 wurde die letzte Frist für den Aufenthalt der Secte in Polen auf den letzten Juli 1660 festgesetzt, also ein Jahr von der bewilligten Frist zurückgezogen. Und in den Constitutionen von 1661 und 1670 ward allen Beamten, namentlich den Starosten, befohlen, mit Strenge gegen die Arianer vorzugehn, die etwa noch im Lande befindlich. Doch war die Austreibung als völlig gelungen zu betrachten, fast der einzige Triumph, dessen sich das Verwaltungswesen der Republik damals rühmen konnte! und seit jener Zeit schwebte nun beständig das Damoklesschwert der Verbannung auch über den Häuptern der Calviner und Lutheraner.

Schon wandten die Tribunale mehrmals auch gegen sie die Arianergesetze an, und die evangelischen Geistlichen genossen auch nicht mehr entfernt den Schutz des Staates bei ihren Amtshandlungen, sondern mussten die Protection der katholischen Priester zu erlangen suchen, um zu predigen, Taufen, Trauungen und Begräbnisse abhalten zu dürfen. Bei katholischen Processionen mussten sich die evangelischen Gemeinden betheiligen, sämmtliche Kinder aus gemischten Ehen wurden für katholisch erklärt und eine protestantische Ehe wurde von den Staatsbeamten, die in Ehesachen sich meist dem Urtheil der geistlichen Gerichte anschlossen, oder die Ehesachen dorthin wiesen, nur dann für rechtsgültig angesehen, wenn sie den Bestimmungen des kanonischen Rechtes entsprach und wenn bei etwaigen aus diesem Recht hervorgehenden Hindernissen von katholischen Bischöfen Dispensation erlangt war. Die Bischöfe aber behaupteten ein Oberaufsichtsrecht über die dissidentischen Religionsachen. Jeder verständige Pole sieht heute ein, welcher Schaden dem Staat durch diese gewohnheitsrechtlich gewordene Misshandlung derer erwuchs, die nach dem klaren Wortlaut früherer Reichstagsgesetze volle Gleichberechtigung mit den Katholiken geniessen sollten.

In Polen aber, wo der katholische Edelmann nunmehr alles, der evangelische nichts war, mussten diese Bedrückungen, die anerkannterweise ja noch immer geringfügig erscheinen, wenn man sie mit der Behandlung vergleicht, welche den Protestanten in andern katholischen Ländern des 17. und 18. Jahrhunderts widerfuhr, bei der sonst allgemeinen Freiheit doch verhältnissmässig weit härter erscheinen, und bei der unumschränkten Gewalt, die von den einzelnen adligen Individuen und von den Beamten geübt wurde, weit empfindlicher gefühlt werden, als in einem absolutregierten und geordneten Staate.

Um nun die Verbannung, welche die nächste gegen die Dissidenten verhängte Maassregel werden zu wollen schien, zu vermeiden und vielmehr einige der früheren Rechte wiederzuerlangen, wandten sich die adligen Evangelischen und Griechen ganz energisch an die benachbarten Höfe; und nach der Wahl Stanislaus Augusts verwandten sich die Gesandten Russlands, Englands, Dänemarks und Preussens und endlich auch Schwedens demgemäss nachdrücklich für die Dissidenten. Schon während des schwedisch-polnischen Krieges unter Karl Gustav hatten sich die bedrückten Akatholiken auf Seite des Landesfeindes gestellt, weil die Begriffe polnisch und verfolgungssüchtig katholisch identisch geworden waren; nunmehr zeigte sich der unermessliche Schaden, welchen der Jesuitismus in den Gemüthern der Adelsmehrheit angestiftet hatte, in noch weit unglücklicherem Lichte.

Denn die Wiedervermehrung der den schon durch ihre Zahl unschädlichen Dissidenten zustehenden Rechte, ward von der national gesinnten Partei aufs heftigste zurückgewiesen, als ein Eingriff in die Gottesordnung des polnischen Staats. Und gleichzeitig für die Selbständigkeit Polens wie für die erneuerte Unterdrückung der Dissidenten entbrannte der traurige, nur von erhitztem Gefühl, nicht von politischen Gedanken ausgehende Krieg der Barschen Conföderation, das Vorspiel aller späteren Aufstände in Polen. Aber obwohl diese Insurrection, denn so konnte Russland, welches Polen seit Peter dem Grossen als seine Provinz betrachtete, den Krieg bezeichnen, von Katharinas Truppen niedergeschlagen wurde, so erhielten die Dissidenten doch mit Einwilligung der Theilungsmächte im Jahre 1775 nur einen Theil der Rechte, die 1767 und 1768 zwischen Russlands Gesandten und einer Reichstagskommission vereinbart waren. Damals hatte man ihnen völlige Gleichstellung mit den Katholiken in der gesammten Staatsthätigkeit zugesagt, und ein gemischtes Gericht von 25 Katholiken, Calvinern, Lutheranern und Nichtunirten projectirt, das in letzter Instanz alle Sachen entscheiden solle, bei denen Religion im Spiele sein könne.

Die Rechte wären nicht bedeutend, die man den Dissidenten 1775 gewährte und die ihnen unverändert bis zur Auflösung des Reiches blieben, da noch die Constitution 1791 den Nationalvorurtheilen insoweit nachgab, dass sie den Uebergang von dem herschenden Glauben zu irgend einer andern Confession bei den Strafen der Apostasie (d. h. Verbannung, womöglich mit Güterconfiscation verbunden) untersagte.

Den Dissidenten wurde das Recht wiedergegeben, Aemter zu bekleiden, nur Ministerstellen, sowie überhaupt der Senat, blieben ihnen verschlossen. Dagegen könne sich unter den Landboten jener Provinz immer Ein Dissident befinden; mehr als drei nichtunirte oder evangelische Mitglieder solle die Kammer niemals zählen. Religionsstreitigkeiten sollten in letzter Instanz durch das Assessorialgericht geschlichtet werden. Ehescheidungen, bei denen der eine Theil katholisch, sollten vor die katholischen Consistorien gehören, die unter König Poniatowski, beiläufig bemerkt, in einem früher ungekannten Maasse mit diesem Gegenstande beschäftigt waren; da unter andern Regierungen selten mehr als zehn Ehescheidungen vorgekommen waren, in den letzten dreissig Jahren der Republik aber mehr als 500 adlige Ehen getrennt worden sind, wie Czacki aus den Consistorialacten zusammenrechnet. Auch in Betreff ihrer Begräbnisse, des Gottesdienstes und der Erbauung neuer Kirchen, sowie des Gebrauchs der Glocken, sollten die Dissidenten einigen Beschränkungen unterliegen.

In ihrer inneren Verwaltung waren die Evangelischen ebenso unabhängig vom Staat, wie die unirten und nichtunirten Griechen. In Mediatorten behielt sich natürlich der Grundherr, ob katholisch oder nicht katholisch, einen grösseren oder geringeren Einfluss auf die Verwaltung der Gemeinde vor. Die Gemeinden konnten sich sonst nach Belieben für ihre Pfarr- und Schulzwecke besteuern. Alle Hausväter der Gemeinden hatten das freie Wahlrecht bei Erneuerung ihrer Kirchenältesten und Seelsorger; konnten nach eigenen Gebräuchen Kirchendisciplin unter ihren Mitgliedern halten. Auch hatten die einzelnen Bekenntnisse mit einer gewissen Regelmässigkeit ihre Synoden nach Wojewodschaften und auch Provinzen. Nur Synoden für das Gebiet der ganzen Republik gab es seit 1595 nicht mehr; einmal, weil sie dem König und dem Reichstag gefährlich dünkten, dann aber, weil die Uneinigkeit zu gross war. Auf jener letzten Synode zu Thorn, 1595, waren nicht nur die einzelnen Bekenntnisse hart an einander gerathen und der Consensus Sandomiriensis von 1570 beinahe förmlich aufgegeben worden, sondern auch die Mitglieder der einzelnen evangelischen Gemeinschaften waren, insofern sie nach Territorien sich zusammensetzten, uneins geworden. Mit einer Annäherung der nichtunirten Griechen an die Evangelischen aber war es seit der auf jener letzten Synode versuchten Ausgleichung auch vorbei.

Die Leitung der Dissidenten lag seit jener Zeit dann theils in den Händen der Vorsteher von den als Vororten angesehenen grösseren Gemeinden, theils im Schooss der Synode, die von den einzelnen Bekenntnissgemeinschaften nach einzelnen Landschaften abgehalten wurden. Sie übten Verwaltung und eine Art Gericht, bestimmten gemeinsame, auf die einzelnen Gemeinden zu repartirende Steuern, die meist für Schulzwecke verwandt wurden und sprachen über die Rechtgläubigkeit einzelner Prediger ab. Diese Versammlungen, deren bleibende Ausschüsse sich wohl Consistorien nannten, bestanden immer bei den Calvinern, gewöhnlich auch bei den Lutheranern oder, wie man in Polen sagte, bei den Luthern, aus einer Mischung geistlicher und weltlicher Mitglieder, letztere bis in die späteste Zeit dem Adelstande angehörig. Im Fall nicht äussere Störungen durch Volksaufläufe oder erpressungslustige und von den Jesuiten aufgestachelte Beamte die Synoden unterbrachen, waren sie bei ihren Beschliessungen gesichert; innere Eingriffe unterliess man, denn die Staatsgewalt und der Reichstag schätzte das Praedicantenthum gering.

# Fünfter Abschnitt

## Die Juden

In noch grösserer Abgeschlossenheit, weil in noch grösserer Verachtung als die Dissidenten, befanden sich die Juden, und vielleicht war darum mehr Einheit und Gleichförmigkeit in ihren selbstgeschaffenen Institutionen.

Schon beim Eintritt Polens in die Geschichte finden wir Mitglieder jener kosmopolitischen Nationalität im Sarmatenlande; sie waren theils vom Südosten aus dem Chazarenreich, theils von Deutschland aus eingewandert. Ihre Beschäftigung war in Polen wohl zu allen Zeiten der Handel in allen seinen Zweigen; nach Gallus kaufte im Jahre 1085 eine polnische Königin christliche Sklaven aus den Händen der Juden los; als der Menschenhandel durch die Vermehrung der an die Scholle gefesselten Sklaven seltener wurde, waren Geldhandel und Wucher die hauptsächlichen Erwerbsquellen der Juden. Ihr Ackerbaubetrieb scheint trotz entgegenstehender Behauptungen doch zweifelhaft.

Während der Verfolgungen, die zur Zeit der Kreuzzüge über die deutschen Juden hereinbrachen, vermehrte sich die Zahl dieses Stammes in Polen gar ansehnlich. Das Deutsche wurde die Umgangsprache

der polnischen Juden, so stark war der plötzliche Zuzug von Westen
her. Bald wurden die Juden, die ebensowohl als Gesellschaftsklasse,
wie als Glaubensgenossenschaft zusammengefasst werden können, Gegenstand der Gesetzgebung. Ihre Zahl betrug vom dreizehnten bis
zum achtzehnten Jahrhundert den zehnten, ja vielleicht zeitweise den
sechsten Theil der gesammten Bevölkerung auf dem Gebiete der Republik. Calmanson, juif de Varsovie, giebt in seinem Essai sur les
juifs de Pologne, an den Grafen Hoym gerichtet, das Verhältniss der
Juden im alten Polen noch stärker an. Mit dem polnischen Edelmann zogen sie massenhaft in die östlich annectirten Länder des
Reiches.

Papst Innocenz III. hatte den Weg zu systematischer Herabdrückung der Juden in allen Reichen der Christenheit eingeschlagen; die
Juden suchten sich durch Privilegien zu sichern, die sie bei einzelnen
Fürsten für schweres Geld auswirkten. Im Osten Europas war es vorzugsweise das aus einer Paragraphenreihe bestehende Privileg Friedrichs des Streitbaren von Oestreich aus dem Jahr 1244, welches die
Juden zu erlangen suchten; und wie Bela II. von Ungern und einige
böhmische, mährische und schlesische Fürsten, so übertrug auch Herzog Bolesław von Posen oder Grosspolen, der Fromme genannt, 1264
diesen Freibrief auf die Juden seines Gebiets, und Kasimir der Grosse
dehnte 1334 die Geltung der Charte auf ganz Polen aus. Sie blieb das
Rechtsfundament für die Stellung der Juden zum Staat und zu der
sie umgebenden Gesellschaft und wurde nachweislich noch 1447 und
1467 bestätigt.

Wie in Deutschland, so wurden die Juden auch in Polen durch
dies Statut dem unmittelbaren Schutz und Gericht des Fürsten unterworfen und der Gedanke der Kammerknechtschaft verläugnet sich auch
in Polen nicht. Nur die Wojewoden, ihrem Ursprunge nach die persönlichen Stellvertreter der Fürsten, hatten ausser dem Fürsten Gewalt über die Judenschaft. Bis in die spätesten Zeiten war das Gericht des Wojewoden das Forum für die, welche einen Juden verklagten wegen Criminal- oder Civilsachen. Der Wojewode trat nur selten
hier vor dem Starosten zurück; er und sein von ihm selbst ernannter
Stellvertreter, der Unterwojewode, richteten in Gemeinschaft mit den
Judenältesten, den antiquiores. Kein anderer Richter sollte hier sprechen, namentlich nicht die Behörden der Stadtgemeinden, neben welchen die Juden ihre Wohnsitze hatten, die nach Art der Ghetti von
Mauern und Thoren eingeschlossen waren. Nirgend ist den königlichen
Freistädten das zugefallen, was alle deutschen Reichstädte sich erwarben:

Hoheit über die auf ihrem Gebiet ansässigen Juden. Dennoch sind
einzelne Uebertretungen zu constatiren, namentlich die geistlichen Gerichte nahmen nicht selten wegen Hostienschändung, die ja so leicht
bewiesen werden konnte, einzelne Juden ins Gebet; so wurden noch
1556 zu Łowicz auf einer unter Vorsitz des päpstlichen Legaten Lippomano gehaltenen Synode des polnischen Clerus etzliche Judaei infideles
seu perfidi (so lautete der officiell stets gebrauchte Beiname der Hebräer)
lebendig verbrannt, weil sie eine Hostie so lange geschlagen, bis sie
eine Flasche Blut von ihr gesammelt.

Dies geschah dreihundert Jahre nach jenem Privileg, dessen Absicht grade war, die Juden gegen derartige böswillige Anklagen, wie
auch die wegen Brunnenvergiftung und Christenkinderermordung waren, zu schützen. Mit starkem Anklang an Artikel XIII des Sachsenspiegels bestimmte das Statut, dass ein Christ gegen einen Juden
nur in Gemeinschaft eines andern Juden als Zeuge auftreten und ihn
nur in Gesellschaft von zwei Juden und zwei Christen selbfünft anklagen dürfe. Bei Criminalklagen gegen einen Juden aber sollten
erst drei jüdische und drei christliche Zeugen Verurtheilung herbei-
ziehen.

Aber diese Vorschriften waren nur als Gegensatz zu einer vollkommen verschiedenen Praxis vorhanden. Wegen Christenmord —
einer Beschuldigung, vor der die Juden schon durch eine päpstliche
Bulle von 1247 in Schutz genommen wurden — werden auf die nich-
tigsten und einseitigsten Aussagen noch bis tief ins achtzehnte Jahrhundert schauderhafte Untersuchungen und Blutgerichte gegen die Vorsteher der jüdischen Gemeinden ins Werk gesetzt. So im Jahr 1736
zu Posen.

Auch Mortarafälle, die jenes Privilegium vorgesehn hatte, indem
es die Entführer jüdischer Kinder als Diebe zu bestrafen gebot, kamen bis in die letzten Zeiten öfter zur Klage, ohne dass genügende
Abhülfe geschafft worden wäre.

Die Neuzeit brachte den Juden in Polen eben keinen Vortheil,
das Gerichtsverfahren ward für sie noch unbestimmter als früher; nur
Tributzahlungen und immer wieder Tributzahlungen sicherten sie vor
willkürlichen Anklägern und vor gehässigen Richtern. Namentlich die
Jesuiten verstanden es, baare Summen oder Schuldverschreibungen
von den Juden immer neu zu erpressen, indem sie ihnen im Weige-
rungsfalle bald Misshandlungen durch ihre Schüler, bald langwierige
Processe in Aussicht stellten.

Weil sich nun aber in Polen mit Geldzahlungen mehr ausrichten liess als anderwärts und die Juden die gegen sie ausgestossenen Drohungen und beabsichtigten Verfolgungen, die anderwärts fast immer erbarmungslos ausgeführt wurden, durch Geld abwenden konnten; weil sie ferner sich bei den Polen in allen Orten des Landes, einige geistliche Mediatstädte und Warschau ausgenommen, niederlassen, frei bewegen und vermehren durften; weil die eigenthümliche Wirthschaftsorganisation des Landes und die Verkümmerung der deutschrechtlichen Gemeinden, deren Bewohner, wenn evangelisch, von den Fanatikern des siebzehnten Jahrhunderts für eine schlimmere pestis als die Hebräer erklärt wurden, allmählich die Handwerke und den Handel fast ausschliesslich in ihre Hände brachten; weil endlich die Staatsgewalt in Polen sich ihrer Schwäche wegen in unvergleichlich höherem Maasse als anderwärts der Aufsicht und des Eingreifens in die inneren Verhältnisse der Juden enthielt; so sagte das Sprüchwort nicht mit Unrecht, die Republik Polen sei des Bauern Hölle, des Städters Fegefeuer, des Edelmanns Himmel, aber des Juden — Paradies.

Noch kastenartiger, als die andern Gesellschaftsklassen, waren die Juden in sich zusammengedrängt, eben weil sie in religiöser Beziehung so scharf von ihrer Umgebung getrennt waren. Fremde Elemente durften sie nicht unter sich aufnehmen; nicht nur der Uebertritt zum Judenthum, sondern vorübergehender vertrauter Verkehr von Juden und Christen wurde mit dem Feuertod bestraft, wie Criminalerkenntnisse des Vogtes von Posen beweisen. Wer das Judenthum als Religion ablegte, war auch dem Judenthum als Stand für immer entfremdet. Lange Zeit hindurch galt der auf einer Stelle des Statut Litewski fussende Gebrauch, dass Neophyten, getaufte Juden, von frommen Adelsgeschlechtern adoptirt wurden, jedenfalls das Adelsrecht erhielten; und er ist durch die entgegenstehenden Verbote und Aufhebungen von 1764 nicht vernichtet worden, so dass verschiedene heut noch blühende und bekannte Familien von getauften Juden ihren Ursprung herleiten.

Die ihrem Glauben treu bleibenden Juden aber waren von ihren Umgebungen aufs Schärfte abgesondert. Durch verschiedene Constitutionen war es den Juden untersagt, sich bei ihren Geschäften und in ihren Häusern christlicher Diener und Gehülfen zu bedienen, mit hoher Strafandrohung für beide Theile, Const. 1690. Nur die Malz-, Brau- und Fuhrknechte in jüdischen Diensten durften Christen sein. Jüdische Aerzte sollten nicht bei Christen practiciren; doch liess sich dies Verbot gar nicht durchsetzen. Sich in der Kleidung abzuzeichnen, war den polnischen Juden nicht geboten; denn der Befehl Siegmunds I., dass sie gelbe Mützen tragen sollten, bei Strafe eines Guldens für jedesmalige Uebertretung, wurde nach Januszowski schon 1534 wieder aufgehoben. Die eigenthümliche Tracht und Frisur der polnischen Juden verdankt also deren eigenem Willen ihren Ursprung.

Der Lebenserwerb der Juden sollte durch einige Constitutionen und königliche Verordnungen auf Trödel und Geldgeschäfte beschränkt werden. Die Städter liessen es sich angelegen sein, stets darüber zu klagen, dass die Juden ihnen das Brod wegnähmen und so erklären sich die Handelsbeschränkungen von 1538 und 1768. Als das eigentliche und nur wenig gestörte Gewerbe der Juden galt der Wucher; was wollte es sagen, dass König Kasimir 1347 den Juden verbot mehr als einen Groschen von der Mark wöchentlich Zinsen zu nehmen? Da die Mark 48, später 60 Groschen zählte, gestattete er ihnen also circa 100 Procent. Und der von der Constitution 1670 festgestellte Zinssatz von 20 Procent wurde auch fast niemals eingehalten. Die Constitution 1775 wollte die Juden auch zu Landbauern heranbilden, wahrscheinlich in Nachahmung dessen, was Maria Theresia mit ihren Juden und Zigeunern in Ungern versuchte; aber während des Bestandes der Republik hatten die an einigen Orten wirklich angestellten Proben keinen Erfolg, wie uns Skrzetuski berichtet.

Das Verbot des kanonischen Rechtes von 1236, es sollten den Juden keine Staatseinkünfte und Zölle verpfändet oder verpachtet werden und es müsse wenigstens mit der Eintreibung ein Christ betraut werden, hat sich in Polen niemals durchgesetzt. Aber auch die Constitutionen, welche ähnliches verlangten, wie 1496, 1538, 1565, hatten keine Resultate. Bedurften die Könige baaren Geldes, so waren es eben doch nur die Juden, die aushelfen konnten, und so finden wir oft Juden anstatt wohlgeborner und ansässiger Edelleute zu Verwaltern der königlichen und Staatsgüter, sowie zu Einnehmern der Grenzzölle ernannt. Am lautesten waren die Klagen über solche Begünstigung der Juden unter Sobieski; und die Constitution 1690 fruchtete mit ihren strengen Judeneinschränkungen allerdings ein wenig für die Folgezeit. Aber auch die Pacta Conventa des letzten Königs enthielten noch eine ausdrückliche Ausschliessung der Juden von allem Finanzdienst, und eine andere Verwendung der Juden von Seiten der Staatsgewalt war nicht denkbar.

Eben in noch höherem Maasse, als die Städter, waren die Juden nur unter dem Gesichtspunkt der materiellen Interessen, die ja unter unentwickelten Zuständen die Rechtsentwicklung überall stärker beherscht haben als in unserem materialistisch gescholtenen Jahrhundert, von Bedeutung für das polnische Staatsrecht. Wie der boleslaische Freibrief und seine Bestätigungen sagen, waren die Juden ja mit Person und Eigenthum dem königlichen Schatze vorbehalten und mussten ausser den Steuern, die sie mit den andern Landeseinwohnern trugen, wie der Schoss, die Rauchfangsteuer, die Marktabgaben (auch die Pflugsteuer, poradlne, von der man sonst annimmt, sie sei eine nur ländliche Abgabe gewesen, kommt als jüdische Steuer im Gemeinde- archive der posener Judenschaft vor) noch ihr jüdisches Kopfgeld zahlen. Wegen dieses pogłówne fanden alle drei Jahre Zählungen der Juden im Gebiete der Republik statt; wie gut es den Juden ge- lang, die lustrirenden Beamten gefällig zu machen, das zeigen die im Verhältniss zur wahren jüdischen Bevölkerung lächerlich geringen Summen, in. denen die Steuer einging. In Kriegszeiten waren es na- türlich zunächst immer die Juden, an die man sich zur Füllung des Staatschatzes wandte. Auch die deutschrechtlichen Communen, neben denen die jüdischen Gemeinden sassen, zogen dieselben trotz königli- cher Verbote, oft genug zu städtischen Lasten heran. Das achtzehnte Jahrhundert hindurch zahlte die posener Judenschaft an die Stadt Posen 6000 Gulden jährlich in wöchentlichen Raten. Und Leistungen an den König persönlich, sowie an Wojewoden, Unterwojewoden, Sta- rosten und Bischöfe, auch an die Räthe der Städte wurden von den Gemeinden regelmässig und ausserordentlich gezahlt. Von den Geldern, die die Juden aufbringen mussten, konnten sie nur den vierten oder fünften Theil für ihre eigenen Beamten und Anstalten, wie Bethäuser, Schulen, Hospitäler verwenden, alles andere ging auf Steuern und Zinsen darauf. Im achtzehnten Jahrhundert waren die Juden an ein- zelnen Orten durch die Jesuiten so stark verschuldet, dass sie die andern Lasten nicht mehr aufbringen konnten.

Selten traten in diesen Bezügen, auf die sich das Verhältniss der Juden zum Staat und zu den Städten beschränkte, einzelne Ju- den individuell auf, aber auch sehr selten trat die gesammte Juden- schaft der Republik einheitlich auf: es waren immer die einzelnen Gemeinden, die Kahals, in denen sich die polnischen Juden gruppirt darstellten. Der Kahal ist eine ausgebildete Corporation nicht nur mit Besitzrechten, sondern mit Herrschaftsrecht, das er über kleinere und Filialgemeinden in derselben Weise ausübt, wie früher die europ- äischen Staaten über ihre Colonien. So stand z. B. die Gemeinde Schwersenz bei Posen völlig unter der Botmässigkeit der posener Ju- denschaft.

Für die Mitglieder des Kahal insgesammt waren wieder die Vorsteher, die antiquiores, wie der Freibrief von 1264 sagt, die, welche solidarisch auftraten und alle Verantwortung zu tragen hatten. Die Sonderorganisation der Juden, dieses wichtigen Theiles der polnischen Gesellschaft, darf hier nicht übergangen werden. Dem religiös - commerciellen Charakter des Judenthums gemäss, ruhte die maassgebende Gewalt in den Kahals, um deren Inneres sich der Staat nicht kümmerte, die aber durch ihr geschlossenes Auftreten doch einen wichtigen Factor im öffentlichen Gesammtleben Polens bilden, auf den Häuptern zweier Arten von Männern; die Gesetzkundigen oder Gelehrten und die Grossmetallbesitzer stellten die Aristokratie des polnischen Judenthums dar, eine Aristokratie, wie sie allein bei allen denjenigen Nationen möglich ist, welche eine lange Entwicklungs- und Durcheinanderschüttelungsepoche hinter sich haben. Wohl nennt etwas zu verächtlich ein polnischer Jude des vorigen Jahrhunderts diese Aristokraten seines Stammes „plus respectés que respectables."

Beide Klassen, die Rabbinen und die Reichen, waren oft durch Heirat und andere persönliche Bande ineinander verschlungen, und sie herschten innerhalb ihres ausgedehnten Wirkungskreises ohne Einschränkung. Doch waren die Aeltesten der Judengemeinden nicht aus eigenem Rechte Inhaber ihrer Gewalt, wie die Räthe der deutschrechtlichen Gemeinden, sondern ihr Haupt war von einem Tropfen demokratischen Oeles gesalbt. Periodisch, in der Regel bei grösseren Gemeinden jährlich, fanden die Vorstandserneuerungen statt, zu denen aber doch immer nur die Reichen in Frage kommen konnten, da die Aemter mit grossen Kosten und Lasten verknüpft waren. An manchen Orten wurden die Stellen sogar zu Gunsten des Gemeindesäckels meistbietend versteigert.

Die Schriftgelehrten wurden allerdings auf Lebenszeit berufen, oder auf so lange als sie sich in ihren Posten gefallen würden. Aber der Vorstand, die Regierungsgewalt in den einzelnen Gemeinden, von dem diese Berufung ausging, handelte gewöhnlich im Einverständniss mit der Gemeinde. An inneren Zwistigkeiten in den Kahals fehlte es nicht und mitunter wurden die Rabbinen, die ja nicht vom Nimbus des Priesterthums umgeben waren, sondern nur eben als Leute galten, die viel gelernt hatten, kurzerhand durch den Vorstand oder durch den Vorstand und die Gemeinde abgesetzt, und auch der Vorstand musste nicht selten vor Ablauf seiner Amtsperiode einem neuen platzmachen.

An den Gemeindeversammlungen konnten auch nicht alle erwachsenen männlichen Juden eines Ortes theilnehmen, sondern nur diejenigen Hausväter, welche sich in das oft theure Gemeindebürgerrecht eingekauft hatten und die Gemeindesteuern mitzahlten, also immer nur eine beschränkte Anzahl. In den Gemeindeversammlungen galt ebenso wie in den Burdings und Bürgerausschüssen der deutschrechtlichen Städte nicht Einstimmigkeit, wie bei den Beschliessungen des Adels, sondern die Mehrheit; entsprechend jener Stelle des Pentateuch: „Nach der Stimmenmehrheit, nach der Menge sollst du dich neigen."

Die Abstimmung war schriftlich und geheim.

Die Thora (die fünf Bücher Moses) und die Erklärungen und Fortbildungen, die sie im Talmud gefunden, bildete die Gesetzgebung der polnischen Juden. Die Halacha (Richtsteig, Rechtslehre), wie sie sich aus dem Talmud und den noch späteren fast zahllosen Entscheidungen einzelner Rabbinen in allen Ländern der Erde zusammensetzte, war aber nur wenigen zugänglich, und so blieb das Gesetz in den Händen derer, die es anzuwenden hatten, der Rabbinen.

Kleine Gemeinden konnten sich meist nur Einen gründlichen ausgelernten Gesetzkenner und Richter halten; die grösseren aber hatten ein Rabbinencollegium von drei und mehr Weisen oder Richtern besetzt.

Unter diesen Dajjanim, die nach orientalischer Art Theologie und Jurisprudenz in enger Gemeinsamkeit ausübten, befand sich immer der Prediger (Darschan) und oft auch der Syndicus (Schtadlan), der seine Gemeinde nach aussen zu vertreten hatte, als eine sehr wichtige Persönlichkeit galt und beim Amtsantritt oft viel bezahlen musste. Diese hohen Gemeindebeamten waren ebenso wie die niederen, auf wöchentliches, in der Regel nicht bedeutendes Gehalt angewiesen; ausserdem auf Gebühren, die für geschickte Leute eine einträgliche Quelle werden konnten.

Als niedere Beamte galten der Beglaubigte, der Chasan, der Rosch Jeschiba, der Synagogenschreiber, verschiedene Lehrer und der Gemeindearzt; die sich sämmtlich in den meisten Gemeinden vorfanden. Auch unterhielten die Judenschaften an vielen Orten noch Schul-, Gefängniss- und überhaupt Gemeindediener.

Der Vorstand, aus den gewählten reichen Gemeindemitgliedern bestehend, stellte sie fast alle an und überwachte sie alle. Er zahlte ihnen auch ihr Gehalt aus, das er durch Besteuerung, die sich meist auf das Einkommen richtete, von der Gemeinde zusammenbrachte. Er trieb auch sämmtliche an den Staat zu bezahlende Abgaben ein;

und machte sich in demselben Grade nach innen hin mächtig, als er nach aussen hin verantwortlich war.

Der Vorstand fiixirte den Zinsfuss, der für Darlehne eines Juden an Juden gelten sollte und der immer sehr gering war (1629 für Posen ½ Procent).

Er bestimmte die Aufnahme neuer Mitglieder in den Gemeindeverband und schloss alte aus. Da der Vorstand auch das Armenwesen und die Spitalpflege zu regeln hatte, welches den jüdischen Gemeinden immer viel Beschwer verursacht hat, so sorgte er dafür, dass nur begüterte Leute aufgenommen wurden, bei denen die Gemeinde voraussichtlichen Gewinn, nicht Verlust hätte.

Der Vorstand setzt die Zahl der jährlich zu gestattenden Ehen innerhalb der Gemeinde fest, ernennt die Häupter der jüdischen Handwerkszünfte, überwacht den Jugendunterricht und die in der Gemeinde gelesenen und gedruckten Bücher. Er sorgte für Reinigung der Ghettostrassen und für das Wasser in denselben und übte seine Polizeigewalt durch Luxusverbote — kurz, der gewählte Vorstand der jüdischen Gemeinden, die an einigen Orten wie Brody und Jarosław die christliche Stadtbevölkerung an Seelenzahl weit übertrafen, an anderen ihr gleichkamen, wie in Wilno, und sonst ihr doch nicht unverhältnissmässig nachstanden, herschte mit derselben Machtvollkommenheit, wie der Rath in den deutschrechtlichen Gemeinden.

Auch ausserhalb des Gemeindeortes standen die Gemeindemitglieder unter Schutz und Aufsicht ihres Vorstandes. Die grösseren Gemeinden hielten auf den Messen, die anderwärts stattfanden, Marktrichter für die Streitigkeiten ihrer Mitglieder. Diese Richter wurden vom Vorstande designirt und es griff dieser somit eigentlich in die Sphäre der Rabbinen, die sonst die Gerichtsbarkeit übten. Aber eine strenge Competenzscheidung zwischen den einzelnen Behörden können wir hier ebensowenig erwarten, als sonst im älteren Recht.

In die richterliche Gewalt der Rabbinen konnte sich der Vorstand sonst übrigens nicht leicht mischen, weil gewaltige Vorkenntnisse und eine lange Praxis hier erforderlich waren. Die Macht der Dajjanim war gar bedeutend; alle Civil- und Criminalstreitigkeiten unter Juden gehörten vor das Forum der Rabbinen, denn der Ausspruch einer französischen Rabbinensynode des zwölften Jahrhunderts, Juden sollten nicht gegen Juden vor christlichen Richtern processiren, hatte für die polnischen Juden völlige Gültigkeit; und das war natürlich, da eine Verletzung dieses Grundsatzes nicht nur gegen die religiösen Principien des Mosaismus verstossen hätte, sondern auch mit grossen

Geldkosten und vielen Unbequemlichkeiten verbunden gewesen wäre. Denn der Judeneid war auch in der Republik Polen mit allen denkbaren Chicanen ausgestattet. Höchstens in Criminalfällen kam es bisweilen vor, dass der Wojewode und Starost — die nach Befragung der Judenältesten, mitunter sogar unter diesen sitzend, Processe zwischen Juden und Christen schlichteten, wobei in Sachen über 100 Mark an das Assessorialgericht appellirt werden konnte — Juden wegen eines gegen Juden, die aus einer andern Gemeinde, verübten Vergehens und Verbrechens aburtheilten. Ueber Mitglieder oder Insassen seiner eigenen Gemeinde war der Rabbi oder das Rabbinencolleg sonst unbeschränkter Richter. Die theokratischen Strafen, die in seiner Gewalt standen und durch deren Verhängung er furchtbar wirken konnte, waren der kleine und grosse Bann. Durch den letzteren, das Cherem, wurde der Getroffene von aller Gemeinschaft seiner Glaubensgenossen abgesperrt. Wie ein moslemitischer Kadi liess er im übrigen die Delinquenten, unter denen sich nicht selten jüdische Ketzer befanden, einkerkern, ihnen als Strafe oder Tortur die Bastonnade auf verschiedene Körpertheile verabfolgen; er hatte das Recht sie verstümmeln zu lassen und nicht selten war den Gemeinden zugesichert, dass ihre Rabbinen auch Todesurtheile fällen durften, die sonst erst vom Wojewoden bestätigt werden mussten.

In zweifelhaften Fällen und bei Appellationen, die nicht principiell verboten waren, hatte sich seit langer Zeit der Gebrauch ausgebildet, an die Rabbinen der grösseren Gemeinden zu gehen. Um über dieser zweiten Instanz für sehr wichtige Dinge noch eine dritte zu schaffen, bildete man im siebzehnten Jahrhundert die Vierstädtesynode aus, die sich bis in die Mitte des achtzehnten erhalten hat, wie sie 1590 zuerst auftrat. Auf ihr waren rabbinische Abgeordnete, je zwei, ein älterer und ein jüngerer Repräsentant, der vier grössten polnischen Judengemeinden versammelt, nämlich von Posen, Krakau, Lublin und Lemberg. Ein zweimal im Jahre regelmässiges Stattfinden dieser bis jetzt noch sehr dunkel gebliebenen Versammlungen, lässt sich nachweisen; ob nicht auch hin und wieder einige andere Gemeinden, ausser jenen vier, Rabbinen absandten, ist zweifelhaft. Nicht immer fanden die Zusammenkünfte nur in einem jener Vororte statt; einigemal war die Synode z. B. in der wołynischen Stadt Krzemieniec, oder in dem reussischen Jarosław. Was wir bis jetzt von ihr, die offenbar die einzige Gesammtvertretung war, welche die polnische Judenschaft jemals gehabt hat, erfahren können, zeigt uns in dieser Behörde eine Vereinigung derjenigen Eigenschaften, welche in

den Oberhöfen der deutschrechtlichen Gemeinden und in den dissidentischen Synoden zu finden sind. Das Ansehn dieser Synode, wie der
polnischen Rabbinen überhaupt reichte für alle Fragen des jüdischen
Rechtes und der inneren jüdischen Verwaltung weit über Polen hinaus. Wohnte doch in der Republik Polen mehr als ein Drittel aller
auf der Erde vorhandenen Kinder Israel!

Der Verfall der Synode, die oft dem alten Sanhedrin in Jeru-
salem parallel gestellt wurde, erfolgte nicht durch äussere Einwirkung,
sondern ist nur durch die beständige Uneinigkeit und durch die zer-
splitterte Verkümmerung zu erklären, an der das polnische Judenthum
ebenso schlimm laborirte, als die deutschrechtlichen Gemeinden und
die Dissidenten.

Das Aufhören der Synode fällt mit dem Beginn jener religiösen
Umsturzrichtung innerhalb des Judenthums zusammen, deren Resultat
in Polen die Secten der Chassidim und der Frankisten waren.

Hätte das polnische Judenthum sich als eine geschlossene Masse
zur Staatsgewalt gestellt, so hätte es vielleicht auch eine andere Verbindung mit dem Staat erreichen können, als die des Steuerzahlens.
So blieben aber die Juden vollkommen stabil vom dreizehnten Jahrhundert bis zum Untergang der Republik (die Ustawa 1791 erwähnt
der Juden gar nicht) trotz ihrer grossen Anzahl unter denselben Beschränkungen wohnen, die sich bis zur Zeit Barbarossas unter den
anderen Reichen der abendländischen Christenheit ausgebildet hatten
und fertig auf Polen übertragen waren, und die sich kurz also zusammenstellen lassen:

Der Jude ist zu aller thätigen Theilnahme am Staatsleben, zu
Aemtern und zum Kriegsdienst unfähig; er darf am Staatsgebiet keinen Antheil haben, denn der Grundbesitz ist ihm untersagt; er ist
von aller Berührung mit der Staatsgesellschaft ausgeschlossen, denn
er darf Christen weder in seine Verwandtschaft noch in seinen Dienst
nehmen. Der Jude ist Eigenthum der Staatsgewalt, die ihn rechtlich
seines Daseins berauben kann und für die Schonung, die sie ihm gewährt, sich unbeschränkt an dem schadlos halten kann, was sich der
Jude auf die einzige ihm unbestrittene Erwerbsart, durch Wucher,
erworben hat. Wo die Juden sich auf dem Grunde des Adels und
Clerus niedergelassen haben, stehen sie natürlich unter den Herren
des Bodens und können von diesen ausgepresst werden.

Stets hing das Damoklesschwert über dem Haupt der Juden.
Die einzelnen Verfolgungen, denen die Staatsgewalt connivirte oder
keinen Einhalt that, gaben ihnen deutlich zu verstehen, dass sie nicht

Rechtsubjecte, sondern eine Art öffentlichen Besitzthums seien; dass sie auf gar kein Recht, nicht einmal auf das Recht zu leben, sondern nur auf Gnade Ansprüche hätten. Oefter wurde von der Staatsgewalt gefordert, sie solle von dem ihr zustehenden Rechte, die Juden auszurotten oder sie zu ordnungsmässiger Sklavenarbeit anzuhalten, Anwendung machen. Bedauerte doch ein Jesuit, dass die treulose Judenschaft nicht Einen Kopf habe, damit der rechtgläubige König (dieser Titel war Johann Kasimir und seinen Nachfolgern vom Papst verliehen worden) nur Einen Streich mit dem Schwert der Gerechtigkeit zu führen brauchte!

## Sechster Abschnitt

### Die Muhammedaner

Von gleichem Hass der Jesuiten und ihrer Zöglinge wie die Juden, wurden in späterer Zeit die in Litauen ansässigen islamitischen Tataren verfolgt, die von einigen litauischen Fürsten, namentlich seit 1397 von Witowd, dem Bruder Jagiełłos und von Johann Albrecht 1489, unter der Zusicherung der freien Glaubens- und Rechtsübung und sicheren Güterbesitzes im Grossfürstenthum angesiedelt waren.

Auch der Knäse Konstantin Ostrog siedelte seine tatarischen Gefangenen auf seinen wołynischen Gütern an. Diese Tataren fochten in allen Kriegen der Polen und Litauer mit Auszeichnung unter den Fahnen ihrer Wojewodschaften. Aber der Hass gegen sie fand doch seinen Niederschlag in einzelnen Constitutionen.

Zwar den tatarischen Adel, der in drei Classen zerfiel, Knäsen, Mursen und Ulanen, griff man in der socialen Gleichberechtigung nicht an, die er mit seinen christlichen Nachbarn genoss. Aber man nahm ihm ausdrücklich das Recht Aemter zu bekleiden. Nur tatarische Bannerherren, die im Kriegsfall die Schaaren ihrer Glaubensgenossen anzuführen hatten, wurden noch bis ins achtzehnte Jahrhundert ernannt. Und mit ihren Religionsgebräuchen mussten sie sehr vorsichtig sein, wenn sie nicht für Zauberer gelten wollten; schon unter Siegmund III. wählten sich die litauischen Starosten für ihre Hexenprocesse mit einer gewissen Vorliebe tatarische Frauen. Und 1668 wurde ihnen durch den Reichstag die Erbauung neuer Moscheen untersagt, auch sollten sie keine christliche Frauen nehmen, sich keine christlichen Diener halten und keine neuen Landgüter erwerben. Von denen, die sie schon besassen, wurden mitunter höhere Steuern als von den in christlichen Händen befindlichen eingetrieben, was die Constitution 1768, die auch den Bau neuer Moscheen erlaubte, untersagt hat.

In Criminalsachen sollten sie sich nach dem Statut Litewski richten und unter den Gerichten des Staates stehen; in Civilprocessen liess man ihnen ihren Koran und ihre erblichen Scheiks, die nach muhamedanischem Rechte urtheilten. Doch ging auch diese ihre Sondergerichtsbarkeit in Verfall; namentlich wo sie auf den königlichen Tischgütern angesessen waren.

An den Wahlversammlungen und Landtagen des Adels haben die tatarischen Edelleute niemals Theil genommen, obwohl sie durch die Constitution 1678, mit Abrechnung jener Ausnahmen, dem christlichen Adel gleichgestellt wurden und die einzige Pflicht des polnischen Edelmanns, den Dienst in der Landwehr, pünktlich übten. Auch ist es unbekannt, in wie weit sich die Lage der polnischen Muhamedaner durch die Constitution 1775 geändert hat, die ihnen Freiheit von allen Bedrückungen und völlige Gleichstellung zusicherte.

Die polnischen Tataren hatten sich, wie wir sehen, im Ganzen doch weniger über Unbill zu beklagen, als andere Bekenntnissgemeinschaften. Der polnische katholische Adel stand mit ihnen zwar nicht auf dem Fusse der Brüderlichkeit, aber doch der Kriegskameradschaft, und nahm viele ihrer Sitten, ganz besonders die Kleidung und Waffenführung an; die Ulanen, ursprünglich das Appellativ der tatarischen Edelleute, wurden zur nationalen Cavalleriegattung und als polnische Eigenthümlichkeit bewundert und nachgeahmt.

Traten einzelne Tataren zum Christenthum über, so erlangten sie bald grossen Einfluss. Viele in polnischen und später russischen Dienst ausgezeichnete Geschlechter sind tatarischen Ursprungs.

# Siebenter Abschnitt

## Die Erziehung im polnischen Staate

„In einer Republik," sagte Washington, „ist nichts so wichtig, als die Erziehung der jungen Leute."

Dies muss ganz besonders von einer Aristokratie gelten, in welcher die volle Persönlichkeit nicht durch einseitige Fachbildung zersplittert innerhalb der herschenden Klasse zur Geltung kommen muss. Niemand ist so sehr auf eine gründliche Ausbildung aller Anlagen hingewiesen, als das Mitglied eines dominirenden Adelstandes und darum müsste grade eine Aristokratie von Staatswegen den Unterricht ihrer Mitglieder streng beaufsichtigen und organisiren; will sie Gefahren für ihre eigene Existenz vorbeugen, so muss sie auch die Erziehung der beherschten Klassen leiten.

Wäre Polen nun eine wirkliche Aristokratie gewesen, hätte hier der Reichstag und die Nation wirklich regiert, so wäre wohl die Nationalerziehung schon früh zur Staatsache geworden. Da aber die Regierungsgewalt dem König blieb und beständig geschwächt wurde, so war von ihm eine ordnungsmässige Thätigkeit für den Unterricht nicht zu erwarten.

Dass übrigens in der Republik Polen, wo so verschiedene Sprachen gehört wurden, über deren Gebiet sich Islam und Germanismus die Hände reichten und in der ein Vorauseilen über die Begriffe des Abehdlandes nicht gut möglich war, eine Leitung des Gesammtunterrichtes durch den Staat schwer war ins Werk zu setzen, liegt klar am Tage.

Die Erziehung, die immer mit dem Cultus in gewissen Beziehungen zusammenhängen wird, war hier jeder der mosaikartig durch einander vertheilten Gemeinschaften überlassen. Die römische Kirche, die zum Theil den Charakter eines Staatsinstitutes trug, stand allein von den andern Glaubensgenossenschaften mit ihren Schulen in einer Art Verhältniss zum Staate, das unter dem letzten König einer gründlichen Regelung unterworfen wurde.

Die Schulen der andern Religionen hatten weder die Unterstützung des Staates zu hoffen, noch seine Einmischung zu fürchten.

Am meisten thaten die Juden, hingewiesen durch ihre Religion, die ja nur ein beständiges Lernen, für allgemeine Bildung ihrer Kinder. In jeder Judengemeinde fand sich mindestens Eine Elementarschule, deren Lehrer selten durch die Gemeinde als Corporation unterhalten, sondern meist auf Privatbeiträge der Eltern angewiesen waren, dabei aber doch immer ausreichende Subsistenzmittel fanden.

Als die preussische Regierung nach der zweiten Theilung die sämmtlichen vorhandenen Erziehungsanstalten revidiren liess, fand sich, dass in der posener Judengemeinde kein schulfähiges Kind war, das nicht Schulunterricht genossen hätte, und ähnlich war es in den meisten Städten.

Auch für den höheren Unterricht war bei den Juden gesorgt, die Rabbinen erzogen ihre auf sehr lange Lehrzeit angewiesenen Schüler zwar meist nur für Theologie und Jurisprudenz; aber es müssen doch auch in den grösseren Gemeinden Anstalten gewesen sein, in denen Latein und andere christliche Disciplinen gelehrt wurden, in denen für den Bereich ausländischer Universitäten vorbereitet wurde, denn wir finden in den Grod- und Stadtarchiven schon im 16. Jahrhundert Juden als richtig promovirte Doctoren aufgeführt.

Nächst den Juden standen die Dissidenten wegen der unter ihren Glaubensgenossen verbreiteten allgemeinen Bildung in gutem Rufe. Bei ihnen war die Schule aufs allerengste mit der Kirche verbunden.

Die Elementarkenntnisse wurden von den Organisten und Küstern unter Aufsicht der Prediger gelehrt, und die Zahl der calvinischen und lutherischen Kinder, die nicht lesen und schreiben konnten, war gering. Selten war es, dass die Hauländergemeinden dem Prediger auf die Erziehung ihrer Kinder keinen Einfluss gestatteten; in solchem Fall war die gemeinsame Schule älter als die Kirche, was nur bei den deutschen Einwanderern der neuen Jahrhunderte möglich sein konnte.

Die Volksschulen wurden meist von den betreffenden Kirchengemeinden unterhalten; für die lateinischen Schulen, an denen Predigtamtscandidaten und Prediger die Lehrer waren, sorgten immer mehrere Sprengel mit Unterstützung der evangelischen Edelleute gemeinschaftlich; in den Mediatstädten, wie in Lissa, gewährte der Grundherr Beiträge, und einzelne preussische Städte hatten in ihren evangelischen Gymnasien städtische Anstalten. Danzig hatte ein akademisches Gymnasium, das aber wohl kaum eine Universität ersetzen konnte; ihre

Studentenjahre verbrachten die evangelischen Polen stets im Auslande, vorzugsweise in Königsberg, Frankfurt a. O. und Leipzig.

Die Schulen der Socinianer oder polnischen Brüder, wie sie sich nannten, zu Rakau, in der Wojewodschaft Krakau, waren viel besucht. So wie diese 1638 durch Reichstagsbeschluss, wurden bald auch viele Schulen der Calviner und Lutheraner durch Einwirkungen der Staatsgewalt zwar nicht verändert, aber lebensunfähig gemacht.

Nicht besonders gerühmt war das, was die Muhamedaner, sowie die unirten und die unirten Griechen für die Bildung ihrer Jugend thaten. Bei den litauischen Tataren waren die Imams der Moscheen zugleich Lehrer; bei den Griechen nicht sowohl die Popen als die Basilianer, der einzige Mönchsorden, den die griechische Kirche kennt, und der auch zum Theil sich der päpstlichen Union angeschlossen hatte. Die griechischen Geistlichen wurden unter Aufsicht der Bischöfe ausgebildet. Was die Armenier, die in Polen als ein Theil der unirten Kirche betrachtet werden können, da ihr Lemberger Erzbischof sich 1666 mit seiner Geistlichkeit völlig der Oberhoheit des Papstes unterwarf, für ihr Schulwesen gethan haben, ist unbekannt.

Am nächsten hätte es wohl dem Staat gelegen, die Schulen der in ihm herschenden katholischen Kirche unter seine Obhut und Aufsicht zu nehmen. Aber der Geist der Zeit war in entgegengesetzter Strömung thätig; die Universität Krakau, die eine ganz entschiedene Stiftung des Staates war, wurde mit Einwilligung der Staatsgewalt zu einem kirchlichen Institute gemacht. Jagiełło, ihr Gründer, setzte zum beständigen Rector und Oberrichter den Bischof von Krakau. Nur der besondere Gerichtstand und die besondere Verwaltung dieser Universität unter geistlicher Suprematie — die Bücher der Professoren unterlagen der Censur des Krakauer Bischofs, eine staatliche Censur hat es in Polen niemals gegeben — wurde durch verschiedene spätere Privilegien des Königs und Reichstagsbeschlüsse bestätigt. Doch nahmen sich König und Reichstag öfter durch Statuten und Verordnungen der seit Beginn des 16. Jahrhunderts im Sinken begriffenen Hochschule an. König Heinrich wurde durch seine Pacta Conventa verpflichtet, tüchtige ausländische Kräfte für die Krakauer Akademie zu gewinnen. Sonst finden wir von Absichten zur wissenschaftlichen Hebung dieser Hochschule keine Spur in den Gesetzen, wohl aber wurden die Güter der Universität von Steuern, namentlich von Bodenabgaben, öfters ausgenommen.

Die Universität bildete eine geschlossene Corporation. Die Specialitäten ihrer Verwaltung lagen nicht in der Hand des Kanzlers, der in der Person des krakauer Bischofs bestand, sondern in der des Unterkanzlers, der durch die Facultäten aus der Zahl der Professoren gewählt wurde. Dieser mit dem Senat der Hochschule hatte nicht nur die Civilgerichtsbarkeit über die Studenten, sondern auch über die Pedelle, Drucker und andern Beamten der Universität, wie noch durch die Const. 1630 zugesichert wurde. Die Appellation ging an den Bischof. Bloss schwerere Criminalsachen sollten vor die Starosten und die andern Staatsgerichte gezogen werden. Der Stand der Professoren war im Allgemeinen verachtet; der Plan Sigismunds I., die Universitätslehrer nach einer gewissen Dienstzeit in den Adel und zu Staatswürden zu erheben, kam nicht zur Ausführung. Die Universität wurde stets als ein Anhängsel des Clerus betrachtet; das Recht wurde nur mangelhaft, die Medicin fast gar nicht an ihr vorgetragen; die Professoren lebten ehelos und klösterlich in Bursen zusammen.

Den grössten Abbruch thaten der Universität Krakau die Anstalten der Gesellschaft Jesu. In Wilno erhob sich eine Nebenbuhlerin der kleinpolnischen Jagellonia, schon durch König Stefan mit sonderlichen Privilegien ausgestattet, und für Litauen in dieselbe Stellung gewiesen, welche Krakau in der Krone einnehmen sollte. Aber auch dieser Wirkungskreis wurde den Universitäten von den Jesuiten nicht gegönnt. In ihrer Indolenz verdiente sie es wohl kaum besser. Ihre Professoren gleichen vom sechzehnten bis ins achtzehnte Jahrhundert den weltberühmten Akademikern von Argamasilla, aus deren Werken uns Cervantes am Schluss seines ersten Bandes Don Quixote so vorzügliche Proben gegeben hat. Die Jesuiten zählten auch in Polen unter sich doch strebsame und für die Idee ihres Ordens begeisterte Köpfe, und die Jugenderziehung betrachteten sie mit Recht als den wichtigsten Hebel für Erreichung ihrer Ziele.

So erreichten sie zwar niemals, dass ihr Collegium, welches sie in Posen hatten, und das ungefähr den Rang eines heutigen Gymnasiums einnahm, mit Universitätsprivileg bewidmet wurde; denn die krakauer Academie behauptete, ihr sei ein wissenschaftliches Monopol für das ganze Kronland rechtlich zugesichert: aber in Lemberg errichteten sie unter dem Schutze König Augusts III. eine Anstalt mit Graduationsberechtigung, und trotz des Protestes und der Klagen, welche die Universität Krakau beim königlichen Gericht anbrachte, erhielt sich diese Hochschule, bis gleichzeitig die Jesuiten aufgelöst und Lemberg österreichisch wurde. In Wilno hatten sie seit 1582 das Recht, die Facultätswissenschaften zu lehren und Promotionen vorzunehmen; Medicin kam indessen gar nicht vor und erst seit

Władysław IV. wurde auch Jurisprudenz gelehrt und zwar wesentlich nur kanonisches Recht.

König Batory liess sich aber durch die glänzenden philologischen Resultate des Jesuitenunterrichtes bestechen.

Eben damals war es ja, dass die Lehrmethode der Jesuiten von allen Gelehrten für musterhaft angesehen zu werden begann; der grosse Pädagog Claudius Aquaviva, der Verfasser des Lehrplans „Ratio et institutio studiorum Soc. Jesu" hatte als General seine Erziehungsart in allen Convictorien des Ordens eingeführt; jene Methode, die gegen die bis dahin herschende Planlosigkeit als entschiedener Fortschritt auftrat, unserer innerlichen Auffassung des Unterrichts gegenüber aber doch nur als Dressur erscheint.

Ein eigenthümliches Gegenstück zu diesen Jesuitenanstalten, die gewöhnlich von den Anfangsgründen bis nur an die Pforten der Doctor- oder Magisterpromotion führten, bildet die Akademie Zamość, 1594 von dem berühmten Johann Zamojski in seiner auch erst kurz vorher angelegten Mediatstadt gegründet. Sie hatte keine theologische Facultät, dafür aber juristische und philosophische Professoren. Im siebzehnten Jahrhundert wurde auch katholische Theologie an dieser Anstalt eingeführt und seitdem verfiel sie. Sie war niemals mehr als ein Ableger von Krakau und stand darum in beständigem Gegensatz zum Jesuitismus, aber ohne Erfolg.

Die sogenannte Academie in Ołyka, von den Radziwiłłs gestiftet, war nur eine kurze Zeit im Stande, sich über den gewöhnlichen Lateinschulen zu behaupten.

Ungleich war der Kampf, den die Piaren, unter Władysław IV. nach Polen gekommen, mit den Jesuitenschulen führten; diese guten Leute konnten lange keinen rechten Standpunkt finden. Ihre Schulen hatten immer nur den Grad von Gymnasien. Der Staat kümmerte sich um diese scholae piae ebensowenig, als um die Jesuitenanstalten. Die Piaren begnügten sich, ihre Zöglinge für den Besuch der krakauer oder einer ausländischen Universität vorzubereiten.

Für Gymnasien sorgten hie und da auch die Bischöfe; und diese Anstalten wurden zum Theil als Filiale der krakauer Academie betrachtet, so namentlich in Posen und Pułtusk.

Der Geistlichkeit wurde nachgerühmt, dass sie auf ihren Gütern den Bauern das Lesen und Schreiben beibringen lasse und beibringe; doch fehlt es an Beweisen, dass diese Thätigkeit eine allgemeine gewesen.

Die Bauern des Adels durften gar nichts lernen, etwas besser stand es mit dem niedern Volk der Städte. Nach den italienischen Gesandtschaftsberichten des 16. Jahrhunderts war die Kenntniss des Lateinischen ungemein unter dem niedern Stadtvolk verbreitet.

Der Adel bildete sich in den Schulen der Geistlichkeit oder unter Aufsicht von Instructoren, die meistens auch dem geistlichen Stande angehörten. Aristotelische Scholastik hielt im 17. Jahrhundert widerlicher Weise dieselben Triumphe in Polen, die sie während des Mittelalters im übrigen Europa zu feiern begonnen. Ein grosser Theil der adligen Jugend wuchs auch noch in späten Zeiten ohne alle wissenschaftliche Bildung auf und blieb somit wenigstens von den Sinnverdrehungen der Jesuiten bewahrt.

Uebrigens wissen wir von dem polnischen Schulwesen nur äusserst wenig. Alle menschlichen Einrichtungen werden erst dann für den Statistiker oder Historiker mit wissenschaftlicher Genauigkeit erkennbar, wenn sie vom Staat und von dessen Recht berücksichtigt wurden.

Der polnische Staat aber verhielt sich Jahrhunderte hindurch gleichgültig zur Erziehung seiner Einwohner. Für den Unterricht der Bauern und Städter sorgte er auch zu den spätesten Zeiten seines Bestandes nicht im mindesten, aber bei Ausbildung seiner adligen Jugend suchte der Staat unter der Regierung des letzten Königs das Versäumte nachzuholen.

Gewaltigen Einfluss übten die Gedanken des Piarenprovinzials Stanisław Konarski, unter dessen Händen in dem Warschauer Collegium nobilium seit 1742 die Reformer der späteren Reichstage aufgewachsen waren. Er und seine Anhänger wollten die Verbesserung des Staatswesens bei dem Jugendunterricht beginnen.

Durch besonders ernannte Commissarien wurde die Krakauer Academie und die unter ihr stehenden Anstalten reorganisirt und eine ständige Erziehungscommission ward durch Reichstagsbeschluss von 1768 eingesetzt. Deren Wirkungskreis und Macht wurde bedeutend erhöht, als die Bulle Dominus ac redemtor noster auch in Polen Rechtskraft erhielt. Sämmtliches Vermögen der Jesuiten in Polen sollte einen ungetheilten Fonds für Erziehungszwecke bilden und dem unbeschränkten Niessbrauch jener Commission überwiesen werden, wie man 1773 aussprach.

Dieser Ausschuss bestand aus zwölf Mitgliedern, die alle sechs Jahr vom Reichstag ernannt oder bestätigt wurden. Plätze in der Commission, die während dieser sechs Jahre leer wurden, besetzte der König.

Die Mitglieder empfingen kein Gehalt, und durften aus den zu ihrer Verfügung stehenden Fonds keine Vorschüsse für ihre Privatkasse entnehmen. Constitution 1778.

Die „Educationscommission" hatte bedeutende Macht, sie wurde sogar mit Gerichtsbarkeit ohne Appellation in Betreff der ihr überwiesenen Jesuitengüter ausgerüstet, Constitution 1775, 1776; aber doch nur einen kleinen Theil jener gewaltigen Complexe rettete man 1779 als dauernden Bestand der Erziehungsgüter; alles andere war von einzelnen Magnaten und Rittern geraubt worden. Nach dem 1780 vor dem Reichstag abgelegten Bericht hatte seitdem die Commission 1,467,898 polnische Gulden jährlicher Einkünfte aus Gütern und Capitalien.

Sehr wohlmeinend hingegen war die innerliche Thätigkeit, welche von der Commission entfaltet wurde. Ein ausführliches Reglement von 1783 und Nachträge, die 1790 hinzukamen, griffen in das ganze System des Unterrichts hinein. Alle katholischen Personen, die sich zu Lehrern ausbilden wollten und als Lehrer thätig waren, sei es an Universitäten oder Schulen, wurden gemeinsam als Eine Corporation vom Staat anerkannt und als akademischer Stand bezeichnet. Verwaltung und Gerichtsbarkeit über diesen Stand sollte der Educationscommission gehören.

Die wissenschaftliche Leitung des Unterrichts sollte in der Krone der Universität Krakau, in Litauen der Universität Wilno, die 1781 reorganisirt wurde, obliegen. Und als Organe dieser Collegien fungirten in den verschiedenen Wojewodschaften einzelne Vorgesetzte, die auch als Directoren ihrer eigenen Anstalten kräftige Disciplinargewalt über die unter ihnen stehenden Lehrer ausübten. Der Grundzug des ganzen Systems war stark schablonenmässig; so z. B. wurde jeder Lehrer nur zu einer Dienstzeit von sechsundzwanzig Jahren verpflichtet. Die ersten sechs Jahre diente er dem Staat unentgeltlich zur Entschädigung für den freien Gymnasial- und Universitätsunterricht, den er selbst empfangen, sobald er sich für den akademischen Stand bestimmt hatte und gewissermassen Novize geworden war. Nach Ablauf der übrigen zwanzig Jahre, während deren die Lehrer sämmtlich ein gleiches und gleichbleibendes Gehalt bezogen, wurde j e d e r Lehrer Emeritus und empfing als solcher ein besonderes Jahrgeld. Die Lehrer jeder Anstalt wohnten und assen zusammen nach mönchischer Art; wir sehen, die Polen mussten sich bei diesen Constructionsversuchen, denen von gleichzeitigen Schriftstellern und Staatsmännern grosse Achtung gezollt wird, den Eigenheiten des Materials accommodiren, welches sie für den Lehrberuf vorfanden. Zum allergrössten Theil waren die Mitglieder des „akademischen Standes" Exjesuiten und einige Lehrcollegien bestanden aus Cisterciensern und Piaren.

Diese Schulen und Lehrkräfte, deren Anstellung und Ueberwachung dem absoluten Gutdünken der Educationscommission - zufiel, waren nur für die Bedürfnisse des Adels berechnet, in dem noch die Constitution 1791 die erste Stütze der Freiheit anerkannte; höchstens konnten auch die hervorragenderen Schichten der Städter diese Institute für die Jugend benutzen. Für das aber, was wir heut Volksschule nennen, war bei dieser Unterrichtsorganisation nicht gesorgt worden, obwohl die Commission beabsichtigte, bei jeder Kirche eine Pfarrschule einzurichten; die Bauern und die niedere Stadtbevölkerung wuchsen, soweit sie katholisch waren, ohne die Elementarkenntnisse auf, oder mussten, wenn es die Grundherren erlaubten, bei unausgebildeten, uncontrollirten und auf Privatbezahlung angewiesenen Leuten Schreiben und Lesen lernen. Juden und Dissidenten, in deren Schulen sich die Educationscommission nicht mischte, sorgten nach Belieben und Vermögen für höhere und niedere Schulen. Im Ganzen wurde in Betreff der Volkschule bei der Theilung Polens tabula rasa vorgefunden; dem höheren Erziehungswesen der Polen liess namentlich die preussische Regierung hohes Lob zu Theil werden, man fand die Reglements von 1788 und 1790 vortrefflich; aber, wie ein südpreussischer Beamter sagte, „die Ausführung war hinter dem Gesetze zurückgeblieben."

So konnten selbst auf diesem Gebiete, welches der Staat eben erst seiner Beaufsichtigung unterzogen hatte, die bestgemeinten Pläne nicht ausgeführt werden. Man hatte einen eigenthümlichen und für die polnischen Verhältnisse wohl passenden Mechanismus eingerichtet; dieser aber versagte, weil auch die herlichste Maschine nur dann wirken kann, wenn sie von einem selbstbewussten Menschen aus Fleisch und Bein einheitlich geleitet wird. Auch auf andern Feldern der polnischen Staatsverwaltung blieben alle Verbesserungen, wie wir sehen werden, fruchtlos, weil das fehlte, was allen künstlich zusammengesetzten Behörden Seele und Leben hätte einhauchen und die beschlossenen Maassnahmen auch allemal verwirklichen können: ein kräftiges in sich selbst wurzelndes Königthum.

# Neuntes Buch

## Staatsverwaltung.

„Polonia confusione regnatur."
Polnisches Sprüchwort des 17. Jahrhunderts

## Erster Abschnitt

### Charakter der polnischen Administration

„Nur durch die Regierungsgewalt, und dadurch, dass sie besondere Geschäfte verrichtet, ist der Staat einer", meint ein deutscher Denker.

Nun wissen wir, dass die Regierung in Polen vom Anfang bis zum Ende des Staats in der Person des Monarchen ruhte. Wir wissen, dass der polnische Reichstag und die Adelsnation in ganz anderem Sinn, als die westlichen, aus dem Feudalismus hervorgegangenen Ständeversammlungen von Adel, Clerus und Städten, ein Mitregierungsrecht zu erlangen gewusst hatten; wir wissen, dass die königliche Gewalt die Axe blieb, um welche sich der gesammte Staatsorganismus in allerdings progressiv schwächer werdenden Schwingungen drehte.

Noch war der König bis zum Untergange des Reichs die Quelle aller Gesetzgebung, da er allein gültige Reichstage zusammenrufen und schliessen konnte, noch war er Mittelpunkt der Rechtspflege und des Heerwesens. Und also war er dann auch der ideelle Leiter jenes Zweiges der Staatsthätigkeit, der am meisten von der Regierung abhängig ist, der Administration.

Die Administration verlangt eine einheitliche Spitze, und so ist ihre Lenkung und Beherschung selbst in England, wo das Unterhaus die regierende Körperschaft bildet, und in Amerika, wo dem Congress die eigentliche Regierungsgewalt zugeschrieben wird, in die Hand der höchsten Vollziehungsbeamten gelangt.

Der polnische Reichstag aber war, als eine Versammlung nach Instructionen stimmender Bevollmächtigter, eben so unfähig, eine Verwaltungsmaschinerie arbeiten zu lassen, wie der durchlauchtigste deutsche Bundestag, und die Adelsnation in Gesammtheit ist mit ihren Versuchen einer Selbstverwaltung nicht über gewisse locale Anfänge hinausgekommen. Fast nur die Steuereinnehmer waren periodisch neu von den Wojewodschaften gewählte Beamte und mit ihnen machte der Adel gar schlimme Erfahrungen.

Eine Demokratie von Gutsbesitzern konnte gegenüber der monarchischen Regierungsgewalt nur negativ auftreten; was eine förmliche fest abgezirkelte Aristokratie ohne Zweifel gethan hätte, dem König das Heft der Administration aus der Hand gewunden, das vermochte das Rittervolk nicht. Das Wechselverhältniss zwischen Reichstag und Landtagen, in welchem sich das Leben der souveränen Edelleute bewegte, war wohl eine Mühle, die jeden Angriff auf die durch ihre moles inertiae feststehenden Gesellschafts- und Staatsgrundsätze wie zwischen zwei Mühlsteinen zermalmen konnte; die aber nichts getrenntes zusammenzufügen, nichts positives zu schaffen im Stande war.

Schon um ihrer nur periodischen Arbeitsweise willen. Und da nun ein stätiges, ausgleichendes, förderndes und vermittelndes Wirken des Staats auf die Staatsangehörigen auch in Polen nicht zu entbehren war, so blieb kaum etwas anderes übrig, als die Leitung und beständige Erneuerung des Wenigen von Administration, dessen man bedurfte, wenn überhaupt noch eine Staatsthätigkeit auf polnischem Gebiete zu fühlen sein sollte, dem König anvertraut zu lassen.

Dieser behielt also das Recht, nach altslavischer Weise die Beamten des Staats auf Lebenszeit zu ernennen und sie in ihren Amtshandlungen zu überwachen. Niemals, sagen wir, bis in die letzten Zeiten wurde ihm dies Recht ausdrücklich entzogen; aber seit die Kraftverhältnisse im Staat sich derart gestaltet hatten, dass nicht der König, sondern die ungeschlossene Corporation der Magnatenfamilien den höchsten Einfluss auf die Gesellschaft besass, konnte dies Recht nur innerhalb der Schranken geübt werden, welche durch die Natur der polnischen Gemeinschaft bedingt waren.

Viel Verwaltung brauchte man und wollte man in Polen nicht. Ein Staat, dessen Rechtsgrundlage in geschriebenen Gesetzen ruhen soll, wird vor allen Dingen einer complicirten und hierarchisch gegliederten Bureaukratie bedürfen, um jeden Buchstaben sogleich mechanisch zu einer wirklichen Thatsache umzuschaffen: und ebenso sind ein überwiegendes Gewohnheitsrecht und unausgebildete, auf das nöthigste beschränkte Administration Correlate.

Bei alledem ist das polnische Verwaltungsytem in manchen Beziehungen weit moderner, als das im Mittelalter bei den westlichen Völkern ausgebildete. Selten ist in Polen jene Ansicht aufgetreten und emporkommen durfte sie gar nicht: es seien die Staatsämter reale, gleich materiellen Gütern zu übertragende und vererbliche Genüsse; diese Ansicht, welche der Staatsgewalt zuletzt allen Einfluss auf die Verwaltung geraubt und aus den Beamten souveräne Fürsten gemacht hat, wie in Deutschland. Der polnische Beamte war sich stets seiner Abhängigkeit vom Staate bewusst, da er sein Amt immer nur auf Lebenszeit aus den Händen des Staatsoberhauptes empfing und während seiner Amtsführung nicht nur von diesem, sondern auch von den Gewalten, die sich über den König gestellt hatten, überwacht wurde.

Aber andrerseits war die Gewalt der polnischen Beamten weit ausgedehnter, als die eines Angestellten in modernen Verhältnissen. Denn die Inamovibilität war ein nachweislich nur in frühen Zeiten verletztes Recht aller vom König ernannten Würdenträger.

Niemals bis zum Ende des Staats hat ein collegiales Verwaltungssystem bestanden; nur einzelne Personen waren es, die in allen Amtsphären unbeschränkt schalten konnten und sich ihr Bureau und ihre sämmtlichen Unterbedienten nach Belieben auswählten und zusammensetzten, so dass jeder vom Inhaber der Regierungsgewalt ernannte Functionär ein Abbild des Königs darstellte.

Der polnische Beamte glich auch darin dem König, dass nicht auf besondere Fachbefähigung und nach einer strengen Vorbereitung im Verwaltungsberufe die Aemter verliehen wurden, sondern einzig nach der reinen Persönlichkeit oder nach Familienverhältnissen traf der König seine Auswahl bei Ernennung der Beamten.

Auch war deren Amtsthätigkeit selten genau vorgezeichnet, sondern konnte nach Belieben enger oder weiter gefasst werden. Auch wurde in der Auffassung der meisten Aemter der Begriff der Ehre, der Vorrechte, der Einkünfte, die mit ihnen verbunden waren, hervorgehoben; der Begriff der Pflicht, der Amtsmühe trat weit zurück. Dies

war grade bei dem Amte der Fall, welches am meisten ins bürgerliche Leben eingriff; die Starostenwürde betrachtete man fast immer
nur unter dem Gesichtspunkte des Vortheils, den sie bot.

Aber der Umstand, dass fast die sämmtlichen andern Aemter
unbesoldet waren und doch oft einen Aufwand erforderten, der durch
die persönlichen Einkünfte des Inhabers nicht gedeckt werden konnte,
wies die Beamten geradezu darauf hin, ihre Machtsphäre zu erweitern.

Ihrer Idee nach hatten die meisten Beamten entweder von persönlichen Diensten gegen den Fürsten, oder vom Heer- und Gerichtswesen ihre Functionen herzuleiten. Die ersteren waren schon seit
dem vierzehnten Jahrhundert reine Titulare geworden, die letzteren
waren meist bis in die spätesten Zeiten nicht eben nach Ressorts,
sondern nach dem grösseren oder geringeren Territorium unterschieden, über welches sie gebieten sollten und von dem sie ihren Namen
trugen.

Und so waren die polnischen Verwaltungsverhältnisse zu der Zeit,
da der polnische Staat das geworden war, als was er sich in der
Erinnerung noch künftiger Geschlechter erhalten wird, nichts weniger
als übersichtlich geordnet.

Denn die einzelnen Beamten hatten sich nach Kräften in ihrer
Competenz ausgebreitet, übten Bedrückungen, hatten mit einander
Streit und Hader und waren ohne Scheu vor einer höheren Gewalt.
Die Reichstage und die persönlichen Versammlungen der souveränen
Edelleute wurden, wie man laut sagte, gewöhnlich bloss darum beschlussunfähig gemacht und zerrissen, weil einzelne Beamte nicht gern zur
Rechenschaft gezogen sein wollten. Der König aber musste oft fürchten, sich die Ungunst der Beamten zuzuziehen; wie leicht war es doch
grade einem Beamten, Conföderationen ins Leben zu rufen und des
Königs Absicht auf andere Weise zu vereiteln! Auch waren dem König gar nicht selten seinen Beamten gegenüber moralisch die Hände
gebunden, da der König oft ihnen, die er vorfand, seine Wahl verdankte und da seit dem 17. Jahrhundert ganz gewöhnlich allen Reichs-
tagsklagen und Constitutionen zum Trotz, die Aemter einen Handelsartikel bildeten, bei dessen Verschleiss nicht nur Angebot und Nach-
frage, sondern eine Menge nicht wohl nachzuerzählender Hofintriguen
bestimmend wirkten.

So war der Fürst, „der Vater der Nation", zum grossen Theil
an dem Unheil Schuld, das durch die chronisch zerrüttete Verwaltung über das Land kam; und eine Abhülfe schien kaum in irgend
einer Weise möglich. Da begreifen wir den tiefschmerzlichen Ausruf,

der sich aus der Seele des polnischen Volkes im 17. Jahrhundert emporrang: Polen wird durch Verwirrung regiert.

Wohl begriff der vierjährige Reichstag, wie schon vor ihm die Partei der Czartoryskis, welch wichtige Aufgabe ihm hier gestellt war; aber man beschränkte sich leider wesentlich darauf, die Symptome des Uebels heilen zu wollen und man konnte auch die Wurzel nicht ernstlich angreifen. Die Verhältnisse lagen zu unglücklich: es war nicht zu erwarten, dass eine gesetzgebende Versammlung aus ihrem Schoosse das einzig rettende Mittel, den despotisme éclairé erstehen lassen würde. In der Zeit der französischen Revolution liessen weder die inneren noch die äusseren Verhältnisse Polens eine derartige Umgestaltung zu. Es war zu spät!

## Zweiter Abschnitt

### Beamte für das Gebiet der Republik

Da die einzelnen Fächer innerhalb der polnischen Verwaltung nicht so genau geschieden, als bei modernen Administrationsverhältnissen, und ein Unterschied vorzugsweise in der grösseren oder geringeren Territorialausdehnung zu suchen, in welcher die Beamten sich bewegen, so empfiehlt es sich für eine kurze Zusammenfassung der polnischen Ansicht vom persönlichen Wesen des Beamtenthums zu folgen.

Desshalb können wir nicht abstract von einer Verwaltungsmaschinerie reden, denn eine solche ist in Polen gar nicht vorhanden; sondern nur concret von den Männern, durch welche die Regierungsgewalt oder Staatsgewalt, die, wie gesehen, im Königthum liegt und vom Reichstag streng überwacht und behofmeistert wird, auf die Staatsbürger wirkt und also doch etwas einer modernen Administration ähnliches übt.

Nicht wenige der Würdenträger, die uns jetzt begegnen werden, treffen wir auch bei Prüfung der Hauptfunctionen des polnischen Staates, wie der Rechtspflege, des Steuer- und Heerwesens. Doch wird es uns zu Statten kommen, wenn wir alsdann schon mit ihnen bekannt sind.

Als Beamte der ganzen Republik sind die zehn oder zwölf Minister zu betrachten. Denn wenn diese auch zur Hälfte ihre Namen von der Krone, zur andern Hälfte von Litauen haben, und die einen vorzugsweise hier, die andern dort handelnd auftreten, so sind sie doch alle der Oberaufsichtsbehörde der Republik, dem Reichstage, verantwortlich, und werden den Landboten der einzelnen Territorien gegenüber als Beamte der ganzen Republik aufgefasst. Und oft ersetzen die litauischen und Kronminister einander, der Kronkanzler einen litauischen Kanzler, der litauische Marschall den Kronmarschall, so dass sie ganz deutlich als Beamte des Gesammtstaats hervortreten.

Die Minister: Grossmarschall, Kanzler, Unterkanzler, Schatzmeister, Hofmarschall und seit 1768 Grosshetman, je für Polen und Litauen, treten insgemein ert seit dem sechzehnten Jahrhundert in dieser festen Stufenfolge und mit besonderen Functionen auf. Bis dahin werden ihre Amtsphären nur vorübergehend und von unregelmässig ernannten Männern ausgefüllt, wie es dem König beliebt. Seit jener Zeit aber gelten sie als unabsetzbar und sie sollen bei Todesfällen in der Regel auf Reichstagen vom König ergänzt werden. Sie sind zwar nicht zur förmlichen Rechenschaftsablegung vor dem Reichstage verpflichtet, unterliegen aber doch dessen Kritik ebensowohl wie der König.

Wojewoden oder Castellane durften nicht zu gleicher Zeit Minister sein, sondern mussten ihren Posten aufgeben, wenn sie der König mit ihrer Einstimmung zu Ministern machte.

Oft aber kam es auch vor, dass Minister ihre Stellen aufgaben, um eine andere senatorische Würde zu erhalten; so wurde unter August II. ein Stanisław Poniatowski vom Schatzmeister Litauens Wojewode von Masowien, und schon unter König Stefan zog Valentin Dembiński seiner Kronkanzlerwürde die Castellanei von Krakau vor.

Zwei Ministerämter sollten von Anfang an nicht in einer Hand vereinigt werden, auch wurde seit 1669 verboten, dass Jemand zugleich Minister und Hetman sei. Eine Verbindung, für die schon Johann Zamojski ein vielfach angefeindetes Beispiel gegeben hatte. Sogar Gliedern derselben Familie sollten diese incompatibilia nie übertragen werden; welcher Grundsatz bei der Wahl Augusts II. per coaequationem jurium auch für Litauen Geltung erhielt.

Die Minister sollten niemals von der Person des Königs auf längere Zeit entfernt sein, während die andern Senatoren immer nur zu bestimmten Zeiten an den König gebunden waren. Man schrieb den Ministern grossen Einfluss auf den König zu; namentlich auf die Art der Aemterbesetzung meinte man, könnten sie kräftig einwirken, und Stellenjäger suchten sich gewöhnlich vermittelst der Minister in die Gunst des Königs einzuführen.

Auch bei Reisen ins Ausland war der König immer von einigen Ministern umgeben; die sächsischen Könige hatten bei ihrem Aufenthalt in Deutschland mindestens immer einen Unterkanzler bei sich. So erschienen also die Minister theoretisch als die eigentlichen Verwaltungsbeamten, durch welche der Wille der Regierungsgewalt zum Ausdruck käme; wollte der König auf dem Reichstage das Wort ergreifen, so traten sämmtliche zehn (später zwölf) Minister vor ihn hin, die vier Marschälle mit niedergestreckten Stäben; ein Grossmarschall stampfte auf den Boden und gebot Ruhe für den König.

Die Marschallsämter wurden unter den Piasten als eine Nebenwürde verliehen, auch bestanden sie nicht in späterer Bedeutung. Fast marschallähnlich ist die Stellung, welche der krakauer Stadtpatricier Wirsing 1363 bei König Kasimir ausfüllte. Der Jesuit Niesiecki lässt die Reihe der Hofmarschälle 1364, die der Grossmarschälle um 1366 beginnen, und beide Würden schon durch Jagiełło auch für Litauen einführen; entschieden zu früh. Erst 1389 erwähnt Długosz einen Grossmarschall und erst 1436 tritt ein Hofmarschall urkundlich auf.

Der letztere steht dem ersteren zwar nicht auffallend am Range nach, hat vielmehr dasselbe Prädikat wie dieser und alle weltlichen Senatoren erster Ordnung: wielmożny, magnificus, grossmächtig, wird aber doch insoweit für geringer erachtet, dass er überall nur da einzutreten hat, wo der Grossmarschall nicht ausreicht oder abwesend ist. Trotz der Verschiedenheit des Titels haben beide denselben Wirkungskreis, und die Hofmarschallwürde galt in der Regel als Vorbereitung für das Grossmarschallamt, indem man zu diesem gewöhnlich von jener aufrückte.

Das Wort Marschall (marszałek, marsalcus) tritt in Polen mit sehr verschiedener Bedeutung auf; hatten doch sogar die Bettler, die im 17. und 18. Jahrhundert in den polnischen Städten förmliche Körperschaften bildeten, ihre Marschälle! Als Grundbegriff lässt sich der Gedanke des Ordnens, Ordnunghaltens annehmen. Ueberall wird er mit dem Titel verbunden, und die äusserliche Auszeichnung aller Marschälle ist darum der Stab (laska), vor allem natürlich für die Marschälle der ganzen Republik.

Dieser Stab wurde einem neuen Marschall bei der Einführung in sein Amt durch den Kanzler überreicht, und zwar den litauischen Marschällen von litauischen Kanzlern. Selten wurde ein Marschall durch den andern eingeweiht. Beim Amtsantritt wurde seit dem 16. Jahrhundert eine vom Publicisten Januszowski zuerst mitgetheilte Eidesformel geleistet, in welcher der Marschall vorzugsweise Treue gegen den König, Rechtschaffenheit im Beruf und Festhaltung des Amtsgeheimnisses gelobte.

Die hauptsächliche Pflicht der Grossmarschälle und in Vertretung der Hofmarschälle ist für die Sicherheit des Königs und für Ordnung und Ruhe in dessen Umgebung zu sorgen.

Sie sind darum nicht nur Vorsteher des Hofes, sondern sie besitzen eine alle Concurrenz und Appellation ausschliessende Gerichtsbarkeit am jedesmaligen Orte des königlichen Aufenthalts und drei Meilen im Umkreise über alle Personen ohne Unterschied des Standes, die sich etwas gegen Sicherheit und Ordnung haben zu Schulden kommen lassen.

Dem König stand es zu, die erkannten Strafen zu mildern, aber in der Untersuchung und im Urtheilsprechen war der Marschall unumschränkt. So verurtheilte er 1652 den Kronunterkanzler Radziejowski, also einen ihm nahezu gleichgestellten Minister, wegen einer in Warschaus Vorstadt verübten Gewaltthat zur Ehrlosigkeit und zum Tode. Und zwar hatte in der Krone der Krongrossmarschall, und in Vertretung der Hofmarschall diese Gerichtsbarkeit, in Litauen die betreffenden litauischen Beamten.

Ebenso stand den Marschällen die Befugniss zu, am jedesmaligen Orte des königlichen Aufenthalts die Preise aller Waaren und Handwerkserzeugnisse zu reguliren und von den Verkäufern einen Marktzoll (targowe, forale) für ihre Privatkasse beizutreiben. Befand sich der Marschall im Lager, so bestimmte der Hetman gemeinschaftlich mit ihm den Werth der Lebensbedürfnisse. In preussischen Städten hatte er nach Lengnich diese Befugnisse niemals üben können, der Rath hatte sie sich nicht nehmen lassen.

Der Marschall hielt sich für diese Polizeizwecke eine besondere Truppe bewaffneter Dienstleute und empfing einen beträchtlichen Gehalt, um allen seinen Aufgaben standesgemäss genügen zu können.

Auf allen amtlichen Gängen des Königs schritten ihm die Marschälle mit erhobenen Stäben voran. Sie leiteten auch die Senatsitzungen und traten alles in allem als die wichtigsten Beamten hervor. Sie vertraten zwar in engerem Sinn nur das, was die Polizeibehörden in einem modernen Staate sein würden, und auch das nur auf beschränkte Weise, aber im Grunde boten sie doch in ihrer Machtsphäre den Keim, aus dem sich eine die ganze Administration umfassende Thätigkeit hätte entwickeln können, ungefähr ein Ressort, wie es dem „Staatsminister" im heutigen Oestreich zugewiesen ist.

Die Stadt Warschau stand, weil sie im 17. Jahrhundert Residenz geworden, vollständig unter der absoluten Gewalt des Krongrossmarschalls. Auch im Interregnum behielt dieser dort seine Machtvollkommenheit, nur dass er seine Gerichtsbarkeit mit einigen gewählten Capturrichtern theilte.

Bedeutend älter als die Würde der Marschälle ist die der Kanzler. Fast alle piastischen Fürsten bedienten sich nach deutschem Vorbilde der Cancellarii zum Ausstellen von Urkunden und Briefen. König Łokietek aber hatte bereits 1320 einen Cancellarius und einen Vicecancellarius. Beide Würden wurden für gleich geachtet, nur war der Vicekanzler (podkanclerzy) meist der jüngere Mann. Dagegen ist die Würde in Litauen erst sehr spät nachzuweisen; selbst Niesiecki begnügt sich damit, den ältesten litauischen Grosskanzler auf 1499 und den ältesten Unterkanzler erst nach der Hälfte des folgenden Jahrhunderts zu setzen.

Als Ausfertiger aller Regierungserlasse trug der Kanzler (kanclerz, cancellarius) zum Abzeichen seines Berufs das Siegel, und zwar unterschied man die Siegel der beiden Kanzler als das grössere und kleinere. Auch sie leisteten bei ihrem Amtsantritt, wie man sich denken mag, einen sehr ausführlichen Eid, in welchem sie unter anderm gelobten, kein Papierdocument auszugeben, das dem König oder der Republik irgendwie zum Nachtheil gereichen könne. Papierschriftstücke konnten nämlich ohne weiteres aus der Kanzlei gehen; bei Pergamenten musste jedesmal der König seine Erlaubniss geben.

Weil die Kanzler in vielen Beziehungen zu der Thätigkeit des Reichstages standen, so hatten sich die Senatoren schon sehr früh als berechtigt erachtet, dem König wegen Wiederbesetzung bei Todesfällen Rath zu ertheilen. Später mischten sich auch die Landboten in gewisser Weise hier hinein; als Zamojski vom König Stefan zum Unterkanzler ernannt worden, dankte die Kammer dem Könige für die getroffene Wahl.

Die Kanzlerwürden sind die einzige Ministerstelle, zu der Personen geistlichen Standes gelangen können. Es war eine Reminiscenz aus der Entstehungszeit des Amtes, dass man auch während der späteren Zeit daran festhielt, wenigstens einer der Kanzler für Litauen und Polen müsse Geistlicher sein. Waren doch die mittelalterlichen Kanzler fast immer nur schreibenskundige Geistliche.

Und so war seit der Constitution 1507 stets der Grosskanzler ein Kleriker, wenn der Unterkanzler ein Laie, und umgekehrt. Doch musste, wenn der verstorbene Grosskanzler dem weltlichen Stande angehört hatte, der neue aus dem geistlichen genommen werden, und gleichfalls umgekehrt, so dass doch beide Kanzler eine Zeit lang dem gleichen Stande hätten angehören können; im Falle nicht, was in der Krone die Regel war, der Unterkanzler zum Grosskanzler aufrückte und statt seiner ein entsprechender Ersatz eintrat.

Trotz dieser häufig vorkommenden Vertauschung der Unterkanzlerstellen mit dem grösseren Siegel wurden seit 1505 beide Kanzlerwürden für gleich erklärt und in jeder Beziehung für gleich geachtet.

Eine Vorbedingung um Kanzler zu werden, war genaue Kenntniss der lateinischen Sprache, die noch bis in späte Zeiten neben dem polnischen gebraucht wurde, obgleich schon die Const. 1562 das Polnische für die eigentliche Gesetzsprache anerkannt hatte. Beide Idiome waren seit 1669 in allen Pacta Conventa gleichberechtigt gestellt worden. Aber wie in Ungarn, so behauptete in Polen der in verschiedenen Theilen des Landes herschenden Verschiedensprachigkeit halber lange Zeit das Latein den Vorrang als Kanzleisprache; und der einzige geistige Luxus, den das sechzehnte Jahrhundert kannte, das ciceronische Lateinschreiben, wurde von den Kanzlern Polens mit Vorliebe gepflegt. Tomicki und Zamojski glänzten in dieser Beziehung, und bis ins achtzehnte Jahrhundert hielt man nur gewandte Latinisten für fähig, Kanzlerstellen zu bekleiden. Die Kanzler für Litauen sollten der ruthenischen Sprache mächtig sein, da eine bis zur zweiten Hälfte des siebzehnten Jahrhunderts innegehaltene und auch in Constitutionen wiederholte Bestimmung das Statut Litewski forderte, dass alle speciellen litauischen Angelegenheiten in diesem Idiom verhandelt würden.

Die Schriftstücke der Kanzleien wurden in besonderen Archiven aufbewahrt, in der sogenannten Metryka Koronna und Metryka Litewska. Die Vorsteher dieser Archive oder Registraturen, die Regenten und Metricanten und die erforderlichen geschworenen Schreiber ernennt jeder Kanzler für sich nach Gutdünken, und diese Beamten können vom neuen Kanzler bestätigt oder entlassen werden. Diese Beamten ebenso wie der Kanzler selbst empfangen für alle Ausfertigungen, die nicht für die Republik bestimmt sind, sondern für Corporationen oder Privatleute, eine Gebühr, die allerdings für Edelleute sehr gering ist. Andere Einkünfte bezog der Kanzler aus seiner Gerichtsthätigkeit. Bereits unter Kasimir d. Gr. fungirte der Kanzler in Gemeinschaft mit vier oder sechs Baronen als Stellvertreter des Königs im Gerichtswesen, und diese Thätigkeit erweiterte sich von Jahr zu Jahr und bestand auch nach Errichtung der Tribunale, namentlich für Städtesachen. Häufig wurden die Kanzler mit Gesandtschaften betraut; eine bedeutende Wirksamkeit entfalteten sie auf den Reichstagen, wo sie die Vorschläge des Königs und Senats zu den Constitutionen vorlasen, das Beschlossene aber drucken liessen und an die Relationslandtage versandten. Hier traten die Kanzler als Inhaber der Prärogative auf, die dem König in Betreff der Gesetzgebung geblieben war.

Die Kanzler vertraten im Nothfall die Stelle der Marschälle, ja sogar der Hetmans. Während der Interregna aber wurden sie selbst in ihrer Thätigkeit durch vorübergehende Commissionen ersetzt.

Eine gewiss sehr alte Würde war die des Schatzmeisters (thesaurarius, podskarbi, skarbnik). Erst 1504 aber wurden ihre Amtspflichten genauer aufgezählt; es gehörte dahin Bewachung des Reichschatzes, Ueberwachung der Einnahmen und Ausgaben und Rechenschaftslegung hierüber, Besorgung des Münzwesens; demgemäss lautete auch der Eid des Schatzmeisters; und verpflichtete sich dieser, ohne Auftrag des Königs und Berathung der Räthe und Beamten keine Amtsgeschäfte vornehmen zu wollen. 1569 wurden die Verrichtungen des Kronschatzmeisters auch auf den von Litauen übertragen. Ueber Litauens frühere schatzmeisterliche Verhältnisse wissen wir nichts, wahrscheinlich ist es auch hier, wie sonst, einfach der von Polen empfangende Theil gewesen. In der Const. 1547 wird zuerst ein Schatzmeister von Litauen erwähnt.

Der Schatz der Krone befand sich im königlichen Schlosse zu Krakau; seit der Zeit der Jagellonen enthielt er nur Kleinodien und wichtige Papiere. Geld wurde nicht in ihm niedergelegt; alle Baarschaft des Staates behielt der Schatzmeister persönlich bei sich. Die Obhut über diesen Schatz theilte nach der Const. 1573 der thesaurarius mit sieben Senatoren, die sämmtlich mit Schlüsseln zu sieben besonderen Schlössern der Schatzkammer versehen waren und die Thür des Gewölbes noch obendrein jeder besonders versiegelten. Eine Revision der Schatzkammer wurde seit 1587 auf Beschluss der Generalconföderationen in allen Interregnen vorgenommen; auf besonderen Reichstagsbeschluss auch noch in den Jahren 1599, 1685, 1726, 1736. Den sieben senatorischen Schatzwächtern wurde in solchem Fall eine Landbotendeputation zur Controlle beigeordnet.

Für die litauische Schatzkammer, die grösstentheils nur Urkunden enthielt und sich in Wilno befand, lässt sich eine ähnliche Fürsorge nicht in gleichem Maassstabe nachweisen; doch half dieselbe auch bei dem Kronschatz nicht vor allmählicher Verminderung der Reichs-

kleinodien, die auf eine sehr geringe Zahl zusammengeschmolzen waren, als sie im Auftrage des Reichstags 1792 zum letztenmal besichtigt
wurden. So hatten die Verzeichnisse, die schon seit Siegmund August
bei jeder neuen Revision der Kleinodien angefertigt wurden, keinen
andern Nutzen, als die schamlos fortgehende Bestehlung des Schatzes
zu constatiren. Das Amt des custos coronarum, dem in Litauen das
des skarbny entsprach, entstand nun zwar im siebzehnten Jahrhundert
zu besserer Sicherung des Schatzes; es wurde vom Könige meist an
Priester verliehen, die alsdann in den Assessorialgerichten berathende
und in den Referendargerichten beschliessende Stimme erhielten; aber
diese Custoden zeigten durch die Erfolglosigkeit ihrer Amtsverrich-
tungen eben nur, dass das Uebel, welches den polnischen Staat beherrschte, bis in dessen kleinste Fasern gedrungen sei, und dass vermehrte Administrationsthätigkeit hier nicht einmal als Palliativ zu
wirken im Stande war.

Das eigentliche Amt des Schatzmeisters war denn seit dem siebzehnten Jahrhundert die Kassenführung der Republik geworden. In
den Säckeln der podskarbi von Polen und Litauen sollten alle Einnahmen aus den durch Reichstagsbeschluss festgesetzten Steuern zusammenlaufen. Die Schatzmeister bestritten dann die Ausgaben, so
gut es ging, und legten vor jedem gewöhnlichen Reichstag Rechnung
ab. Eine Zerreissung des Reichstags befreite die Schatzmeister von
dieser Pflicht; man begreift, welche Perspective sich diesen hier bot,
und wir wissen, wie grade die Schatzmeister auf die Reichstage ein-
gewirkt haben. Uneigennützigkeit dieser Beamten wurde kaum mehr
vorausgesetzt; die Staatsgeschäfte, welche durch die Hände der Schatzmeister gingen, schmolzen mit deren Privatgeschäften in Eins zusammen; und so mussten folgerichtiger Weise auf den Reichstagen 1726
und 1736 die Privaterben verstorbener Schatzmeister Rechnung legen.

Wie die Schatzmeister öffentlich erklärten — zu ihrer Rechtfertigung, wenn sich Defecte vorfanden, — mussten sie oft von ihrem
eigenen Gelde zusetzen, um nur die nothwendigsten Ausgaben des
Staates zu bestreiten, und es kam schliesslich dahin, dass die Schatzmeister es dem Reichstage als hohe patriotische Aufopferung darstellten,
wenn sie ihr Amt weiterführen sollten. Zur Entschädigung für ihre
Mühe empfingen sie denn auch ein ziemlich hohes Gehalt, das sie
von den Staatseinnahmen für sich zurückbehielten, mindestens immer
60,000 Gulden, öfter wurden ihnen 100,000 oder 120,000 bewilligt.
Ausser dem Münzwesen, bei welchem die Schatzmeister immer nur
nach Maassgabe des Königs, später des Reichstags, zu handeln hatten,

gehörte ihnen auch die Verwaltung vacanter Starosteien und im Interregnum die Obhut über die königlichen Tischgüter.

Bei Tod oder Abwesenheit der eigentlichen Schatzmeister für die Krone und Litauen fungirten die Hofschatzmeister beider Länder, sonst nicht zum Senat gehörig. Fehlte auch ein Hofschatzmeister, so ernannte der Reichstag zu vorübergehender Finanzverwaltung einen Senator oder andern Würdenträger. Amt des Hofschatzmeisters war eben so alt, wie das des Grossschatzmeisters; doch kam es nicht zur Bedeutung, die Hofschatzmeister erhoben sogar niemals den Anspruch auf senatorischen Rang. Sie waren fast Titulare, da die ihnen zugeschriebene Verwaltung der königlichen Tischgüter wenig zu sagen hatte.

Salarirte Beamte der Republik waren auch die Hetmans, vier an der Zahl, Grosshetman und Feldhetman für Polen und für Litauen. Aber nur die beiden Grosshetmans hatten seit 1768 Senatorenrang, sie bezogen 120,000 Gulden jährlich; die Feldhetmans, bestimmt sie im Todesfall oder in Abwesenheit zu ersetzen und ihre Nachfolger zu werden, hatten 80,000 Gulden. Beide Aemter bildeten sich als lebenslängliche Würden in der Krone erst sehr spät aus, und in Litauen noch später; der erste ständige Grosshetman war Johann Zamojski, der erste Feldhetman Stanisław Żółkiewski. Die Aufgabe der Hetmans (der Titel ist deutsch, entspricht unsrem heutigen Hauptmann) war Heerführung und Heerverwaltung; das Amt konnte daher lebenslänglich erst dann werden, als es ein stehendes Heer gab, seit dem Ende des 16. Jahrhunderts.

Die Macht der Hetmans war sehr gefürchtet und erschien dem Reichstage oft gefährlich. Eidlich mussten sie sich bei ihrem Amtsantritt verpflichten, sich in keine Wahlangelegenheiten zu mischen und während des Interregnums ausserhalb Landes zu verweilen.

Das Soldheer stand einzig unter der Botmässigkeit und dem Gericht dieser Feldherren, denen es Treue schwur; den Hetmans gehörten Gefangene, Lösegeld und Beute. Die Hetmans der Krone waren ermächtigt, selbständig mit den Tataren zu unterhandeln und Verträge abzuschliessen; wahrscheinlich schrieb sich dies daher, dass der Feldhetman aus jenem Beamten entstanden war, der seit dem 15. Jahrhundert mit der höchsten Macht längs der Tatarengrenze betraut war und zuweilen unter dem Titel Capitaneus Podoliae vorkommt.

Die Grosshetmans hatten als Abzeichen einen kurzen schweren Feldherrnstab (buława); sie genossen auch die eigenthümliche Ehre, bei öffentlichen Gastmählern ein gebratenes Füllen vor sich auf der

Tafel zu haben; ein Gebrauch, der wahrscheinlich wie so vieles andere im polnischen Kriegswesen tatarischen Ursprungs ist. Die Grosshetmans waren unvergleichlich die mächtigsten Beamten bis zur Regierung des letzten Königs; wenn irgend Jemand in Polen einen Staatstreich hätte vollbringen können, wären sie es gewesen. Zwischen dem König und ihnen bestand ein natürlicher Antagonismus; man fürchtete oft, dass sie nach absoluter Macht im Staate streben könnten. Bei der Wahl des Krongrosshetmans Sobieski zum König wirkte sicherlich diese Furcht mit; als König war der Mann unschädlich.

Theils also, um das Ansehn der Feldherrn nicht noch weiter auszudehnen, theils aus dem natürlichen Widerwillen, den parlamentarische Versammlungen gegen die Vertreter der Kriegsmacht haben, versagte man den Grosshetmans so lange den Sitz im Senat; als man ihnen diesen einräumte, suchte man sie zugleich auf den Rang einfacher Verwaltungsbeamten herabzudrücken, um die Republik von ihren steten Sorgen zu befreien.

# Dritter Abschnitt

## Würden der Krone und Litauens

Wenn auch die aufgezählten Beamten bereits sämmtlich sich den Titeln und den Befugnissen nach in polnische und litauische theilten, so können sie doch als Angestellte des ganzen durch die Union von 1569 geschaffenen Staates gelten, weil sie sämmtlich dem Reichstage verantwortlich waren und an dieser Behörde in ihrer Amtseigenschaft selber Theil hatten, und weil die litauischen und polnischen gleichnamigen Minister einander collegialisch vertraten und gewissermaassen kleine Corporationen bildeten.

Eine schärfere Scheidung bestand zwischen den Würden, die auch von Polen und Litauen ihre Bezeichnung herleiteten, aber ausserhalb des Senates standen und einen mehr fachmässigen nicht politischen Charakter trugen.

Den höchsten Rang unter diesen Beamten nahmen die Grosssecretäre ein; je einer für Polen und für Litauen. Das Amt war 1504 in der Krone eingeführt, wurde fast immer an Geistliche verliehen und gab Anwartschaft auf eine Bischof- oder Kanzlerstelle. Die Befugniss des Secretärs glich auch ungefähr der des Kanzlers, nur stand er in persönlicheren Beziehungen als dieser zum Staatsoberhaupt. Im Gericht und Reichstag wurde er öfter zur Verlesung von Anträgen und anderen öffentlichen Schriftstücken gebraucht.

Referendarien gab es je zwei für Polen und Litauen, von denen gewohnheitsmässig seit 1507 der eine dem geistlichen Stande angehörte. Sie waren ungefähr das, was im alten Frankreich die maîtres des requêtes, nahmen um die Mittagszeit täglich Bittschriften und Klagen entgegen und referirten über dieselben an Kanzler oder König. Obwohl sie durch die wegen der Wirkungslosigkeit ihrer Bestimmungen merkwürdige Const. 1538 von richterlicher Thätigkeit ausgeschlossen waren, erhielten sie doch seit Siegmund August Antheil an verschiedenen Arten des königlichen Gerichts.

Die Würde des Kämmerers war eine der allerältesten; schon unter den frühen Piasten kam sie vor. Seit dem funfzehnten Jahrhundert gab es auch einen komornik, succamerarius, podkomorzy für Litauen. Die Pflicht dieser Beamten war Schutz und Obhut der königlichen Person; ihr Abzeichen ein goldener Schlüssel. Oft bildete dies Amt die Vorstufe zur Marschallswürde, es war einflussreich, weil sein Inhaber stets um den König war.

Der Bannerträger (chorąży, vexillifer) kommt als stehender Beamter für die Krone und Litauen fast gleichzeitig im 15. Jahrhundert zuerst vor. Seine reelle Thätigkeit war sehr gering. Er hatte bei der Belehnung der Herzöge von Kurland und zeitweise von Preussen die Lehnsfahne zu halten.

Erst im 16. Jahrhundert sind die Schwerthalter (miecznik, gladifer) für Litauen und Polen nachzuweisen. Sie mussten bei Krönungen, Begräbnissen und Beeidigungen zugegen sein. Mit ihren Schwertern schlug der König auch die zu equites aurati beim Krönungsfeste bestimmten Stadtbürger.

Sehr alt, aber auch sehr schnell titular gewordene Beamte waren die Ober- und Unterstallmeister (agaso, subagaso), sowie die Jägermeister und Hofjägermeister (venator, venator curiae) von Polen und von Litauen.

Bei der Krönung und bei andern festlichen Gelegenheiten waren ihrer Bezeichnung gemäss thätig die Küchenmeister, Becherhalter, Vorschneider, Truchsesse, Untertruchsesse und Schenken von der Krone und von Litauen.

Die Metricanten, Regenten und übrigen Unterbeamten der vier Kanzler, die in unbestimmter Weise theils geistlichen, theils weltlichen Standes waren, gehören nicht eigentlich hierher, da sie nicht durch den König selbst ernannt wurden.

Die Beschlüsse der Assessorialgerichte wurden von den beiden Urtheilschreibern (notarii decretorum) ausgefertigt, die, je einen für Polen und Litauen, der König ernannte. Ihrer geschieht in der Pacta Conventa des Königs Michael Erwähnung.

Für den Gerichtsgebrauch hatte Litauen speciell noch vier Oberschreiber (notarii magni).

Ausserdem gab es in der Krone zwei, in Litauen drei Schatzschreiber, die im Finanzfache beschäftigt wurden. Von den beiden ersteren war immer der eine geistlich, der andere weltlich.

Bei den hohen Gerichten fungirten als öffentliche Ankläger für Staatsverbrechen und andere wichtige Criminalsachen die Instigatoren und Viceinstigatoren von Polen und Litauen.

Als vom König ernannte Militärbeamte waren in Wirksamkeit je für Polen und Litauen ein Feldschreiber (notarius campestris) und Quartiermeister (obożny). Die Ober- und Feldwachtmeister (strażnik) für Polen und Litauen wurden bis 1776 von dem Hetman eingesetzt.

Als besondere Würdenträger wurden seit 1637 in Polen, 1638 in Litauen die Generale der Artillerie betrachtet, für die Krone und das Grossfürstenthum je einer.

Von der Würde des Wagenmeisters von Polen, die wahrscheinlich auch einmal für Litauen bestanden hat, lässt sich seit 1633 nichts mehr vernehmen.

# Vierter Abschnitt

## Aemter der Provinzen und Gruppen

Eigentliche Provinzialwürden hat es in Polen nicht gegeben. Die Generalstarosten von Grosspolen und Kleinpolen wurden zwar als Repräsentanten der Provinzen aufgefasst, hatten aber keineswegs das Gebiet der Provinz zu ihrem Wirkungskreis.

Der Generalstarost von Grosspolen ist wahrscheinlicherweise aus dem magnus judex entstanden, der uns in Grosspolen seit dem dreizehnten Jahrhundert entgegentritt; er hatte aber nur die Starosten der beiden Wojewodschaften Posen und Kalisch als Oberrichter unter sich und verwaltete selbst die Grods jener beiden Hauptstädte. Seit 1454 und 1538 sollte dieser Generalstarost nicht zugleich Wojewode oder Castellan von Posen oder Kalisch sein.

Generalstarost von Kleinpolen nannte sich seit dem siebzehnten Jahrhundert der Starost von Krakau, er hatte aber nicht einmal ganz diese Wojewodschaft zu richten, sondern. nur drei andere Starosten standen unter ihm. Dafür aber war diese Würde beinah regelmässig in der Hand des krakauer Wojewoden.

Die Gruppe der drei preussischen Palatinate hatte seit der Zeit des Thorner Friedens ihren besonderen Schatzmeister, der die vom preussischen Generaltag beschlossenen Steuern erhob, regelmässiges Gehalt und Tantième bezog. Auch gab es seit 1500 einen Schwertträger von Preussen, während die unter Johann Kasimir aufgetauchte Würde des preussischen Bannerherrn sich nicht erhielt.

---

# Fünfter Abschnitt

## Verwaltung der Wojewodschaften und kleineren Bezirke

Die eigentliche Administration Polens hätte auf den Schultern der Wojewoden und Castellane bleiben können, wie es vom dreizehnten bis ins funfzehnte Jahrhundert war, hätte nicht bei der zunehmenden Schwäche der Staatsgewalt der Kreis der Administrationsgegenstände sich so sehr verengert, dass er jenen Herren aus dem Magnatenstande zu verächtlich schien, um ihm noch die Lebensthätigkeit zu widmen; und hätten nicht die Urversammlungen der souveränen Edelleute innerhalb der Wojewodschaften und Bezirke in ungeordneter Weise, selbst ohne gewohnheitsrechtliche Regeln, seit dem funfzehnten Jahrhundert die maassgebende Gewalt im Staate dargestellt. Es blieb jenen Beamten nichts anderes übrig, sie mussten gute Miene zum bösen Spiel machen; auf den Reichstagen suchten sie seitdem politischen Einfluss zu gewinnen und durch kräftige Betheiligung an den Landtagen suchten sie ihr persönliches Ansehn zu wahren. Doch galten sie rechtlich dort nur ebensoviel als jeder andre gutgeborne und angesessene Bewohner des Gebiets, dessen titulare Verwalter sie waren.

Die Wirksamkeit des Wojewoden beschränkte sich auf Anführung des allgemeinen Aufgebots seiner Landschaft, auf das Gericht über die Judenschaften und auf wenige polizeiliche Functionen, wie Bestimmung der Waarenpreise und Controlle der Maasse, Gewichte. Den beiden letzten Aufgaben genügte in der Regel der Unterwojewode, vicepalatinus, podwojewodzi, ein vom Wojewoden nach unbeschränkter Willkür ernannter, gutgeborner und ansässiger Edelmann. Dieser bezog bei seiner Thätigkeit ansehnliche Summen, war aber verachtet wie alle nicht unmittelbar vom König ernannte Beamte. Diese Leute arbeiteten wirklich in ihrem Amte; sie waren auf dessen Einkünfte angewiesen, da sie meist aus armen, unbekannten Geschlechtern stammten; selten kamen sie über ihre untergeordneten Stellungen hinaus.

Als Heerführer vertrat und unterstützte den Wojewoden der grosse Castellan seiner Wojewodschaft, der nach dieser hiess; die kleinen Castellane oder Kreiscastellane — oft eine beträchtliche Zahl, so gab es in der Wojewodschaft Posen Castellane von Meseritz, Rogasen, Schrimm, Priment, Kriewen, Santok — hatten gar keinen Wirkungskreis ausser ihrer Theilnahme am Senat.

Alle Macht, die sie einst geübt haben — hatten sie doch bis zu Kasimir Jagello den Blutbann ohne Appellation — ist auf die Starosten übergegangen. Die Grodstarosten stellen im polnischen Reich, sobald dieses im funfzehnten Jahrhundert seinen für alle Zeit eigenthümlichen Charakter annimmt, das Beamtenthum par excellence dar; wesentlich durch sie tritt die Staatsgewalt mit der Staatsgesellschaft in jene continuirliche Berührung, die wir auch in Polen mit dem Ausdruck Administration bezeichnen müssen. Zugleich war das Amt des Starosten das einzige, welches auf die Nutzniessung der zahlreichen Staatsgüter Anspruch gewährte; und die Begriffe Starost und lebenslänglicher Inhaber von königlichem Eigenthum waren so eng mit einander verschmolzen, dass man als Starosten auch diejenigen Männer bezeichnet, die ohne Gerichtsbarkeit und Verwaltungsbefugniss Güterbesitz vom König übertragen haben. Diese letzteren capitanei sine jurisdictione, starostowie niegrodowi, kommen für das Staatsrecht nicht weiter in Betracht; sie waren keine Beamte. Aber leider ist durch die Verwechselung dieser blos missbräuchlich sogenannten Starosten mit den Grodstarosten viel Unheil in die Auffassung der polnischen Verhältnisse gekommen.

Es ist nämlich seit dem funfzehnten Jahrhundert bis in die letzten Zeiten der Republik häufig der Fall gewesen, dass ein solcher Titularstarost eine bedeutende Anzahl, mitunter bis zehn einträglicher Titularstarosteien in seiner Hand vereinigte; obwohl die Pacta Conventa der beiden Sachsen bestimmten, dass Niemand mehr als zwei königliche Güter von grossem Ertrage bekommen solle; auch war seit dem siebzehnten Jahrhundert für alle Landschaften der Republik das jus communicativum gewohnheitsrechtlich, d. h. der König gab die Nutzniessung an seinen Gütern nicht nur einzelnen Männern, sondern für den Fall von deren Tode auch deren Frauen und mitunter auch den Kindern. ,

Wenn nun auch die Cumulation und das jus communicativum sehr oft nicht nur auf die Tenuten und Vogteien, wie die zur Ausleihung ohne Gerichtsbarkeit bestimmten königlichen Ländereien eigentlich hiessen, angewandt wurde, sondern trotz einiger Verbote auch auf die Grenzstarosteien, die, in der Ukraine und anderen reussischen Landschaften gelegen, ihre Inhaber zur steten Waffenbereitschaft gegen Tataren und Türken verpflichteten, so sind doch die Grodstarosteien oder die wirklichen Starosteien mit ihren oft ansehnlichen Gütercomplexen nachweislich immer nur an Männer verliehen worden und selten hatte Jemand mehr als eine Grodstarostei inne. Die Const. 1562 droht für den Besitz zweier Grods Confiscation der erblichen Landgüter des betreffenden Convenienten, eine Geldbusse von zweihundert Mark und Verlust des einen später ertheilten Grods.

Freilich wurde bei Austheilung dieser Würde in weit höherem Grade auf Herkunft und Einfluss, als auf Befähigung und Vorbildung gesehen und die Last der Geschäfte ruhte gewöhnlich auf den Schultern anderer Edelleute, die sich der vom König ernannte Starost nach freier Auswahl zu Stellvertretern und Gehülfen setzte: aber im allgemeinen war der Herr Starost von allen Beamten der Republik am meisten auf pflichtmässige Thätigkeit angewiesen.

Die Würde des Starosten lässt sich mit keinem modernen Administrationsamte vergleichen; eine entfernte Aehnlichkeit hat sie mit den englischen Justices of the Peace — Cromer nennt ihn „Wächter und Vertheidiger nicht nur des königlichen Schlosses, sondern des Friedens und der Ruhe“; und die frühere Stellung der Amtleute in Deutschland, der Kreishauptleute in Böhmen, der Stuhlrichter in Ungern kommt ungefähr nahe.

Der Titel starosta ist altslavisch und erinnert an die reinpatriarchale Urverfassung, in der sich auch die Polen bis zum Jahr tausend befunden haben. Der Aelteste, denn das bedeutet das Wort, musste offenbar die richterliche Befugniss ausüben, um derentwillen die Menschen vorzugsweise das Bedürfniss staatenähnlicher Verbände gefühlt haben. Die richterliche Thätigkeit, namentlich der Blutbann, und Execution der von andern Gerichten gefällten Sentenzen blieb auch das wesentliche Kennzeichen des Starosten, und zweifellos haben wir sie, die später mit lateinischem Ausdruck als capitaneus, praefectus, bezeichnet wurden, in den judices der ersten Jahrhunderte zu suchen.

Die Zahl der Starosten in der Republik lässt sich nicht genau bestimmen; weder Gesetze noch Gerichtsordnungen und die über beide während des Reichsbestandes geschriebenen Bücher geben uns Aufschluss über diese Frage. Ungefähr können wir auf anderthalbhundert Grods schliessen, in jeder Wojewodschaft durchschnittlich vier. Die Zahl der Grods war auch nicht constant, sie wurde bis zum achtzehnten Jahrhundert seit dem vierzehnten beständig vermehrt. In Preussen und Litauen sowie an einigen Orten der Krone war der Wojewode zugleich immer Starost im Grod seiner Residenz; auch die übrigen Starostenstellen waren sehr oft in den Händen von Wojewoden und Castellanen, obwohl verschiedene Constitutionen, so besonders die von 1538, den Senatoren untersagten, innerhalb der Landschaft, von der sie den Namen trugen, eine Grod zu verwalten.

Trotz ihres grossen Einflusses standen die Starosten als solche nicht zu oberst in der langen Reihe der Beamten, deren sich jede Wojewodschaft, oft aber auch ganz kleine Landschaften, die nicht einmal einem Senator den Namen gaben, wie z. B. die terra Wschowensis, das Land Fraustadt an der schlesischen Grenze, erfreuten. Die Rangabstufung der dignitarii terrestres war im Jahre 1436 folgende: Kämmerer, Bannerträger, Starost oder Richter, Truchsess, Schenk, Jagdmeister, Unterrichter, Untertruchsess, Unterschenk, Schwertträger, Schatzmeister, Wojski, Stallmeister. Im Jahr 1611 finden wir diese Ordnung folgendermaassen umgestaltet: Kämmerer, Starost, Bannerherr, Landrichter, Truchsess, Becherhalter, Unterrichter, Untertruchsess, Schenk, Jagdmeister, Wojski, Landschreiber, Schwertträger, Unterwojski, Schatzmeister. In Preussen und Litauen war die Ordnung dieser funfzehn Landämter anders, aber überall und immer stand der Kämmerer über dem Starosten. Die meisten dieser Würden sind sehr alt, zur Zeit der Reichstheilung entstanden sie in allen Wojewodschaften und kleineren Bezirken, und bei der Wiedervereinigung und Ausbreitung der Polenmacht seit dem vierzehnten Jahrhundert wurden sie vermehrt und überallhin verpflanzt, so weit das polnische Scepter reichte.

Jeder dieser Beamten konnte sich für seine praktischen Functionen Substituten setzen, aber diese zählten dann nicht als Würdenträger; so namentlich nicht der Unterstarost oder Surrogator, der Burggraf und der Grodschreiber, welche sich der Starost ernannte. Doch wurden auch die Würdenträger der Landschaften nicht immer vom König ernannt. In Preussen z. B. wählte der Adel auf seinen Landtagen sämmtliche Dignitare ausser den Kämmerern; die, weil preussische Senatoren, vom König bestimmt wurden. Und in den übrigen Theilen der Krone wurden die Landrichter, deren Unterrichter und die Landschreiber sowie die Kämmerer derart erneuert, dass innerhalb sechs Wochen nach dem Tode eines dieser Beamten ein Electionslandtag zusammentrat und vier Candidaten für die zu erneuernde Würde dem König präsentirte, damit einer aus dieser Zahl des Verstorbenen Nachfolger würde. In Litauen wurden auf solche Art auch die ständigen Adelsmarschälle gewählt, die den Landtagen vorzustehn hatten, und die Bannerträger.

In Preussen waren die Kämmerer ohne reelle Thätigkeit; sonst aber schlichteten sie die Grenzstreitigkeiten zwischen adligen Nachbarn, sie oder die von ihnen ernannten Unterkämmerer, die aber komornicy, camerarii heissen, während der Würdenträger, den wir um Widersinn zu vermeiden als Kämmerer anführen müssen, podkomorzy, succamerarius genannt wird. Es ist in der That beachtenswerth, dass im Gegensatz zu der deutschen Sitte, den Titel Ober- zu verleihen, wo kein Unter- ist, viele polnische Beamte, die kein Ober- über sich haben, als Unter- bezeichnet werden; ja dass der durch den Vorsatz pod-, Unter- ausgezeichnete Beamte zum Theil über demjenigen steht, der den einfachen Titel trägt. So steht der podskarbi Litewski über dem skarbnik, der podczaszy der Krone und Litauens sowie der einzelnen Landschaften, über dem cześnik; und so ist merkwürdigerweise der komornik ein verachteter Subaltern des podkomorzy, der seinem Range nach den Senatoren folgt und deren Stelle vertritt, wo keine sind, wie z. B. im Lande Fraustadt.

Der Bannerträger hatte nur zur Zeit des allgemeinen Aufgebots seiner Pflicht zu genügen oder genügen zu lassen. Der Landrichter, Unterrichter und Landschreiber bildeten das Landgericht, ziemstwo.

Der Wojski, tribunus, hatte zur Zeit des allgemeinen Aufgebots, dem er selbst nicht folgte, Polizeigewalt und richterliche Thätigkeit, sollte alsdann den Grodstarosten in seinen Pflichten unterstützen; ähnlich der Unterwojski.

Der Schatzmeister der Landschaften hatte keine Aufgabe; die wirklichen Steuereinnehmer wurden auf den Landtagen immer zeitweise gewählt. Alle andern Beamten sind nur Titulare, ebenso wie die besonderen Beamten, die es in den litauischen Landschaften noch gab, als da waren der Ciwoń, der Brückenmeister, Baumeister und dergleichen. Der Ciwoń oder Tiwon (ein russisches Wort) war ursprünglich nach Czacki eine Art Steuereinnehmer gewesen, hatte aber seit dem sechzehnten Jahrhundert nur hohes Ansehn und ansehnliche Einkünfte aus grossfürstlichen Ländereien behalten. Dem Ciwoń von Samogitien wurden 1764 die Befugnisse zugewiesen, welche in der Krone der Kämmerer ausübte.

Niemand sollte zwei landschaftliche Aemter zugleich bekleiden, auch sollte niemals ein in der Republik nicht Einheimischer Würden erhalten, weder hohe noch niedere. In dieser Abschliessung der Ausländer von der Verwaltung, die in Polen äusserst consequent durchgeführt wurde, steht die Republik nur dem englischen Staat parallel. Die nationale Beamtenhierarchie, mit deren specialisirter Ausbildung sich ein bedeutender Theil der polnischen Gesetzgebung beschäftigt, führte aber in Polen keinen Segen für das Staatsganze. Je mehr sich die Adelsdemokratie ausbildete, desto bewusster wurde man sich des Zieles, immer mehr Aemter zu schaffen und die Cumulation derselben zu verhindern, damit eine desto grössere Anzahl von Familien an der Ehre und den Genüssen theilnähme, die der Staat zu geben vermochte. Für jede irgendwie reale Thätigkeit eines Beamten gegen Staatsbürger waren seit Alters Gebühren festgesetzt (czesne, pamiętne, przysiężne), so dass die etwa mit einem Amt verbundene Mühe niemals unentgeltlich geliefert wurde, wenn auch unbesoldet.

Polen glich jener besten Republik Göthes, „welche dem herschenden Theil Lasten, nicht Vortheil gewährt", nur in geringem Grade. Und weil der Begriff der Pflichterfüllung, die mit den Aemtern verbunden sein sollte, beständig zurücktrat, so erlosch die Staatsthätigkeit, welche von den Beamten ausgehen sollte, mehr und mehr.

# Sechster Abschnitt

## Letzte Reformversuche

So hohen Einfluss auch die Idee des absoluten Königthums auf die Erfolge des Staatslebens der neuern Jahrhunderte geübt, so lässt sich doch der grosse Antheil nicht läugnen, den das Werkzeug der Regierungsgewalt, der Verwaltungsapparat, an diesen Errungenschaften gehabt hat. Das Leben der polnischen Republik wäre auch ohne eine völlige Wiedergeburt des polnischen Königthums unzweifelhaft von längerer Dauer gewesen, hätte man diese moderne Maschinerie mit all ihren Rädern, Hebeln, Schrauben rechtzeitig eingeführt; unter der Regierung Poniatowskis war es zu spät, zumal da die leitende Gewalt, welche man über die umgestaltete Administration setzen wollte, nicht dem König, auch nicht einem beständigen Ministerrath, sondern einem alle zwei Jahre neu gewählten zahlreichen Ausschuss übertragen wurde.

Den „Immerwährenden Rath" nannte man das unter Russlands Mitwirkung 1775 decretirte Centralverwaltungscollegium. Der Kern dieser Schöpfung, die bis 1791 bestand, war sehr alt. Seit den Jagellonen hatte man dafür gehalten, dass der König als Lenker der Administration wichtige Entschliessungen nur auf Rath einiger consiliarii d. h. Senatoren fassen solle, und seit 1573 wurde dieser Grundsatz auch gesetzlich urgirt. In vielen Constitutionen seit jener Zeit werden die „Räthe an der Seite des Königs" oder „residirenden Senatoren" erwähnt, die, vier an der Zahl, stets um den König sein und ihn zu allen Verwaltungshandlungen, die er vermittelst seiner Beamten vornehme, so auch bei Erneuerung der Würdenträger, berathen sollten. Nach der ersten Theilung der Republik wurde diese Institution nun dahin ausgedehnt, dass aus Senat und Ritterschaft alle zwei Jahr 36 Personen, 12 nach jeder Provinz, vom Reichstag gewählt werden sollten; die während der Pausen zwischen den einzelnen Reichstagen, unter Vorsitz des Königs, die Masse der souveränen Edelleute vertraten und ansehnliche Gehälter empfingen. Und zwar sollte der Immerwährende Rath stets aus drei Bischöfen, unter denen immer der

Primas, elf Wojewoden und Castellanen und vier Ministern, sowie aus achtzehn Räthen (konsyliarze) des Ritterstandes sich zusammensetzten. Aus der Zahl der letzteren sollte die Rada Nieustająca sich ihren Marschall wählen; ihren Secretär, dem nur berathende Stimme zugestanden wurde, aus den Referendarien und Notaren des Staats. Allen rechtlichen Entscheidungen und Gesetzauslegungen des Immerwährenden Raths — und ihrer waren bald mehrere starke Bände — wurde Gesetzeskraft gegeben, auch sollte der Immerwährende Rath gerichtliche Macht haben und den Instigatoren Befehle ertheilen können. Die Beschlüsse wurden mit Stimmenmehr gefasst und nach Belieben öffentlich oder geheim.

Der Immerwährende Rath schlug bei Besetzung jeder vacanten Senatsstelle dem König drei Candidaten vor, an deren einen dieser gebunden war, und leitete die gesammte Verwaltung. Zu letzterem Behuf fasste er nicht nur in pleno Resolutionen, sondern theilte sich in fünf Departements, nämlich in das der Polizei oder Administration im engsten Sinn, in das der Rechtspflege, des Schatzes, des Heeres und der auswärtigen Angelegenheiten.

Jedes Departement hatte acht Mitglieder, das auswärtige nur vier. Die Gewalt des ersten Departements, in dem einer der Marschälle von Polen oder Litauen den Vorsitz hatte, erstreckte sich nicht weiter, als über die königlichen Freistädte, dagegen hatten die übrigen Departements, an deren Spitzen immer einer der einschlägigen Minister stand, ausgedehnte Macht. Der auswärtigen Abtheilung, die unter dem Primas tagte, war sogar das Recht zugewiesen, gültige Verträge mit fremden Staaten einzugehn.

Diese letztere Bestimmung war offenbar durch russische Inspiration entstanden, da der russische Gesandte, der nach dem Engländer Coxe in Polen damals wie der eigentliche Herscher Polens sass, es leichter hatte, vier Personen als den ganzen Immerwährenden Rath oder gar den Reichstag zu bestechen. Weil auch sonst der I. R. seinem Ursprung getreu in allen Handlungen russischen Einfluss verrieth, so war er der Reformpartei in den Tod verhasst, und ein Hauptact des vierjährigen Reichstags war demgemäss die Abschaffung dieser Anstalt von 1775 und ihre Ersetzung durch ein anderes Institut, den Straż (= Wache). Der Straż war ein Staatsrath, bestehend aus dem Primas, den fünf Ministern für Polizei, Rechtspflege, Krieg, Finanzen, Auswärtiges und aus zwei Secretären, ohne beschliessende Stimme. Dieser Straż ermöglichte natürlich einen weit schleunigeren und zweckmässigeren Geschäftsgang, und konnte wegen seiner absoluten Permanenz weit folgerichtiger verfahren, als der I. R. Unter ihm standen die durch den Reichstag periodisch zu ernennenden Commissionen der Erziehung, der Polizei, des Krieges und des Schatzes.

Doch es hätte einer andern Zeit und einer andern Umgebung bedurft, damit diese gutgemeinten Einrichtungen in der beabsichtigten Weise wirken konnten. Gegenüber dem Einbruch der Targowicer und des russischen Heeres versagte die wohlersonnene Maschinerie, die während ihres einjährigen Bestandes überhaupt nicht mit voller Hingabe gearbeitet hatte, den Dienst, und ihr nomineller Leiter, der König Stanisław, wurde schmählich verlassen; es fehlte ein lebendiger kräftiger Halt in diesem Staate.

Auch wurde in Folge aller jener Reformversuche zwar viel gesprochen und sehr viel Actenstösse zusammengeschrieben, aber in dem zerrütteten Wesen der einzelnen Verwaltungszweige des polnischen Staats, die wir der Reihe nach jetzt betrachten wollen, in der Rechtspflege, in der öffentlichen Wirthschaft, in der Kriegsverfassung, wurde durch die gutgemeinten Gesetze und durch die in der Centralverwaltung angebrachten Aenderungen nichts verbessert, Polizei wurde in nennenswerthem Maasstabe gar nicht geschaffen, eine einheitliche Zusammenfassung der gesammten Administration blieb aus und Polen konnte darum keine achtunggebietende Stellung nach aussen hin erlangen. Zwar wollte man einen die einzelnen Zweige der Staatsthätigkeit frisch belebenden Geist à tout prix erregen, aber wo die Regierungsgewalt, Urkraft im Leben jedes Staates, tödtlichem Marasmus anheimgefallen war, liess sich kein Homunculus destilliren.

# Zehntes Buch

## Rechtspflege

Giebt doch die Beschaffenheit der Gerichte die genaueste Einsicht in die Beschaffenheit irgend eines Reiches!              Göthe, Werke XXII, 93.

## Erster Abschnitt

### Stellung der polnischen Gerichte

Trotz der vielen auf abstracten Voraussetzungen seit 1789 geschaffenen Verfassungsurkunden hat die Theilung der „drei Gewalten" in keinem modernen Staate höhere Bedeutung für das wirkliche Staatsrecht gewonnen; nur für die richterliche Thätigkeit hat sich bis jetzt eine Absonderung von den übrigen Functionen des Staates durchführbar erwiesen, und der rechtsprechenden Gewalt ist in den meisten constitutionellen Ländern verhältnissmässige Unabhängigkeit gegeben worden. Aber auch in früheren Epochen hat die Rechtspflege eine besondere Stellung und Entwicklung gehabt, wenn sie auch oft von Personen ausgeübt wurde, die zugleich noch in anderen Zweigen der Staatsverwaltung thätig waren.

Man hat die Rechtspflege mit Fug den Eckstein der Staatsgebäude genannt und Washington nennt sie den Grundpfeiler der Staatsconstruction; jedenfalls aber kann man sie als den einen Pol jedes Staatslebens bezeichnen. Um die Träger des Rechtschutzes herum gruppirt sich aus der jäh um sich selbst wirbelnden Masse, die dereinst einen Staatskörper bilden soll, zuerst fester Stoff, ebenso wie der andere Pol, der bewaffnete Schutz nach aussen, auf der entgegengesetzten Seite Krystallisationen an sich zieht.

In Polen nun überwog, wie schon mehrmals angedeutet, die Erkaltung und Verdichtung um diesen zweiten Pol bei weitem die andern Bewegungen, die sich auf dem Staatsplaneten vollzogen; die militärische Grundorganisation Altpolens spiegelt sich auch in Polens erster Gerichtsverfassung wieder und selbst bis in die spätesten Zeiten blieb die Rechtspflege trotz ihrer zum Theil ausschliesslich für diesen Zweck bestimmten Organe ein unselbstständiger Theil der Staatsthätigkeit. In unruhigen Zeiten die Gewalt der Conföderationen, in gewöhnlichen Umständen Reichstag und auch König waren die höchsten Verwalter der Gerechtigkeit im polnischen Staat; also stets befehlende, herschende Mächte, die auf summarisches Verfahren angewiesen waren.

Bei Bildung der slavischen Staaten fiel die Autorität der Rechtspflege auf die Person, welcher die Militärhoheit zugestanden war, und wurde von diesem Inhaber immer auf einzelne Untercommandanten weiter übertragen, aber so, dass dem König die endgültige Entscheidung vorbehalten blieb. Ein Rechtsprechen durch die ganze Gemeinde oder durch Schöffen lässt sich als slavisch nicht nachweisen; die slavische Justiz behielt den Charakter des Standrechts.

Zwar finden wir auf den Gerichtstagen der Fürsten und der Castellane häufig die Gegenwart von Baronen und freien Männern oder Rittern erwähnt, aber diese hatten nur die Gewalt, welche dem „Umstande" in der altdeutschen Gerichtsbarkeit zukam: sie konnten das Urtheil wohl loben oder schelten, aber selbst das Recht nicht finden. Die collegiale Gerichtsbarkeit, welche auch in Polen seit dem funfzehnten und sechszehnten Jahrhundert auftritt, verdankt offenbar deutschen Beispielen, die ja in den polnischen Gemeinden magdeburger Rechtes leicht zu haben waren, ihren Ursprung.

Zugleich wurde der Rechtspflege von den herschenden Mächten des Staats und namentlich von den Gesetzgebungsfactoren sehr geringe Aufmerksamkeit geschenkt; die Ausbildung der Processordnung blieb wesentlich theils der Gewohnheit theils der Willkür überlassen. Nur für diejenigen Fragen, die sich um die materielle Grundlage des polnischen Adels, um den Besitz freier Landgüter bewegten, erhielten die Rechtsätze einige Vervollkommnung und die Gerichtsformen einige Präcision; alle übrigen Theile des Personen- und Sachenrechts und vor allen Dingen die Criminalgerichtsbarkeit, blieb im Argen liegen, da der glückliche Anlauf, den die polnische Rechtsentwicklung im Statut Litewski des sechzehnten Jahrhunderts genommen hatte, nicht weiter verfolgt wurde.

Der polnische Bürger konnte den unmittelbarsten Einfluss auf die Staatsgewalt üben; aber eben weil diese nicht selbständig war, konnte sie keinen durchgearbeiteten wirksamen Rechtschutz liefern. Und in der That scheint es, als ob Rechtsunsicherheit ein Correlat politischer Freiheit sei; ein Correlat, das selbst die Vereinigten Staaten nicht zu läugnen vermögen, in denen sonst so viele Mängel früherer Republiken umgangen sind.

Selbsthülfe bleibt eine gewöhnliche Form der Rechtsgewährung in Polen. Mit den Waffen vertheidigte der polnische Ritter — die Bauern wurden ja rechtlos — den Frieden seines Hauses. Der Gläubiger pfändet selbst den Schuldner. „Gewalt mit Gewalt abzuwehren steht frei", sagt ausdrücklich die Constitution 1532.

Und die Gerichte selbst unterstützten diese Gebräuche, da die Execution der gerichtlichen Erkenntnisse den Parteien überlassen wurde, selbst in Criminalsachen sehr gewöhnlich. Nur selten wurde den Starosten die Vollziehung der Urtheile übertragen; gültigerweise nur durch Reichstagbeschluss, wenn sie selbst dem Beschluss zu folgen geneigt waren. Alle Criminalsachen, bei denen es sich nicht um Staatsfragen handelte, blieben der Privatklage überlassen. Der Zweikampf war bis in die spätesten Zeiten für die Angaben, welche eine der Parteien machte, beliebtes Beweismittel. Nach dem Statut Litewski blieb es sogar Privatsache, wenn in irgend einem Process gegen die eine Partei auf Ansuchen der andern durch den Richter Tortur als Mittel zur Feststellung der Thatfrage angewandt wurde; denn bekannte der Angeschuldigte nicht, so musste sein Widerpart ihm oder seinen Erben Schmerzensgeld zahlen, und wurde mit seiner Klage abgewiesen.

Gewöhnlich wurden bis in späte Zeiten bei den meisten Processen nur die Urtheile schriftlich gegeben, alles andere so viel als möglich mündlich abgemacht. Documente hatten als Beweismittel im Process nur geringen Werth, sie mussten wie mündliche Aussagen selbsiebent beschworen werden, konnten dann aber auch ohne weiteres ein günstiges Erkenntniss hervorrufen. Die Eideshelferschaft freier Männer, d. h. Adliger, blieb bis ganz zuletzt das beste Beweismittel; viele heruntergekommene Edelleute, in Gesellschaften vereinigt, machten aus dem Eideshelfen ein Geschäft. In diesem Institut, sowie in dem für alle Rechtsfälle statt des gewöhnlichen Jahres geltenden Sachsenjahr (ein Jahr sechs Wochen drei Tage) und in vielen andern Kennzeichen tritt deutscher Einfluss hervor.

Auch fand man nichts übles darin, dass die Richter sehr oft zugleich Kläger waren. Noch durch die Constitution 1791 wurde allen ausübenden Commissionen richterliche Gewalt gelassen; ein noch schlimmeres Uebel war die concurrirende Justiz, die von den verschiedensten Gerichten in den meisten Sachen ausging, und die mit ihr verbundenen ewigen Competenzstreitigkeiten und Nullitätserklärungen, die vom einen Gericht gegen das andere ergingen. Das Leben der Polen gerieth auch hier wie sonst in die Gewohnheit beständiger Proteste oder — bewaffneten Widerstandes. Trotz mehrerer Gesetze, die auf Störung eines Gerichts den Tod setzten, kam es häufig während des Rechtsprechens zum Waffengebrauch der Parteien. Nach reussischen Gewohnheiten sollte ursprünglich niemand bewaffnet vor das Gericht treten; aber selbst das sonst so strenge Statut Litewski erlaubte einen Säbel, der ja auch auf den beschliessenden Adelsversammlungen in der Krone ausdrücklich gestattet war. Nach einer immer mächtiger werdenden Gewohnheit aber kam man seit dem siebzehnten Jahrhundert zu allen öffentlichen Verhandlungen so auch zum Gericht, welches immer öffentlich blieb, ungescheut mit Schiessgewehren, und brauchte sie theils um zu schrecken, theils um zu verletzen.

So blieb es bis zum Untergang des Reichs, und als ein bisher ungeahnter Segen wurde auch von patriotischen Polen die prompte, sichere, wohlfeile und doch bei weitem unparteiischere Rechtspflege gepriesen, die mit den Theilungsmächten ins Land kam. Namentlich die preussischen Gerichtshöfe bildeten den vortheilhaftesten Gegensatz zu der polnischen Justiz. Wie war es aber möglich gewesen, dass sich aus der militärischen Rechtspflege, welche, wenn auch ein untergeordneter und unselbständiger Theil der Feldherrnthätigkeit, doch wenigstens Ordnung gehabt hatte, eine so heillose Verwirrung entwickelte? —

Der Fürst ist nach altpolnischen Begriffen die Quelle aller Justiz; sein Gericht war ursprünglich die einzige Instanz, die es gab. Auch nachdem durch die Castellaneien für das erweiterte Land und die vermehrte Bevölkerung Gerichte niederer Instanz gegeben waren, sprach der König in erster Instanz, also concurrirend mit seinen Castellanen, nach wie vor Urtheile. Doch fing das fürstliche Gericht an, nur zu bestimmten Zeiten stattzufinden. Nach der Wiedervereinigung der zersprengten Gebietstheile wurde es für jede Landschaft, namentlich wurden stets unterschieden Grosspolen und Kleinpolen, an einem bequem gelegenen Orte gehalten und der König bereiste in gerichtlichen Zwecken regelmässig sein Reich. Bald wurde die Anwesenheit der Barone auf diesen Gerichten nothwendig, der König übertrug diesen dann öfter das Urtheilfinden; und unter Jagello ist die

Anwesenheit des Königs auf diesen für Grosspolen und Kleinpolen besonderen Gerichtstagsterminen nicht mehr erforderlich. Die Barone und herzugekommenen Edelleute sprechen regelmässig auf diesen Gerichten in erster Instanz Urtheil, und nehmen Appellationen von den niederen Gerichten entgegen, die jetzt von den Castellanen auf die Starosten übergegangen sind, und neben denen sich in den einzelnen Wojewodschaften und Landschaften wieder in concurrirender Weise andere Gerichte unterster Instanz gebildet haben, die Ziemstwa; und einen Theil der Gerichtsbarkeit hat Siegmund I. auf die Kämmerer übertragen.

Der König aber hat seine richterliche Thätigkeit nicht aufgegeben, er übt sie in mehrfacher Weise fort. Auf dem Reichstagsgericht nimmt er Klagen und Appellationen des Adels entgegen, im Assessorialgericht spricht er zum Theil auch über diese Verhältnisse; es waren die Assessorialgerichte Appellationsinstanz für den preussischen Adel, wesentlich aber beurtheilte man in diesem Gericht die Sachen der deutschrechtlichen Gemeinden und der Religionsgenossenschaften. Nur wurde diese Thätigkeit des Königs mehr und mehr eine Fiction.

Die Senatoren und sogar ein Ausschuss der Landboten wurden im siebzehnten Jahrhundert die eigentliche Kraft dieser höchsten Gerichte.

Inzwischen hatten sich die bis ins 16. Jahrhundert sehr unordentlichen colloquia Grosspolens und Kleinpolens und auch das litauische Gericht, welche eine facultative zweite Instanz darstellten, in Tribunale umgewandelt, mit regelmässigen jährlichen Sitzungen; und so hatte sich der Kreis der polnischen Gerichte geschlossen, aber ein fester Instanzenzug war nicht hergestellt. Sowohl die königlichen Gerichte als die Tribunale nahmen nicht nur Appellationen von den Grod- und Landgerichten entgegen, sondern sprachen auch in erster Instanz; und die Tribunale waren weit entfernt davon, souveräne Gerichtshöfe zu sein, wie man aus ihnen bei ihrer Schöpfung zu machen beabsichtigte; vielmehr wurden ganz gewöhnlich ihre Urtheile durch die Reichstagsconstitutionen cassirt.

Der Reichstag erhob sich auch bisweilen über das Gericht der einzelnen Beamten, wie der Marschälle und später der ausübenden Commissionen, und ebenso vernichteten die Landtage in ruhigen Zeitläuften ganz gewöhnlich durch ihre Lauda nicht nur Urtheile der Grod- und Landgerichte, sondern erkannten auch die Decrete des Reichstagsgerichtes nicht immer an. So trat hier überall am maassgebenden Ort die Hitze politischen Kampfes an Stelle ruhiger richterlicher Untersuchung. Eine Cabinetsjustiz des Fürsten war in Polen unmöglich, dafür aber fand eine viel verderblichere Cabinetsjustiz der ·jedem Schwanken des Zufalls ausgesetzten Adelsversammlungen statt.

Wie die übrige Thätigkeit des Staates zuletzt von den einzelnen souveränen Edelleuten abhängig war, so die richterliche Gewalt. Während des Interregnums erloschen alle Gerichte vorübergehend; die Capturgerichte, die sehr stark an die transatlantische Erfindung des judge Lynch erinnern, vertraten alle andere Rechtspflege. Sie bestanden aus einer von den Urversammlungen des Adels gewählten mehr oder minder grossen Anzahl Beisitzern. Ebenso setzte jede Conföderation alle Gerichte des Staates ausser Kraft und ernannte in willkürlicher Weise entweder Einzelrichter zur Wahrnehmung des Rechtschutzes, oder es urtheilte eine beliebig grössere oder kleinere Anzahl von Conföderationstheilnehmern.

# Zweiter Abschnitt

## Gerichtsverfahren

Eine Processordnung oder etwas einer solchen ähnliches wurde 1505 zuerst entworfen, es ist dies der „Processus juris a Joanne Laskio confectus"; 1523 wurden einige officielle Verbesserungen hierin vorgenommen, sonst aber bildeten sich die Formen des gerichtlichen Verfahrens nur gewohnheitsrechtlich weiter und zwar in den einzelnen Landschaften verschieden, und wurden von Privatleuten im Lauf der späteren Zeit mehrmals schriftlich zusammengestellt; doch niemals in befriedigender Weise. Die Rechtsformen waren grossentheils deutschen Beispielen entlehnt.

War irgend eine Klage vom Gericht angenommen, so kam es zunächst darauf an, sich des persönlichen Erscheinens der Parteien zu versichern. Der Woźny (Gerichtsbote) mit zwei adligen Zeugen musste die Vorladungen einhändigen. Bürgschaft war in Polen nicht sehr bräuchlich; dagegen wurde trotz des neminem captivabimus gar häufig, sobald die Sache einen theilweise criminellen Charakter trug, persönliche Verhaftung des Beklagten vorgenommen.

Der Vortrag der Thatsachen gehörte dem Kläger im Gerichts-
termin. Antwort und Widerrede wurden der andern Partei nur unvollkommen gestattet.

Die ganze Schwere des Processes musste von vornherein die beklagte Partei tragen. Sie sollte zunächst den Beweis führen, dass die
Rechtsverletzung, die man ihr Schuld gab, nicht bestehe. Konnte sie
sich von der Anschuldigung nicht reinigen, so wurde sie verurtheilt;
in Civil- wie in Criminalsachen. Als Beweismittel nahmen im slavischen Recht, wie bei allen indogermanischen Völkern ursprünglich,
einen sehr hohen Rang die Ordalien. Fiel das Ordal, das von dem
Beklagten übernommen wurde, zu dessen Gunsten aus, so war er freigesprochen; wurde es gar nicht übernommen, so erfolgte Verurtheilung.

Der Eid des Beklagten trat in späterer Zeit immer häufiger hervor, doch genügte er allein niemals um Gewissheit herzustellen; dies
war nur dann der Fall, wenn eine Anzahl von Eideshelfern, nach der
Grösse der Sache und nach der persönlichen Stellung der Parteien
verschieden, in die Seele der Partei hineinschwor, dass sie von der
Wahrheit der aufgestellten Behauptungen überzeugt sei. Bis 1768
galt in Klagen auf Mord unter Edelleuten folgendes Verfahren: dem
Beklagten wurde zugeschoben, er solle sich mit sechs Eideshelfern
von der Anschuldigung losschwören; vermochte er dies nicht, konnte
aber dann die Gegenpartei sechs Eideshelfer für sich aufstellen, so
erfolgte Verurtheilung.

Auch in Polen ging die Processentwicklung allmählich darauf
hinaus, die Eideshelfer durch Zeugen zu ersetzen. Die Zeugen sollen
keine formale Bestärkung irgend einer Parteibehauptung geben, sondern sie sollen über die Thatfrage den Richter aufklären. Die meiste
Bedeutung erhielten sie in Civilsachen; in Criminalsachen waren sie
wichtig, wenn sie beeiden konnten, dass der Verbrecher auf frischer
That ergriffen sei. Da nun in Polen zuletzt die Frist des in flagranti,
die zuerst 24, dann 72 Stunden betragen hatte, zuletzt auf ein volles
Sachsenjahr ausgedehnt wurde, waren die Zeugen bei der geringen
Bedeutung, die man Schriftstücken zuwies, das kräftigste Beweismittel.

Im Criminalrecht griff man seit dem sechzehnten Jahrhundert gegen
Nichtedelleute häufig dazu, vor allen Dingen ein Geständniss der beklagten Partei mit allen denkbaren Mitteln zu erstreben. Hierin ahmte
man die Mängel des damaligen deutschen und westländischen Processes
nach; man verband aber mit ihnen die Nachtheile des englischen
Verfahrens, indem das corpus delicti ausnehmend vernachlässigt wurde.
Viele polnische Criminalacten zeigen uns, dass man Geständnisse an-

nahm oder erpresste, ohne dass der Thatbestand irgendwie beglaubigt war. Es kamen Verurtheilungen wegen Todtschlags vor, ohne dass der Todtschlag nach Ort, Zeit, Person oder sonst feststand.

Der Regel nach kannte man auch in Criminalsachen nur Privatklage. Doch konnten die Starosten nach Belieben einzelne Verbrecher aus eigenem Antriebe vorladen. Als Kläger fungirten dann die sogenannten Delatoren, die als solche ein eigenes Amt auf mehreren Grods bekleideten. Vor dem Reichstagsgericht traten als öffentliche Ankläger die Instigatoren auf, die sich gleichfalls Delatoren als Unterbeamte hielten. Diese konnten, wo es sich um Hochverrath handelte, gegen Edelleute als Kläger auftreten, auch wenn sie selbst nichtadlig waren. Erwies der Beklagte seine Unschuld, so fiel der Kopf des plebejischen Delator. Polnisches Processführen war eben ein Spiel um Einsatz, und so sagt die polnische Sprache bezeichnend: einen Process „verspielen",

Das Verfahren war in Criminalsachen in der Regel so summarisch als möglich. Die Execution der Todesurtheile folgte gewöhnlich vierundzwanzig Stunden nach der Verurtheilung oder schneller. Mit Bewusstsein verfolgte man die Abschreckungstheorie; man hätte das „frapper, non juger" der französischen Terroristen zum Losungswort vieler Starosten machen können. Wir sehen, der standrechtliche Charakter des polnischen Gerichtswesens blickt überall durch.

Die Strafen für Edelleute waren meist Geldbussen, an den Kläger zu zahlen, auch für die höchsten Verbrechen. Das Wergeld bestand hier solange wie in keinem andern europäischen Staate, bis 1768 und weiter. Doch waren auch Todesurtheile nicht so gar selten. Demnächst Gefängniss; man unterschied oberen und unteren Thurm. Der Aufenthalt in dem letzteren wurde für eben so schlimm als der Tod gehalten, wenn er über ein Sachsenjahr dauerte.

Eine bedeutende Einnahmequelle vieler Gerichtsbeamten bildeten nicht sowohl die Gebühren als die schon im ältesten polnischen Recht eine grosse Rolle spielenden hohen Geldstrafen. Von Edelleuten waren sie freilich schwer einzutreiben; desto mehr zahlen mussten alle die, welche nicht gradezu leibeigen waren, also nicht unter dem ausschliesslichen Gericht des Grundherrn standen, wenn sie in die Hände eines Staatsgerichtshofes fielen. Die mannichfachen Todesstrafen, die gegen Nichtedelleute erkannt wurden, waren dem Sachsenrecht entnommen.

In Civilsachen blieb die Execution der Partei überlassen, und sie erfolgte durch das sogenannte „Einreiten", soweit es sich um Landgüter handelte, die der klagenden Partei zuerkannt waren. Indem es nun bei diesen gewaltthätigen Acten zu Vorenthaltungen und Repressalien aller Art kam, entstanden aus einem Process eine ganze Reihe neuer, beständig mehr verwickelter. So herschte auf dem grossen Gebiet der polnischen Rechtspflege bloss aus diesem Umstand eine grenzenlose Verwirrung.

Die polnische Gerichtsverfassung hatte sonst in Betreff der Landgüter unläugbare Vorzüge, gegenüber der gleichzeitigen Gesetzgebung anderer Staaten: der Unterschied von schriftsässigen und landsässigen Gütern war unbekannt; Ein Gerichtstand galt für alle freien Ländereien; und auch für die unzähligen Streitigkeiten zwischen dem Adel einerseits und den Inhabern der Staatsgüter und der geistlichen Güter andererseits, waren die grossen Tribunale das Forum. Das ganze Recht und Gerichtsverfahren galt nur für den Adel, aber innerhalb des Adels herschte völlige Gleichheit vor dem Gesetz. Die Magnatenfamilien hatten keinen besondern Gerichtstand; die Senatoren mussten es als eine Gnade des Adels ansehn, dass sie von der Wahl zu Tribunalsdeputirten nicht ganz und gar ausgeschlossen wurden. Uebrigens herschte für sie dasselbe Erbrecht, wie für den Ritterstand; nur äusserst wenige Majorate, in Polen Ordinationen genannt, gab es und diese waren mit ihren nicht sehr weitläufigen Statuten durch Constitutionen dem Recht des Landes incorporirt.

Doch war bei der Machtverschiedenheit eine wirkliche Rechtsgleichheit nicht durchzuführen, da ein armer Ritter nicht die Mittel hatte, ein ihm günstiges Urtheil zu exequiren. Erst unter Stanisław August wurde bestimmt, dass alle Gerichte zur Execution ihrer Urtheile wo nöthig militärische Hülfe in Anspruch nehmen sollten. Die Constitution 1784 sagte ausdrücklich, dass in solchem Fall die Militärbehörden keine weitere Prüfung der Rechtsache vornehmen, sondern unweigerlich den Gerichtsbefehlen nachkommen sollten.

Die Gerichtsprache war für mündliche Verhandlungen das polnische, aber mit vielen mittelalterlich-lateinischen Ausdrücken durchsetzt; für die schriftliche Festhaltung war das Lateinische bis zuletzt gebräuchlich.

# Dritter Abschnitt

---

## Gerichte für den Umfang der Republik

Als das angesehenste Gericht des Staates gilt seit dem sechzehnten Jahrhundert das Reichstagsgericht. Wir erinnern uns, dass die politischen Versammlungen um den König sämmtlich aus gerichtlichen Zusammenkünften entstanden sind. Die Versammlungen der Barone des gesammten Reiches, die seit den letzten Regierungsjahren Kasimirs des Grossen auftraten, hatten wesentlich gerichtliche Zwecke zu erfüllen; parlamenta, wie sie genannt wurden, bezeichnete ja in der damaligen Sprache Europas noch Gerichtshöfe. Seit jener Zeit bestand das Reichstagsgericht immer aus dem Senat. Nach dem Absterben der Jagellonen haben die Senatoren als Richter auch beschliessende Stimme, und unter Stefan wird die Forderung laut, der König selbst solle am Reichstagsgericht nicht thätigen Antheil nehmen. Ihm blieb nichts anderes übrig, als das Erkenntniss, welches von der Mehrzahl der Senatoren gefunden wurde, zu bestätigen, mochte er nun damit übereinstimmen oder nicht. Auch musste Stefan in der cause célèbre der Zborowskis 1585 schon eine Anzahl Landboten als Zuhörer des Reichstagsgerichtes einlassen, „obgleich die Landboten nicht zum königlichen Gerichte gehörten."

Im Jahre 1588 aber wurde beschlossen, dass in allen Staatsverbrechen (crimen laesae majestatis et perduellionis) immer acht Landboten mit dem Senat sitzen und stimmen sollten, und diese Zahl wurde fortdauernd vermehrt; seit Johann Sobieski nahmen öfter vierundfunfzig Landboten im Reichstagsgerichte Platz.

Die Thätigkeit dieses Gerichtes begann mit jedem ordentlichen Reichstage, sobald die Landbotenkammer sich vom Senat zurückgezogen hatte, und die Sitzungen wurden fünf Tage vor Ende des Reichstags geschlossen. Die Urtheile waren unabänderlich d. h. konnten nur durch ein folgendes Reichstagsgericht aufgehoben werden. Das geschah sehr oft, denn die Urtheile wurden selten exequirt und es war meistens nur ein damnum reparabile wieder gut zu machen.

Mit Zerreissung des Reichstags hörte auch das Reichstagsgericht auf; welcher Wink für politische Verbrecher, die ja nur von diesem Gericht abgeurtheilt werden konnten! Sonst erstreckte sich die Competenz des Gerichts über alle Sachen, die vorzunehmen noch Zeit blieb, obwohl mehrmals namentlich von Seiten der Litauer darauf gedrungen wurde, dass nur Sachen, die mit dem Staat in Verbindung ständen, so namentlich Bestechungs- und Unterschlagungsklagen gegen hohe Beamte, hier abgeurtheilt würden.

Die Entscheidung hing nur zu oft von dem persönlichen Interesse ab, welches die Richter an den Sachen hatten. Durch die Organisation, welche man diesem Gericht unter Stanisław August gab, sollte das Gericht permanent gemacht werden, zwei Cadenzen jährlich für die Krone und eine für Litauen halten. Vierundzwanzig Mitglieder des gesammten Senats und des Landbotenausschusses würden es spruchfähig machen. Vorladungen sollten sechs Wochen vor dem Termin ergehen und durch den Woźny auf den Grods beglaubigt werden.

Mehr Einfluss als auf das Reichstagsgericht hatte Seine Majestät auf die Relationsgerichte behalten. Diese wurden ausser der Reichstagszeit zusammenberufen, gewöhnlich im März und October. Sie bestanden aus einer Anzahl Senatoren und andrer rechtsverständiger Beamten, selten über zehn; so wie, wenn es irgend ging, aus dem König selbst.

Die Competenz des Gerichts beschränkte sich auf solche Sachen, die von den Kanzlern und dem Assessorialgericht nicht entschieden wurden oder entschieden werden konnten, und auf die Appellationen, welche in Civilsachen von den curländischen Gerichten kamen. Verbrechen wurden in letzter Instanz von den curländischen Behörden bestraft. Auch das königsbergische Preussen hatte bis zum grossen Kurfürsten hier seine höchste Instanz gehabt. Ebenso die Dissidentensachen sollten seit 1775 in letzter Instanz hier entschieden werden können.

Das Assessorialgericht, gleichfalls in allen Zeiten fungirend, bestand seit Siegmund August aus den Kanzlern, die nach Belieben Senatoren und andere Würdenträger, zuweilen, wenn grade Reichstag war, so 1724, Landboten sich beigesellten. Unter der letzten Regierung zog der Kanzler immer zwei Senatoren und vier Landboten zu, die gewöhnlich auf den Reichstagen designirt waren und vom 1. November bis zum 30. April regelmässig tagen sollten. Es gab eine Geschäftsordnung für dies Gericht, die 1680 von den beiden Kronkanzlern entworfen, vom König und 1683 auch vom Reichstage bestätigt, 1764 aber abgeändert wurde. Das Urtheil wurde auch hier, wie sonst in allen polnischen Gerichten, nach der Stimmenmehrheit gefällt. Doch wog die Stimme der Kanzler mehr, als die der übrigen Beisitzer, bis ihr unter König Poniatowski dies praecipuum entzogen wurde. Die Decrete dieses Gerichts wurden weniger rasch geändert, als die anderer Höfe; die Execution der Urtheile, die Städtesachen betrafen, wurde den Starosten anheimgegeben und von diesen oft ausgeführt, wenn dabei zu lucriren war.

Das Gericht fand immer an dem Orte statt, wo sich grade der König aufhielt, für die Krone also gewöhnlich in Warschau, für Litauen in Warschau oder Grodno. Seine Register (so nannte man die zu seiner Competenz gehörigen und auf verschiedene Sitzungen nach einander zu vertheilenden Gegenstände) waren: Magdeburgisches Recht, Preussen, Fiscus, Austreibungen, widerrechtliche Freiheitsberaubung, Dissidenten. Oft kommt das Assessorialgericht unter dem Namen Hofgericht vor.

Unter Siegmund III. entstanden und viel später erst ausgebildet waren die Referendargerichte. In ihnen hatten die Referendare der Krone und Litauens den Vorsitz, sonst nahmen noch Instigatoren, Custos coronarum, Regenten, Metricanten und Schreiber daran Theil. Vor diesem Hofe wurden alle Sachen entschieden, welche die königlichen Tischgüter und das panis bene merentium betrafen; auch konnten die deutschrechtlichen oder wenigstens nicht leibeigenen Bauern, die sogenannten befreiten Schulzen, die auf den Staatsgütern angesessen waren und sonst unter dem Starosten standen, hier appelliren, und mussten hier wegen rückständiger Zehnten von der Geistlichkeit verklagt werden. Die Urtheile fertigte der notarius decretorum aus. Die Referendare, die für Polen und Litauen gesondert urtheilten, konnten finaliter auch ohne die constitutionellen Beisitzer entscheiden. Const. 1766. 1768. 1776.

Die Jurisdiction der Marschälle, die mit Ausschliessung aller andern Gerichte für die im jedesmaligen Wohnsitz des Monarchen vorkommenden Rechtsfälle oft auch civiler Natur gültig war, wurde bereits erwähnt. Wegen des furchtbaren Missbrauchs, der mit ihr zeitweise getrieben wurde, beschränkte man ihre Competenz 1776 genau auf Criminal- und Polizeivergehen und auf die Sachen der Marschallsofficianten, doch erfolglos. Das Gericht sollte, je nachdem in Polen oder Litauen, immer aus den beiden betreffenden Marschällen, aus vier Senatoren ersten Ranges und vier andern Beamten bestehen; complet sollte es schon durch die Anwesenheit von fünf dieser Personen werden. Doch blieb nach wie vor die entscheidende Gewalt den Grossmarschällen. Verliess der König den Ort, wo der Marschall eben einen Process vor sich hatte, so ging die angefangene Sache an das sonst competente Forum.

---

# Vierter Abschnitt

## Die Tribunale

Als es mit den Roki, wie man die in Grosspolen und Kleinpolen von den versammelten Senatoren und anderen Beamten der Provinzen abgehaltenen Gerichte nannte, trotz aller Reichstagsbeschlüsse und königlichen Befehle und trotzdem man die Institution noch 1569 als eine lebensfähige betrachtete und sie auf Masovien hin übertragen wollte, nicht mehr ging, da versuchte man mit der Einrichtung der Tribunale dem Rechtschutz aufzuhelfen. König Stefan schuf mit seinem Kanzler Zamojski 1578 das Krontribunal, 1581 das für Litauen.

Die Competenz des ersteren erstreckte sich seit 1585 und 1588 dem Namen nach auch über die adligen Preussen, denen man zusicherte, dass sie nach ihrem deutschen Recht geurtheilt werden sollten, doch zogen diese das Assessorialgericht vor. Seit 1589 wurden auch die Wojewodschaften Kijew, Wołynien und Bracław, die bis dahin in Łuck ein eigenes Obergericht gehabt haben sollen, unter das Krontribunal gestellt. Nach Heidenstein soll es in der Idee gewesen sein, auch die Städte unter das Tribunal zu ziehen, doch habe Batory dies zu verhindern gewusst.

Unbestritten aber gehörten die Sachen wegen geistlichen Besitzes und geistlicher Forderungen vor die Tribunale, und desshalb wurden später dem Tribunal geistliche Beisitzer zugesellt, die nach einem Beschluss von 1573 aus den damals projectirten oberen Gerichten ausgeschlossen waren.

Uebrigens haben die Geistlichen in Polen seit dem funfzehnten Jahrhundert bis zum Ausgang des Reichs selber niemals Bedenken getragen, in allen Processarten mitzusprechen und Todesurtheile zu fallen. Sonst war das Tribunal aus Deputirten zusammengesetzt, die in den einzelnen Landschaften jährlich auf besonders immer zum 15. Juli angesagten Landtagen gewählt wurden, und zwar aus dem Senatoren- und Ritterstande promiscue. Dass der Gewählte auch nur eine oberflächliche Rechtskunde besässe, wurde niemals verlangt. Jeder Landtag sandte Einen Deputirten.

Am Ausgang des Reiches war das Tribunal der Krone aus neun geistlichen Beisitzern, nämlich Deputirten der Capitel Gnesen, Krakau, Włocławek, Posen, Płock, Łuck, Chełm, Kijew, Kamieniec zusammengesetzt, und aus einundzwanzig weltlichen Geschwornen. Aus der Zahl der letzteren, und zwar abwechselnd ein Jahr aus Grosspolen und Kleinpolen, ward der Marschall des Tribunals mit 20,000 Gulden Salär gewählt; der Deputirte des Gnesener Capitels führte den Titel Präsident und empfing 10,000 Gulden. Die andern Deputirten waren unbesoldet und suchten sich ganz offenkundig an Bestechungsgeldern schadlos zu halten. Auch blieben sie selten ein Jahr lang beim Tribunal: bei ihrer Erwählung mussten sie sich verpflichten, mindestens sechs Monate lang ihrer Pflicht genügen zu wollen. Während dieser Zeit war es ihnen untersagt, irgend einen gültigen Vertrag oder ein Geschäft abzuschliessen.

Vom 1. September bis Palmsonntag hatte das Tribunal immer seinen Sitz in Lublin, vom Montag nach dem weissen Sonntag bis zum Thomastage in Peterkau. Täglich, mit Ausnahme der Feiertage, sollten von sieben Uhr früh bis acht Uhr Abends Sitzungen stattfinden.

Der Präsident oder sein Stellvertreter stimmte allein von den geistlichen Deputirten auch in weltlichen Gütersachen mit; bei Processen, die in das fünfte oder zehnte Register gehörten und Rechtskränkungen gegen geistliche Personen oder Güter betrafen, mussten mit den Deputirten der Wojewodschaften mindestens vier Capiteldeputirte stimmen. Niemand sollte eigentlich über eine Frage richten, die seine eigene Wojewodschaft oder sein eigenes Capitel beträfe. Die Entscheidungen wurden mit Stimmenmehrheit der Anwesenden gefasst, bei Stimmengleichheit entschied ein folgendes Tribunal, oder wenn ein Reichstag dazwischen fiel und wenn es anging, das Reichstagsgericht.

Nach der Constitution 1726 sollte jeder Deputirte, ehe er das Tribunal verliess, einen Eid leisten, dass er nach bestem Gewissen gerichtet habe, und wer sich dessen weigere, als bestechungsverdächtig bestraft werden; auch sollte Niemand heimziehen, ohne die Kaufleute und Handwerker der Tribunalstadt befriedigt zu haben; denen nichts desto weniger Marschall und Deputirte ärgere Streiche zu spielen gewohnt waren, als deutsche Studenten den Philistern ihrer Universitätstadt.

Nach der Constitution 1768 und 1775 konnte ein Deputirter erst sechs Jahre und der Marschall vier Jahre nach seiner Functionsvollendung wiedergewählt werden.

Die Protocolle des Tribunals wurden von einem Landschreiber geführt, den der Reihe nach jedes Jahr eine andere Wojewodschaft stellte.

Die Zahl der Rechtsanwälte, die sämmtlich von Adel und besonders eingeschworen sein sollten, belief sich auf dreissig und mehr, sowohl in Peterkau, wie in Lublin.

Die eigentliche Competenz des Tribunals beschränkte sich auf sprawy ziemskie, Landgütersachen, die ja den Haupttheil aller polnischen Processe bildeten.

Die Register des Tribunals aber hiessen nach 1775:

1) palatinatuum, umfasst alle Appellationen von Grod- und Landgericht,
2) expulsionum,
3) ordinationis Zamoscianae,
4) remissionum,
5) terminorum tactorum et violatae securitatis,
6) incarceratorum,
7) directi mandati,
8) executionum processuum,
9) poenalium,
10) causarum ecclesiasticarum oder mixti,
11) paritatis votorum,

Im Anfang des achtzehnten Jahrhunderts waren die Register folgende: 1) ex aresto, sine beneficio aresti, simplicium, 2) violatae securitatis et mere incarceratorum, 3) Arianismi (d. h. gegen die Dissidenten, die unter dem Namen der längst vertriebenen Socinianer verfolgt werden), 4) expulsionis, 5) fisci, 6) remissionum, 7) compositi judicii, 8) mixti vori, 9) militarium, 10) poenalium, 11) paritatis votorum.

Die erste Cadenz des Tribunals vom Herbst bis zum Frühjahr war den Sachen aus Kleinpolen; die zweite vom Frühjahr bis in den Sommer den grosspolnischen Angelegenheiten gewidmet, und in der Regel kamen die Deputirten nur zu der Cadenz, in welcher die Rechtshändel ihrer Provinz vorgingen.

Das litauische Tribunal hatte eine ähnliche Organisation; seine beiden Cadenzen fanden fünf Monate in Grodno, fünf in Wilno statt. Am ersten Ort wurden die Sachen aus den Wojewodschaften Nowogrodek, Brześć und Mińsk sowie aus den zugehörigen aber ihre besonderen Landtage haltenden Kreisen vorgenommen; in der zweiten Stadt war Cadenz für die Wojewodschaften Wilno, Troki, Połock, Smoleńsk und die zugehörigen Kreise, so wie für die Starostei Samogitien. Auf der letzteren Landtage wurden vier Deputirte zum Tribunal gewählt, alle andern Landtage wählten je zwei, sodass sechsundvierzig Beisitzer das Tribunal bildeten, von denen aber nur die Hälfte auf jeder Cadenz zu sitzen brauchte.

Geistliche Deputirte gab es in Litauen nur sechs, und sie hielten mit den übrigen Tribunalsgliedern sechs Wochen lang jährlich zu Wilno über alle Angelegenheiten Sitzung, die gemischter Natur waren. Register gab es bei dem litauischen Tribunal nur fünf. Von diesem Tribunal wurde oft an das litauische Assessorialgericht appellirt.

Das Ansehn der Tribunale wurde vom Reichstag auf alle mögliche Weise heruntergesetzt. Durch die Const. 1627, 1638, 1726 wurden alle Tribunalsdecrete, die „vim legis sapiunt", für null und nichtig erklärt. Man wollte auch nicht zulassen, dass diese Gerichtshöfe Continuität ihrer Thätigkeit annähmen und verbot desshalb mehrmals, dass Praejudicate die künftige Entscheidung ähnlicher Fragen bestimmen sollten. Die Tribunale sollten sich nicht aus der periodischen und immer von vorn beginnenden Functionsweise des polnischen Staats herausheben.

Aber diese Gerichte gaben auch Grund genug zu schlimmer Beurtheilung; trotzdem dass die Const. 1726 die Anwesenheit von Frauen auf den Gerichten verbot, war es ganz gewöhnlich, dass durch die weiblichen Angehörigen der Richter und der Parteien sich die grossartigsten Bestechungen und Bestechungswettkämpfe vollzogen. Auch wird uns oft genug von Trunkenheit der Deputirten erzählt.

Im allgemeinen verläugnen die Tribunale, die unzweifelhaft dennoch eine so gute Institution waren, als es unter der polnischen Adelsdemokratie möglich war, nicht die Schattenseiten des gesammten öffentlichen Lebens der Polen. Auch ihre Thätigkeit ist periodisch unterbrochen, gleich der aller andern polnischen Gerichte; auch für sie gab es niemals eine strict innegehaltene Gerichtsordnung, und so wenig sichere Regeln, dass sehr oft die von ihren Brüdern richtig gewählten Deputirten ihren Platz im Tribunal, der ja eine einträgliche Quelle bilden konnte, für Geld und gute Worte einem anderen nicht gewählten

Edelmann abtraten. Auf den Deputatenlandtagen, wo die Tribunale jährlich ihre neue Besetzung erhielten, ging es oft sehr stürmisch her; die Landtage wurden häufig zerrissen und die Landschaft blieb ohne Vertretung im Gericht.

## Fünfter Abschnitt

### Grod- und Landgericht

Der Starost sollte seit 1775, in welchem Jahre die starosteilichen Güter für reines Staatseigenthum erklärt und als solches verpachtet oder vertheilt wurden (1791 fing man an, sie zu Gunsten der Staatskasse zu verkaufen), von den Edelleuten seines Powiat in derselben Weise gewählt werden, wie die Beamten des Landgerichtes, doch überliess man ihm nach wie vor die Ernennung des Unterstarosten oder Surrogators, des Richters und Schreibers, des Regenten und der Metricanten, des Subdelegaten, des Burggrafen und aller andern beliebig vielen Grodbeamten, die angesessene Edelleute d. h. aus angesessenen oder angesessen gewesenen Geschlechtern sein mussten. Ein eigentliches Grodgericht bestand aus drei oder mehr Personen, doch hatte die entscheidende Stimme nur der Starost, wenn er zugegen war. So trägt ein Urtheil des posener Grod von 1462 zwar ausser der Unterschrift des Starosten auch die des Burggrafen, des Richters und Unterrichters, aber offenbar ist doch auch schon damals der Starost eigentlicher Richter. Bagatellsachen wurden vom Burggrafen oder vom Schreiber entschieden, salva appellatione an den Starosten.

Die Thätigkeit der Grodbeamten wurde zum grossen Theil durch die nichtrichterlichen Nebengeschäfte absorbirt, welche an jeden Grod sich knüpften. Aehnlich wie mit vielen modernen Gerichten die Verwaltung von Mündelgeldern und Hypothekenwesen verbunden ist, nur in weit grösserem Umfange, hatten die Grodbeamten als Depositare und Vidimatoren aufzutreten. Nur was in die acta castrensia oder acta aeterna, wie man sagte, eingetragen oder von ihnen beglaubigt war, konnte als wirklicher Vertrag und echte Urkunde gelten. Von den Gebühren für all diese Schreibereien hatten die Unterbeamten des

Starosten ihre Entschädigung zu erwarten. Das gesetzlich sehr geringe Maass der Sporteln wurde von den freundlichen Zahlern oft überschritten; man nannte das plus offerentia.

Die eigentliche Sphäre der Starostengerichtsbarkeit war der Blutbann. Ignis, via, femina, domus, sagte man kurz, um damit die Capitalverbrechen zu bezeichnen, deren Ahndung den Starosten oblag, die „quatuor articuli castrenses", nämlich Brandlegung, Strassenraub, Nothzucht, Einbruch. Seit 1420 mit Sicherheit gehörten diese Verbrechen nicht mehr vor den Castellan, sondern vor den Starosten, Doch wurde die Criminalrechtspflege allmählich zu einer Nebensache. im Jahr 1775 wurden folgende Register für die Grods festgesetzt:

1) Sachen, die von den Tribunalen zur nochmaligen Aburtheilung zurückgeschickt,
2) Landgüterprocesse,
3) Sicherheitsverletzungen,
4) Geldstrafen,
5) Dissidentenfragen,
6) Execution von Erkenntnissen anderer Gerichte.

Für diese Register kamen jährlich vier Cadenzen vor; gewöhnliche Criminalfälle wurden ausserhalb dieser Fristen abgeurtheilt. Ein Starost, der bei ihnen die Tortur anwenden lassen würde, die nach Ostrowski auch oft bei freiwilligen Geständnissen noch applicirt wurde, sollte nach Const. 1776 als Staatsverbrecher behandelt· werden. Wie die durch Abschaffung der körperlichen Zwangsmittel im herkömmlichen polnischen Criminalprocess entstehende Lücke auszufüllen sei, das sagten die Gesetze nicht; freilich hatte man in Polen auch früher nicht stets das Geständniss des Angeklagten zu seiner Verurtheilung für nothwendig gehalten, sondern auf blossen Verdacht hin Leibes- und Lebenstrafen ausgesprochen.

Von jeder starostlichen Entscheidung sollte erst post definitivam sententiam appellirt werden; doch maasste sich der Starost an, da, wo nach seiner Meinung offenbare Schuld des Criminalverbrechers vorlag, keine Berufung an andere Gerichte zu gestatten. Actenversendung und alle die andern gründlichen Formen der grausamen deutschen Rechtspflege seit dem 16. Jahrhundert waren in Polen unbekannt.

Noch ist zu erwähnen, dass der Starost seit der Lockerung des Sippenverbandes und der Familienverhältnisse auch Obervormundschaft über adlige Mündel ausübte oder ausüben konnte.

In Kijew, Bracław und Wołynien hatte der Starost und nicht der Wojewode die Gerichtsbarkeit über die Juden.

Im Allgemeinen hatten die Starosten so viel Competenz, als sie sich beilegen wollten, und als der Adel ihnen jedesmal bewilligte. Das Recht der Stärke entschied, ein reicher Starost galt mehr, als ein minder gut ausgestatteter.

Kein Grodbeamter war zum allgemeinen Aufgebot verpflichtet; auch sollte keiner bei anderen Gerichten functioniren, namentlich nicht beim Landgericht. Jedoch auf den Grods wurden ausser den Acten, die vom Starosten ausgingen, oder seiner Obhut empfohlen waren, auch die Urkunden und Schriftstücke anderer Gerichte und Corporationen aufbewahrt, und jedes dieser Grodarchive sollte „unter Verschluss dreier Schlüssel" stehen, wie Jagiełło 1420 verordnete.

Dem Grodgericht an Rang vollkommen gleich gilt das Landgericht; wenn eine Partei sich an den Grod, die andere an das ziemstwo wenden würde, so sollte das zuerst angerufene Forum über den Process entscheiden. Gleichwohl stand das Landgericht in weit geringerem Ansehn, als der Grod, und wurde viel weniger in Anspruch genommen, doch galt als feststehend, dass es Wechselsachen und Criminalia ebenso gut entscheiden könne, als der Grod. Es hatte dreimalige Cadenz im Jahre, die an bestimmten Tagen stattfand, welche nur vom Reichstag abgeändert werden konnten, an demselben Orte, wo das Grodgericht stattfand. Auch war das Landgericht selten vollzählig, da seine Stellen einen beliebten Durchgangspunkt für beförderungslustige Leute bildeten und die erledigten Posten oft lange auf Wiederbesetzung warten mussten. Kein vorhandener Gerichtsbeamter aber sollte bei hoher Strafe die Termine versäumen; und hätte er gerechtfertigte Abhaltung, so sollte er es in der nächsten Sitzung beschwören. Wer dreimal das Gericht versäumte, verlor sein Amt. Uebrigens war es den zum Landgerichtstermin versammelten Edelleuten erlaubt, an die Stelle der fehlenden Beamten für die grade abzuhaltende Sitzung Stellvertreter aus ihrer Mitte zu wählen.

Bei den Landgerichten scheint der Schreiber beschliessende Stimme gehabt zu haben; wenigstens in der Krone. In Litauen, wo jedes Landgericht aus vier Richtern bestand, hatte der Schreiber nur dann votum decisivum, wenn Stimmengleichheit war.

Kam eine Rechtsache vor, bei welcher der Richter persönlich interessirt war, so ernannte er sich für die Entscheidung derselben einen Subdelegaten, wenn er wollte und die als Umstand anwesenden Edelleute darauf drangen.

Sehr häufig diente das ziemstwo bloss dazu, die Rechtstreitig-
keiten vorzubereiten, welche vom Tribunal entschieden werden sollten.
Die Landrichter erklärten sich nicht selten incompetent und die Parteien appellirten fast regelmässig an die Tribunale.

In Kleinpolen und in Litauen hatten auch die Bücher und Acten
der Landgerichte als Eintragungsort für Güterverträge grosse Bedeutung; in Grosspolen waren aber für diese Zwecke die Grodarchive
wichtiger und beliebter. Ueber die Entstehung der Landgerichte besteht grosse Unklarheit. Wahrscheinlich sind sie später als die Ca-
stellaneigerichte aus den Beamten entstanden, die sich die piastischen
Theilfürsten jeder besonders zur Erledigung wichtiger Fragen hielten,
nämlich aus dem judex curiae oder judex noster und seinem subjudex,
denen sich bald ein notarius beigesellte. Diese Richter bestanden
denn also in allen Bezirken, die jemals eigene Fürsten gehabt hatten
d. h. in allen Wojewodschaften; sie wurden bei der Vereinigung der
Gebietstheile beibehalten, und überall eingeführt, als die Eintheilung
nach Wojewodschaften auf die grosse Republik ausgedehnt wurde.

Im Allgemeinen gewannen die Landgerichte fortgehend an Wichtigkeit; die Kämmerer hatten die Blüthenperiode ihrer Gerichtsbarkeit
im sechzehnten Jahrhundert gehabt. Seitdem verlor ihr Gericht den
anderen concurrirenden Instanzen gegenüber an Bedeutung. Als nun
1775 auch die Starosten ihre persönliche Autorität einbüssten, übertrug sich nach dem Gesetze der Schwere ein Theil des hier verloren
gegangenen Ansehens auf ·die Personen des Landgerichts. Die Const.
1791 hob die Starostengerichtsbarkeit wie es scheint ganz und gar
auf und übertrug alle ehemaligen Befugnisse des Grod an das Ziemstwo.
Im übrigen beschränkte sich der vierjährige Reichstag darauf, einzelne
Gesetze über jedes der aufgezählten Gerichte auch noch während des
Jahres 1792 zu erlassen. Diese Gesetze enthielten aber nichts anderes, als eine Zusammenfassung der bisher für jedes einzelne Gericht
geltenden Gewohnheiten. Es bewahrheitete sich hier der alte Satz,
dass kein Zweig der Staatsverwaltung so schwer zu reformiren ist,
als die Rechtspflege; wie gern hätten die Männer des 8. Mai die wider-
spruchsvollen Gerichtsverhältnisse der Republik ordnen und vereinfachen
mögen!

# Sechster Abschnitt

## Andere Arten der Gerichtsbarkeit

Zur Zeit des Interregnums erloschen formal alle Gerichte, weil sie sämmtlich nur im Namen des „Brunnens der Gerechtigkeit", des Königs ihre Urtheile fällen sollten. Diejenigen Gerichtsbeamten, welche es unternahmen, auch während des Zwischenreichs zu fungiren, mussten sich wenigstens einige der von ihren souveränen Brüdern gewählten Capturrichter beigesellen. Uebrigens konnte, sobald die klagende Partei wollte, jede vor dem Tode eines Königs anhängig gemachte Sache nach den Const. 1573. 76. 88. bis ein Jahr nach der Krönung des neuen Königs aufgeschoben werden.

Das Wort Captur bezeichnete 1382, wo es zuerst auftrat, ursprünglich denselben Begriff, den man später mit Conföderation verband. Die nach dem Tode des Monarchen in allen Wojewodschaften und Bezirken sich bildenden Conföderationen wählten sich, da der Oberrichter nicht vorhanden war, selbst ihre Richter für alle Fragen, und ein summarisches Verfahren ward diesen zur Pflicht gemacht. Seit 1572 bildeten sich in den einzelnen Landschaften wohl einzelne Gewohnheiten für die Zahl der Capturrichter, Ort, Zeit und Weise des Rechtsprechens: doch ist davon nichts auf uns gekommen. Theils als Appellationshof, theils als Gericht für grosse Sachen wurden auf jedem Convocationstage eine Anzahl höchster Capturrichter für die Krone, eine andere Zahl für Litauen erwählt, 1764 im ersten Fall 24, im zweiten 15. Gewöhnlich aber tagte dieses Ausnahmegericht nie für die ganze Zeit des Interregnums, es wurde ein bleibender Ausschuss eingesetzt, aus zwei Senatoren der Krone und einem von Litauen bestehend.

Nach der Const. 1768 sollten auch im Interregnum alle Gerichte in Kraft bleiben, die Capturrichter abgeschafft werden; und nur die Relations-, Assessorial- und Referendargerichte sollten vorübergehend pausiren.

Als die Reformation in Polen unterdrückt war, söhnte sich der Adel wieder mit der eine Zeit lang heftig angefeindeten geistlichen Gerichtsbarkeit aus. Alle Streitigkeiten um Güter, Zehnten und Pfründen wurden zwar an Tribunal und königliches Gericht, auch an Grod- und Landgericht verwiesen (Const. 1635. 58. 1726. 68). Aber eine gewisse Competenz über weltliche Personen wurden den geistlichen Gerichten doch gelassen; nach den Principien des kanonischen Rechts und besonders dem römischen Recht entlehnten Processverfahren sprachen sie namentlich in Ehesachen endgültig ab. Die Gerichte wurden permanent von dem in jedem Bisthum durch den Bischof ernannten Official und Consistorium abgehalten, die Appellation ging an den Primas und von diesem an den Nuntius des Papstes.

Geistliche Verbrecher und Streitigkeiten unter geistlichen Personen und Corporationen gehörten ausschliesslich vor diese Gerichte. Die Mitglieder der Orden, namentlich die Jesuiten, waren natürlich auch hiervon eximirt und hatten wieder eigenen Gerichtstand, wenn sie verklagt waren. Als Kläger gingen sie vor die Staatsgerichte.

Eigenthümlicher Art war die Gerichtsbarkeit, welche unter den Zeidlern in Masovien bestand. Diese hatten einen besonderen Starosten, der ebenso wie die neben ihm rechtsprechenden Beamten von den Zeidlern gewählt wurde, die als königliche Freibauern galten. Nachweislich noch im Jahre 1785 wurden von diesem Gerichtshofe Urtheile gefällt. Appelliren konnte man von den Zeidlergerichten zunächst an die Grods.

Das Gerichtswesen der Städte, der Geistlichkeit, der Academie von Krakau und der Erziehungscommission der Wojewoden ist bereits an uns vorübergezogen.

Als Unterarten der Kämmerergerichtsbarkeit werden von den älteren Publicisten erwähnt: Condescensions- und Commissionsgericht. Der Kämmerer begab sich mit seinen von ihm ernannten Unterbeamten dabei selbst an die Grenzen der Güter, um die sich der Streit handelte, hörte dort die Klagen der Parteien, liess Eideshelfer und Zeugen auftreten.

Um zu viel unnützes Processiren vor den Staatsgerichten zu vermeiden, wurde 1776 eine in Litauen schon länger bestehende Institution auf die Krone übertragen, die Schiedsgerichte, Compromissgerichte. Diese sollten ohne Appellation entscheiden, sobald beide Parteien sich über die Art des Gerichts, und die Person des Richters geeinigt hätten.

Während der Zeit von 1676—1772 bestanden an der Grenze von Litauen und Moskau aus von beiden Staaten ernannten Richtern gemischte Gerichte zur Entscheidung von Privatstreitigkeiten der Grenzanwohner. Die litauischen Richter für diese Behörde, die ohne Appellation entschieden, wurden zuerst von den litauischen Wojewodschaften gewählt, später vom König bestimmt. Im Jahr 1732 wurde diese Institution, die sich als wohlthätig bewährt hatte, auch auf einige Wojewodschaften der Krone, nämlich Podolien, Bracław und Kijew, ausgedehnt und 1762 wurde ein „Grenzgericht" auch an der Tatarenmark in Kamieniec eingerichtet.

Besondere Erwähnung verdient noch das Schatzgericht und das Militärgericht. Dies letztere seit 1776 bestand aus den als Kriegsdepartement abgeordneten acht Mitgliedern des Immerwährenden Raths, unter denen sich immer der eine oder der andere Hetman befanden; je nach den Provinzen, deren Angelegenheiten zur Beurtheilung kamen, sollten auch der Feldschreiber, der Oberwachmeister, der Quartiermeister, der General der Artillerie und der Generalinspector von Polen oder von Litauen zugezogen werden, aber schon fünf von diesen dreizehn Personen sollten das Gericht complet machen. Zunächst gehörten alle rein militärischen Sachen vor dieses Gericht, Unterinstanzen hatte es bei jedem Regiment. Kein Soldat konnte vor einem andern Forum, als vor diesen „Krygsrechten", wie man mit deutschem Ausdruck die Militärgerichte nannte, belangt werden, und es wurden fast alle Civilsachen, die zwischen Städtern oder Edelleuten und den Personen des Militärstandes schwebten, vor diesen Behörden geschlichtet, deren Sitzungen im Allgemeinen nicht an feste Zeiten gebunden waren. Vor der ersten Theilung des Reichs hatten allein die Hetmans über den Gerichten der einzelnen Regimenter gestanden, und sie hatten die Competenz ihrer Gerichtsbarkeit nach Willkür über Civilpersonen ausgedehnt.

Aus dem Schatzmeister und den Mitgliedern der Schatzcommission war in Radom ein Gerichtshof zusammengesetzt, der regelmässig vom 1. Mai, 1. September, 1. November und 1. Februar ab jedesmal einen Monat lang tagte. Die Acten dieses Schatzgerichtes waren durchweg polnisch abgefasst, im Unterschied von den Schriftstücken der anderen Gerichtshöfe, die, abgerechnet den Tenor der Zeugenaussagen und Vertragsurkunden, lateinisch waren.

Die Competenz dieses Hofes erstreckte sich nicht nur auf die Uebervortheilung des Schatzes der Republik und namentlich Zoll- und Abgabenprocesse, sondern auch auf volkswirthschaftliche Fragen,

wie Uebertheuerung von Kaufleuten, Handelsverträge zwischen Geschäfts-
männern und Edelleuten, Wechsel- und kaufmännische Schulden, Betrug mit Maass und Gewicht und Defraudation, von Juden verübt;
ohne dass die beiden letzten Functionen des Schatzgerichtes dem Ansehn der Wojewoden Eintrag thun sollten.

So gab es in der Republik Polen zwar einen Ueberfluss an Gerichten; aber sie verdeckten den Mangel an Rechtschutz keineswegs.
Jedes Gericht hatte wie der Reichstag zu viel und doch wieder zu
wenig Macht; zu viel, indem es bei unbegrenzter Competenz die
extremsten Beschlüsse fassen, zu wenig, indem es nur einen geringen
Theil seiner Urtheile wirklich werden sah.

Die Tribunale, mit denen einige polnische Staatsrechtsbücher als
mit einer musterhaften Institution prangen und die wirklich noch verhältnissmässig am meisten Aehnlichkeit mit modernen Gerichtshöfen
hatten, mussten zusehen, dass von funfzehn Urtheilen, die sie fällten,
immer grade Eins ausgeführt wurde. Die andern Decrete fielen wirkungslos zu Boden, oder wurden vom Reichstag, der keine andere
Macht neben sich aufkommen lassen wollte, modificirt.

Schlagt die erste beste Seite der Volumina legum auf, ihr werdet Nichtigkeitserklärungen von gerichtlichen Erkenntnissen finden.
Auf Gerathewohl! Was steht Vol. V. f. 393. Const. 1676 Tit. Deklaracya? Das vom Peterkauer Tribunal gegen gebornen Adam Wa-
lewski ergangene Urtheil auf Verbannung wird mit allen seinen Folgen aufgehoben.

Der Zweck, zu welchem der Reichstag, wie hier so oft, sein Recht
zu Nullitätserklärungen brauchte, zeigt uns, wer über ihm stand und
zu dieser Vernichtung der Gerichtsautorität und damit des Staatsan-
sehens die Losung gab: das adlige Individuum.

Eben nur, weil der polnische Staat so wenig Staat war, konnte
eine solche Unselbständigkeit des Gerichtswesens in ihm Platz greifen und sich erhalten, auch nachdem das militärische Gepräge der Republik keine wirkliche Bedeutung mehr hatte. Polens Gerichtswesen,
blieb weit hinter den Bedürfnissen der Nation zurück; werden uns
die beiden andern Querschnitte, in denen wir die Verwaltung des polnischen Staats betrachten wollen, erfreulichere Bilder zeigen?

# Elftes Buch

## Oeffentliche Wirthschaft

.... les gouvernements
Se nourrissant d'impôts et non de sentiments.
Mme. de Girardin

## Erster Abschnitt

### Volkswirthschaftspflege im polnischen Staat

„Ein grosser Theil des Rechts ist die ins Bewusstsein aufge-
nommene Volkswirthschaft", sagt Heinrich von Treitschke. Dieser Satz
ist unzweifelhaft für sehr viele Bestimmungen des Civilrechtes namentlich des Besitzrechtes feststehend. Aber auf der andern Seite wird die
Volkswirthschaft in einem Staate unverkennbar durch die Fundamen-
talprincipien des Staates beeinflusst, sie trägt den Stempel der im
Staat herschenden politischen Anschauungen, und ihre Richtung wird
ihr oft auf lange Zeit durch Maassregeln der Staatsbehörden vorgezeichnet. Freilich wieder aus dem Grunde, weil die Vertheilung der
wirthschaftlichen Güter und der Arbeit in kräftigem Wechselwirken
die Vertheilung der Macht im Staate zu bestimmen fähig ist und weil
wirthschaftliche Revolutionen oft die Praemissen zu staatlicher Umwälzung werden können.

So sehen wir denn, dass in der Republik Polen alle auf Volkswirthschaft irgendwie bezugnehmenden Gesetze und die gewohnheits-
rechtlichen Verwaltungsprincipien zu Gunsten der Wirthschaftszweige
gestellt waren, die dem Adel als Grund seiner Existenz dienten.

Viel verständige Leute giebt es, die das Wort polnische Wirthschaft nur in einen lächelnden Mund nehmen können, und es ist wahr,

im Allgemeinen waren die öconomistischen Maassregeln des polnischen Staates mit grossen Mängeln behaftet.

Das erste Erforderniss für zweckentsprechende Maassnahmen zur Hebung des Wohlstandes der Nation, eine officielle Statistik, hat in Polen niemals bestanden; das Beispiel der schwedischen Tabellencommission, die seit der Mitte des 18. Jahrhunderts andern europäischen Staaten zur Nacheiferung diente, blieb auch für die polnischen Reformer unter Stanislaus August verloren. So hat der polnische Staat zu keiner Zeit eine annähernd genaue Kunde über seine eigene Quadratmeilenzahl, Bevölkerung, Ein- und Ausfuhr und Steuerfähigkeit besessen. Niemals wurden Bestimmungen wirthschaftlicher Natur auf Grund tieferer Beobachtung erlassen, und keinerlei Anhaltspunkte gab es, um die Folgen solcher Anordnungen richtig zu erkennen.

So finden die mitunter selbst für ihre Zeit ungerechtfertigten Fehlgriffe der polnischen Gesetzgebung eine theilweise Erklärung; auch die Abneigung des polnischen Adels gegen die Städte, seine Herschsucht gegenüber den Bauern, lässt uns die Gründe manches schädlichen Statuts erkennen. Andrerseits stand jeder heilsamen Neuerung die im politischen Leben so gewaltig wirkende negative Kraft, die moles inertiae, entgegen; doppelt bedeutsam in einem Staat, dessen Adern von dem schweren und langsamen Blute des Gewohnheitsrechtes durchflossen wurden. Dennoch wird es sich schon um des besseren Verständnisses des polnischen Finanzrechtes halber der Mühe lohnen, mit der Fackel der Forschung ein wenig in die Wirthschaftspolitik der Republik Polen hineinzuleuchten, eben weil es so wüst und leer in diesen Abgründen aussieht.

In der Republik Polen hat die herschende Klasse mit Bewusstsein dem Principe nach immerdar Freihandel und Gewerbefreiheit angestrebt, jene Ideale einer so bedeutenden Majorität in den heutigen Staaten Europas. Ueberhaupt könnte jene Richtung, welche die wirthschaftspolizeilichen Aufgaben des Staats in die Formel zusammenfasst: „Laissez faire, laissez passer" unschwer eine bereits annähernd stattgehabte Verwirklichung ihrer Grundsätze in Polen erkennen, in jenem gelobten Lande der beschränkten Staatsgewalt. Ohne Zweifel aber ist, dass die in Polen bestehenden Grundsätze den französischen Physiocraten bei Aufstellung ihrer Systeme, wenigstens mittelbar als Anknüpfung gedient haben. Seit dem Beginn des 18. Jahrhunderts, seit Fénélons lesenswerthen Briefen an die Herzöge von Beauvilliers und Chevreuse, sind dann überhaupt die Einflüsse polnischer Staatsgedanken auf einzelne französische Schriftsteller unverkennbar.

Wie weit hier und ob directer Einfluss von polnischer Seite maassgebend gewesen, mag dahingestellt bleiben; aber was sollen wir sagen,
wenn der polnische Magnat Fredro zu Colberts Zeiten räth: „Ein
verständiger Fürst mag den Ackerbau allem vorziehen, was sonst für
Reichthum gehalten wird.... Dies ist die wahre Quelle des Volks-
wohlstandes, unerschöpflich; dies allein ist die Goldgrube". Und so
finden wir bei ihm, der hier als der ächte Repräsentant des polnischen
Adels zu betrachten, viele andere Lehren, die man sonst nirgend zu
seiner Zeit vermuthen würde.

Dementsprechend hat der polnische Staat zwar niemals activ den
Ackerbau begünstigt, aber er hat ihm auch niemals irgendwelche Be-
schwerungen aufgelegt. Die polnischen Edelleute — und sie waren
ja nicht nur Leiter, sondern Besitzer der bäuerlichen Wirthschaft —
bezogen ihr baares Geld allermeist durch den unbeschränkten Getreide-
verkauf; die Bauern waren dann oft im Winter dem Verhungern nahe.
Speicher im Lande wurden nicht angelegt, aber auch nach schlechten
Ernten gingen jährlich mehrere 100,000 Last Weizen und guter Roggen
ins Ausland. Allein nach Danzig, wo trotz mehrmaligen Verbotes durch
Constitutionen, so noch 1764, die Händler der Stadt das Vorkaufs-
recht übten, gingen jährlich 300,000 Last auf der Weichsel hinunter.
Niemals wurde seit 1532 ein Kornausfuhrverbot erlassen, eine ent-
gegenstehende, nur für Litauen gegebene Bestimmung von 1631 behielt keine Kraft. Und zollfrei führte jeder Edelmann oder von solchem
mit Beglaubigungsbrief versehene Händler beliebige Mengen von Ge-
treide wie von allen andern Rohproducten ins Ausland.

Gegen die Pferdeausfuhr waren zwar 1538 und 1557 Verbote
ergangen, aber 1620 und 1647 wurden sie aufgehoben. Im achtzehnten Jahrhundert producirte Polen die meisten und gesuchtesten Pferde;
Friedrich der Grosse versorgte sein Heer fast durchweg aus polnischen Stutereien. Keine Abgabe ruhte auf der Viehausfuhr der Edelleute; das Rindergeld wurde nur in frühen Epochen zeitweise erhoben.
Nach 1772 wanderten noch jährlich über 80,000 Rinder aus den
Landen der Republik. Innerhalb der Grenzen hatte der Viehhandel
gewaltige Dimensionen; noch in später Zeit wurden auf Einem Jahr-
markte zu Jarosław zwanzigtausend Pferde und vierzigtausend Rinder
umgesetzt. Auch der Händler, der von einem Edelmann im Inlande
gekauft hatte, konnte die Waare mit einem Begleitschreiben des Ver-
käufers ohne Zoll über die Grenze führen.

Merkwürdig war die Begünstigung der Zeidlerei in Polen. So
heftig sonst der polnische Staat gegen dauernde Sonderverbindungen

seiner Mitglieder reagirte, blieben doch unangefochten bis zur Regierung des letzten Königs die abgeschlossenen Einrichtungen der adligen Bienenzüchter in mehreren Landschaften bestehen. Der Honig bildete eins der am meisten vom Auslande begehrten Rohproducte Polens.

. Die gesammte Ausfuhr beschränkte sich auf diese Erzeugnisse des Ackerbaus, der Viehzucht und verwandter Gewerbe. Indem der Staat sich mit äusserster Zartheit von fiscaler Nutzbarmachung des daraus hervorgehenden Einkommentheils seiner Bürger fernhielt, entzog er sich selbst die natürlichste und sicherste Quelle seiner Einnahmen.

Anders war das Verhalten des Staats zur Industrie und zum Handel. Es lag in der Natur der Verhältnisse, dass diese Richtungen menschlicher Thätigkeit während des Bestandes der Republik Polen keine hohe Stufe erreichen konnten. Die verhältnissmässig wenigen Arbeitskräfte, welche sich über den zum grossen Theil noch niemals dem Pflug unterworfenen Boden des Reiches zerstreut befanden, waren vor allen Dingen auf die Rohproduction angewiesen, und so beschäftigte sich ausser dem Adel und den Bauern der weit überwiegende Theil der christlichen Stadtbevölkerung mit Ackerbau und Viehzucht. Das höchste Ziel, welches sich Handel und Industrie hier stecken konnten, war Befriedigung des inländischen Bedarfs nach künstlich erzeugten Werthgegenständen. Ein Arbeiten für ausländische Industriebedürfnisse und Handel für das Ausland war für polnische Einwohner vollkommen undenkbar, zumal als Polen nach der Entdeckung Amerikas thatsächlich das vom Weltverkehr am fernsten abseits gelegene Land Europas geworden war. Moskau hatte doch wenigstens seine orientalischen Verbindungen, die von Polen, welches sich ihrer ebensogut hätte bemächtigen können, in der seltsamsten Weise vernachlässigt wurden. So wäre schon aus diesem Grunde eine Einführung des Mercantilsystems in Polen ein unerhörtes Wagestück gewesen; die Republik musste verzichten, das Geld anderer Länder durch Industrie und Handel auf ihr Gebiet zu ziehen; es wäre genug gewesen, wenn nicht zu viel baare Summen für fremde Fabrikate und Waaren aus dem Lande gegangen wären. Hätte man aber eine Verkehrbilanz ziehen wollen, so hätte man bis in die letzten Zeiten des Staates und in diesen vielleicht am meisten ein für ehrliche Colbertisten erschreckliches Uebergewicht des aus dem Lande kommenden Metalls gegen das ins Land fliessende wahrgenommen, um 1780 hundert Millionen Gulden gegen sechzig Millionen.

Bei der Befreiung von allen Zunftschranken und von allen künstlichen Abgaben, die man für Handel und Handwerk in Polen herzustellen bemüht war, könnte das Zurückbleiben dieser Erwerbszweige
Wunder nehmen, wenn man nicht wüsste, dass die Volkswirthschaft auf
gewissen Entwicklungstufen zu künstlichen Hebemitteln eine natürliche
Neigung hat, und wenn es nicht am Tage läge, dass Freiheit ohne
die Macht, sich zu wehren, ein schlimmes Danaergeschenk ist. Auch
verstand man die Freiheit hier nur so, dass die Kaufleute und Ge-
werbtreibenden möglichst gehindert wurden, sich unter einander fest
zu vereinigen, dass dagegen der Staat sich beständige Eingriffe und
Regelungen erlauben dürfe, etwa wie es Sitte im römischen Reich der
ersten Jahrhunderte war und im heutigen Frankreich ist.

So wurde von Wojewoden und Starosten im 15. Jahrhundert Bestimmung der Preise für alle Waaren geübt, wie durch viele Constitutionen eingeschärft wurde. Wohlthätig gemeint war die in den
Constitutionen 1565, 1764 und 1768 erfolgte Aufstellung von Normen
für alle Arten von Gewicht, Längen- und Körpermaassen, doch blieb
das Maass verschieden und sehr unordentlich. Die Festsetzung der
Preise bezog sich niemals auf den Adel, auf die von ihm ausgebotenen
Fabrikate und Spirituosen. Die letzteren wurden fast nur beim Adel
erzeugt und nur die Grundherrn hatten überall das Recht zum Aus-
schank. Um den Verschleiss des Biers und Branntweins zu beleben,
wünschten die Edelleute auf ihren Dörfern Jahrmärkte einzurichten,
weil aber diese nach verschiedenen Constitutionen nur in Städten stattfinden sollten, erhob man die Dörfer zu Mediatstädten; und so erhielt
die Republik mit ihrer Unmasse von stadtrechtlichen Gemeinden eine
Tünche von scheinbarem Wohlstande.

Jahrmärkte und Stapelrecht blieben Eigenthum der Städte. Das
letztere stand nachweislich nur den königlichen Freistädten zu, und
bestand darin, dass alle fremden Kaufleute ihre Waaren laut besonderer Privilegien, die von einzelnen Königen ertheilt waren, längere
Zeit in den Städten zum Verkauf für die einheimischen Händler liegen
liessen. Nur während des Jahrmarktes sollten fremde Kaufleute direct an die einheimischen Consumenten verkaufen dürfen.

Der Adel opponirte 1550 gegen dies Sonderrecht, doch gestattete
es der Reichstag von 1565 nach Prüfung der Städteprivilegien ausdrücklich.

Eine merkliche Zurückstellung der fremden Kaufleute — Schotten
und Engländer, gewöhnlich beide Scoti genannt, hatten in verschiedenen Städten grosse Quartiere — tritt auch in jenem merkwürdigen

Beschlusse von 1643 hervor, welchen eine unter Zuziehung mehrerer Städter für Litauen und Polen zusammengetretene Reichstagscommission fasste. Nach diesem mehrmals bestätigten Decret sollte jeder Kaufmann einen Eid vor dem Starosten, Wojewoden oder den Beamten beider ablegen, worin er als Ausländer schwören sollte, nicht mehr als fünf Procent, als Inländer nicht mehr als sieben Procent, als Jude nicht mehr als drei Procent verdienen zu wollen.

Sehr ungünstig waren die Fremden namentlich in dem mit einer Menge von Bevorrechtungen ausgestatteten Krakau gestellt. Als nach 1775 dem Adel der Handel in allen Dimensionen freigegeben wurde, suchte dieser sich sogleich des bisher von ihm angefeindeten Stapelrechts zu bemächtigen, wie uns das in der Const. 1776 bestätigte Project des Compagniegeschäfts von Zakroczym beweist.

Sonst war der Staat allen Beschränkungen der Handelsfreiheit abhold. Das Versprechen Siegmund Augusts und Stefans, keine Monopole ertheilen zu wollen, wurde noch 1764 von Stanisław August beschworen.

Obwohl die Zünfte, die dem Adel vorzugsweise verhasst waren, sich nicht ausrotten liessen, so übten die Beamten doch häufig ihre durch Const. 1543 und später übertragene Vollmacht, keine Monopolisirung einzelner Gewerbe- und Handelsartikel durch die Innungen zu dulden und darauf zu sehen, dass diese der allgemeinen Freiheit nicht zum Schaden gereichten.

Die obligatorischen Handelstrassen, welche im 14. und 15. Jahrhundert auf Wunsch einzelner Städte von den Königen bestimmt waren, geriethen schon im 16. Jahrhundert in desuetudo.

Von Industrie war die Wollmanufactur am bedeutendsten, der auch die Gesetzgebung unter Stanislaus August mehrere Begünstigungen zu Theil werden liess.

Mehrere Handelsverträge der Republik waren auf dem Princip des Freihandels basirt, so, wenn man will, schon 1549 der zwischen Karl V. und Siegmund August.

Von den Theilungsmächten musste sich die Republik schmerzliche Zolltarife gefallen lassen, nur Russland bestätigte 1775 die schon 1686 und 1768 zwischen beiden Staaten garantirte Handelsfreiheit. Auch die Türkei und die Tataren legten dem Handel zwischen ihnen und der Republik keine Beschränkungen auf; grossartig war der Transitoverkehr mit Rindern aus Rumänien nach Danzig.

Danzig hatte mehrmals eigne Verträge mit fremden Mächten abgeschlossen, 1658 und 1670 mit Holland.

Die Trennung der Gewerbe nach den Ständen lässt sich nicht so streng nachweisen, als man wohl mitunter gemeint hat. Der Adel legte im 18. Jahrhundert Manufacturen und Maschinenarbeitsanstalten an, ebenso wie der König auf seinen Tischgütern.

Häufig trieb er Handel, wie uns unter anderem die Const. 1528 beweist, nur der Detailverkauf war ihm untersagt.

Hingegen erwarben Städter noch in späten Zeiten Landgüter, trotz aller Verbote des 15. und 16. Jahrhunderts. Die Const. 1609 gebot allen Städtern, die Landgüter in Besitz nähmen, sich adligem Gewerbe zu widmen, also Kleinhandel und Handwerk aufzugeben.

Durch verschiedene Luxusgesetze, die bis 1780 fortgingen, sich aber immer nur auf die Stadtbevölkerung bezogen, suchte man den Wohlstand dieser Klasse vergebens zu heben. Im Jahre 1655 wurde auch den Edelleuten der Luxus untersagt, damit die Kaufleute der Städte gar keinen Anlass hätten, für kostspielige Waaren Geld auszugeben, und 1778 erging eine flehentliche Bitte des Immerwährenden Rathes an die gesammte Bevölkerung der Republik, sich des Luxus zu enthalten.

Gegen Bettler ergingen häufig Verbote; sie blieben wirkungslos, weil Armenpflege fast vollkommen unbekannt war. Die Kirche gab Almosen und die Dissidenten und Juden sorgten für arbeitsunfähige Glaubensgenossen so gut es ging, die Behörden thaten nichts. Kasimir d. Gr. hatte aus den Einkünften der Salzgruben einen Fonds für sechs Arme gestiftet, der aber bald verscholl. Die Edelleute ernährten ihre Bauern gewöhnlich nur, wenn sie arbeitsfähig waren; Krüppel und Verwahrloste wurden ins Land hinausgeschickt „auf den Bettel". Ebenso thaten die Stadtgemeinden, denen die Const. 1496 und 1786 geboten, nur die „Würdigen" ihrer armen Gemeindeangehörigen zu unterstützen, die andern auf den Bettel zu senden.

In einer allgemeinen Hungersnoth wurden mitunter öffentliche Gelder bewilligt, so nach der Constitution von 1710.

In ausserordentlich üblem Zustande befand sich die Sanitätspolizei in Polen, es fehlte an den Grundbedingungen. Die Vorbereitung der jungen Aerzte war rein praktisch, sie gingen zu andern Aerzten in die Lehre, bis sie von diesen freigesprochen wurden; wenn auch keine medicinischen Vorlesungen, so fanden doch medicinische Promotionen in Krakau statt. Unter Stanislaus Poniatowski endlich suchte man aus Rücksichten auf bessere Gesundheitspflege das medicinische Studium zu heben. Zwei Resolutionen des Immerwährenden Raths von 1784 und 1785 geboten den Städten, junge Leute zum Studium der

Medicin anzuhalten. Die Apotheken sollten schon nach Const. 1528 jährlich von den Aerzten revidirt werden.

Ueber die öffentlichen Spitäler in den Städten wurden zuletzt, so 1764 und 1786 besondere Aufsichtscommissionen gesetzt.

Brücken wurden meist von Privatleuten gebaut und erhalten, die dann oft mit Bewilligung der Schatzverwaltung einen Zoll erheben durften; dies wurde noch 1775 der Ponińskischen Brücke in Warschau zugesichert.

Für Wegebau war in Polen wenig Rücksicht bis in die spätesten Zeiten. Einzelne Privatleute thaten hier, was der Staat hätte nach unserer Auffassung thun sollen. Eine Begünstigung der grossen Reichsstrassen vor den Vicinalwegen, die man sonst in früheren Jahrhunderten mancherorten lebhaft rügte, konnte hier nicht stattfinden, weil der Staat weder für das eine, noch für das andere sorgte. Die Landwege wären ja doch nur dem Handel zu Gute gekommen, nicht der Rohproduction, meinte man.

Dagegen nahm sich der Staat der Wasserstrassen ein wenig an; Canäle baute er zwar im Allgemeinen nicht, das Geld, welches aus Steuern einkam und dafür hätte verwendet werden können, wurde an einzelne Edelleute vertheilt. Doch wurde in den Constitutionen mehrmals befohlen, dass auf den schiffbaren Flüssen der Republik keine Zölle von Privatleuten erhoben werden sollten. Und da diese Verbote in Const. 1447, 1507, 1607, wie es scheint, nie innegehalten wurden, so hatte die Republik nicht einmal die Genugthuung, freie Stromschifffahrt, geschweige denn bequeme und sichere durchgesetzt zu haben. Als öffentliche Flüsse, an denen keine Abgaben erhoben werden sollten, wurden bezeichnet: Warte, Netze, Weichsel, Bug, Narew, Wieprz, Tyszmienica, Njemen, Rusznica, Mosza, Njemenek; auch Prosna, Obra, Drewenz, Wkra, Ruz, Pina, Muchawiec sollten keine Zölle tragen und von Mühlen und Wehren frei sein zur bequemen Getreideausfuhr. Eine Regulirung der für die Schifffahrt am meisten gefährlichen Flüsse wurde durch die Const. 1768 in Aussicht gestellt, erfolgte aber nicht; wenigstens nicht für die Krone, der litauische Schatz gab 50,000 Gulden zu solchen Zwecken her. Und der Muchawieccanal oder „Canal der Republik", der nicht lange vor dem Ende des Reichs befahren wurde, war dort wenigstens ein Zeichen von gutem Willen.

An vielen Wegen wurden bis in späte Zeiten von den Grundherrn ebensolche Privatzölle erhoben, wie an den Flüssen, eine Fortsetzung des mittelalterlichen Geleitgeldes. Sie wurden durch verschiedene

Constitutionen nur für den Fall verboten, dass sie sich vor Gericht nicht als von Alters herkömmlich nachweisen liessen.

Auch für Communicationsmittel war nur höchst unvollkommen gesorgt. Die königlichen Städte mussten den Boten des Königs Vorspann stellen und später eine entsprechende Abgabe zahlen. Eine regelmässige Verbindung einzelner Orte aber wurde erst später eingerichtet, unter Stefan Batory wurde eine Postlinie zwischen Krakau und Venedig hergestellt, unter Władysław IV. erhielten die Hauptorte der Republik Briefpost.

Die Wohnungen befanden sich auf dem Gebiet der ganzen Republik im elendesten Zustande. Die Beamten wohnten in Höhlen, der Edelmann in Häusern von Stroh und Lehm, die Städte waren fast sämmtlich aus Holz gebaut. Baupolizei existirte nicht, Feuersbrünste wütheten jedes Jahr mit furchtbar zersörender Gewalt seit dem Entstehen des Staates bis in seine letzten Zeiten. Nicht Armuth war es allein, die solche Missverhältnisse bestehen liess: sondern ohne Zweifel lag es im Volkscharakter, vorübergehende Genüsse den dauerhaften vorzuziehen; dasselbe, was uns im Staatsleben entgegentritt. Und so werden für Gastereien und festliche Gelage von allen Ständen immense Geldsummen ausgegeben; der Verbrauch von Spirituosen ging ins massenhafte und er konnte als patriotische Leistung erscheinen, da der Staat trotz aller Unterschleife von Schillings- und Zapfengeldern einen bedeutenden Theil seiner Einkünfte bezog.

Trotz aller Missgriffe der Gesetzgebung, trotz innerer Verwirrung, war Polen doch kein ganz mittelloses Land. Namentlich die herschende Klasse des Staats befand sich im Wohlstande. Hätte ihr an dem Gedeihen des Staats gelegen, wäre sie die wirkliche Landesregierung gewesen und nicht bloss ein zur Hemmung der Regierungsgewalt sich berufen glaubendes Conglomerat, so hätte der Staat niemals an den nöthigen Bedürfnissen Mangel gehabt.

Nicht in den Schwächen der Volkswirthschaft ist Polens Unglück so sehr zu suchen, als in der seltsamen Auffassung, die der Adel von seinen Pflichten gegen den Staat hatte. Mit hochherzigen Gefühlen, wie sie dem polnischen Ritterstande niemals gefehlt haben, erhält sich kein Staat.

Und so mag vielleicht eben so sehr die Selbstsucht, als der den polnischen Staatsprincipien eigenthümliche Idealismus beigetragen haben, um das klägliche Bild herzustellen, welches uns die Staatswirthschaft der Republik Polen bietet.

Es bleibt uns noch übrig, einen Blick auf das polnische Münzwesen zu werfen, in welchem sich Wirthschaftspolitik und Staatswirthschaft verbinden, da das Münzrecht zu allen Zeiten in Polen als
Einnahmequelle der mit ihm ausgestatteten Personen und des Staates
betrachtet wurde. Die Geschichte dieses Münzwesens hat von Seiten
polnischer Forscher die eingehendste Bearbeitung gefunden; nur die
münzrechtliche Seite ist nicht im hinreichenden Maasse berücksichtigt worden.

Wie es scheint, hat schon Bolesław der Gewaltige Münzen geschlagen, und als Regal wurde die Münze bis zu den Zeiten der
Immunitätsertheilungen betrachtet. Schon im Jahre 1232 aber empfing
der Bischof von Posen und der Erzbischof von Gnesen Münzrecht.
Es hing das damit zusammen, dass die Münzstätten, die anfangs nur
an einigen Orten, namentlich in Posen, bestanden hatten, sich unter
den piastischen Kleinfürsten vervielfältigten. Dies Münzschlagen der
Bischöfe hatte keine grosse Bedeutung; dagegen schlugen bis tief ins
achtzehnte Jahrhundert die Städte dem Namen nach unter Aufsicht
der Schatzmeister und seiner Unterbeamten, wie des apocrisiarius und
monetarius, verschiedene Münzsorten; bis ganz zuletzt Danzig.

Trotz der vielen Personen, die Geld schlugen, cursirten doch
verhältnissmässig mehr fremde als einheimische Münzen im Lande,
und es mussten oft willkürlich gemachte Ersatzmittel statt des Geldes dienen; so im 14. Jahrhundert Eichhörnchenfelle.

Erst als die Münzverschlechterung gewaltiger zu werden begann,
blieb das polnische Geld im Lande. Im Jahre 1680 sollten die Vortheile des Münzprägens, der Schlagschatz, nicht mehr dem persönlichen Vermögen des Königs, sondern dem Schatz der Republik zu
gute kommen. Schon seit Statut 1422 durfte allerdings der Monarch
absque concilio suasu et consensu speciali baronum keine neue Münze
schlagen lassen.

Der Werth des Geldes sank beständig tiefer und es hatte der
polnische Gulden (= 60 Groschen) schon am Anfang des vorigen
Jahrhunderts seinen niedrigen Werth von circa $1/6$ Thaler erlangt.
Im siebzehnten Jahrhundert war die Münze an den Meistbietenden
verpachtet; die sächsischen Könige, die in Polen fast gar nicht, nur
in Leipzig prägen liessen, setzten den Fuss noch weiter herab und
zuletzt wurden die Ephraimiten des siebenjährigen Krieges massenhaft von den Juden im Lande vertrieben. Der lobenswerthe Aufschwung, den das Münzwesen unter Stanisław August nahm, genügte
den Bedürfnissen des Landes nicht und Polen blieb von Münzsorten

überschwemmt, aus denen man eine Musterkarte der Unsicherheit hätte zusammenstellen können.

---

# Zweiter Abschnitt

## Einnahmen des Staates

Die Principien späterer Finanzwirthschaft, wonach die erforderlichen Ausgaben des Staats die Höhe der Einnahmen bedingen, sind im alten Polen ursprünglich nicht gewesen. Im Gegentheil musste in jenen Jahrhunderten, wo auch die starke Staatsgewalt der Piasten selbst die herkömmlichen Einnahmen nicht immer zusammentreiben konnten, eine Erhöhung der Steuern nach einem a priori festgestellten Ausgabentarif unzweckmässig und unausführbar erscheinen.

Ein sehr festes, fast untrügliches Characteristicum für die Art eines Staates ist die Art, wie er seine Nahrung zu sich nimmt; die Weise der in ihm stattfindenden Erhebung von Steuern und Abgaben. Für das Vorhandensein sogenannter constitutioneller Freiheit hat man als gültigen Prüfstein die dem gesetzgebenden Körper vollkommen selbständig zustehende Steuerbewilligung und bis zu gewissem Grade auch Steuerverweigerung hervorgehoben, und zweifellos ist wirklicher Absolutismus nur dort zu finden, wo der Monarch ein unumschränktes Steuererhebungsrecht ausübt. Das Finanzwesen ist die Signatur der Staaten.

Darum wurde als „jus polonicum", als das wesentlichste Rechtsprincip, des in seiner Jugend, wie wir wissen, patriarchal-despotisch regierten polnischen Staats, die Befugniss des Fürsten bezeichnet, fortdauernd und in von ihm beliebter Erhöhung die Leistungen der Unterthanen in Anspruch zu nehmen. Steuern, Naturallieferungen und persönliche Lasten der Kmeten unmittelbar, der Kmeten durch die Szlachta und der Szlachta selbst, bildeten unter der Piastendynastie einen meist wohlgefüllten und unerschöpflichen Schatz von Mitteln für die Staatszwecke. Krieg galt als die vornehmste Aufgabe des Staates, mehr als eine der Pflichten des jus polonicum hat ganz deutlich militärischen Rücksichten den Ursprung zu verdanken. Nicht mit Unrecht mag der schwertherrschende Chrobry als Urheber vieler dieser bald gewohnheitsrechtlich werdenden Leistungen gelten. Anderes haben seine erobernden Vorgänger und Nachfolger eingeführt. Als sich die Castellaneiverfassung im zwölften Jahrhundert vollkommen ausgebildet hat und der Castellan alle Rechte des Königs wahrnimmt, erscheint uns das jus polonicum als ein festes unerschütterliches System, dessen einzelne Bestimmungen eng verwachsen sind und nur gemeinsam durch den Willen des Fürsten aufgehoben werden können.

Das jus polonicum zerfällt in directe und indirecte Abgaben und Lieferungen; wir rechnen zu den directen Abgaben, die nicht von einzelnen Unterthanen, sondern immer von Gemeinden aufgebracht wurden: poradlne, naraz, sep, stan, wojenne, krowa, zu den directen Leistungen der Gemeinden: przewod, powoz, stroża, podwody, sowie die noch bis tief in das 14. Jahrhundert dauernde Verpflichtung der Unterthanen, zu dem Bau von Brücken und königlichen Schlössern; psarskie und sokoł (Erhaltung der königlichen Hunde und Falken). Als indirecte Abgaben, nicht von Dingen, sondern von Handlungen, powołowe, targowe, podworowe. Sie wurden gewöhnlich von Einzelnen getragen.

Auch das opole gehört hierher, die sämmtlichen Bezirkseinwohnern für innerhalb des Bezirkes vorgefallene Verbrechen aufgelegte Geldstrafe.

Die Vermögenstrafen bildeten überhaupt vor den Immunitätsertheilungen einen Haupttheil des fürstlichen Einkommens.

Die Pflicht, den König mit seinem Gefolge bei Reisen und Kriegszügen aufzunehmen und zu verpflegen, wurde vom Adel schon im 14. Jahrhundert abgeschüttelt; sie fiel dann auf die königlichen Freistädte und auf die Abteien, welche letztere auch sehr gewöhnlich die Landtage des Adels aufnehmen mussten.

Im Ganzen wird man darauf verzichten müssen, alle Lasten des jus polonicum aufzuzählen; man könnte weit über vierzig, zum Theil nicht recht erklärbare Benennungen zusammenstellen.

So drückend diese Lasten, namentlich für die geplagten Kmeten waren, so nützlich waren sie für den Staat. Durch die allmählich, in der Krone bis 1374 vollständig erfolgte Aufhebung derselben, gewannen die Kmeten nichts: alles was sie bisher dem Staat lieferten und noch viel mehr, nahmen jetzt die adligen Grundherrn in Beschlag; und ein Gleiches erfolgte, als die in Litauen bestehenden ähnlichen Lasten im 15. und 16. Jahrhundert durch den Fürsten zu Gunsten des Adels hinweggeräumt wurden.

Die polnischen Finanzen aber sind seitdem auf keinen grünen Zweig mehr gekommen. Die Ansicht, welche oft unbewusst den Grundton vieler geschichtlichen Schriften bildet, es seien die menschlichen Zustände seit der zweiten Hälfte des Mittelalters in beständigem Fortschritt begriffen, kann für Polen keine Geltung beanspruchen.

Seit der Staat keine regelmässigen Abgaben mehr empfing, war er trotz aller tönenden Reden dem Untergang geweiht. Dass abendländische Beispiele stark auf die Einrichtung des polnischen Finanzwesens gewirkt haben, ist nicht zu verkennen. Nur fielen diese Einwirkungen sehr schlecht aus. Der polnische Fürst hat schon seit Jagiełło nicht mehr entfernt die Bedeutung, die ein westlicher Fürst, gegenüber seinen noch so trotzigen Lehnständen hatte. Ihm also nach jenen Mustern die Haupttheile der Staatslasten aufzubürden und eine besondere, von seinen Finanzen getrennte Landeskasse einzurichten, musste hier zu weit schlimmeren Folgen führen, als sonst in Europa.

Ein so plötzlicher Umschlag, wie er in der Gewalt des polnischen Königthums durch Abschaffung des jus Polonicum bewirkt wurde, lässt sich nur selten nachweisen.

So lange der polnische König die Mittel zur Regierung und Vertheidigung des Staates nach eigener Vollmacht erhob, war er unumschränkter, als irgend ein gleichzeitiges gekröntes Haupt. Ludwig gab der polnischen Königsgewalt den schlimmsten Stoss, den sie jemals erlitten hat. Unter Jagiełło blickte der Adel auf die Piastenzeit bereits als auf ein ancien régime.

Als die Edelleute nun selbst ihren König soweit gebracht hatten, dass er der ihm aufgelegten Pflicht zur Vertheidigung des Staats auf eigene Kosten beim besten Willen nicht mehr genügen konnte, und alsdann die Edelleute darin ein Wunder von Aufopferung zu bringen glaubten, dass sie einen Theil dessen, was sie von ihren Bauern empfingen, für die Bedürfnisse des Staats hingaben, da war das Ansehen des Königthums geschwunden.

Der Adel bewilligte jetzt selbst in den dringendsten Nothfällen immer auf ein Jahr Steuern seiner Bauern; wie es hiess dem König, eigentlich doch aber dem mit der Verwaltung der Gelder betrauten Beamten; bis tief ins achtzehnte Jahrhundert wurde stets hinzugesetzt: „pro hac una vice et ut non trahcretur in sequelam" oder eine entsprechende Formel.

Rechtlich hat der polnische Staat auch bis zuletzt immer nur vorübergehende Einkünfte gekannt. An ein Staatsvermögen in baarem Gelde war nicht zu denken. Wer heute mit volkswirthschaftlichen und rechtlichen Gründen gegen ein solches kämpfen will, kann bei den Polen sich Rathes erholen.

Bielski erzählt uns, dass 1478 zu Peterkau die Einrichtung eines dauernden Staatschatzes vorgeschlagen worden; und es hätten einige Landboten sich für ermächtigt erklärt, für dessen Anlegung und Erhaltung auf ewige Zeiten jährlich einen Vierdung von jedem Łan ihrer Wojewodschaften zu bewilligen, aber die Grosspolen hätten dies Projekt zu nichte gemacht.

Im Jahre 1685 wurde ausdrücklich verboten, dass ein Reichstag Steuern beschliesse, die auf längere cder auf unbestimmte Zeit erhoben werden könnten. Nur bis zum nächsten Reichstage und bis zu den ihm vorhergehenden und ihm folgenden Landtagen dürfe sich die Steuerbewilligung erstrecken. Es ist klar, um wie viel schlimmer noch diese extreme Bewilligungsfreiheit unter der persönlichen Herrschaft der souveränen Edelleute, als unter einer parlamentarischen Regierung wirken musste.

Unter Sobieski im Jahre 1690 wurde einmal auf blossen Senatbeschluss eine Steuer in Litauen erhoben; streng wurde dies Beispiel für die Folgezeit verpönt.

Es waren die Einnahmen der Republik allerdings nicht ganz und gar auf die Steuern der Edelleute beschränkt. Ausser den beständigen Abgaben und Zöllen, die von Städtern und Juden getragen wurden, gab es noch einige Einkünfte, die sich mit den Domänenerträgen heutiger Reiche vergleichen lassen.

Da waren die Einkünfte aus den Staatsgütern; aber wie Zamojski dem Erkorenen Polens, dem Prinzen Heinrich in Paris erzählte, „von den Einkünften der Staatsgüter hat man einen Theil zwar dem König und der Republik bestimmt, den bei weitem grössern aber zur Anspornung und Belohnung des Eifers der Bürger aufgespart.“ Schon im 15. Jahrhundert hatte man in dringender Noth mehrmals den vierten Theil der Einnahmen aus den verliehenen Staatsgütern für Staatszwecke beansprucht. Auf dem Reichstag von 1562 wurde dann beschlossen, dass von allen königlichen Gütern, sowohl von den später als Oeconomien abgesonderten, für den Privatgebrauch des Königs bestimmten, wie von den an die Starosten und Tenutarier (dzierzawcy) ausgeliehenen Liegenschaften der vierte Theil der Einkünfte jedes Jahr abgezogen und in den Kronschatz geliefert würde.

Um genau festzusetzen, wie gross die Quarte sei, sollten nach Const. 1562 alle fünf Jahr Lustrationen stattfinden. Aber wie wurde dieser mehrmals eingeschärfte Beschluss ausgeführt? 1764 constatirte man officiell, dass die Lustration ein halbes Jahrhundert unterblieben sei. Kein Theil des Staatseinkommens ging schlechter und unregelmässiger ein, als die Quarte. Sie war ursprünglich zur Erhaltung mehrerer Soldregimenter an der Tatarengrenze bestimmt; dies Heer aber, die Quartansoldaten, befand sich wegen des mangelhaften Zusammenkommens seiner Löhnung im sprüchwörtlich traurigsten Zustande. Quartansoldat hiess auf polnisch bald soviel wie Lump, Strauchdieb. Oft wurde die Quarte ganz allgemein von allen Inhabern der Staatsgüter Jahre lang nicht gezahlt; so drang man im Jahre 1710 dringend darauf, dass doch endlich einmal die seit 1699 fällige Quarte wenigstens zum Theil geliefert würde. Mit der öfter beschlossenen doppelten und dreifachen Quarte so wie mit der, 1633 zur Erhaltung der Artillerie festgesetzten neuen Quarte ging es nicht besser. Auch nicht daran zu denken, dass neue Inhaber der königlichen Güter wirklich während ihres ersten Nutzniessungsjahres eine vierfache Quarte zahlten, wie das Gesetz verlangte!

Die Commission, welche aus dem Schatzmeister, einem gross- und einem kleinpolnischen Senator sowie zwei Landboten und dem Palatin von Rawa bestehend jedes Jahr zu Pfingsten in Rawa die Quarte in Empfang nehmen, dafür ansehnliche Entschädigungsgelder empfangen und gegen die säumigen Zahler mit Rechtsmitteln vorgehn sollte, bewirkte nur einen geringen Theil von dem, was sie hätte leisten sollen. Die gegen säumige Zahler mehrfach angedrohte Strafe des Verlustes der königlichen Güter und einer das schuldige Geld ums dreifache übersteigenden Pön ist wohl nie zur Ausführung gekommen.

Im Jahr 1765 wurde noch einmal eine grosse Lustration angestellt; die Inhaber der Staatsgüter sollten fortan gewöhnlich anderthalb der in jener letzten Catastrirung festgesetzten Quarte zahlen. Aber man kam auch damit zu keinem Resultat. Diese Bestimmungen wurden zu jener Zeit auch auf Litauen ausgedehnt, wo erst seit 1596 und 1613 etwas der Quarte, die nur als Kroninstitution anzusehn ist, ähnliches entstanden war; das Donativum, das noch viel unregelmässiger gezahlt wurde.

Dass der Staat von diesen Gütern wenig Nutzen zog, war auch darum natürlich, weil deren Ertrag sich niemals steigerte. Verschiedene Constitutionen sprachen aus, dass kein Inhaber von Starosteien, Tenuten, Vogteien einen höheren Gewinn aus diesen ziehen solle, als sein Vorgänger, jedes Plus der Nutzniessung sollte an den König oder an die Kasse der Republik fallen. Und so wurde sehr natürlich die

Art der Bodenbestellung auf diesen Gütern - schlimm vernachlässigt, die Lasten der Bauern aber ins Unerträgliche gesteigert. Es war ein schöner, aber mangelhaft ausgeführter Beschluss, dass nach der Const. 1775 diese Güter zu Gunsten des Schatzes verpachtet werden und den vom König ernannten Inhabern nur ein bestimmter Antheil des Nutzens gewährt werden solle. Und noch unvollkommener gelangte die vortreffliche Bestimmung des vierjährigen Reichstages zum Vollzuge, nach welcher diese Güter sämmtlich für Rechnung des Schatzes verkauft werden sollten. Eine geschlossene Domänenverwaltung zu Gunsten des Staates, die ohne Zweifel das Beste gewesen wäre, konnte in Polen doch nicht gedacht werden.

Die Bleigruben und, wie es scheint, Silbergruben von Olkusz trugen dem Staat insofern mehrere Millionen ein, als die Bewohner der Stadt, welche den Bergbau, der nirgend Regal war, auf eigene Hand trieben, dem König nach einem Statut von 1374 das zehnte oder elfte Pfund des reingeschmolzenen Erzes gaben. Diese Einkünfte wurden unter Siegmund III. vom Reichstage der Civilliste des Königs zugerechnet; unter Johann Kasimir aber gingen die Bergwerke durch Wasser zu Grunde.

Die Salzwerke des Staates in Wieliczka und Bochnia, sowie an einigen reussischen Orten lieferten ein beträchtliches Quantum reiner Einnahme. Die Verwaltung aber wurde zunehmend schlechter; das Princip, alle Edelleute sollten soviel Salz als sie brauchten, unentgeltlich geliefert erhalten, raubte dem Staat bei der ungenügenden Controlle, die seit dem 16. Jahrhundert über den wirklichen Salzbedarf der Edelleute geübt wurde, grosse Vorräthe, die von den Edelleuten an andere Consumenten verkauft wurden.

Aus den Gütern des letzten Fürsten von Ostrog, wegen deren von 1609—1766 lange Processe bei den verschiedensten Instanzen geführt waren, zog die Krone für die Folgezeit jährlich 500,000 Gd.

Einen Theil seiner Einkünfte berechnete der Staat zuletzt aus dem 1768 eingeführten und an genuesische Gesellschaften verpachteten Zahlenlotto; seit 1786 ward die Verwaltung der Schatzcommission übertragen.

Als directe Abgaben können wir rechnen das poradlne oder łanowe, die nach dem Beschluss des Reichstages von den Landtagen bestätigte Grundsteuer der adligen Dörfer. Im achtzehnten Jahrhundert lässt sie sich nicht mehr nachweisen. Im 15. und 16. Jahrhundert spielte sie als pobór die Hauptrolle. Sie wurde aber so wie das bis ins siebzehnte Jahrhundert seit 1874 erhobene królestwo, das dem König „in signum subjectionis et veri dominii" (Const. 1422) gezahlt wurde, nur nach dem Umfang, nicht nach der Ertragsfähigkeit der Güter berechnet. Als Simplum galt eben jenes królestwo, zwei Groschen von der adligen Hufe; die Edelleute beschlossen dann gewöhnlich, 8, 12, 20 Groschen vom Łan zu zahlen, aber immer nur bis zum nächsten Reichstage, „et ut non veniat in sequelam."

Ferner das podymne (die Rauchfangsteuer), wurde von 1629 an zeitweise erhoben. 1775 ward ein Klassensystem, das schon früher sich hin und wieder nachweisen lässt, genau für die weitere Erhebung der Steuer angewandt. Und zwar wurde zunächst unterschieden, ob der Rauchfang einem grösseren oder einem kleineren Hause, von Stein oder von Holz angehöre. Es wurde dann in Warschau die Steuer jährlich bis zur Höhe von 16 Gulden bei manchen Rauchfängen angesetzt, in den grossen Städten bis zu 12 Gulden, in kleinen bis zu 8 Gulden, in den Städtchen, die nicht ganz 380 Rauchfänge hatten, war der allgemeine Satz von 4 Gulden aufgelegt; in Dörfern bis zu 7 Gulden.

Auf Tisch- und königlichen Gütern wurde noch ausserdem beständig das półpodymne erhoben, das früher als Steuer hyberna bezeichnet wurde und sonst auch den geistlichen Orten, den königlichen Freistädten und, so sehr sie protestirten, auch den Judenschaften aufgelegt war.

Der Schoss war gleichfalls eine Gebäudesteuer, die zuerst, wie schon der deutsche Name besagt, in den Städten, bald aber auch mit Einwilligung des Adels auf dessen Gütern erhoben wurde. Verwandt damit ist ohne Zweifel der Vierdung (ferto), von dessen Bezahlung 1455 der Adel ausdrücklich befreit wurde.

Indirecte Steuer war vor allem das Czopowe (Zapfengeld) auf Bier, Meth, Wein und Branntwein gelegt, und zwar so, dass als Simpla, die nach Gelegenheit vom Reichstag multiplicirt wurden, später gewöhnlich angenommen wurden: 1 Gr. ($= \frac{1}{60}$ Gulden) vom Garniec gewöhnlichen Biers, 2 Gr. von Doppelbier, Meth 10 Gr., Wein verschieden, seit 1775 immer über einen Gulden, Branntwein 12—24 Gr. Das czopowe lässt sich seit dem funfzehnten Jahrhundert nachweisen, es wurde zuerst in den Städten, dann auch auf adligen und geistlichen Gütern erhoben.

In Litauen wurde im Allgemeinen nur 10 Procent vom Reingewinn der Propination auf Rechnung des Staats eingezogen, was in ähnlicher Weise früher auch in der Krone gegolten hatte. Die Steuer, für deren Controlle es dem Staat schwer geworden wäre, die nöthigen

Beamten zu halten, wurde gewöhnlich verpachtet. Edelleute hatten ihren Haustrunk von den selbst bereiteten Spirituosen frei, ebenso wie sie von eingeführten Getränken gar keine Abgaben zahlten.

Das Szeleżne (Schillingsgeld) im siebzehnten Jahrhundert war ähnlich, es wurde nicht von der Quantität der verzapften Getränke, sondern von dem Reingewinn des Schenkers berechnet nach einem bald höheren bald niederen Tarif. Seit 1766 wurde es mit dem czopowe zusammengeworfen, und szeleżne nannte man dann öfter die Tranksteuer von ausländischen Producten.

Die Tabaksteuer war in Litauen schon seit 1661 zur Dekkung der Militärkosten eingeführt worden, in der Krone wurde sie dauernd erst seit 1775; bis 1776 wurde sie verpachtet, zehn Jahre darauf wurde sie von der Schatzverwaltung übernommen. In ähnlicher Weise wurde sie in Litauen, wo man sie eine Zeit lang aufgegeben hatte, seit 1780 wieder eingetrieben.

Die Stempeltaxe wurde 1775 eingeführt; sie ging von einem Silbergroschen bis zu 20,000 Gulden. Alle Verträge von Privatleuten und Diplome jeder Art, die der Staat ausfertigte, sollten ihr unterliegen. Stempelpflichtig waren insbesondere die an neu ernannte Senatoren ausgetheilten Patente. Die Oberaufsicht und das Gericht über Contraventionen, stand der Schatzcommission zu. Auf Stempelfälschung war der Tod gesetzt.

Eine speciell litauische Steuer war die auf Mühlen gelegte und nach der Ertragsfähigkeit berechnete; bei Wassermühlen 16—4 Gld. pro Rad, bei Windmühlen 6 Gld. vom Stein.

Einen Haupttheil der Staatseinnahmen hätten die Grenzzölle bilden können, die seit dem Beginn des sechzehnten Jahrhunderts, namentlich an den Westrändern der Republik im Gebrauch waren. Doch war leider von 1496 bis 1775 rechtlicher und nur auf kurze Zeit hin und wieder aufgehobener Grundsatz, dass alle für Rechnung von Edelleuten und Geistlichen oder deren Unterthanen ein- oder ausgeführten Waaren jeder Art zollfrei waren. Wer also schmuggeln wollte, bemühte sich gar nicht, den mangelhaft organisirten Douanen der Republik aus dem Wege zu gehen, sondern er schloss rasch einen Scheinkauf mit einem beliebigen Edelmann, wohl gar mit den Zollbeamten selbst, die sämmtlich nach Const. 1584, 1596 und späteren bene nati et possessionati sein sollten, da wo die Zölle nicht verpachtet waren — und konnte dann getrost bei den Kammern, wie die Zollbehörden hiessen, den zur Zollfreiheit erforderlichen Eid schwören, dass die von ihm geführten Waaren adliges Gut seien. Doch

wurde der in mehreren Constitutionen festgesetzte Eid nur selten geleistet; es genügte das Vorzeigen eines Lasciapassare. Solche Scheine
wurden als Blankette vielfach von den Edelleuten an den Ersten besten verkauft. „Der Edelmann hielt es für kein Verbrechen, den Staat
zu bestehlen, weil der Staat ja sein Eigenthum war", bemerkt ein
neuerer Pole.

Die Zolltarife wurden sehr oft geändert und dem Befehl, dass
sie stets an den Zollstationen gedruckt aushängen sollten, wurde erst
spät nachgekommen. 1472, 1565, 1613 war der vierte Groschen
von Ein- und Ausfuhr als allgemeiner Satz für die Kaufleute aufgestellt worden.

Entsprechend dem polnischen Grundsatz, dass jede Staatsein-
nahme von vorn herein zu einer besonderen Art von Ausgaben bestimmt sei, waren ursprünglich verschiedene Zölle dem König zuge-
hörig, andere seit 1573 der Republik. Dann aber wurde in Litauen
mit der Krone das Princip geltend, $^2/_3$ von der gesammten Zollein-
nahme für die Republik, $^1/_3$ für den Schatz des Königs zu bestimmen.

Die vollständigste Aufzählung der Zölle findet sich in der Constitution 1647.

Von Ausfuhrzöllen ging natürlich am wenigsten ein, sie waren
nur auf einige wenige Artikel beständig gelegt; und für die Ausfuhr
wurde ja nur vom Adel producirt, der bis ganz zuletzt sein Korn
und sein Vieh ohne Zoll ausführte und ausführen liess.

Die seit 1560 und wahrscheinlich in Danzig, Elbing und Riga
eingeführten Hafenzölle brachten dem Staat fast gar nichts ein, nur
jenen Städten. Durch die Const. 1637, 38 wurde es hierin nicht
besser. Die Danziger, welche besorgten, dass der neu aufgelegte Zoll
ihrem Handel Abbruch thun könne, liessen durch dänische Orlogschiffe
mitten im Frieden die Zollkutter der Republik vernichten oder ver-
treiben, und der nur kurze Zeit erhobene Zoll hörte auf.

In den Städten wurde für Rechnung des Staates Accise der zum
Markt kommenden Gegenstände erhoben, oft aber durch Privileg erlassen; früher spielte sie als targowe eine grosse Rolle.

Von Mehl und Fleisch wurde sie ab und zu nach Beschluss der
Stadträthe erhoben, und für diese, nicht für den Staat.

Uebrigens nannte man Accise auch die auf die vorräthigen Waaren der Kaufleute in den Ländern der Republik hin und wieder gelegte Abgabe. Nach der Const. 1658 sollte der Verkäufer von jedem Gulden des Werthes seiner Waaren zwei Groschen zahlen.

Unter den persönlichen Steuern steht das Kopfgeld der Juden obenan. Seit 1624 sollte es 1 Gulden pro Kopf betragen, doch kam seit 1661 immer nur die komische Enblocsumme von 210,000 Gulden, seit 1717 die von 220,000 Gulden ein; 1764 wurde es pro Kopf auf zwei Gulden erhöht, 1775 auf drei Gulden. In Litauen, wo man sich sonst mit 60,000 Gulden Pauschquantum begnügt hatte, wurden damals $3\frac{1}{2}$ Gulden verlangt. Jährlich sollte seitdem eine Lustration stattfinden. Ackerbauende Juden, die auch sonst manche Vortheile geniessen sollten, zahlten das pogłówne nicht mit.

Ein Kopfgeld von allen Kaufleuten wurde seit 1628 öfter in Litauen als donativum erhoben.

Ein anderes tributum personale wurde gewöhnlich von den im Lande ansässigen Tataren und von fremden Kaufleuten erhoben.

Bis 1529 war auch in Masovien eine Kopfsteuer vom armen Adel erhoben worden.

Der Geistlichkeit, die schon öfter ein subsidium charitativum aus freien Stücken dem Staat bewilligt hatte, wurde 1717 unter diesem Namen eine Abgabe von 346,666 Gulden 22 Groschen dauernd aufgelegt. Soviel sollte von den Bischöfen der Krone, die von allen höheren Geistlichen ihrer Sprengel sammeln sollten, jährlich abgeliefert werden; die beiden litauischen Bischöfe von Wilno und von Samogitien pflegten jährlich 100,000 Gulden aufzubringen. Die Plebane ohne Unterthanen sollten nach der Const. 1776 ausdrücklich nicht zu der Abgabe von den Bischöfen herangezogen werden.

1773 hatten die Bischöfe der Krone aus eigenem Antriebe die jährliche Summe auf 600,000 Gulden erhöht, und später auf 673,332 Gulden 44 Groschen.

Unter den Jagellonen hatten die Geistlichen öfter eine contributio tragen müssen, wie sie von den Brüdern beschlossen war. Die griechischen Popen und Bischöfe sollten nach den Const. 1472. 1565 eine Einkommensteuer erlegen.

Ein allgemeines subsidium charitativum, für alle selbständigen Einwohner der Republik, vom König bis zum Mediatbürger und Schulzen nach dem angeführten Einkommen stufenweise veranschlagt, war zuerst 1520 auf dem Reichstage zu Bromberg beschlossen und einmal erhoben worden, 1662, 73, 74 wurde es verdoppelt, 1676 verdreifacht, gleichfalls nur für einmalige Erhebung. Später wurde es allein von den litauischen Wojewodschaften aufgenommen.

Im Jahre 1719 beliefen sich die Einkünfte von Polen auf 500,000, die von Litauen auf 200,000 Gulden.

Die erste Hälfte des vorigen Jahrhunderts ist die Zeit der grossen Abenteurer. Speciell im Finanzfache machte damals Law den Franzosen seine Experimente vor; sein Beispiel reizte 1729 den jungen Landboten Lubomirski derart, dass er sich dem Reichstag erbot, falls man ihm die Verwaltung des Kronschatzes übergeben wolle, dessen Einkünfte im ersten Jahr auf die unerhörte Summe von einer Million polnischer Gulden, im zweiten Jahr auf zwei Millionen und so progressiv weiter zu vermehren.

Die Offerte wurde nicht angenommen.

Gegen Ende des achtzehnten Jahrhunderts vermehrten sich die Einkünfte des Schatzes wieder, selbst das immer im Rückstand bleibende Litauen brachte es doch dahin, den dritten Theil der Kronsteuern aufzubringen. Im Jahre 1768 beliefen sich die Kroneinkünfte auf zehn, die Litauens auf drei Millionen; 1780 waren die ersteren auf vierzehn, die zweiten zu fünf Millionen angewachsen. Der vierjährige Reichstag ergriff mehrere Maassregeln zu noch fernerer Erhöhung. Aber im Allgemeinen sehen wir bis zuletzt im Steuerwesen ein Gleiches, wie in der Gerichtsverfassung: bunte Mannichfaltigkeit ohne reellen Erfolg.

Man hatte in Polen, wie Lengnich richtig bemerkt, seit dem funfzehnten Jahrhundert allerdings das Princip, die nothwendigen Ausgaben zur Norm der Staatseinnahmen zu machen. Dies für eine unter kräftiger Staatsgewalt stehende Finanzordnung unzweifelhaft richtige und heilsame Princip, wirkte aber in Polen weit verderblicher, als der unter den Piasten geltend gewesene Grundsatz, die Abgaben ohne Rücksicht auf die jedesmaligen Bedürfnisse des Staats nach festen Regeln zu erheben.

# Dritter Abschnitt

## Finanzverwaltung

Hervorstechender Charakterzug der polnischen Steuererhebung ist ihre Decentralisation.

Unter den Piasten bereits war auf den Castellaneien die Rechnungsbehörde für die Einnahmen des Fürsten gewesen. Seitdem der Staat ausser den geringen Einkünften der Staatsgüter nur von den beschlossenen Steuern lebte, hatte er auf die unmittelbare Einziehung derselben auch keinen Einfluss mehr. Die Steuern der königlichen Güter, bei deren Eintreibung allein mit Strenge von den ständigen Einnehmern verfahren werden konnte, und das zwei Groschen vom łan betragende królestwo reichten eben nicht aus. Bei ihrer Eintreibung konnte mit Pfändung vorgegangen werden, Const. 1456. Die meisten Steuern wurden bekanntlich von den Wojewodschaften oder Landschaften beschlossen, da durch Reichstagsbeschluss festgestellte Abgaben allemal der Revision der Landtage unterworfen waren. Die Steueruniversale oder, wie sie seit Władysław IV. hiessen, Abgabendeclarationen, wurden zwar gedruckt und sind uns aufbehalten, geben uns aber keinen Maassstab für die wirklich erhobenen Steuern.

Bedingte nun das Laudum eines Landtages oder stillschweigende Einwilligung in das Reichstagsdecret die Erhebung einer Steuer, so wählten die souveränen Edelleute seit 1404 und 1468 aus ihrer Mitte einen poborca (Einnehmer), auch Obermann oder Schaffner mit deutschen Ausdrücken genannt, der in der Wojewodschaft oder Landschaft herumzureisen und die Gelder nach dem festgesetzten Tarif zu sammeln, auch die von den Stadtobrigkeiten und den Verwaltern der geistlichen Güter aufgebrachten Summen in Empfang zu nehmen hatte. Die Steuern der adligen Bauern und Mediatbürger wurden durch den Grundherrn zusammengebracht.

Hier war Gelegenheit zu mannichfachem Unterschleif, denn der poborca zog sich von den eingehenden Summen selbst ein festes ihm vorher bewilligtes Gehalt und Reisespesen ab; ausserdem wurde eine sichere Rechnungslage dadurch erschwert, dass die wenigsten Bürger prompt und völlig zahlten, der poborca aber keine Macht hatte, das rückständige zu erzwingen. In den Constitutionen, namentlich des 17. Jahrhunderts, versuchte man öfter das unglückliche Verhältniss der Steuereinnehmer zu bessern, doch ohne Erfolg.

Auch die Zolleinnehmer, die doch ähnliche Entschuldigungen nicht für sich hatten, waren schon unter den Jagellonen sehr nachlässig in Einzahlung der empfangenen Gelder an den Schatz. Cromer sagt, sie seien den Adelsversammlungen Rechenschaft zu geben schuldig, wenn sie die Zölle nicht gepachtet hätten, was sie sehr oft thäten. In beiden Fällen kam der Staat nur selten zu Vortheil, denn die Pachtsummen waren erstaunlich gering.

Ueber seine Thätigkeit legte der poborca einem folgenden Landtage Bericht ab, das Geld aber führte er an die Kron- oder litauische Kasse.

Bis ganz zuletzt ist die polnische Finanzververwaltung über diese Spaltung nicht fortgekommen. Der vierjährige Reichstag hatte die Vereinigung der Schätze Litauens und der Krone für kurze Zeit hergestellt; die Targowicer hatten nichts eiligeres zu thun, als alle bereits in dieser Richtung getroffenen Maassregeln rückgängig zu machen.

Seit 1569 wurde zwar von Polen und Litauern auf gemeinsamem Reichstage bewilligt; doch stimmten bei litauischen Steuern nur die litauischen Abgeordneten, und ebenso die Landboten der Krone bei den Kronsteuern. Das Princip der polnischen Adelsrepräsentation bedingte ja überhaupt, dass Jeder nur die Interessen des Gebietstheils wahrnahm, von dem er gewählt worden. Die preussischen Landboten oder auf dem Reichstag anwesenden Edelleute (der Adel zog öfter fast viritim nach Warschau) hielten sich durch die Reichstagsbeschlüsse in Betreff der Steuern noch weniger gebunden, als die andern Bürger der Republik. Preussen bewilligte auf seinem nach dem Reichstage folgenden Generaltage soviel als ihm gutdünkte; verbrauchte einen Theil des bewilligten für seine Privatzwecke und führte den Rest an den Kronschatz ab. Die Livländer, selbst der kleine Theil von ihnen östlich der Ewst, der von 1660—1773 bei der Republik verharrte, brachten ihre Steuern das eine Jahr nach Polen, das andere nach Litauen, weil sie gleichmässig zu beiden Theilen der Republik gehörten.

An der Spitze jedes Schatzes steht der Podskarbi; seit dem funfzehnten Jahrhundert gilt er als Beamter der Nation, nicht des königlichen Hofes. Er hat alle Ausgaben zu bestreiten; seit 1717 aber bis in die Zeiten des letzten Königs war es in vollkommen desorganisatorischer Weise den Heerführern überlassen, aus den zur Unterhaltung des Soldheeres angewiesenen Steuern bei den einzelnen Wojewodschaften selbst die halbjährlichen erforderlichen Steuern zu entnehmen.

Wieviel und wofür die Schatzmeister ausgeben durften, hing vom Reichstag ab, zu bestimmen; in dringenden Fällen von den an der Seite des Königs vorhandenen Senatoren, dann vom Immerwährenden Rath. Der Podskarbi, welcher seinen Ausgabenetat überschritt, sollte der Republik das Geld ersetzen oder, wenn es von ihm ausgelegt war, das Geld selbst nicht ersetzt erhalten, falls er sich nicht genügend rechtfertigen könne. Auf den Reichstagen wurden immer besondere Commissare zur Entgegennahme dieser Rechnungen designirt und dem Schatzmeister und seinen Erben wurden förmliche Quittungen ausgestellt. Wurde der Reichstag um seine Activität gebracht oder zerrissen, so erfolgte nichts derart.

Die Rechnungen der Schatzmeister blieben für den Staat selbst die einzige Quelle, um zu erfahren, wie hoch sich seine wirklichen Einnahmen und seine Ausgaben beliefen.

Uebrigens war das Amt der Schatzmeister als gute Erwerbsquelle so gesucht, dass August III. in seinen Pacta conventa ausdrücklich versprechen musste, es nicht an die zu verleihen, welche ihm am meisten dafür bieten würden.

Die Schatzmeister standen, wie man laut und offen sagte, gewöhnlich im Einverständniss mit den Einnehmern der Steuern und mit den Zöllnern; es war keine Instanz vorhanden, um zu controliren, was der unabsetzbare Podskarbi an unredlichem Gewinn mit den Geldablieferern getheilt hatte.

Der Hauptgrund der Nachlässigkeiten, welche sich die Einnehmer zu Schulden kommen liessen, lag in den rücksichtslosen Steuerversäumnissen der Herren Brüder. Wirkungslos fielen alle Strafandrohungen zu Boden; niemand dachte daran oder hatte die Macht, die Drohungen der Constitutionen 1629 und 54 auszuführen, welche von jedem, der die einstimmig beschlossenen Steuern gar nicht oder zu spät zahlen würde, das Dreifache des eigentlichen Betrages einzucassiren geboten und bei fortgesetzter Renitenz Confiscation sämmtlicher Güter anbefahlen.

Wie wollte man die Pflichtverletzungen des Einzelnen bestrafen, da doch ganze Territorien die höchsten politischen Pflichten vernachlässigten, ihre eigenen oder des Reichstags Steuerbeschlüsse nicht ausführten; und da doch das ganze System, die Steuerbewilligung an

einstimmige Decrete der einzelnen Landtage zu knüpfen, die Grund-
ideen des öffentlichen Rechts und der politischen Zweckmässigkeit
auflöste.

Jeder zahlte zuletzt widerwillig, wenn er zahlte; weil jedermann
wusste, dass seine Nachbarn, ohne Strafe zu leiden, gar nicht zahlten, und weil die Steuer, welche er aus Patriotismus übernahm, von
ganzen anderen Landtagen verworfen wurde.

Seltsamer Natur sind die Mittel, welche man anwandte, um überhaupt noch Edelleute zur Zahlung anzuspornen, so z. B. Defalcation
und Coaequation. Man erliess durch das erstere den einzelnen, welche
die Steuern pünktlich zahlten, eine Quote des Steuerbetrags; durch
das zweite wurde den Landtagen, die mehr zusammengebracht hatten,
als andere, das Plus entweder baar zurückgezahlt, oder ihnen erlaubt,
es sich bei der nächsten Steuer als Guthaben anzurechnen; säumigen
Landtagen aber rechnete man Verzugszinsen an, die natürlich nicht
gezahlt wurden. Es ist klar, dass diese Heilmittel die Krankheit
nur verschlimmerten.

Um die Ablieferungen der Poborcy aus den einzelnen Wojewodschaften nicht ganz ohne Controlle zu lassen, wurde 1613 das Schatztribunal in Radom errichtet; ursprünglich nur, um die seit 1609 rückständigen Summen der Einnehmer und einzelnen Edelleute einzukassiren. Bald hielt dieser Gerichtshof, der nur ein Organ des Kronschatzmeisters war, jährlich sechs Wochen lang seine Sitzungen, zog
immer mehr Sachen vor sein Forum und erreichte schliesslich die
schon einmal betrachtete ausgedehnte Competenz. Er bestand aus
Deputirten der Ritterschaft, nach jeder Wojewodschaft aus einem, und
aus einer Anzahl vom König ernannter Senatoren, von denen immer
zwei, ein abwechselnd aus Grosspolen und Kleinpolen gewählter
Marschall und ein Bischof, den Vorsitz führten.

Der Schatzmeister brauchte vor diesem Forum nicht zu erscheinen, wenn dieser Hof ihn selbst etwa laden wollte; doch sollte er
während des siebzehnten Jahrhunderts seine Rechnungen, insoweit sie
die Anzahl des Soldheeres betrafen, hier prüfen lassen. Näheres sagen die Const. 1653. 1670. 1726. 1736.

In Litauen gab es auch ein solches Schatzgericht; dasselbe be-
stand aber einfach aus den Deputirten des gewöhnlichen litauischen
Tribunals und fand zwei Wochen nach dessen Sitzungen statt, in Wilno,
Nowogrodek und Mińsk. Auch diesem Hof wurden alsdann vom
Hospodar, wie der König als Herscher von Litauen titulirt wurde,
mehrere Senatoren beigeordnet.

Im Jahre 1764 wurden dann die Schatzcommissionen niedergesetzt, und diese übernahmen damit alle dem Schatztribunal noch gebliebenen Verpflichtungen. Die Collegialorganisation, welche Polen im Widerspruch mit dem sonst für die Spitzen der Verwaltung üblichen Bureausystem damals und später seinen höchsten Landesbehörden gab, war hier am allermeisten schädlich; denn je mehr Hände waren, desto gefährdeter waren die Staatsgelder.

Diese Commissionen bestanden für die Krone aus

1. dem Podskarbi,
2. dem Hofschatzmeister,
3. drei Senatoren, von denen jährlich alternirend zwei immer aus Grosspolen, zwei aus Kleinpolen waren,
4. drei grosspolnischen und drei kleinpolnischen Rittern,
5. Notar
6. Instigator } mit votum decisivum;

für Litauen

1. Podskarbi,
2. Hofschatzmeister,
3. einem Senator,
4. sieben Rittern,
5. Notar
6. Instigator } mit berathender Stimme.

Die Beamten der Commission wurden von den Podskarbis ernannt, sie mussten bene nati et possessionati, unbescholten sein und Caution stellen, auch sollten sie schreiben und rechnen gelernt haben.

Kein Mitglied der Commission sollte länger als vier Jahre in ihr bleiben; nur ein Drittel von ihrer Anzahl konnte wiedergewählt werden. Der Commissare jährliches Gehalt war in der Krone 10,000, in Litauen 8000 Gulden. Sie mussten sich verpflichten, vier Monate des Jahres in Warschau resp. Grodno zu wohnen.

Zur Eintreibung rückständiger Gelder hielt sich diese Commission eine besondere bewaffnete Truppe, doch brauchte sie in der letzten Zeit, weil diese bewaffnete Macht nicht ausreichte, öfter besondere militärische Hülfe.

Wie alle polnischen Beamten, die mit Staatsgeldern umgingen, sollten sich auch diese Schatzcommissare von allen Geldern, die in ihre Hände kamen, zuerst ihre eigenen Gehälter abziehen, dann an Verwendung des übrigen denken.

Das von den Podskarbis ernannte Beamtenpersonal der Schatzverwaltung, das trotz aller Verbote namentlich bei den verpachteten

Gefällen, stark mit Juden untermischt war, und nicht vom König ernannt wurde, galt für den verachtetsten Theil der polnischen Angestellten, selbst die unter den Schatzmeistern direct stehenden Superintendenten.

Angesehen waren fast allein die Aufseher der auch oft verpachteten Salzgruben, und die vom Adel in den einzelnen Wojewodschaften ernannten Distributores, welche das Salz der Republik an den Adel vertheilten. Die Kaufleute, welche das Salz zu bestimmten Preisen im Auftrage des Staates an Nichtedelleute verkauften, waren nicht als Beamte betrachtet.

Trotz seines sonstigen Zurückbleibens hinter den Forderungen der Zeit war der polnische Staat doch so modern, auch einige Schulden zu besitzen. Die Constitutionen erwähnen ihrer schon seit dem 16. Jahrhundert, und zwar öfter als schon getilgt; so waren 1631 litauische Staatschulden in der Höhe von 150,000 Gulden aus dem Ertrag einzelner Steuern bezahlt worden. Im Jahre 1643 versprach der Reichstag, dass die Schulden, welche Seine Majestät zu machen genöthigt sein würde, aus den Kassen Litauens und der Krone gedeckt werden sollten. Derartige Schulden waren aber nicht durch besondere Anleihen aufgenommen, noch in Papieren auf den Inhaber schwebend, sondern sie bestanden in der Art gewöhnlicher Privatschulden. Die Gläubiger des Staats waren zum Theil Beamte, die Auslagen gemacht oder massenhaft rückständiges Gehalt zu fordern hatten, zum Theil Bürger, bei denen einzelne Beamte, welche Staatszahlungen besorgen sollten, in Nothfällen geliehen hatten.

Seit 1768 war zu ihrer Tilgung ein besonderer Amortisationsfonds in Aussicht genommen, und 1775 wurde zur Prüfung aller Forderungen, die an den Staat gestellt werden konnten, eine Liquidationscommission eingesetzt, aus sechs Senatoren und einem Ritter für jede Wojewodschaft bestehend. Im Jahre 1780 hatte diese ihre Arbeit beendet und etwa 16,487,000 Gulden gültiger Forderungen vorgefunden. In einigen folgenden Budgets der Republik sehen wir zur Tilgung dieser Summen einen jährlichen Betrag von 500,000 Gd. von der Krone und 250,000 Gulden von Litauen ausgeworfen.

Es wurde nämlich in den letzten Jahren der Republik öfter genau specificirte Rechnungen vor den Reichstag gebracht, die uns einen merkwürdigen Einblick in die Verwendung der Staatseinkünfte gewähren. Man wollte, dass die Tabelle von 1776 für künftige Zeiten das Muster bilde. Nach diesem Normalbudget, das sich von unsern Staatsetats dadurch unterschied, dass die Summen nach ihrer Verausgabung vor dem Reichstag zusammengerechnet wurden, sollten von den Einnahmen der Krone

2,666,666 Gld. 20 Gr. an den König,
   215,000 » — » an den Immerwährenden Rath,
    60,000 » — » an den Grossmarschall,
    40,000 » — » an den Hofmarschall,
    67,461 » — » an die Ungern (so hiessen die Soldknechte
                              des Marschalls),
    40,000 » — » an den Unterkanzler,
    60,000 » — » an den Podskarbi,
    32,000 » — » an den Hofschatzmeister,
   100,000 » — » an die übrigen Glieder der Schatzcommission,
   100,000 » — » an die Beamten der Schatzcommission,
   120,000 » — » an die Miliz des Schatzes,
   178,666 » — » an die Prinzen von Sachsen,
circa 300,000 » — » für verschiedene ausserordentliche Bedürfnisse
6,290,000 » — » für das Heerwesen

11,843,461 Gld. 20 Gr. in Summa

verausgabt werden.

Von den Einkünften Litauens sollten im Ganzen 5,000,000 Gld. 5 Gr. für Staatszwecke verwendet werden und zwar darunter

1,833,333 Gld. 10 Gr. an den König,
    89,333 » — » an die Prinzen von Sachsen,
   151,241 » — » ausserordentlich,
2,300,000 » — » für das Heer.

Das übrige in derselben Weise, wie in Polen an die Beamten.

Für denjenigen Gegenstand, der am allermeisten die Einkünfte jedes Staates in Anspruch nimmt, für das Heerwesen, wurden also damals so viel Gelder ausgegeben, als irgend möglich erschien, die Hälfte der Staatseinnahmen.

Abèr die Folgen langer Versäumniss liessen sich hier nicht nachholen.

In jenem Jahre, da der kleine Nachbarstaat der Republik den Anfang machte, das traditionelle System der europäischen Politik einzureissen,

In jenem Jahr, wo Preussens Adler zum ersten grossen Siegesflug die Schwingen lüftete, 1740, wurde in Polen ein, wie sich denken lässt, zerrissener Reichstag gehalten. Auf ihm rieth der Primas mit dem Czopowe, was seit 1717 regelmässig in den adligen Dörfern der Wojewodschaften gesammelt würde, aber niemals in die Kassen der

Republik geliefert, sondern „ad privatos usus" verwandt würde, die Armee zu verstärken, weil die immer gefährlicher werdende politische Lage das dringend erheische. Und was ward ihm aus dem Kreise der Landboten zur Antwort?

„Dies stritte wider alle Billigkeit, indem diese Gelder verarmten, abgebrannten und sonst in Noth gerathenen Edelleuten gewidmet würden."

Also Gelder, die im Namen des Staats gesammelt waren, wurden in autorisirt communistischer Weise für die Privatleute des herschenden Standes, nicht zur Sicherstellung des Staates ausgegeben, für die sie durch das Gesetz bestimmt waren. Durch solches Verfahren hat sich damals der polnische Adel selbst sein Urtheil gesprochen.

# Zwölftes Buch

## Kriegswesen

Stare nunquam potuit bene aurea libertas sine ferro,
potuit bene licentia.
Andreas de Piloa Coryciaius Castellanus Vislicensis,
Perspectiva politica regno Poloniae eleborata 1652
cap. II.

## Erster Abschnitt

### Polens Landwehr

Jede Wehrverfassung wird darauf gerichtet sein, ein Gleichgewicht
zwischen den Ansprüchen auf Sicherstellung der Staats und auf Schonung der inneren Verhältnisse herzustellen. Die Republik Polen, als
geldarmer Ackerbaustaat, war zu einem grossen stehenden Heer nicht
im Stande Mittel und Menschen aufzubringen, sie war auf eine Miliz-
einrichtung als Basis ihres Heersystems hingewiesen.

Seit dem Beginne des Staats lag denn auch seine eigentliche
Wehrkraft in der bewaffneten Nation; d. h. in den Vollfreien des
Stammes, die eben durch diesen Wehrberuf sich zu milites und dann
nobiles heranbildeten. Bis zum Ende des Reiches bildete diese auf
allgemeine Wehrpflicht basirte Landwehr (so wird sie seit dem
16. Jahrhundert in den Constitutionen genannt, obrona krajowa) den
numerisch bei weitem überwiegenden Theil der Wehrkräfte des Staates.
Wie kam es nun, dass das polnische „Volk in Waffen" die Republik
nicht vor dem Untergang schützen konnte?

Die Fortschritte der Menschheit im Staatsleben beruhen oft nicht
so wesentlich auf Einführung und Erfindung neuer Grundsätze, als

auf zweckmässiger Anwendung von Principien, die bereits geltend gewesen sind oder in ihrer Idee von altersher für die besten erkannt, aber durch äusserliche Hemmnisse ihrer Wirksamkeit beraubt waren. In der immer genaueren Auffassung und immer stärkeren Beherschung äusserlicher Verhältnisse, in einer beständigen zunehmenden Ausbildung von Formen und Regeln ist diese Ueberlegenheit der modernen Verfassungen gegenüber den antiken und mittelalterlichen Staatsbegriffen zu finden und erst nach der Vervollkommnung des äusseren Staatsapparates ist es der Neuzeit gelungen zu ermöglichen, was früher unausführbar schien.

Einer der ältesten Gedanken ist die allgemeine Wehrpflicht sämmtlicher Staatsbürger. In vielen Staaten war sie Gesetz, aber eine vollständige Wahrheit ist sie zum erstenmal im Preussen des 19. Jahrhunderts geworden. Frühere Zeiten haben sich mit Aufstellung des Princips begnügt und niemals auf die Art, in der sich der Gedanke verwirklichen sollte, Rücksicht genommen. Eine präventive Organisation des Volksheeres für den Kriegsfall konnte nur das Resultat langer Erfahrung sein und war von jugendlichen Nationen nicht zu erwarten; aber auch darüber wurde in früheren Zeiten nicht nachgedacht, in wie weit sich die ohne Sold und Ausrüstung vom Staat verlangte allgemeine Wehrpflicht mit der wirthschaftlichen Lage der durch sie tangirten Staatsangehörigen in Ausgleich setzen lasse.

Aus diesem Grunde, und weil alle Männer ohne Unterschied der Altersklasse zum Dienst aufgeboten wurden oder rechtlich stets aufgeboten werden konnten, liess sich das Princip niemals und nirgend consequent durchführen, und war eine Quelle theils der Zuchtlosigkeit, theils socialer Herabdrückung der ärmeren Volkschichten. Bekannt sind die traurigen Folgen des Heerbanndienstes im Reiche Karls des Grossen; noch genauer lässt sich der unter der Herrschaft dieses Gedankens allmählich hereinbrechende Verderb im fünfhundertjährigen Leben des angelsächsischen Staates nachweisen.

Bei den Polen, wie bei den Deutschen, war im Anbeginn der politischen Entwicklung die allgemeine Wehrpflicht Grundgesetz.

Wie bei den alten Longobarden, waren es ursprünglich die Geschlechter, die Sippen, nach denen sich das polnische Heer gliederte, so noch im 15. Jahrhundert in der Schlacht von Tannenberg; auch finden wir Spuren, dass die allgemein deutsche Ordnung nach Hundertschaften, wie bei den andern Slaven, so bei den Polen, bestanden hat. Die Heerbannpflicht der Polen bestand wie anderwärts aus persönlicher Kriegsfolge, Ausrüstung und Erhaltung auf eigene Kosten. Wir finden diese Institution bei allen arischen Völkern, die zu sesshaftem Leben übergegangen sind; sie ist aber nur für ein Residium nomadischer Verhältnisse anzusehen. In ganzem Umfang konnte sie nirgend bestehen, sobald feste Wohnsitze genommen waren, noch weniger, als das Privateigenthum sich ausbildete. Die allgemeine Wehrpflicht in dieser Auffassung war ein unpraktischer Rechtsatz, ein Moloch, der das Glück der Völker verschlungen hat.

Zu untersuchen, wie durch sie, die alle Kräfte der Familie in Anspruch nahm und grosse Opfer vom Besitz der Einzelnen forderte, Polens altslavisch-demokratische Gesellschaft im Lauf einiger Jahrhunderte sich zu zwei ganz und gar ungleichen Ständen umgestaltete, ist hier nicht der Ort, abgesehen von dem bedauerlichen Mangel genauerer Nachrichten.

Nur wie sich seit dem 14. Jahrhundert die Heerfolge, die nunmehr der gesammte A d e l dem König zu leisten hatte, rechtlich ausbildete, kann in gedrängten Umrissen erkannt werden.

Die Summe der im Kriegsfall zum Dienst verpflichteten Angehörigen des Staats heisst Landwehr. Sie ist keineswegs nach Altersklassen oder sonstigen Unterschieden gegliedert; der verhängnissvolle Gedanke der Einheit bricht vielmehr auch hier durch. Insofern in ihr alles gleich ist, heisst sie allgemeines Aufgebot, gemeinsamer Auszug (pospolite ruszenie). Die Einberufung dieses Volksheeres steht anfangs unbeschränkt dem Könige zu, und auch nachdem die 200-jährige Theilungsperiode vorüber war, hatten Łokietek und Casimir der Grosse ausnahmslose Verfügung über die gesammte Wehrkraft Gross- und Kleinpolens. Aber als Ludwig sich verpflichtet hatte, das Aufgebot nur innerhalb der Landesgrenzen unentgeltlich verwenden zu wollen, ausserhalb aber um Sold, was von den Rittern bereits als ein altes Recht proclamirt wurde; und als unter Jagiełło der in Waffen versammelte Adel politische Berathungen zu halten begann, als man vom König verlangte, alle aus Kriegsgefangenschaft, Verwundung und Tod oder auch durch blosse Abwesenheit einzelner Ritter entspringenden Schäden auf Staatskosten zu ersetzen, da war es vorbei mit der Feldherrnautorität des Königs. Schon Kasimir Jagello musste versprechen, das Aufgebot nur nach vorgängiger Berathung in den Wojewodschaften einzuberufen; in der Const. 1496 heisst es wiederum ausdrücklich: „Ebenso versprechen wir keine neuen Gesetze zu machen, noch die Landesinsassen zum Kriegsaufbruch zu entbieten, ohne gemeinsame in den einzelnen Landschaften einzusetzende Versammlung;" und im 16. Jahrhundert wird allmählich auch für Litauen Grundsatz,

dass nur auf einen Reichstagsbeschluss gestützt der König die Landwehr zum Krieg entbieten dürfe.

Doch bleibt anzuerkennen, dass der König für die Zeit zwischen
den Reichstagen öfter ermächtigt wurde, „Gerten austragen zu lassen."
An langen Ruthen oder Gerten nämlich (wicie, wici) wurden die Ein-
berufungspatente im Lande umher getragen. Sie mussten in der Krone
mit dem Kronsiegel, in Litauen mit dem litauischen Siegel authentisch bezeichnet sein. Unter König Johann III. wurde diese Bedingung ausnahmsweise vom Reichstag für nicht nothwendig erklärt, der
Beschleunigung halber. Man glaubte wirklich ein grosses Opfer zu
bringen, durch Weglassen dieser Förmlichkeit. Dreimal mussten die
Gerten umgehen, nur bisweilen liess der Reichstag einen zweimaligen
Umgang zu.

Im allgemeinen jedoch war der Edelmann verpflichtet, sich erst
nach dem dritten Aufruf an dem für jede Wojewodschaft besonders
festgesetzten oder gewohnheitlich feststehenden Sammelplatz einzufin-
den. Dem Säumigen war Confiscation der Güter angedroht; ob sie
jemals ausgeführt worden, lässt sich weder aus den Grodacten noch
aus Schriftstellern ermitteln. Auch ist wohl niemals die mitunter an-
gekündigte Todesstrafe eingetreten, und ebenso die Geldbusse von
300 Mark, die nach der Const. 1627 jeder, der sich der Gestellung
entzogen haben würde, vor dem Grod ohne Appellation zahlen sollte.

Zur Gestellung, von der auch der König Niemanden entbinden
konnte, waren ausdrücklich alle diejenigen verbunden, die adlige Landgüter erblich oder in irgend einer Art (pfandweise, emphyteutisch etc.)
übertragen besassen, und diejenigen, welche eine ansässige Wittwe
geheirathet hätten. Unangesessene Ritter — dieses fünfte Rad am
Wagen des polnischen Adelstaates — waren niemals erwähnt; von
der Verpflichtung auch gewohnheitsrechtlich weder ausgenommen noch
zu ihr angehalten. Die Bestimmungen des Wiślicer Statuts, wonach
die Inhaber grösserer Güter eine Anzahl Bewaffneter ausser ihrer
persönlichen Gestellung dem Staate schuldeten, wird in späterer Zeit
nicht wiederholt; es war fester Brauch geworden, dass jeder Magnat
einige ihm dienende Ritter, und jeder Theilnehmer des Aufgebots,
wenn er es für gut befand zu erscheinen, mehrere reisige Knechte
mitbrachte, so dass auf Einen Edelmann im Durchschnitt drei bis
fünf nichtadlige Begleiter zu rechnen waren. Im Jahre 1459 wurde
verlangt, dass jeder Ritter, der 100 Mark Silber und mehr im Vermögen habe, eine Lanze mit drei Knechten sende, wer einen waffen-
fähigen Sohn schicken könne, dürfe selbst zu Hause bleiben.

Als ausgenommen von der Gestellungspflicht galten im 18. Jahrhundert die vom Reichstage dem König an die Seite gegebenen Senatoren; die ministri status und Edelleute, die sich auf Gesandtschaften befanden; verschiedene geringere Beamte, wie der Burggraf von Krakau, der Oberverwalter der Krakauer Domänen (Wielkorządy) mit 5 Untergebenen, die Grodbeamten sämmtlich, die Wojskis und einige in der Schatzverwaltung Angestellte; vom Hof des Königs 80 Personen, von dem des Primas 12, von dem des Krakauer Bischofs 6.

Hohes Alter und Krankheit sowie geistlicher Stand, waren natürliche Ausschliessungsgründe, doch mussten dann Stellvertreter geschickt werden. Die Geistlichkeit sollte trotz aller Proteste ihre Vögte und Schulzen, sowie einige der in ihren Diensten befindliche Ritter senden.

Auch die Städter, so lange sie eine Art politischer Stellung hatten, wurden für würdig gehalten, neben den adligen Heerschaaren zu fechten. Aus dem grossen preussischen Kriege von 1454 bis 1466 ist uns eine genaue Angabe von den einzelnen städtischen Contingenten aufbehalten; doch bleibt es immerhin zweifelhaft, ob hier nicht Vertretung durch Söldner stattfand. Seit dem 16. und 17. Jahrhundert wurde eine Gestellung städtischer Heerschaaren auf Fälle der höchsten Noth beschränkt.

Auf den Sammelplätzen der einzelnen Wojewodschaften stellten sich die Wojewoden an die Spitze des Adels; in Ermangelung solcher, sowie in Kreisen und Landschaften, waren die Castellane als natürliche Stellvertreter der Wojewoden Führer der einzelnen Abtheilungen des Aufgebots; Fahnenträger waren die von dem Könige dazu bestimmten Beamten (chorąży), nach den einzelnen Territorien benannt.

Auch wählte sich der Adel noch verschiedene andere Führer, die uns als praefecti militium in früheren Zeiten entgegentreten.

Auf dem für das ganze Reich allgemeinen Zusammenkunftsort, der nach der Richtung des jedesmal feindlichen Landes immer verschieden bestimmt wurde und eben so wie der Termin zum gesammten Einfinden durch die „Gerten" angesagt ward, übernahm der König, der beim allgemeinen Auszug nach Const. 1557 und sehr fester Gewohnheit immer zugegen sein musste, den persönlichen Oberbefehl. Er ernannte sich für einzelne Feldzüge oder Schlachten besondere Stellvertreter in der Heerführung, Wojewoden, Castellane oder auch den Starosten von Krakau.

Als Unterfeldherrn des Königs erscheinen seit dem 16. Jahrhundert aber regelmässig die Hetmans. Der Name Hetman (kommt auch im tschechischen vor, niederdeutsch und schlesischdeutsch Heetmann

== Hauptmann) erscheint zuerst im Jahre 1557. Der Publicist Mo-
drevius kennt die Würde noch nicht, obwohl er nur kurz vor jener
Zeit sein berühmtes Buch de republica emendanda schrieb; er sagt:
„Die Wojewoden sind bei uns Feldherrn, die Castellane aber sammeln
das Heer und führen es in den Krieg." Er lässt uns zugleich das
Institut der Landwehr bereits im tiefsten Verfall erkennen, indem er
unter anderem behauptet; „Diese Sitte wurde von den alten Polen
heilig bewahrt .... heute halten wir kaum ihren Schatten fest." In
der That zogen die Mitglieder der Landwehr, welche sich am Kriege
betheiligten, am liebsten ohne alle Führung, jeder auf seine Faust
allein oder mit seinen Knechten. Als man den Wojewoden und Castellanen keinen Gehorsam mehr zeigen wollte, mussten die Constitutionen dringend verlangen, es sollten in jedem Palatinat wenigstens
Kriegführer gewählt werden. Seit dem 16. Jahrhundert giebt es eine
Menge von Verordnungen über den „gemeinsamen Auszug" und seine
bessere Regelung, aber Gesetze sind in Polen nun einmal ebenso wie
im heiligen römischen Reiche immer nur Symptome, nicht Heilmittel
des Verderbens gewesen.

Die Landwehr ist schon im sechzehnten Jahrhundert tiefem un-
heilbarem Verderben anheimgefallen. Das moderne Staatswesen und
die im Gegensatz zum Mittelalter entstandenen Kriegsprincipien müssen der bewaffneten Macht auch bei sonst unumschränkter Herrschaft
demokratischer Grundsätze das Berathschlagen über politische Fragen
verbieten. Wie liess sich in Polen noch irgend eine Besserung der
militärischen Verhältnisse erwarten, nachdem der Adel, vom König
zum Kriege versammelt, nicht ins Feld zog, sondern in gemeinsamer
glücklicher Empörung verlangte, zuerst rem publicam in Ordnung zu
bringen, wie es 1537 in Lemberg geschah! Seitdem war die Meu-
terei des bewaffneten Adels ein Ingrediens der polnischen Freiheit,
und in Polens Glanzzeit unter Siegmund August verhallten die trüben
Worte des Publicisten Przyłuski: „Lasst uns die militärische Disciplin
wieder herstellen ..... vernachlässigen wir sie so weiter, bis aufs
äusserste, so sind wir wie wehrlose Tauben den Adlern als Beute
preisgegeben."

Quartier- und Fouragewesen wurden mehrfach reglementirt; so
besonders in den Artykuły hetmańskie von 1609; aber das pospolite
ruszenie blieb durch seine Zuchtlosigkeit verrufen. Ein Schriftsteller
des 18. Jahrhunderts, Skrzetuski, spricht noch unverhohlener, als es
sonst damals üblich war, seine Verachtung der Landwehr aus, die

mehr Last als Kraft sei, und deren Einberufung oft der Schade des Landes gewesen.

Nicht einmal mehr durch seine Masse konnte das Aufgebot einen Grad der Schätzung erlangen; denn es lässt sich nicht nachweisen, dass jemals seit dem 16. Jahrhundert mehr als 50,000 Edelleute dem Ruf des Königs in das Feld gefolgt sind; in der Regel blieb ihre Zahl unter 10,000. Und doch giebt Fredro im 17. Jahrhundert die Summe des eigentlichen pospolite ruszenie auf 340,000 Mitglieder an! Freilich hier gilt das Wort, das ein östreichischer Diplomat des 16. Jahrhunderts an den Kaiser richtete: „Die Kräfte der Polen sind nicht so gross, als es immer heisst. Sie geben gewöhnlich mehr an, und nachher ist es nicht so viel." Denn die Zahl der Edelleute, die am gemeinsamen Auszug unter den bestehenden Verhältnissen theilnehmen konnten, hat sich, wenn wir alle sonstigen Berichte zusammenhalten, niemals auf mehr als circa 200,000 belaufen.

Wir müssen in Rechnung ziehen, dass jeder Edelmann es für schimpflich und entehrend hielt, anders als zu Ross zu erscheinen. Dieser im zwölften Jahrhundert entstandene, im dreizehnten Jahrhundert ausgebildete Grundsatz, das allgemeine Aufgebot der freien Männer bestehe nur aus Reiterei, wurde noch durch die Const. 1786 in voller Kraft hingestellt.

Regelmässig in wiederkehrenden Zeiträumen alle fünf Jahre sollte eine Lustration des allgemeinen Aufgebots stattfinden, und zwar durch die Wojewoden. Im Jahr 1631 wurde auch der Generalstarost von Grosspolen als Musterung abhaltender Beamter in der Constitution genannt. Die Lustration musste aber im sechzehnten Jahrhundert bereits ausdrücklich durch Reichstagsgesetze eingeschärft werden. Die Const. 1545 zeigt uns, dass die Art dieser Musterungen sehr unbestimmt war, sie selbst überlässt es einem künftigen Reichstagsbeschluss, ob die auf den Adalbertstag angesetzte Lustration in Wojewodschaften, oder in Landschaften und Kreisen stattfinden solle. Auch die Geistlichen sollten bei hohen Geldstrafen sich zur Musterung stellen. Von Rittern, die sich der Musterung entziehen würden, sollten die Geldstrafen ohne Weiteres und ohne Appellation durch den Starosten eingezogen werden.

1764 suchte man erfolglos die Lustrationen, die unter Johann Kasimir völlig in Vergessenheit gerathen waren, wieder zum Leben zu rufen. Die späteren Reformer vergassen oder verachteten es, an eine Erneuerung der Controllversammlungen zu denken.

Zur Musterung sollte sich jeder Edelmann in voller Kriegsrüstung für sich und seine Begleiter einfinden, zugleich mit den nöthigen Pferden.

Zu dieser irregulären Cavallerie, die im Kriegsfall nicht einmal an bestimmte Dienstzeit gebunden war, sondern einzeln oder haufenweise nach Hause oder ins Winterquartier zog, wenn es ihr beliebte, trat oder sollte seit dem sechzehnten Jahrhundert ein gewisser Bestand von Fussmiliz treten. Es war dies ein Auszug von den Bauern aller königlichen Güter, unter denen von Stefan Batory eine Organisation für das allgemeine Aufgebot geschaffen war. Immer von 20 Bauernfamilien, nach dem in Ungern oder auch in Russland herschenden Modus, sollte eine Familie aus ihrer Mitte „einen tüchtigen, geschickten, herzhaften Menschen" stellen, der sich auf Kosten seines Hauses selbst mit Schwert, Streitaxt und Feuergewehr als Infanterist auszurüsten und zu erhalten habe. Die stellende Familie sollte alsdann während der Kriegszeit ihres Hausgenossen von allen und jeden Lasten frei sein; die üblichen Leistungen sollten auf die übrigen neunzehn vertheilt werden. Der verständige König wollte so dem Adel das vielentbehrte Fussvolk an die Seite stellen und erhob die Summe dieser wybrańcy auf ungefähr fünftausend Mann.

Aber die Inhaber der königlichen Güter brachten diese Institution in baldigen Verfall. Mag auch Trägheit der Bauern mitgewirkt haben, so war den Starosten und Pächtern doch klar, dass sie grössere Nutzniessung ziehen könnten, wenn die Landleute hinter dem Pfluge blieben.

Unter Siegmund III. bereits verhinderten die Starosten, die in Litauen die wybrańcy selbst ernannten, während sie in der Krone deren Erwählung durch die andern Bauern leiteten, häufig den Auszug dieser Bewaffneten; die Constitutionen kämpften vergebens dagegen an; schliesslich gaben sie den Wünschen der Starosten nach; 1649 wurde der Kriegsdienst in eine den Bauern aufgewälzte Bezahlung verwandelt; für jeden wybraniec sollten von den Starosten sechzig Gulden eingezogen und zugleich mit der Quarte nach Rawa gesandt werden. Später freilich gebot der Reichstag den Landtagen auf dem Gebiet der einzelnen Wojewodschaften Revisionen abzuhalten und diese Steuer richtig von den Starosten einzufordern, durch deren Hände sie ging.

Als sich aber herausstellte, dass dies Geld noch schwerer einzukassiren war, wie die Gestellung der wybrańcy zu erlangen gewesen, so führte man diese wieder zu praktischem Gebrauche ein, und in der Höhe von etwa tausend Mann bildeten sie im achtzehnten Jahrhundert bis zum Untergang des Reiches das Hufenregiment (regiment łanowy) als Anhängsel der adligen Landwehr. Die Verpflichtung, den wybraniec zu stellen, war nämlich auf die, welche bestimmt bezeichnete und von mehreren Abgaben befreite Bauernhöfe und Hufen auf den Staatsgütern innehaben würden, in der zweiten Hälfte des 17. Jahrhunderts übertragen worden.

In sehr schlimmen Fällen galt nach Cromer noch während des 16. Jahrhunderts der aus der Piastenzeit herrührende Grundsatz, es könne von aller Bevölkerung des Landes, die Geistlichkeit und Juden ausgenommen, der zehnte Mann aufgeboten werden, also auch von allen Leibeigenen des Adels. Merkwürdigerweise rieth um die Mitte des 17. Jahrhunderts Fredro eine allgemeine Uebung aller Landesbewohner durch kriegskundige Officiere, „damit allen Kriegen und Ereignissen getrost entgegengesehen werden könne, besonders wenn man drei Nachbarfürsten hat, die bereit sind, jeden günstigen Augenblick der Weltlage zu ergreifen.‟

Der erste jedoch, welcher wirklich begann, auf die Milizkraft der gesammten Bevölkerung zu recurriren, war Kościuszko. Aber die Nachbarfürsten hatten einen günstigen Moment bereits ergriffen; und wer setzte dem Helden von Dubienka unübersteiglichen Widerstand entgegen, als er die Bauern bewaffnen wollte, um die Republik zu retten? Der polnische Adel war es; derselbe Adel, der im wichtigsten Augenblick, welchen die Republik erlebte, schlaff auf seinen Gütern sitzen blieb und sich zur Vertheidigung seines Vaterlandes für nicht berufen hielt, weil die Gerten nicht richtig ausgetragen waren. Die Erhaltung der Republik wäre damals kein Ding der Unmöglichkeit gewesen; in der Landwehr waren Menschenkräfte genug vorhanden; aber weil nichts organisirt und disciplinirt war, musste der Staat jetzt einzig durch die moralische Versunkenheit seiner Streiter untergehn, wie er sich früher allein auf ihre Freudigkeit und ihren Hochsinn verlassen hatte. Mit Gefühlen bildet man kein Wehrsystem! — Wie sehr der Adel schon seit früher Zeit bemüht war, die Landwehr zu einem unbrauchbaren Institute zu machen, zeigen die Bestimmungen über die Verwendung des allgemeinen Aufgebots.

Die nach dreimaligem Gertenaustragen versammelte, unter Befehl des Königs stehende Landwehr durfte nicht getheilt werden; sie sollte fortwährend als heller Haufe beisammen bleiben. 1557 bewilligte der Reichstag eine Ausnahme, aber „sine sequela‟. Das Aufgebot sollte nicht länger als vierzehn Tage an dem zum Sammelpunkt bestimmten

Orte bleiben. Es sollte überhaupt nur bis zum nächsten Reichstage verpflichtet sein zu dienen, niemals über ein Jahr. Wann es auseinandergehn sollte, sowie die Richtung des Feldzugs und die Art der Unternehmungen hing nicht vom König und seinen Führern, sondern vom Adel selber ab.

Die Landwehr sollte nur innerhalb der Landesgrenzen zum Kriege verpflichtet sein; seit 1573 musste der König schwören, den Adel niemals durch seine Bitten zum Kriege ausser Landes bewegen zu wollen. Der Adel gestattet dagegen ausdrücklich, dass das Aufgebot die Grenze überschreiten dürfe, wenn es aus freien Stücken auf den Einfall käme; dann sollten aber jedem Mann 5 Mark durch den König gezahlt werden. Pacta Conventa 1573. 1576. Eigentlich sollte auch an eine Verwendung des Aufgebots erst dann gedacht werden, wenn die Landesgrenze bereits vom Feinde überschritten sei; oder wenn der Feind einen Vertrag gebrochen habe, Const. 1515; und ob diese Fälle eingetreten seien, hätten immer erst die Urversammlungen des Adels, die Landtage, zu entscheiden.

Im siebzehnten Jahrhundert begann das Beispiel der preussischen Wojewodschaften, die ihr Aufgebot nur verwenden wollten, wenn der Feind ihr specielles Gebiet betreten hätte, auch in den übrigen Theilen der Republik Nachahmung zu finden.

Sold wurde nicht gezahlt; der die Landwehr bildende Adel war ausschliesslich auf seine Kasse und auf — Plünderung angewiesen. Man verlangte deshalb öfter, das Aufgebot solle nicht in Dörfern, sondern nur auf freiem Felde sich Quartier schaffen.

Sogar die wybrańcy, das Bauernfussvolk der Landwehr, sollten sechs Monate ohne Bezahlung dienen, und wenn der Krieg länger dauerte, monatlich zwei Gulden erhalten. Oft war man gezwungen, das Aufgebot nach einigen Wochen auseinandergehn zu lassen, damit es nicht aus Mangel an Proviant und Geld verhungere und verschmachte.

Noch verschiedene Umstände anderer Art trugen dazu bei, das allgemeine Aufgebot zu einer möglichst selten gebrauchten Einrichtung zu machen; alle Gerichte hörten während seiner Einberufung auf. Es sollten vor und nach Beendigung des Krieges grosse Listen aller Theilnehmer aufgestellt werden, um die, welche den Krieg nicht mitgemacht hätten, dem Tod und der Confiscation, diesen leeren, wenn auch durch viele Constitutionen, so 1620, angedrohten Schreckbildern, zu überliefern.

Da es Sitte geworden war, dass jeder Ritter sich reisige Knechte mitbrachte, so dass auf 10,000 adlige Männer der Landwehr 50,000

Trossreiter nach Piasecki gerechnet wurden, so blieben die Ritter, die zu arm zu solchem Aufwande waren, lieber daheim; Strafen wurden gegen sie doch nicht exequirt.

Im Allgemeinen sollten über die Verwendung der Landwehr die weitläufigen Artikel von 1621, wo man das Aufgebot zum Türkenkriege gerufen hatte, auch für spätere Zeiten geltend sein.

Es ist ersichtlich, dass die Republik mit ihrer Landwehr allein schwerlich durch die neueren Jahrhunderte bestanden hätte. Die über sie aufgestellten Rechtsregeln widersprachen den Anfangsgründen der Kriegführung. Was die Republik im sechzehnten und siebzehnten Jahrhundert noch auf militärischem Gebiet erreichte, verdankte sie grossentheils ihren Kosaken und ihren Söldnern.

# Zweiter Abschnitt

## Die Kosaken

Als ein Theil des allgemeinen Aufgebots und doch wieder als eine Art stehenden Heeres konnten die Kosaken der Ukraine gelten, die seit dem funfzehnten Jahrhundert unter polnischer Oberhoheit standen; nach Gemeinden, Hundertschaften und Stämmen wohnten und ins Feld zogen, jeden Augenblick zum Kriege gerüstet. An den Landtagen und Reichstagen nahmen sie nicht Theil, weil sie keine Steuern zahlten.

Von Bedeutung wurden sie erst im sechzehnten Jahrhundert, als sie sich durch viele Flüchtlinge aus Moskau verstärkten, die kamen, um mit ihnen nach der Weise altslavischer Vollfreien zu leben. Es gab unter den Kosaken wohl Sklaven, die durch Kriegsgefangenschaft und Kauf erworben waren, aber keine Hörigen. Neunzig Procent der Bevölkerung in jener Njepergegend waren freie Leute.

Ihre Organisation war echt slavisch. Als eine Einheit waren sie sämmtlich gleichberechtigt unter dem Ataman, dem Heerführer, den sie sich selbst wählten, zusammengefasst. Nur eine geringe Beschränkung übte auf diesen der Aeltestenrath, die starszyzna. Nach alten Gewohnheiten ohne geschriebenes Recht ging vom Ataman und von dieser Behörde die Verwaltung der Masse aus. An der Spitze der einzelnen

Hundertschaften standen auch gewählte Führer und ebenso waren in den einzelnen Gemeinden gewählte Häupter. Man recurrirte bei diesen Wahlen aber beständig auf die ältesten Geschlechter; das patriarchale Grundwesen war in dieser militärischen Demokratie stark durchschimmernd.

Seit 1576 übte der polnische König formell die Ernennung des Atamans. Seit der Constitution 1590 beschäftigte sich auch der Reichstag mit den Einrichtungen der Kosaken, aber nicht zum Guten. Denn die Aenderungen, die durch die Const. 1609 und 1624 in den Kosakenverhältnissen bewirkt werden sollten, empörten die Betheiligten.

Die Unzufriedenheit wurde grösser. Vielen Zuzug erhielten die Kosaken durch entlaufene Bauern aus dem Osten der Republik. Hierauf bezugnehmend wollte der Adel sie alle als Bauern, als seine Unterthanen rechtlich auffassen, Const. 1638, ja strebte, sie als entlaufene Bauern zu behandeln; wer einen Zaporoger (die Kosaken der Ukraine auf dem linken Ufer des Njeper wurden so bezeichnet) erschlüge, sollte straflos sein, verkündete der Reichstag.

Da kehrten die Kosaken den Speer um und verlangten gesetzliche Gleichstellung mit dem Adel, weil sie wie dieser freies Land bauten, freie Leute wären und beständig die Republik zu vertheidigen als Pflicht übten. In Folge des sich hieraus entspinnenden gräuelvollen Krieges fielen die Kosaken grösstentheils von Polen ab und unterwarfen sich, dem Beispiel ihrer donischen Genossen folgend, den Herschern von Moskau. Der Vertrag von Hadziacz 1659 sollte die Kosaken mit der Republik versöhnen; aber seine Bestimmungen trugen den Stempel der Unausführbarkeit, weil sie namentlich eine Begünstigung der griechischrechtgläubigen Kirche stipulirten, die der jesuitische Adel nimmer gewähren konnte. Der Vertrag blieb auf dem Papiere und die Kosaken bei dem weissen Zar. Reichlich 200,000 rüstige Streiter büsste der Staat ein.

Ein kleiner Theil der ukrainischen Kosaken verharrte bei Polen, es waren das die noch am Ende des 17. Jahrhunderts in den Constitutionen erwähnten „registrirten Kosaken", die in besonderen Listen von dem Ataman, den man auch hetman zaporoski nannte, als beständiges Heer zusammengestellt waren.

Auch diese noch polnischen Kosaken wurden durch die furchtbare Rache, welche der polnische Adel an ihnen für den Aufstand von 1768 nahm, von der Anhänglichkeit an die Republik zurückgebracht und in die Arme Russlands getrieben.

# Dritter Abschnitt

## Die Söldner

Seit dem Anfang des vierzehnten Jahrhunderts treten Ritter und Krieger, die gegen Bezahlung ihre Dienste bald dieser bald jener Sache widmen, in Osteuropa auf. Sogar Sprösslinge der piastischen Fürstengeschlechter verdingten sich um Sold in Ungarn und weiterhin.

Im 15. Jahrhundert wurden solche Schaaren ein Haupttheil der polnischen Kriegsmacht, doch gingen sie stets während des Krieges und nach Ablauf desselben auseinander, je nachdem mit ihren Führern vom König oder von der Republik accordirt war. Die innere Organisation dieser Soldtruppen konnte keine Staatsache sein; höchstens um die ungefähre Anzahl der Mannschaften ging es dem Reichstage, alles andere war den Hauptleuten überlassen. Nicht selten wurden mit dem Tatarenchan der Krim Truppenlieferungsverträge abgeschlossen, so 1457 von Kasimir Jagello gegen die Kreuzritter. Aehnlich von Siegmund I.; obwohl die jährliche Zahlung von 15,000 Goldgulden, die zur Hälfte von Litauen aufgebracht wurde und der Republik auf den Kriegsfall tatarisches Hülfsvolk garantirte, eher wie eine Art Tribut aussah.

Im Frieden, der ja erst in jener Zeit anfing ein wirklicher Begriff zu werden, gab es gar kein Heer; nur hatte die Republik noch einen Nachbar, der diesen europäischen Gedanken des Friedens nicht fassen wollte. Deshalb machte es sich nothwendig, an der Tatarengrenze beständig eine bewaffnete Macht zu halten. Die Einkünfte der Grenzstarosteien sollten schon im funfzehnten Jahrhundert für diese Zwecke verwendet werden, wurden es aber nicht. Auch die Pferde- und Grundsteuer, welche in Litauen und Reussen zur Erhaltung dieser Grenzarmee dienen sollte, half nicht genügend aus.

So wurde nun seit 1562 die Quarte zur Erhaltung dieser Grenztruppen eingezogen.

Auch sie waren meist Reiter, dem Kampf gegen die Tataren entsprechend; und das Vorwiegen der Reiterei, gegenüber dem Fuss-

volk, blieb ein wesentliches Kennzeichen des polnischen Soldaten-
heeres, obwohl schon zu Cromers Zeit der Reiter dreifach mehr monat-
liche Löhnung beanspruchte, als der Fussknecht.

Unter Władysław IV. wurde dringend das Bedürfniss gefühlt, ein
ständiges Geschützwesen einzurichten, und es wurde zur Unterhaltung
der Artillerie eine regelmässige besondere neue Quarte von den königlichen Tischgütern angewiesen, die auch bestehen blieb, aber natürlich
nicht besser als die andere Quarte einging.

Ausser diesen beiden stehenden Heertheilen, ausser den Hülfstruppen von Preussen und Kurland, dem allgemeinen Aufgebot des
christlichen und muhamedanischen Adels und den Kosaken, so weit
sie der Republik treu geblieben, finden wir noch das ganze siebzehnte
Jahrhundert hindurch Soldatenschaaren, die nur auf Kriegsdauer ge-
worben, aber des rückständigen Soldes halber weit länger zusammen
blieben, fast permanent. Auch hatten sich, ähnlich den französischen
Gensd'armes, einige Truppentheile gebildet, in leidlicher Disciplin aus
Adligen zusammengesetzt, die Towarzyszen, später Husaren genannt,
die schon im sechzehnten Jahrhundert auftraten und gewissermaassen
eine regulirte Landwehr darstellten. Jeder Towarzysz sollte mindestens mit fünf höchstens mit acht Pferden (d. h. reisigen Knechten)
ins Feld ziehen und für dieselben Löhnung empfangen, nach einer
noch oft angezogenen Constitutionsbestimmung von 1524.

Das Soldheer, dem weit überwiegenden Theil nach aus unadligem
Volke bestehend, gewann bald einen grossen Einfluss auf die politi-
tischen Dinge in Polen; die Söldner hatten keine kräftige Regierungsgewalt über sich, nur den undisciplinirten reisigen Adel gegen sich.
Bereits 1632 musste dieser ernstlich daran denken, das Militär, insoweit es nicht selbst dem Adelstande angehörte, von der Königswahl
und anderen politischen Functionen auszuschliessen. Dem Geiste des
polnischen Staats entgegen, hatten sich die Söldner im siebzehnten
Jahrhundert schon zur eigentlichen Wehrkraft des Staates ausgebildet.
„Wo aber die Wehrkraft nicht im inneren Wesen des Staates selbst
wurzelt, sondern nur eine durch äusserliche Mittel erhaltene Maschine
sein soll, da muss es offenbar als etwas höchst Staatsgefährliches
gelten, wenn diese Maschine ein inneres Leben gewinnt und einen
eigenen Geist manifestirt," sagt ein grosser Kenner der inneren Staatsentwicklung.

Wäre das Soldheer stärker an Zahl gewesen, ohne Zweifel würde
es seinen mehrfach ausgesprochenen Forderungen Nachdruck gegeben
und mit Gewalt sich den Zugang zur Politik gebahnt haben. Des

Adels beständige Sorge und eine Lebensfrage für ihn musste es sein, das Heer ungefährlich, also schwach an Zahl zu halten. Diese beiden Elemente standen zu einander wie Feuer und Wasser. Leicht zu entscheiden war im achtzehnten Jahrhundert, wo das Soldheer stehend auch in Polen geworden, für einen Unparteiischen, welcher Stand für die Sicherheit der Reichsgrenzen unentbehrlicher, welches Begünstigung zeitgemässer sei. Konnte man aber vom Adel, der doch allein in Polen gültige Staatsacte ausübte, verlangen, dass er selbst die Axt an die Wurzel seiner Macht lege? Von diesem Adel, der von Kindesbeinen an durch die Jesuiten schriftlich in Schulbüchern, mündlich von der Kanzel belehrt wurde, Polen sei ein demokratisches Land! Der Gegensatz aber zwischen einer auf Ausbeutung der niederen Gesellschaftschichten gestützten Vielherrschaft und zwischen stehendem Heer, das sich immer auf wahrhaft volksthümliche Elemente stützen muss, wenn es kräftig sein will, liegt in der Natur begründet.

Der Adel hielt also seinen Beutel nach Kräften zu, wo es sich um Bewilligung von Heergeldern handelte; und der Sold wurde oft auf ganz merkwürdige Weise zusammengebracht; man schickte manchmal von Staatswegen Salzfässer an die Feldherrn, um aus dem Erlös des Salzes die Soldaten zu bezahlen. Wurde der Sold durch Besteuerung der adligen Dörfer aufgebracht, so war es der beschleunigten Auszahlung halber schon sehr früh, Const. 1538, Sitte, dass die Steuern, sobald sie in den Wojewodschaften gesammelt, unmittelbar an die Soldaten vertheilt oder von diesen abgeholt wurden. Weil es hierbei an massenhaften Unzukömmlichkeiten nicht fehlte, wurden seit dem Ende des 16. Jahrhunderts die Ausgaben für das Heer aus den von dem Schatzmeister gesammelten Einkünften aller Landschaften bestritten. Aber hierbei fuhr das Heer sehr übel; es musste die Folgen der häufigen Unterschleife tragen.

Die Söldner suchten daher, wo sie nicht durch Beute in Feindesland sich schadlos halten konnten, durch Plünderung auf dem Gebiete der Republik zum ihrigen zu gelangen.

Adel wie Geistlichkeit verwahrten sich deshalb schon anfangs heftig gegen Quartiernahme der Soldaten auf ihrem Grunde; die Bauern der Staatsgüter sollten allen Schaden tragen.

Auf den letzteren wurden die Soldaten auch in Winterquartiere gebracht; hier erhielten sie statt ihres gewöhnlichen Soldes das Winterbrot, welches durch die Steuer hiberna zusammengebracht wurde.

1717 wurde ein fester Sold zugesichert. 1766 dachte man an seine Erhöhung; aber man kehrte seit dem 18. Jahrhundert zu dem Modus zurück, dass das Heer oder seine Officiere die für den Sold angewiesenen Steuererträge selbst in den einzelnen Wojewodschaften abholten.

Die Soldatenconföderationen, für welche der Adel den Ausdruck Empörungen, durch den er sich in seinem eigenen Treiben hätte getroffen fühlen müssen, nicht brauchen wollte, waren aber dennoch ein stehendes Uebel, und der Staat konnte sie fast niemals unterdrücken, wie es sein Recht und seine Pflicht gewesen wäre, sondern musste die Soldaten mit immensen Geldzahlungen zu beschwichtigen suchen. So wurden dann die Steuern oft auf einmal mit aller Gewalt in verhältnissmässig weit grösseren Beträgen aufgebracht, als bei regelrechten jährlichen Zahlungen erforderlich gewesen wäre.

Seit 1717 war es mit der Soldgewährung nun allerdings ein wenig regelmässiger, aber doch wurde selten die nach den Beschlüssen des stummen Reichstages jährlich aufzubringende Gesammtsumme für das Heer verwendet, und dieses war darum niemals in der auf dem Papier stehenden Anzahl vorhanden. Aus der Krone sollten 1775 5,004,280 Gulden, aus Litauen 1,726,000 für das Heer verausgabt werden. Und auch im Jahre 1786 war man erst zu einer Bewilligung von 7,550,880 für die Krone und 2,508,148 für Litauen gelangt. Das Geld, welches zusammenkam, wurde mitunter zu anderen Zwecken verwandt; nach Skrzetuski betrug während des 18. Jahrhunderts der wahre Personalstand des Heeres kaum die Hälfte des gesetzlich erforderten. Auch nach 1776 fehlten an den für die Krone gebotenen 12,439 und an den litauischen 4770 Mann, noch immer weit über 1000 Köpfe.

Am vollständigsten war damals das zahlreiche Officiercorps vertreten. Die Officierstellen wurden vom Hetman vergeben oder verkauft, und konnten mit dessen Bewilligung wiederum verkauft werden. Der Preis war gewöhnlich der vierjährigen Gage des Postens gleich.

Adlig waren die Officiere der geworbenen und fremdländischen Regimenter bis zum Anfang des 18. Jahrhunderts selten. Ein durch den vierjährigen Reichstag aufgehobener Beschluss von 1786 machte alle Officierstellen und Militärämter nur geborenen Edelleuten zugänglich.

Uebrigens wurde die beschlossene Heerstärke nicht öffentlich in die Constitutionen, sondern in die scripta ad archivum eingetragen, wahrscheinlich um dem Auslande nicht die militärische Schwäche der

Republik zu deutlich ad oculos zu demonstriren. Die beschlossene Heersumme war bald grösser bald geringer, je nach den Umständen; über 30,000 Mann hat sie sich auch in schlimmen Fällen nicht belaufen, und Litauen stellte auch auf dem Papiere höchstens ein Drittel der Krontruppen. Auf jedem Reichstage musste der Stand der Truppen neu beschlossen werden, damit überhaupt Truppen gehalten werden konnten, ähnlich wie in England durch die Mutiny-Act; die vielen zerrissenen Reichstage aber machten das Heerwesen de facto permanent.

Im Jahre 1635 belief sich nach der polnischen Ordre de bataille, die der französische Gesandte d'Avaux seinem Hofe sandte, das Soldheer der Republik auf ungefähr 20,000 Mann; davon waren 13,000 Mann Reiterei, und zwar zu einem Drittel deutsche Reiter; das Fussvolk betrug ca. 6000 Mann; das Geschützwesen nahm nur eine kleine Anzahl Mannschaften in Anspruch.

Im achtzehnten Jahrhundert betrug der Heerbestand in Wahrheit oft kaum 10,000 Mann; 1764 war die Sollstärke der Kronarmee 12,500 Mann, die der litauischen 4800. Die Artillerie betrug während der Regierung des letzten Königs kaum 400 Mann für die Krone, 100 für Litauen.

An Stelle der bisherigen verschiedenartigen Cavallerie, die noch immer den stark überwiegenden Theil des Soldheeres darstellte, war 1775 die Nationalcavallerie gesetzt, die zu gleichen Theilen aus, natürlich adligen, Towarzyszen und Gemeinen bestehen sollte, und für welche 1786 zu Warschau ein Exercierreglement erschien.

Der vierjährige Reichstag nahm endlich die dringend nothwendige Vermehrung der Infanterie in die Hand, die zugleich aus ihrer veralteten Eintheilung nach Fähnlein herausgerissen und die sonst übliche Ordnung nach Regimentern, Bataillonen und Compagnien erhielt. Die Infanterie der Krone wurde zu 20,000 Mann, die von Litauen zu 10,000 Mann erhöht.

Die Artillerie erhielt von demselben Reichstage eine Verstärkung auf 2000 Mann für die Krone, auf 1000 für Litauen.

Alle Aenderungen, die nun vor und nach der Constitution vom dritten Mai vorgenommen wurden, hatten den grossen Fehler, dass sie zu spät kamen. Alle Anstrengungen des Reichstages hatten für die gesammte Wehrkraft der Krone und Litauens — diese wesentlich militärisch sehr unzweckmässige Theilung der Wehrkraft wurde fortwährend beibehalten — beim Einrücken der russischen Truppen eine Stärke von 60,000 Mann erzielt. Dabei war die Verwaltung

äusserst mangelhaft geblieben. Officiere und Soldaten waren sehr unvollkommen gebildet und geübt, eine centrale Leituug, ein esprit de
corps, waren kaum im Entstehen. Unmöglich war es vor allem gewesen, die so gut wie eben geschaffene Fuss- und Geschützarmee den
gleichen Waffen der Nachbarreiche auch nur qualitativ ebenbürtig zu
machen.

Und so hat Constantin Frantz nicht Unrecht, wenn er meint, „es
musste das polnische Adelsreich untergehen, weil es nie über seine
irreguläre Cavallerie hinausgekommen war.   Denn hätten die Polen
eine tüchtige Infanterie und Arlillerie gehabt, so hätte man sie nicht
theilen können." Die Gründe von Polens Sturz liegen freilich zugleich
noch tiefer.

Für das Verhalten des Soldheeres gegenüber der Bevölkerung
der Republik, die eigentlich stärker von ihm bedroht war, als die
Feinde des Reiches, sollten die Constitutionen 1710, 1717, 1775,
massgebende Gültigkeit behalten.   Nach den Constitutionen 1589, 1613
sollte der Soldat im Lager nur vor seinen Oberen belangt werden
können, vor den „Kriegsrechten" und vor dem Hetman.

Dieser hatte von 1590 bis 1768 unbeschränkte Macht über das
Soldheer; er war hier, was der König seiner Idee nach beim allgemeinen Aufgebot sein sollte. Durch die Artykuły hetmańskie von 1609
übte er Macht über Leben und Tod.   Der König war dem Soldheer
gegenüber machtlos, auch wenn er an der Seite des Hetmans stand;
nicht ihm, sondern diesem waren die Soldaten durch den Fahneneid
verpflichtet.

Die Einquartierung der Soldaten durfte nach den Const. 1659,
1760, nur auf den Staatsgütern erfolgen, deren Bewohner ja zu allen
Lasten am stärksten herangezogen wurden.

Auf den Tischgütern, denen des Adels und der Geistlichkeit fand aber
in Kriegszeiten ganz gewöhnlich trotz jenes Verbots gleichfalls Lage-
rung polnischer Truppen Statt; die Const. 1776 gab der herschend
gewordenen Gewohnheit darin Ausdruck, dass sie die geistlichen Güter nicht mehr für quartierfrei in Friedenszeiten erklärte.

Doch war damals die Quartierlast nicht mehr so schlimm als
früher; bis zum Ende des 18. Jahrhunderts hatte das Soldheer überwiegend aus zusammengelaufenem Gesindel von allen Herren Ländern
bestanden, deutsche und ungrische Knechte waren noch sein acht-
barster Theil gewesen.

Das Commando und die Titel im Soldheer waren d e u t s c h bis
zu Johann Sobieski.

Seitdem war das polnische Element zur Bedeutung gekommen. Bereits war es für ein Staatsverbrechen erklärt worden, polnische Staatseinwohner für fremde Mächte anzuwerben.

Immer häufiger eilte das niedere Volk der polnischen Städte zu den Werbetrommeln der Republik; die Const. 1775 erlaubte die Werbungen, gegen die sich sonst die Grundherren heftig gesträubt hatten, nur adlige Döfrer wurden auch diesmal noch ausdrücklich von Werbungen befreit. Beim Untergang des Reichs bestand das Soldheer zum grossen Theil aus Insassen der Republik. Noch war in dem einen Theil des Heeres, dem sogenannten deutschen Autorament, die Dienstsprache deutsch, und diese Regimenter lagen namentlich in Grosspolen und bis 1769 in Preussen. Aber das polnische Autorament war doch herangewachsen. Den Theilungsmächten erst blieb es vorbehalten, zu zeigen, welch treffliches Soldatenmaterial der Pole in allen seinen Ständen bietet.

Das Kriegswesen bildete den schwächsten Theil der polnischen Verfassung. Und während der Staat kaum 20,000 Mann unter den Fahnen halten konnte, hielten einzelne Magnaten sich tausende eingeübter und gutgerüsteter Soldaten zum Prunk, so jener thörichte Fürst Karl Radziwill 6600 Mann. Durch die Const. 1649 waren die grossen Herrn aufgefordert, ihre Truppen im Kriegsfall der Republik nicht vorzuenthalten. Und unter Stanislaus August kam es vor, dass sie ihre Haustruppen für Soldaten der Republik erklärten, doch ging daraus nur wenig Vortheil hervor.

Auch der König hielt sich eine besondere nur zum Parade- und Hofdienst bestimmte Leibwache; noch 1775 wurden dem König Poniatowski 2000 Mann gestattet, die er von seiner Civilliste erhalten musste.

Alles dies blieb nach der Constitution des 3. Mai in Geltung. Durch dieselbe wurde das Soldheer „als eine aus der Gesammtmacht der Nation gezogene bewaffnete und geordnete Macht" bezeichnet, reelle Verbesserungen aber nicht weiter in Aussicht gestellt.

Ein Verpflegungswesen und Lazaretheinrichtungen waren fast niemals auch nur im Keime vorhanden; selbst für die Befestigungsarbeiten waren keine Mannschaften vorhanden. Zur Zeit des vierjährigen Reichstages hatte die Republik erst im Ganzen zwanzig Mann Pioniere.

Mit den Festungen des Staates war es sehr mangelhaft bestellt. Bolesław der Gewaltige hatte an verschiedenen wichtigen Punkten, namentlich an den Grenzen, in ähnlicher Weise befestigte Punkte angelegt, wie der grosse erste Heinrich in Deutschland, und die Bevölkerung war rechtlich verpflichtet, zur Instandhaltung der Werke und zur Ernährung der Vertheidiger beizutragen. Grade diese Pflicht aller Landeseinwohner war durch die Immunitätsertheilungen am wenigsten gemindert worden, sie bestand noch unter Kasimir dem Grossen für den Adel oder dessen Unterthanen. Bis ganz zuletzt wurden einzelne Schlösser, die auf schwer zugänglichen Orten gelegen waren, unter die Festungswerke der Republik gerechnet; sie sollten von den Inhabern der um sie liegenden Staatsgüter, von den Starosten, in Vertheidigungszustand erhalten werden. Ihre Werke waren aber viel stärker verfallen, als die von einigen Privatfestungen, welche durch reiche Magnaten erbaut und erhalten wurden, wie Zamość und Nieśwież; in welchem letzteren Ort die Radziwiłłs ebenso gut König zu sein behaupteten, wie der König in Krakau.

Krakau und die anderen grössern königlichen Freistädten wurden durch verschiedene königliche Befehle und Constitutionen zur Ausbesserung und Vermehrung ihrer mittelalterlichen Zinnenmauern und Gräben angehalten, wie ja auch die Gründungsurkunden der Städte ausdrücklich von der Vertheidigungspflicht sprachen; doch war von allen Städten der Republik nur Danzig noch bis ins 18. Jahrhundert fähig, eine moderne Belagerung auszuhalten.

Die einzige Stadt, welche auf Kosten der Republik in Art einer neueren Festung gehalten wurde, war Kamieniec in Podolien. Und ebenfalls konnten für ein modernes Befestigungswerk auch die in derselben Wojewodschaft von Johann III. angelegten Dreieinigkeitschanzen gelten, die aber 1778 östreichisch wurden.

Eine Geschützgiesserei, Waffenfabriken und Arsenal waren in Warschau auf Privatkosten des Königs Poniatowski angelegt worden; 1780 übernahm laut Reichstagsbeschluss die Republik deren Unterhaltung.

1764 und 66 wurden die Anfänge zu der Warschauer Militärschule gelegt; 1776 zu deren Erhaltung jährlich 300,000 Gulden aus der Kronkasse ausgesetzt. Da 1778 Litauen sich erbot, den dritten Theil dieser Kosten zu tragen, wenn ein Drittel der nur adligen Zöglinge immer aus Litauen genommen würde, so bestimmte der Reichstag von 1780, dass überhaupt die Zahl der Schüler zu drei gleichen Theilen auf die drei Provinzen vertheilt würde.

# Vierter Abschnitt

## Polens Seemacht

Von einer polnischen Flotte konnte erst die Rede sein, nachdem sich Polens Grenzen bis zur See erweitert hatten.

Der Euxinus, wissen wir, ist der polnischen Wehrkraft nicht unterworfen gewesen, wenn auch Kotschubei und Otschakow im funfzehnten Jahrhundert als polnische Häfen genannt werden. Eine Art Piraterie oder Kaperei übten in den Kriegen der Republik mit den Moslemin die Kosaken, die auf ihren Tschaiken sich ganz gewöhnlich in die offene See hinauswagten. Auch im Frieden belästigten sie häufig die Küsten des Grosstürken; 1577 verheerten sie Sinope sowie das nördliche Kleinasien und drangen bis zu den Vorstädten von Istambul. Im Jahr 1635 verbot ihnen der Reichstag strenge ferneren Seeraub; die Republik verstand es weder Land- noch Seemacht der Kosaken ihrem Kriegsorganismus einzugliedern, und so ging hier viel treffliche Kraft ohne Leitung und in Zersplitterung verloren.

Seitdem Preussen und später Livland der Republik annectirt waren, stand Polen zwar in manchen freundlichen und feindlichen Beziehungen zu den See beherschenden Nordstaaten, entwickelte aber nur geringe Energie zur Beschützung seiner baltischen Küsten.

Die Danziger und die Rigaer hielten sich auf eigene Kosten, wie sie in den guten Zeiten der Hansa gethan, Schiffe zur Beschützung ihres Seehandels.

In den livländischen Verwicklungen ums Jahr 1560 rüstete Siegmund August eine Anzahl von Kaperschiffen im Namen der Republik zur Blocade von Narwa aus, aber erst, als die Danziger sich dazu nicht bereit fanden. Diese selbst benahmen sich feindselig gegen die Schiffe des Königs, welche zuletzt von den Dänen vernichtet wurden.

In allen Pacta Conventa bis 1633 war die Bedingung aufgenommen, dass der erwählte König auf eigene Kosten eine Flotte des baltischen Meeres herstellen solle. Doch wurde dieser Satz nicht ausgeführt und es liess sich bei den polnischen Rechtzuständen dem

Könige in dieser Beziehung nichts vorhalten, so lange er nicht die Absicht zeigte, die übernommenen Verpflichtungen ganz abzuwerfen. Erst Siegmund III. errichtete 1627 unter einem besonderen Admiral eine Flotte von neun Schiffen, die glücklich gegen die Schweden kämpfte, von den Dänen aber vernichtet wurde.

Władysław IV. erneuerte 1635 diese Schöpfungen seines Vaters. Zum Küstenschutze hatte er auf der Landzunge Hela zwei kräftige Forts errichtet, nach seinem und seines Bruders Namen genannt, deren Obhut und Erhaltung den Starosten anvertraut wurde.

Den Höhepunkt hatte diese polnische Seemacht 1637 erreicht; ihre Admiralität, die nominell unter dem Krongrosshetman, als dem Oberhaupt der gesammten Wehrkraft stand, und aus einigen preussischen Rittern nebst danziger Rathsherrn zusammengesetzt war, hatte in Danzig ihren Sitz.

Als nun aber auf Befehl des Königs und Reichstags ohne Einwilligung des Danziger Raths die neue Flotte benutzt wurde, um den eben vom Staate beschlossenen Hafenzoll von den nach Danzig segelnden fremden Schiffen zu erheben, conspirirte der Rath mit den Dänen, und diese brachten den polnischen Orlogsfahrzeugen eine empfindliche Schlappe bei, ohne vorherige Kriegserklärung. König Władysław protestirte kräftig gegen diesen Bruch des Völkerrechts, aber es geschah nichts, um die vom Auslande gekränkte Ehre der Republik wieder herzustellen; und nichts rächt sich schwerer als solche Versäumniss.

Unter Johann Kasimir ging alles zu Grunde, was noch von Küstenbefestigung und Kriegschiffen vorhanden war; aber in seltsamem, doch nicht beispiellosem Gegensatz zu ihrer vollständigen Ohnmacht erhob die Republik ihrerseits den Anspruch auf das Dominium maris Baltici, das in den völkerrechtlichen Beziehungen der drei letzten Jahrhunderte eine so grosse Rolle gespielt hat.

# Dreizehntes Buch

## Aeussere Verhältnisse

*Il me semble que l'influence extérieure d'une nation
dépend de ses institutions.*

Garnier-Pagès im Corps Législatif am 15. März 1867

## Erster Abschnitt

### Behandlung auswärtiger Angelegenheiten in der Republik Polen

Fredro, dieser von seinen Landsleuten mitunter überschätzte politische Schönredner und Schönschreiber des 17. Jahrhunderts, sagt in seinen „Fragmenten", die Trennung zwischen Polen und Litauen habe sehr wenig zu bedeuten, da nur die Finanzverwaltung, die Kriegsverfassung und einige andere öffentliche Thätigkeiten geschieden seien. Da nun aber, wie wir wissen, auch im Gerichtswesen und in demjenigen, was von Polizeithätigkeit und Administration im engsten Sinn vorhanden war, die Functionen der Republik nach Polen und Litauen gespalten waren, so war ja die gesammte Staatsverwaltung zweigetheilt und der Gegensatz der beiden in der Union von 1569 vereinten Staatskörper war also doch nichts weniger als bedeutungslos. Er verläugnet sich auch nicht in der Stellung, welche die Republik nach aussen hin einnahm. Allerdings hatten sich Polen und Litauen grade mit Rücksicht auf die äusseren Verhältnisse geeinigt und Krieg, Frieden und Bündnisse sollten beiden Staaten stets gemeinsam sein. Aber der Vortheil dieser Verbindung lag doch zu sehr auf Seiten Polens, und Litauen hatte zu der Realunion sich nur halb gezwungen bequemt. Noch bis zum Ende des siebzehnten Jahrhunderts gab es viele unter den litauischen Magnaten — und diese, nicht die Ritterschaft, waren im Widerspruch zu den kronländischen Zuständen noch lange Zeit die bestimmende Gesellschaftschicht — die eine Verbindung ihres Landes mit Moskau für naturgemässer und nützlicher hielten, als die Verknüpfung mit Polen; und nachdem die Folgen der Targowicer Conföderation für die Republik deutlich fühlbar wurden, suchte eine Anzahl litauischer Grossen wiederum laut ausgesprochen eine freiwillige Union des Grossfürstenthums mit Russland herzustellen, um die Incorporation in das Zarenreich zu vermeiden. Auch sonst wurden die Litauer durch ihre Interessen häufig genug zu einer Sonderpolitik angeregt.

Dennoch lässt sich nicht verkennen, dass die Behandlung auswärtiger Fragen mehr als die andern Theile der Staatsverwaltung von einheitlichem Geiste getragen wurde. Insofern als nicht besondere Beamte mit den auswärtigen Geschäften betraut waren, sondern diese stets unmittelbar jenen beiden Factoren zufielen, welche die Krone mit Litauen gemeinsam hatte, dem König und dem Reichstage, war dies Verhältniss auch natürlich. Ständige Gesandte waren von Polen nicht gebraucht worden, bis zu den Versuchen, die der vierjährige Reichstag machte. Man schickte die Gesandten immer nur zu bestimmtem vorübergehendem Zweck, und der König ernannte oder der Reichstag wählte, wenn es irgend ging, dann gewöhnlich einen Litauer und einen Polen. Mitunter machten sich die Litauer auch das Vergnügen, auf ihren Provinzialtagen und später auf den Provinzialsessionen einen besonderen Agenten aus ihrer Mitte zu wählen.

Eigentlich hatte noch nach den Pacta Conventa Heinrichs der König mit dem Senat das Recht der Gesandtenbestimmung; erst unter Stanisław August ward die geltende Gewohnheit, dass alle wichtigen Gesandtschaften durch Beschluss des ganzen Reichstages bestellt wurden, schriftlich fixirt.

Man sah auch bei Gesandtenernennungen, ebenso wie bei Ertheilung der lebenslänglichen Aemter, leider nur zu häufig auf die Herkunft und den persönlichen Einfluss des Ernannten, nicht auf seine diplomatische Befähigung. Wie hätte man auch diese bei dem gänzlichen Mangel diplomatischer Verbindungen prüfen und erkennen sollen! Traurig nahm sich da oft ein eques Polonus, der ausser fliessendem Latein und grossem Selbstbewusstsein nichts mitbrachte, als mitunter die — Tonsur, unter den geschulten Bevollmächtigten Venedigs, Frankreichs, Oestreichs aus.

Es ist ein wahres Wort, „die Regierungen schildern sich in der Art, wie sie repraesentirt werden". Das Auftreten der polnischen Gesandten, die, wenn sie im Interregnum vom Reichstag an den neuerwählten König abgeschickt wurden, zugleich mit fortwährenden Subsidienforderungen für ihre eigene Person und für die Partei des Erwählten hervortreten, konnte wenig Ehrfurcht für die Republik erwecken. Wusste doch auch Jedermann, in welchen Umständen sie sich befand. Der polnische Gesandte war bei der Finanzlage der Republik fast immer auf seine eigne Kasse angewiesen; war diese beschränkt oder erschöpft, so bewegte er sich oft in kümmerlicheren Umständen, als Friedrichs des Grossen Minister in London; aber dass hinter ihm niemals 200,000 Mann marschirten noch marschiren konnten, war ein Geheimniss der Sperlinge auf den Dächern. Das unstaatliche Wesen der Republik, ihre schon im siebzehnten Jahrhundert mehr als unzeitgemässen Institutionen spiegelten sich beständig im äusseren Auftreten der Gesandten, die nicht selten doppelt nach Europa hinausgingen, von zwei feindlichen Parteien geschickt. Das Ausland wurde zu Eingriffen in Polens innere Verhältnisse durch alles das aufgefordert und herausgefordert.

Nur geborne Edelleute, die ihr etwaiger geistlicher Beruf seit den Pacta Conventa der beiden Auguste auch nicht mehr von Sendungen nach Rom ausschloss, wie früher der Fall gewesen, konnten selbstverständlicher Weise Gesandte werden, was noch die Constitution 1778 wiederholte.

Ihre Instruction empfingen sie durch Commissarien des Reichstags laut Reichstagsbeschluss ausgefertigt; in Nothfällen, wenn kein Reichstag mit erforderlicher Schleunigkeit zusammenberufen werden konnte, durch die Kanzler, die auch sonst ihr Siegel unter die Creditive und Instructionen drücken mussten oder es verweigern konnten, wenn ihnen die Personen nicht anstanden. Ihre Geldentschädigung, für die sie meist erst nachträglich liquidirten, empfingen sie als Polen aus dem Kronschatz, als Litauer aus dem litauischen. Im Jahre 1776 wurden für die damaligen Gesandtschaften zusammen genommen 270,000 Gulden Krongelder, 100,000 Gulden litauische Summen bewilligt.

Nach vollendeter Gesandtschaft musste mit Eid verbundene Rechenschaftlegung erfolgen, und diese stets vor dem Reichstag abgelegte Berichterstattung wurde in die Reichsarchive eingetragen.

Die Gesandten wurden als Bevollmächtigte des Reichstages angesehn, auch wenn sie nicht von diesem ernannt waren.

Der Reichstag hatte im Gegensatz zum König seit dem sechzehnten Jahrhundert die Direction der auswärtigen Angelegenheiten; namentlich behauptete er, dass ohne seinen Beschluss die Republik nicht in Kriegszustand angesehn werden könne. Nur wenn der Feind ins Land gefallen, so bedurfte es keines besonderen Reichstagsbeschlusses, um die Republik in Kriegszustand zu erklären, und das allgemeine Aufgebot einzufordern, wie ausdrücklich noch spät in den Constitutionen erklärt wurde.

Die Zugeständnisse, welche der König 1496 und 1576 dem Adel machte, bezogen sich, wenn wir unsere heutige Gesetzeskritik anlegen wollen, nun allerdings nur auf die Verwendung des allgemeinen Aufgebots. Des Rechtes, Krieg zu erklären, hatte sich der König bis ins 17. Jahrhundert noch nicht ausdrücklich begeben. Erst 1618 gestand eine Constitution den Landtagen ausdrücklich zu, über Erklärung von Offensivkriegen maassgebend beschliessen zu dürfen, und 1638 sowie später wurde dem gesammten Adel das Recht zu Kriegserklärungen gewahrt. Der Primas Karnkowski rief aber noch 1590 dem Reichstag zu: „So üppig aufgeschossen ist die Macht der Abgeordneten, dass sie es wagen, unbeschränkte Vollmacht zu Krieg und Frieden zu ertheilen, was doch nicht ihres Amtes ist." Aber der Adel behauptete seinerseits, und die Publicisten bestärkten ihn darin, bereits seit jenen unächten Statuten von 1454 das Recht zu besitzen, über Kriegserklärungen mit dem König gemeinsam zu beschliessen.

Auch lag dies wohl nahe, da die Corporation, aus welcher Senat und später Reichstag entstand, zu Friedenschlüssen und auswärtigen Verhandlungen von Anfang an gar häufig zugezogen wurde. Vergeblich war der Versuch des berühmten Olszowski 1672, die Befugniss des auswärtigen Amtes auf König und Senat allein zu übertragen; allerdings sollte nach der Const. 1658 in dringenden Fällen eine Deputation, die der König aus dem Senat absondern würde, zu Friedensbeschlüssen genügen, die Ratification blieb selbstverständlich den Landboten vorbehalten.

Bis zuletzt sandte der Reichstag zu jedem Friedenschluss seine Bevollmächtigten. Der ohne Vorwissen der Stände im Jahre 1617 vom Hetman Żółkiewski mit den Türken abgeschlossene Friede wurde für ungültig erklärt; ausser den Verträgen mit den Türken, die 1621 von Prinz Władyslaw, 1667 von Sobieski in beschleunigter Weise abgeschlossen wurden, hat sich der Reichstag an allen Friedenschlüssen betheiligt; bei den schimpflichen Abmachungen von 1773 und 1798 trat die Person des Königs, des dritten Standes der Republik, wie man ihn damals nannte, sogar vollständig zurück.

Diese Behandlung aller Geschäfte durch eine grosse beschliessende Versammlung war so ungeheuerlich, dass die Cabinetspolitik gradezu verlockt werden musste, ihre geschmeidigen Glieder im Kampf mit dem vielköpfigen, vielsinnigen Ungethüm zu versuchen, hinter welchem die unzählbare Masse der souveränen Edelleute als das Letztbestimmende sich erhob. Ist es ja doch überhaupt selten gewesen, dass eine gewählte Körperschaft mit Glück auswärtige Politik getrieben hat; wie sollte der Reichstag sich hier mit Geschick benehmen, da er doch durch die Constitutionen 1613, 1616, 1658 und durch verschiedene Pacta Conventa sowie durch den allmächtigen Gebrauch bei allen Verhandlungen über auswärtige Dinge an Einstimmigkeit gebunden war!

Das 1775 gegründete Departement des Auswärtigen im Immerwährenden Rath, das unter Vorsitz des Primas beständig mit einem Secretär tagte, hätte schöne Früchte zeitigen können, wenn, nun ja wenn im polnischen Staate noch ein Funken von Staatsgeist gelodert wäre. Dies Departement sollte die Creditive und Instructionen ausfertigen, ausserhalb der Reichstagszeit fremde Gesandte empfangen und Unterhandlungen leiten, ja Verträge schliessen. In wichtigen Fragen sollte der ganze Rath zugezogen werden; aber dies Plenum ebenso wie das Departement war nur ein Werkzeug für die russische Politik.

# Zweiter Abschnitt

## Stellung von Ausländern in Polen

Die völkerrechtlichen Auffassungen in Polen weichen zum Theil sehr bedeutend von den seit Hugo Grotius üblich gewordenen ab. Erst allmählich fand eine Annäherung statt.

Angehörige fremder Staaten genossen in der Republik nicht immer den wünschenswerthen Schutz. Fremde Kaufleute wurden sehr oft besteuert, und gar häufig wurden sie von polnischen Gerichten verklagt. Im Jahre 1456 hiess es, dass die Beamten fortan fremde Kaufleute, die dem Lande schadeten, überhaupt nicht dulden sollten. Man liess sie nach längerem Aufenthalte im Lande nicht ziehen, ohne dass sie einen Theil ihres Vermögens der Grundherrlichkeit, in Freistädten dem Rath oder zugleich dem Starosten überliessen $\frac{1}{4}$, $\frac{1}{3}$ oder die Hälfte.

Ein droit d'aubaine fehlte auch nicht. Die im Lande befindlichen Güter der im Gebiet der Republik verstorbenen Fremden fielen ursprünglich dem König anheim; dann wurde dies Recht auf die Grundherren und auf die Obrigkeiten der königlichen Freistädte übertragen. Sehr abgeschwächt erhielt es sich bis zum Untergang des Reiches. Nach der Const. 1768 fiel ohne Weiteres $\frac{1}{10}$ des Nachlasses von Ausländern an die Grundherrschaft oder an den Rath; meldeten sich innerhalb 3 Jahren die Erben des Verstorbenen nicht, so gehörte der Rest dem Fiscus.

Das Strandrecht war an den Küsten der Republik geübt worden, wie in andern Reichen; 1775 wurde es aufgegeben, als die Republik nur noch das Stückchen Ufer von Polangen ihr eigen nannte; abgerechnet Curland, auf welches sich das Gesetz nicht beziehen konnte.

Auswärtige Edelleute genossen die vielen Vorrechte des polnischen Edelmanns niemals auch nur im mindesten, wenn sie nicht vom Reichstage für indigen erklärt waren. Active politische Rechte erhielten dann aber im Allgemeinen erst ihre Urenkel, sie selbst hatten durch solche Erklärung nur das Recht, Landgüter zu besitzen. Ausländer, die sich in den Freistädten fest niederlassen wollten, mussten zuvor das theure Stadtbürgerrecht gekauft haben. Unverwehrt war es jedem Fremden, sich mit Bewilligung eines Edelmanns oder der Geistlichkeit auf deren Gütern anzusetzen.

Dass der König den Ausländern, die nicht praeciso scartabellatu zu polnischen Edelleuten gemacht waren, alle und jede Bevorzugung versage, wurde in vielen Wahlcapitulationen seit König Ludwig ausbedungen, und bei den Argusaugen, mit denen jeder Szlachcic darüber wachte, auch innegehalten.

Richtig drückt übrigens Schiller die Zurücksetzung der Ausländer in Polen mit den wenigen Worten seines Demetrius aus:

Denn das Gesetz, das nur den Polen gnädig,
Doch streng ist allen Fremdlingen, verdammt mich.

Fremde Gesandte wurden zwar von der Regierung und von einsichtigen Senatoren in Schutz genommen, aber sie unterlagen doch mitunter Insulten bei dem mangelhaften Polizeischutz.

Zur Zeit des Zwischenreiches durften sie die ihnen vom Primas für ihren Aufenthalt und ihr Verhalten angewiesenen Schranken nicht überschreiten, so meinten die Polen mit ihren Reichstagsbeschlüssen

durchsetzen zu können, obwohl sich an diese grade in solchem Fall
kein Gesandter gekehrt hat.

Sonst waren sie, wenn ein polnischer König im Lande war, von
allem Umgang und aller Thätigkeit ausgeschlossen, die ihnen nicht
ausdrücklich durch König und Senat oder wo möglich auch Landboten
gestattet wäre.

Unter Johann Kasimir wurde ernstlich daran gedacht, eine Constitution abzufassen, in welcher solche Gesandte, „die heimliche An-
schläge spännen,“ für verlustig des Schutzes erklärt würden, den ihnen
das Völkerrecht gewähre.

1702 wurde der französische Gesandte aber ohne Gesetz ver-
haftet und über die Grenze gebracht; es war Friede mit Ludwig XIV.

Die Gesandten von Moskau, von den Kosaken, den Türken und
den Tataren wurden im 16. und 17. Jahrhundert mit ihrem Gefolge
auf Kosten der Republik verpflegt, und zwar wenn der Reichstag in
der Krone stattfand, durch deren Schatz, in Grodno aber mit litaui-
schem Gelde.

Ebenso vorübergehend, wie diese hinter ihrer Zeit zurückgeblie-
benen, mit einem Gefolge von tausend Rossen und Kamelen nach
orientalischer Art aufziehenden Botschafter, wünschte sich die Republik
alle andern Gesandten. 1660 wurde als Grundrecht des „sterbenden
Polens“ in einer so betitelten Broschüre aufgestellt, es dürfe kein
beständiger Gesandter ausser dem apostolischen Nuntius sich in Polen
befinden; und übereinstimmend mit den Conföderationsacten von 1669
und 1673 sagte die Constitution 1683, es dürfe kein Gesandter länger
als drei Wochen vor und drei Wochen nach der ihm vom König oder
von den Ständen bewilligten Audienz im Lande bleiben.

Gesandte, die ausser der Reichstagszeit kamen, wurden vom König in Gegenwart der residirenden Senatoren und anwesenden Minister
empfangen. Doch widerfuhr dem Gesandten Friedrichs I., Königs in
Preussen, der Schimpf, dass die polnischen Senatoren sich vor ihm
entfernten und ihn mit dem König allein liessen, um kein Präjudiz
für eine Anerkennung der neuen Königskrone zu geben. Noch bis
1773 wurde das berliner Cabinet durch den polnischen Reichstag nur
als kurfürstlich und herzoglich titulirt. Protestpolitik! Der Staat sah
die Gefahr, die ihm von der Spree aus drohte, konnte sich aber aus
dem Starrkampf, der ihn befallen, nicht zu Thaten aufraffen.

Zuweilen erhielt der Primas auch zu Lebzeiten des Königs das
Recht, Gesandte zu empfangen, so 1598, als der König ausser Landes weilte.

Waren fremde Gesandte mit Aufträgen an die Republik gekommen, so mussten sie sich bis zur Reichstagszeit gedulden; sie
trugen ihre Botschaften den versammelten drei Ständen vor und empfingen
von jedem Stand eine besondere Antwort, vom König durch den Kanzler,
vom Senat durch den Primas, von der Landbotenkammer durch deren
Marschall.

Der Reichstag ernannte zur Unterhandlung mit ihnen dann eine
besondere Delegation.

Streng wurde darauf gehalten, dass die Republik, sobald in den
Ansprachen der Gesandten von ihr die Rede war, das Epitheton se-
renissima empfing, nur im 16. Jahrhundert hatte sie sich mit dem
Praedicat inclyta begnügt.

Mehrere Briefe Ludwigs XIV., die für den König den Titel
Majestät vermieden, wurden zurückgeschickt; auch mussten sich sonst
die Gesandten wegen Formfehlern manche Kränkung gefallen lassen,
z. B. wenn sie im Interregnum nicht zwei Creditive, eins an den Senat, eins an die Ritterschaft mitbrachten, was seit Michael verlangt
wurde.

Eigne beständige Wohnungen für ihre Gesandten hielt sich keine
fremde Macht im Gebiete der Republik; nur der russische Gesandte,
der eigentliche Regent des Landes, hatte sich unter dem letzten König zu Warschau und zu Grodno häuslich eingerichtet. Die Republik
hiess damals noch souverän, war aber seit August des Starken Wieder-
einsetzung in das polnische Königthum durch Peter den Grossen fast
förmlich ein Vasallenstaat Russlands, enger an das verhasste Moskau
gekettet, als jemals früher durch Lehnsverhältniss an einen andern
europäischen Staat.

# Dritter Abschnitt

## Polen als Lehn und die Lehen Polens

Polen trat in die Reihe der christlichen Länder, als der mittelalterliche Gedanke, dass die Fürsten des Abendlandes eine societas
unter Kaiser und Papst bildeten, grade seine höchste Kraft erlangt
hatte. Von imperium und sacerdotium zugleich wurde der Anspruch

auf Oberlehnsherrlichkeit über Europa erhoben und zeitweise in allen Staaten durchgesetzt.

Als Mitglied der christlichen Gemeinschaft musste der Polenherzog durch seine Taufe zum „homo" des Kaisers, des Schirmherrn der Christenheit, werden. Von einigen Schriftstellern, die eben dadurch nur Mangel an Verständniss für das mittelalterliche Völkerrecht bekundeten, ist das Lehnsband zwischen Polen, dessen Name ja sogar nach Lelewel seine umfassende Bedeutung den Deutschen zu verdanken hat, und dem Reiche abgeleugnet worden. Aber ganz bestimmte Nachrichten von wiederholter Huldigung der Polenfürsten an den Kaiser liegen vor. 985 „gab sich", wie Thietmar sagt, Mieczysław dem Vogt von Rom, und 1013 wird Bolesław der Gewaltige von neuem Vasall des deutschen Königs, natürlich für seine Nachfolger zugleich mit.

Dies Verhältniss hatte allerdings wenig reale Bedeutung; es wurde mit Hohn öfter noch von den polnischen Fürsten abgeschüttelt, mit Schwertstreichen von den deutschen Herschern wieder hergestellt; aber die Pflicht der Heerfolge wurde nur selten von den Polenherzogen geübt. Und der Tribut, welchen nach Helmolds zeitgenössischem Zeugniss die Piasten der kaiserlichen Majestät zahlten, lief stets sehr kläglich ein.

Unter Karl IV. ist die Verbindung der damals wieder unter sich geeinigten polnischen Fürstenthümer mit dem Reich als gelöst zu betrachten. Die Idee des „Reiches" hatte sich in der Hand dieses slavischen, nicht deutschen Monarchen auflösen müssen.

Andere praktische Folgen ergaben sich aus der Abhängigkeit, in der Polen zum heiligen Stuhl sich befand. Wie Ungern, England und Neapel stand das mittelalterliche Polenreich seit dem 11. Jahrhundert in strengerem Unterthänigkeitsverhältniss zum Papst, als andere Länder, und die Curie machte sich das Sarmatenland für verschiedene Zwecke dienstbar.

Der Peterspfennig wurde seit dem 11. Jahrhundert gesammelt; er betrug für ganz Polen mindestens über 800 Goldgulden jährlich und hörte erst im sechzehnten Jahrhundert auf. Seit dem vierzehnten gingen die Annaten nach Rom; unter Siegmund August erhoben sich viele Wünsche für Aufhebung dieser Abgabe; aber noch unter König Stefan wurden jährlich 22,266 rother Gulden aus den einzelnen Diöcesen gesammelt und an den Papst abgeführt, von Gnesen allein 8799 Gulden. So hatte also der Reichstagsbeschluss von 1567, es sollten die Annaten im Lande bleiben und zur Vertheidigung bestimmt werden; und die Drohung von 1569, der doppelte Betrag der Annaten sei von den Bischöfen, die noch ferner Annaten zahlen würden, als Strafe einzuziehen, keine Wirkung gehabt.

Auch das Gebot von 1607, es sollten ebenso viel Gelder, als für die Annaten nach Rom gingen, jährlich an den Schatz gezahlt werden, wurde nicht befolgt. Man versprach für diese Constitutionsbestimmung die päpstliche Bestätigung einzuholen; doch erfolgte diese niemals.

Die Annaten verfielen im Lauf des siebzehnten Jahrhunderts; beständig aber gingen die Palliengelder nach Rom, die allerdings nicht direct von den Insassen der Diöcesen gesammelt wurden, sondern als persönliche Abgaben der Bischöfe zu betrachten sind und darum nicht mehr als Kennzeichen für eine Unterordnung Polens unter den heiligen Stuhl gelten können. Das Lehnsverhältniss zu Rom war seit dem Basler Concil als erschüttert zu erachten; die Jesuiten stellten später ein anderes Band her, fester, als der Lehnsnexus gewesen.

Unter dem Cardinalscollegium in Rom befand sich immer ein protector Poloniae, der nominell Polens geistliche und weltliche Interessen beim römischen Stuhl wahrzunehmen hatte. Er wurde durch den König um Uebernahme der Würde ersucht. Mit dem Tode des Cardinals oder mit seiner Wahl zum Papste wurde das Amt vacant.

Kaum fühlte sich Polen im funfzehnten Jahrhundert ganz unabhängig, so begann es sich selbst andere Staaten als Lehnsländer unterzuordnen. Nur im Verhältniss nach aussen wurde der Feudalismus von der Republik angewandt.

Allerdings war die Lehnverknüpfung, welche seit 1466 den königsberger Hochmeister an den König fesselte, weder fest, noch schwerwiegend.

Das Lehnverhältniss des Herzogthums Preussen war dagegen seit 1525 enger und drückender, als man häufig denken mag; der grosse Kurfürst zerriss eine starke Nabelschnur, als er sich souverän machte.

Das königsbergische Preussen stand seit seiner Säcularisation in seiner Gerichtsverfassung unter den Assessorialgerichten des Königs (das Landrecht bestand in Gewohnheiten, die als Jus provinciale Ducatus Prussiae 1620 zuerst in Rostock gedruckt wurden), musste Gelder zahlen und Truppen stellen, ohne sich an der Berathung über den Krieg betheiligen zu können. Was dem Herzog bei der ersten Lehnsertheilung zugesichert war, ein Platz im Senat, wurde ihm nicht eingeräumt, trotz wiederholten Ansuchens; er genoss nicht das allgemeine Recht der polnischen Edelleute und der Vasallen in damaligen andern Reichen, da mitzurathen, wo er mitzurathen hatte; er war

Unterthan der Edelleute, denn diese sprachen entweder durch den Mund des Königs oder im Interregnum direct zu ihm, als seine wahren Herscher. Häufige Einmischungen des Reichstages in die Streitigkeiten von Herzog und Ständen, machten stets fühlbar, dass das Herzogthum ein Theil Polens sei; und mehr als ein ostpreussischer Ritter und Städter fühlte sich als Pole, bis zum Ende des siebzehnten Jahrhunderts.

Durch die Verträge von Welau und Bromberg war der Herzog von Preussen noch nicht ganz los von Polen, er sollte so wie alle seine Nachfolger der Republik in allen Kriegsfällen 1500 Mann Hülfstruppen stellen; erst in Oliva befreite er sich auch von dieser Last.

In ähnlichem Verhältniss stand Polens anderes Lehnherzogthum Curland seit dem Jahr 1561 und 1569. Im Jahr 1579 wurde die Lehnsverbindung, die fast zerrissen schien, erneuert und 1589 wurde bestimmt, dass Curland an Polen fallen solle, sobald der Kettlersche Stamm ausgestorben.

Die Verfassung dieses Herzogthums war der polnischen ganz und gar nachgebildet; „der Adel alles, der Fürst nichts, die Städter weniger als nichts", wie Rousseau sagt, die Bauern Sklaven.

Zu Curland wurde auch der Piltener Kreis gerechnet, der vergebens von den sogenannten Bischöfen von Livland reclamirt wurde, namentlich seit 1685 vom hochwürdigsten Popławski, und viel Aufhebens auf den polnischen Reichstagen und Gerichten verursachte. Der König stellte sich hier auf Seiten der Curländer.

Zu Lebzeiten des letzten Kettler 1726 wählte der curländische Adelslandtag den bekannten Moritz von Sachsen zum Nachfolger, der Reichstag von Grodno aber erklärte im selben Jahre diese Wahl für ungültig und sandte eine Commission um die Einverleibung in die Republik vorzubereiten. Dennoch wurde 1736 der ganz und gar unter russischem Einfluss stehende Reichstag so weit gebracht, dass er den Curländern eine neue Belehnung versprach und die Person des neu zu belehnenden dem König überliess auszuwählen. Das weitere ist bekannt.

Während Bühren, der polnische neue Lehnsherzog, nun in Sibirien sass und von Rechtswegen seinen Suzerän der Felonie zeihen konnte, wurde ganz harmlos Curland unter Autorität des Königs August III. von einer Commission weiterregiert; eine abscheuliche Satire auf Polens auswärtige Stellung. Nach Rückkunft des Herzogs trat alles ins gewöhnliche Gleis, als sei nichts vorgefallen, als gehörten Polen und Curland beide zum Zarenreich.

Das Herzogthum stand unter dem obersten Gericht der Republik; um seine civilen Einrichtungen kümmerte sich der Reichstag nur insoweit, dass er dem katholischen Bekenntniss Gleichberechtigung mit dem protestantischen sicherte.

Curland stellte noch nach der Abmachung von 1737 in jedem Kriegsfall der Republik 500 Infanteristen oder 200 Reiter.

Die curländischen Verfassungsänderungen unterlagen der Controlle der Republik. Die curländischen Pacta, Privilegia et Jura sind dem VI. Bande der Volumina legum inserirt. Hand in Hand mit den vom vierjährigen Reichstag versuchten Reformen ging eine auf Kosten der Adelsmacht sich ausbreitende Verbesserung der rechtlichen Zustände des Herzogthums.

Hier wie dort nahm sich Russland der grossen unzufriedenen Fractionen an, um sich schliesslich beide Länder gleichzeitig anzueignen. Aber freilich Russland war Garant des alten curländischen in Landtagsrecessen bestehenden Staatsrechtes mit Bewilligung der Republik gewesen.

Eine Zeit lang war als Lehnstaat der Republik auch Rumänien zu betrachten. Es huldigte 1386.

Die dauernde Theilung dieses Landes in Moldau und Walachei ist polnischen Ursprungs.

Die Söhne des verstorbenen rumänischen Hospodars Alexander baten ihren Lehnsherrn Władysław III. 1436 um Neubelehnung. Der König gab das Land nördlich vom Sereth, die Moldau, dem Elias, den Rest dem Stefan, und seitdem blieb die Theilung constant. Noch im sechzehnten Jahrhundert war das Lehnsverhältniss als gültig zu betrachten; es äusserte sich in Tributzahlungen an Polen und in dem Einfluss, den der polnische König auf Ernennung neuer Hospodare üben konnte. Die Türkei, welche seit 1529 sich in die Ansprüche Polens getreten betrachtete, wurde in denselben erst unter Siegmund III. anerkannt. Aber ein gewisses Schutzverhältniss zu den Donaufürstenthümern suchte die Republik auch noch im siebzehnten Jahrhundert zu bewahren; Żółkiewski liess sich 1617 von der Pforte versprechen, dass die Hospodare Katholiken und Polenfreunde sein sollten.

Im Uebrigen gliederte sich die Republik alle Länder, die in ihre Gewalt kamen, in weit modernerer Weise an. Desto schwerer rächte es sich, dass der Staat das grosse Gebiet, welches er sich geschaffen, nicht den Forderungen der Zeit entsprechend nach aussen hin zu schützen und zu repräsentiren wusste.

# Vierter Abschnitt

## Polen unter den modernen Staaten

Das frühere Staatensystem Europas war seit seiner Bildung im fünfzehnten Jahrhundert um das in mehr als halbsouveräne Staaten aufgelöste Deutschland gruppirt. Von dem heiligen römischen Reich hingen die andern Staaten theils wie eben so viel Gewichte herab, theils drückten sie mit ihren Schwerpunkten auf dasselbe zusammen.

Irgend ein feindlicher Zusammenstoss Polens mit dem habsburgischen Kaiser hat nicht stattgefunden. Zwar wegen der Wiedererlangung Westpreussens und zeitweise auch Livlands für das Reich, wurden öfters Pläne geschmiedet, die nach Batorys Wahl den Ansatz nahmen, sich in Thaten umzugestalten; nun, der deutsche Reichstag erkannte die Ansprüche, die er auf jene Länder habe, im vollsten Maasse an, aber er wollte die Summen zu einem Kriege mit Polen nicht bewilligen. Es blieb bis zum Untergang der Republik bei den alten Freundschaftsverträgen des Kaisers mit der Republik, die seit dem Ende des funfzehnten Jahrhunderts oft erneuert waren, zuletzt im Jahre 1732.

Das heilige römische Reich und die durchlauchtigste Republik Polen konnten sich eben so wenig anhaben, als je zwei zahnlose Wölfe. Die Gefässsysteme beider Staaten waren vom marasmus senilis der Auflösung nahe gebracht. Beider Zustand war eine Uebergangstufe zum Tode, beide liessen schon lange nicht nur Mangel an Kraft, sondern Verlust an Masse wahrnehmen. Rief doch der würdige Consulent Moser aus: „Es ist alles bei uns in Confusion, so gut oder ärger als Polen durch Verwirrung regiert wird."

Diese Bündnissverträge mit den römischen Kaisern wurden den Constitutionen einverleibt und allen Bürgern der Republik zur Nachachtung empfohlen. Ebenso galten als Gesetz seit 1710 der ewige Frieden, den Polen 1686 mit Russland abgeschlossen hatte, seit 1661 der Olivaer Frieden vom vorhergehenden Jahre, und seit 1658 der 1657 mit Dänemark geschlossene Tractat. Der letztere gab dem König August Anlass zum Krieg mit Karl XII.; doch hat bekanntlich damals die Republik keinen officiellen Krieg mit den Schweden geführt.

Es war aber bei der Schwäche des ganzen Staatsgefüges schon seit längerer Zeit zweifelhaft, welche Kriege für Kriege des Staates, und welche nicht dafür angesehen werden sollten. Durch nichts ist der Hass der Russen gegen die Polen so sehr und so dauernd entflammt worden, als durch den Antheil, den polnische Heere an den furchtbaren Unruhen der falschen Demetriusse nahmen; aber konnten die Russen genaue Kenner der polnischen Zustände sein, um das anomale Verhältniss zu begreifen, dass der polnische Staat tiefen Frieden mit ihnen hielt, dass er jedoch zu schwach war, seinen Bürgern den Krieg mit befreundeten Mächten zu wehren?

Ebenso fiel das ganze Odium des Antheils, den polnische Truppen am 30jährigen Kriege auf Seite des Kaisers nahmen, über die Republik, obwohl auch hier nur Privatleute die Bundesgenossen der habsburgischen Politik waren. Die vielen Conföderationen, die bald für oder gegen diese, bald für oder gegen jene auswärtige Macht sich aufrichteten, machten es völlig ungewiss, was man für Handlungen des Staats und was für Handlungen Einzelner halten solle. Und die Verwicklungen des Auslandes mit den Parteien des polnischen Adels, liessen das polnische Staatsinteresse ganz und gar als ein Conglomerat wechselnder und sich bekämpfender Einzelinteressen hervortreten. Wo sollten nun die ausländischen Mächte den polnischen Staat erblicken? Der sah ihn hier, der sah ihn dort, und zuletzt hielt man ihn allgemein wegen dieser getheilten und schwebenden Erscheinungsform nur für ein Luftgespenst; man erachtete die Länder der Republik für staatlos, für herrenlos in politischer Beziehung; occupirte sie also.

Weil polnische Gesandte in Europa sich nur selten blicken liessen, und an den wichtigen Verhandlungen des 16. und 17. Jahrhunderts nur selten theilnahmen, fast gar nicht aber seit dem westfälischen Frieden erschienen, so hatte die Republik keine feste Stellung in der damals so viel Streitigkeiten hervorrufenden Rangfolge der europäischen königlichen Mächte. Im Allgemeinen begnügten sich die Gesandten der Republik mit dem Platze nach England, und später nach Schweden, behaupteten aber vor Dänemark zu stehen, was sie im Jahre 1555 auch durchgesetzt haben. Russland verlangte gleich nach seinem Eintritt ins europäische Concert vor der Republik zu rangiren; doch wurden noch im Jahr 1699 zu Karlowitz durch den kaiserlichen Gesandten die beiden Mächte für ebenbürtig erklärt.

Im Allgemeinen erregte ein polnischer Gesandter, wohin er kam, Aufsehn und Verwunderung, und nahm von vornherein einen exceptionellen Standpunkt.

Durch den Ausgang des Interregnums von 1575 — 76 war die Loslösung Polens von den grossen Interessen der europäischen Politik für immer begründet, alles andere war Nachspiel; die Republik wollte sich mit Vorbedacht an dem grossen Kampf der Bourbonen und Habsburger, der das Wesen der drei neueren Jahrhunderte bildet, nicht betheiligen, das war seit jenem Zwischenreich feststehend. Freilich war eine Hinneigung zu Frankreich seit früh schon bei den Polen zu bemerken, von denen ein venetianischer Botschafter des 16. Jahrhunderts sagt: „zwischen ihnen und den Deutschen ist ein über die Grenzen der Natur hinausgehender Hass."

Das deutsche Reich verhielt sich ruhig gegen Polen, und der Republik fehlte es nicht an Lust, aber an Kraft, jener alten Braminenregel zu folgen: „Sei deines Nachbarn Feind, und mache dir den Nachbar deines Nachbarn zum Freunde." Sie hielt sich zurück von Frankreich, ihrem natürlichen Bundesgenossen. Als man nahe daran war, bei Lebzeiten Johann Kasimirs eine Königswahl zu veranstalten, wurde doch als eine Hauptbedingung des neuen Candidaten gefordert, dass er „keinem der beiden in Europa rivalisirenden Häuser angehören solle." Stillesitzen in völkerrechtlichen Kämpfeu aber ist mit Rückschritten identisch.

Bald war Polens Feindschaft den europäischen Mächten ebenso gleichgültig als seine Freundschaft; man rechnete nicht mehr mit Polen, sondern über Polen.

Seit dem Anfang des 18. Jahrhunderts konnte der russische Gesandte, wo irgend noch von der Republik die Rede war, mit Zuversicht sagen: ich bürge für Polen.

Mit richtiger Kenntniss der Sachlage sagte ein polnischer Edelmann, Anhänger Leszczyński's, in einer 1704 erschienenen Flugschrift: „So sehr erniedrigt sind wir Polen bereits, dass wir uns dem Schutze des Moskauers unterwerfen, ja, uns seiner Vormundschaft übergeben müssen."

Dieser Schutz und diese Vormundschaft dauerten beständig fort und verliehen den russischen Kaiserinnen in der zweiten Hälfte des achtzehnten Jahrhunderts bereits eine Art Besitztitel auf das Gebiet der Republik. Im siebenjährigen Kriege duldete die polnische Nation ohne ein Zeichen des Murrens, dass die russischen Generale im Lande hausten, als sei es russischer Boden. Russische Soldaten blieben fortwährend in polnischen Garnisonen, im Jahre 1768 wurde die Warte bei Posen durch russische Popen feierlich eingesegnet, wie ein russischer Fluss. Sollten die Nachbarmächte warten, bis Russland sich ein völlig unzweifelhaftes Recht auf den Boden der Republik ersessen haben würde?

Sie zogen es vor, Bruchstücke von dem reichen Gewinne zu fordern. Dass Russland den Löwenantheil behalten müsste, war ersichtlich; aber Preussen und Oestreich mussten immerhin das, was ihnen zufiel, als eine diplomatische Eroberung ansehen, die sie Russland abnahmen; und niemand war mehr geneigt zu einer solchen Auffassung, als das Cabinet von Petersburg. Alles, was es den beiden anderen Mächten bewilligte, betrachtete es als Abtretung rechtmässig erworbenen Gutes.

Mit Recht hat man in jenem Tractat vom 11. April 1764, worin Friedrich der Grosse und Katharina sich gegenseitig zusagten, „die Verfassung und die Grundgesetze der Republik“ unwandelbar erhalten zu wollen, Polens Todesurtheil gelesen.

Proclamirt wurde es durch den petersburger Tractat zwischen Oestreich und Russland vom 3. Januar 1795, der die Republik Polen für erloschen erklärte. Preussen hatte sich mit Russland über die beiden Amputationen von 72 und 93 verständigt, die durch Beschluss des Reichstages sanctionirt und rechtlich unanfechtbar waren; fast ein Jahr lang sträubte es sich, in die gänzliche Vernichtung der Republik zu willigen. Aber wäre es möglich gewesen, noch einen Theil des Staates bei spontanem Leben zu erhalten, so wäre eben überhaupt alles unmöglich gewesen, was seit 1764 mit dem ganzen Staat geschehen war.

Die Kräfte, welche die Verfassung der Republik Polen geschaffen und beherscht hatten, waren ausgelebt. Ein vollkommen neuer Aufbau der Gesellschaft und der staatlichen Formen war nothwendig und begann von jenem Zeitpunkte.

# Fünfter Abschnitt

## Schluss

Wir sind am Ende. Wohl könnten wir über jeden der Hauptpunkte, nach denen wir ·die Verfassung der Republik Polen betrachtet haben, aus dem uns zu Gebote stehenden Material ebenso viel und mehr schreiben, als diese ganze Arbeit Raum einnimmt; doch für wen? Steht es ja noch dahin, ob dem Inhalt dieses allgemein gehaltenen Versuchs Beachtung zu Theil wird. Auf den Vortheil. des Historikers durch gefällige Darstellung für seinen Gegenstand Interesse zu erregen, muss der Schilderer des Rechts doch verzichten; auch wenn er Ursache und Wirkung der einzelnen Rechtsätze mit dem Zusammenhang der weltgeschichtlichen Thatsachen in Verbindung stellt und das Staatsrecht als Erscheinungsform der Natur des Staats aufzufassen strebt.

Die Dissolving Views dieses Buches duldeten keine genauere Ausführlichkeit. Und freilich muss man sich, um vieles zugleich überrsehen zu können, mit einer Art Vogelperspective begnügen. Diese erlaubt uns einen freien grossen Blick über jenes untergegangene, den Anschauungen unserer Zeit gegenüber fossile Staatsrecht. Weit dehnt sich vor uns nach Wegräumung des schwersten Schuttes der Complex von Polens gesammten inneren Verhältnissen; die vielverschlungenen Gänge und übereinander geschichteten Zellen des „polnischen Bienenstocks". So nennt ein Schriftsteller des siebzehnten Jahrhunderts die Republik und hält sie insofern für sittlicher organisirt denn einen wahrhaften Bienenstaat, als in ihr die vollkommen entwickelten, nicht durch die Arbeit verkümmerten Insassen, die Drohnen, sich dauernder Herrschaft erfreuten!

Eben dieser Gedanke ist es, der uns allein den sichern Weg durch jenes Labyrinth eröffnet; nur wenn wir als ersten Grundsatz festhalten, dass die Republik Polen zum Staatszweck das persönliche Wohl der souveränen Edelleute hat, wie auch Conring schon hinwarf, eröffnet sich uns ein Verständniss der polnischen Verfassung. Durch

den Adel, für den Adel geschah alles, was im Staat geschah.
Der Fürst, der eigentliche Mittelpunkt des Staats, der Inhaber der
Regierungsgewalt, wird zuletzt nur gemeinsamer Mandatar des Adels
für einige Geschäfte, ähnlich dem Repräsentanten einer heutigen Actien-
gesellschaft. Zwischen den einzelnen Individuen, welche die Republik
bilden, besteht grade nur so viel Verbindung, als dringend erforderlich
ist, um jeden einzelnen Souverän im Vollbesitz seiner Herrschaft und
seiner Genüsse nach innen hin zu erhalten. Aber nach aussen hin?

Sicherstellung des Vermögens und der Vorrechte der einzelnen
Edelleute ist nach Ostrowski das Wesen der ganzen polnischen Gesetzgebung. Die Masse der Bevölkerung wird dafür „mehr nach Willkür
denn nach bestimmten Rechtsregeln" verwaltet, wie schon Cromer hervorhebt. Und die Summe dieser Principien giebt den Begriff der
polnischen Freiheit, welche Coxe als Quelle des polnischen Elendes
betrachtet, und von der ein Mitkämpfer der Barschen Conföderation
behauptet, anstatt sie zu vertheidigen, hätte man damit anfangen sollen,
sie zu zerstören. So hat denn im Gegentheil die polnische Freiheit,
die „regina libertas", wie man ihr jubelnd im siebzehnten Jahrhundert
zurief, den polnischen Staat zerstört. Sie konnte und musste die
letzten noch zusammenhaltenden Bande auseinandersprengen, weil die
Unabhängigkeit des Einzelnen als das Haupterforderniss der Freiheit
von den Polen im polnischen Staat hingestellt wurde, wie man unzweifelhaft treffend neuerdings bemerkt hat.

In der That ist der edelmännische Individualismus das
ovum, aus dem sich Polens Verfassung mit Consequenz entwickelt hat;
dies Princip einmal fest, erscheint alles Grund- und Beiwerk des
polnischen Staatsrechtes nur als eine explicatio impliciti.

Freilich gilt dies erst von jener Zeit an, seit sich aus dem streng
geschlossenen Piastenstaat, der in der Sippenzusammengehörigkeit einen
festen Kitt fand, in raschem Lauf die Republik entwickelte, seit der
Grenzscheide des 14. und 15. Jahrhunderts. Niemals ist ein Umschlag
schlimmer, als wenn die Bestandtheile eines Körpers sich ohne Zutritt
anderer Stoffe aus sich selbst heraus verwandeln; so war es der Fall,
als der polnische Adel sich von seiner ursprünglichen Bestimmung, dem
ungemessenen steten Waffendienst für das Land, loszusagen und das
Wohlbefinden seiner einzelnen Mitglieder als Ziel seines Daseins aufzufassen begann. Polen blieb im 16. und 18. Jahrhundert, was es
im Jahre 1000 gewesen, eine militärisch organisirte Demokratie, aber
nicht mehr für militärische Ziele bestimmt. Die Stoffe waren dieselben, aber sie veränderten und zersetzten sich fortschreitend.

Man nennt dies Fäulniss im physischen Leben; ein Process, dem eine Epoche weiniger Gährung voranzugehen pflegt, welche wir auch in der Geschichte Polens nicht vermissen. Die Erfolge der Adelsdemokratie im funfzehnten Jahrhundert, die Vergrösserung der Republik um das vierfache waren berauschend; rasch aber trat die saure Gährung ein und ihr folgte die — Verwesung.

Mit Unrecht ist der Mensch geneigt, seinen Blick von diesen Vorgängen abzuwenden. Verwesung ist im staatlichen Leben, wie in der Welt der organischen Körper, die Hauptquelle, welche der Natur die verbrauchten Kräfte wieder zuführt; nur Verwesung schafft neu emporsprossenden Gebilden Nahrungsaft und Boden für die Wurzeln. Sie ist Nachtseite der Schöpfung; für das Gesammtdasein ebenso unentbehrlich, als das Dunkel, welches sich auf das einzelne Geschöpf täglich neue Erholung bringend niedersenkt.

Oft tritt im Staatsleben Verwesung vor dem Tode ein. Ein geistreicher Pole hat den ehmaligen Staat seiner Nation in einer alten Weide, jenem heiligen priesterlichen Baume der Germanen und Slaven, symbolisirt gefunden, und wir geben seinem Worte Recht. Kennen nicht wir alle jene geneigten Stämme, die von innen heraus erst mürbe, dann hohl geworden, jene Baumgreise, die uns durch ihre gespensterhafte Form und das Leuchten ihres Holzes erschrecken? Einer dieser Weiden glich die Republik. Das innere Mark jedes Staates, die Regierungsgewalt, war längst in ihr geschwunden; aller Nahrungsaft, den sie aus der mütterlichen Erde zog, floss der phosphorschimmernden Aussenfläche des Stammes zu, dem in seine einzelnen Fasern sich mehr und mehr auflösenden Adel.

Bereits im sechzehnten Jahrhundert war die polnische Verfassung das, was Deutschlands damalige Constitution. Die Republik war gleich dem Reiche „ein System vieler Staaten und gleichwohl wiederum ein Reich in einer eingeschränkten Wahlmonarchie." Jeder Edelmann aber herschte über seine Unterthanen noch uneingeschränkter, als die deutschen Reichstände über die ihrigen, Conf. 1573.

Deutschland hätte ohne seinen kräftigen Vorstaat im Nordosten vielleicht denselben Ausgang genommen, wie Polen. In Polen aber hatte der allgemein verbreitete Individualismus keinem der Magnaten gestattet, inmitten der allgemeinen Unstaatlichkeit aus seinem Gebiet mit Bauern und Mediatstädten und den in seinem Dienst stehenden sowie ihm anhängenden Edelleuten ein staatliches Gebilde zu schaffen, an welches andere noch flüssige Stoffe als Krystalle hätten anschiessen können. Kein Mittleres war vorhanden zwischen der Idee der all-

24*

gemeinen Einheit, die mit immer schwächer werdenden Klammern den
Adel zusammenhielt, und zwischen der allgemeinen Vereinzelung. Die
Corporationen, in denen die Kraft der freien Völker ruht, wie Tocqueville bemerkt, waren dem herschenden Stande unbekannt und, wo
sie sich unter den andern Gesellschaftschichten erhielten, machtlos.

Keine Personen gab es, um die sich die Masse schliessen konnte,
als alles versank; denn der Pole hatte die Anhänglichkeit an Personen verlernt. Das eigne Selbst überwog bei jedem Szlachcic und
erlaubte nicht einmal dem Nationalitätsprincip seine Wirkungen, durch
welches doch ein bedeutender Theil der Republik über den Verlust
der nordwestlichen und östlichen verschiedensprachigen Gegenden hinaus
sich hätte erhalten können.

Die polnische Verfassung hatte sich dem polnischen Charakter
angepasst, wie er sich im funfzehnten Jahrhundert ausgebildet hatte,
aber im Leben ist nun einmal alles Wechselwirkung; und so hat das
Staatsrecht durch die Formen, die ihm der Adel gegeben hatte, in
starker Weise den Charakter des Adels beeinflusst und geändert. Nur
ein Beispiel. Das liberum veto ist aus dem lebhaften Einheitsgefühl
hervorgegangen, welches die Szlachta (schon die Singularform des
Namens sowie des staatsrechtlich so häufigen Ausdrucks bracia, Brüder, sind bezeichnend) zusammenband. Die Folgen des eingeführten
Grundsatzes aber machten Unverträglichkeit und Zerrissenheit zu einem
Charakterzug des Adels. Wenn man die Besonderheiten des französischen Staats aus der Lust des einzelnen Franzosen, zu herschen
und an der Herrschaft theilzunehmen, hat erklären wollen, die des
englischen aus dem Triebe des sächsischen Gattungsmenschen, so wenig
als möglich beherscht zu werden — dann kann man den Faden auch
weiter spinnen und die Eigenthümlichkeiten der Republik Polen auf
den Drang des polnischen Vollfreien, zu herschen und nicht beherscht
zu werden, getrost zurückführen.

Weil vom Individualismus ausgehend, beraubte das polnische
Staatsrecht in seinen Wirkungen den polnischen Staat allmählich der
Eigenschaften eines Staats. Was das Völkerrecht alter und neuer Zeit
als Kennzeichen eines Staates ansah, war in Polen zuletzt kaum noch
im Begriff vorhanden. Wir wollen nicht erwähnen, dass Pufendorf,
wie viele vor ihm und nach ihm, den Majoritätsbeschluss als Vorbedingung eines Staates aufstellt; wir wollen auch nicht die sehr dehn-
bare Definition mancher Völkerrechtslehrer auf Polen anwenden, dass
ein Staat nur zu finden sei, wo eine Gemeinschaft mit Selbstgenugsamkeit bestehe, mit den nöthigen Mitteln, um sich in ihrer Unabhängigkeit aufrechtzuerhalten. Aber das Wirken eines organischen Gesammt-

willens, einer befehlenden Macht, eines imperium, ohne welches, wie Cicero de legibus so schön bemerkt, kein Zusammengehen menschlicher Kräfte in irgend welchen Kreisen möglich ist, die Thätigkeit einer Staatsgewalt oder Regierungsgewalt ist von jeher und überall als erstes Erforderniss eines Staates im völkerrechtlichen Sinn aufgefasst worden. Und wie es in dieser Beziehung mit Polen bestellt war, lag vor Europas Augen offen da.

Nicht Reichstag noch Adel handelten als Träger der Regierungsgewalt; der König, der als solcher functioniren sollte, wurde durch den Individualismus beständig daran gehindert; durch einzelne Ausbrüche des Individualismus, wie die Conföderationen, sogar häufig ganz und gar von seiner Stellung gedrängt. Oft vermochte ein der polnischen Verhältnisse kundiger unparteiischer Mann nicht zu sagen, wo die polnische Staatsgewalt zu finden sei; und selbst wenn dieselbe in Polen unbestritten irgendwo vorhanden war, so liess sich ihre Existenz für Europa doch kaum bemerken.

Fragen wir uns nur genau, welchen Begriff verbinden wir mit der Aussage, Polen ist untergegangen? Das Gebiet der Republik ist nicht von der Erde verschwunden; alle Gesellschaftsklassen existiren fort, wenn auch in anderem Verhältniss zu einander; polnische Landtage und civilrechtliche Institutionen, polnisches Steuerwesen und polnische Regimenter haben fast unverändert noch lange nach der Theilung des Landes bestanden. Was ist also vernichtet worden, als Polen unterging? Die Antwort kann nur sein: Polens Regierungsgewalt. Mit deren Wegnahme musste Polen aufhören. Aber wir alle wissen, dass dieselbe schon längst vor Polens Untergang in ihrer Lebenskraft sich fortschreitend reducirt hatte, so dass den Theilungsmächten fast nichts mehr zu zerstören übrig blieb. Und wir alle wissen auch, dass Europa gegen diesen Vernichtungsact nicht reagirt hat, weil es längst gewöhnt war, Polen als keinen vollgültigen Staat mehr zu betrachten.

So verschwand das mächtigste Slavenreich, welches vor den Schöpfungen Peters des Grossen bestanden hatte. In traumhafter Ferne liegt es uns heute; fast märchenhaft klingt dem Europäer, was er von dem verschollenen Recht, von den Kriegsthaten und Staatsactionen der Republik hört. Und doch hätte dies Reich seinen Militärkräften nach den dritten, seinen Finanzen nach den vierten Rang unter den europäischen Mächten einnehmen können, wenn der adlige Individualismus nicht die Staatsgewalt ausser Stand gesetzt hätte, die Kräfte des Landes zu verwerthen. Polen hatte alle Hülfsquellen einer Grossmacht. Und nun — verschwunden — versunken!

Wir dürfen die Zustände jenes untergegangenen Staates nicht
verspotten; wir sollen uns auch nicht begnügen, sie mit suffisanter
Miene für nothwendig und darum für die möglichst besten zu erklären. Dass in jeder menschlichen Schöpfung schon bei ihrem Entstehen
die Keime des einst sicheren Verfalles liegen, ist heut eine zu triviale
Wahrheit, als dass sie allein uns befriedigen könnte.

Erheben wir uns vielmehr auf den Standpunkt, uns zu erklären,
worin der Fortschritt unseres heutigen Rechtzustandes und des damaligen europäischen, gegenüber der Verfassung Polens liege. Wir werden
zu keinem andern Ende kommen als, dass zu einer guten Verfassung,
die den Staat nach aussen sicher stellen soll, mehr erforderlich ist,
denn dass sie den jedesmaligen äusserlich historisch entwickelten Ge-
sellschaftszuständen des Landes sich anfüge. Sie muss zugleich den
Gesetzen der Natur des Menschen angepasst werden, in deren immer
genauerer Erkennung und Nutzbarmachung für die Praxis der Fortschritt in der Kunst menschlichen Zusammenlebens besteht; gleich wie
auf unseren fortwährend sich mehrenden Erfahrungen über die uns
umgebenden Naturgegenstände und deren Gesetze unsere täglich grössere
Dimensionen annehmende Naturbeherschung beruht. Seit Menschen
auf der Erde leben, haben sie dieselben Gesetze des Handelns gehabt,
die uns bewegen; aber wie langsam geht die Beobachtung! So darf
es uns nicht Wunder nehmen, wenn eine Staatsgründung des jugendlichen Slaventhums, an der wir nach ihrem Untergange eben diese
Gesetze der moralischen Weltordnung trefflich studiren können, aus
Mangel an Erfahrung ihr Rechtsystem selbst in kein genügendes Verhältniss zu jenen ewigen Satzungen stellte.

Niemals war das Staatsrecht eines Landes bei seinem Entstehen
mehr den relativen Bedingungen angepasst, die es vorfand; selten hat
es den Gesetzen der Menschennatur weniger entsprochen. Die Verfassung der Republik war nicht nur auf dem allen Erfahrungen wider-
sprechenden Grundsatze basirt, dass einige Volkschichten zur politischen Thätigkeit ausschliesslich berufen, andere unter allen Umständen zu ihr unfähig sein; sie beruhte auf der Voraussetzung, dass alle
Glieder des herschenden Standes stets Muster von Tugend sein müssten und war auf die schlechten Eigenschaften des Einzelnen und der
Masse nicht im Entferntesten berechnet; ja sie machte ein Princip, das
auch unter den besten Verhältnissen zur Auflösung menschlicher Gemeinschaften hintreibt, zum punctum saliens ihrer gesammten Verfassung: den Individualismus.

Auch andere Staaten waren kurz vor der grossen Revolution höchst unzeitgemäss geworden; ihre Verfassungen entsprachen weder dem Fortschritt der Kenntnisse über die Gesetze des menschlichen Handelns, noch war es möglich, sie den in Folge dessen herschend gewordenen Gesellschaftzuständen anzupassen. Aber in jenem Sturm brach eben zusammen, was hinter dem allgemein europäischen Leben zurükgeblieben war. Mit Polen gemeinsam fielen die Generalstaaten, fielen Genua und Venedig, fielen die deutschen Bisthümer, die Reichstädte und die — Reichsritterschaft. Die Republik hatte mehr inneres Vermögen, denn sie alle; stürzte sie dennoch, so muss ihr Staatsrecht noch um so viel unzeitgemässer gewesen sein, als ihre latente Macht, die jener gefallenen Grössen überragte.

In der That, die Gesetze des polnischen Staats, die Acten seiner Behörden, unverfälschte und unverfälschbare Zeugnisse sind es, aus denen die Nachwelt mit Grausen wahrnimmt, wie der Adel, den Spaten des Individualismus schwingend, das Grab der Republik sorgsam und mit einem frommen Eifer ausgehöhlt hat. In Worten, die an Härte durch die feindseligste Darstellung nicht übertroffen werden können, steht deutlich vom Adel selber aufgezeichnet und für alle Gebietstheile des des Staates geltend die wohldurchdachte Niederdrückung der nichtadligen Landleute und die steigende Herabziehung der Regierungsgewalt. Um die hierdurch maasslos gehobene Individualität nicht schmälern zu lassen, wird auch den freigewählten Vertretern des Adels nur die Möglichkeit des Negierens, nicht aber des selbständigen Handelns gewährt. Uneins gegenüber dem Ausland, ist die herschende Klasse nur noch einig in Verachtung gegen die deutschrechtlichen Gemeinden und in Verfolgung der akatholischen Bekenntnisse, also den Corporationen, weil sie dem losen Individualismus gegenüber feste Punkte bilden.

Einzig wo sie diesen ungerechtfertigten Zielen dienen, geniessen die Staatsbeamten Ansehn, im übrigen sind sie dem Individualismus gegenüber machtlos. Der matte Organismus der Staatsverwaltung spricht sich am unglücklichsten im Zustand des Gerichtswesens aus.

Durch keine sichere Rechtspflege gezügelt verhielt sich das adlige Individuum ebenso karg gegen den eigenen Staat, als habsüchtig gegen das Ausland. Und weil dem Adel nichts so antipathisch sein musste, als das Wörtchen Subordination, war die Erfüllung der Wehrpflicht gar bald auf ein Soldheer übergegangen. Ohne Steuern aber keine Soldaten, und ohne hinreichendes Heer keine Selbständigkeit, keine Sicherheit nach aussen. Das war Polen! Um den Individualismus zu schonen, hatte sich die Republik von den Weltereignissen zurückgezogen, und darum ging das Rad der Weltgeschichte erbarmungslos über sie hinweg, wie von einsichtigen Staatskennern Jahrhunderte lang vorausgesagt war. —

Für das gesammte Staatsleben alter und neuer Erdtheile muss Polens Beispiel Früchte tragen; kostbare Blumen und werthvolle Heilkräuter lassen sich aus den wirren Trümmern des polnischen Staates pflücken. Sicherlich werden die Polen selbst, die seit dem Fall jenes Reiches so eifrig in Wissenschaft und Künsten emporstreben, auf dem Gebiet des menschlichen Zusammenlebens erst dann Erfolge zählen, wenn sie sich von den verderblichen Traditionen der Adelsdemokratie befreit haben, in welchem Staat auch immer sie zu politischem Handeln eintreten! Und die Slaven überhaupt werden aus ihrer weiteren Entwicklung alles fernhalten müssen, was die Republik zum Sturze gebracht hat. Aber auch unsere moderne westländische „Freiheit" hat schon manchen Ansatz zu einem Individualismus getrieben, der gefährlicher werden könnte, als jener der in Polen herschenden Klasse. Dort hat sich eine adlige Bevölkerung von einer Million den Boden ihrer Hoheitsrechte selbst untergraben und die niederen Gesellschaftschichten verloren nicht, sondern gewannen bei dem endlichen Zusammenbruch; in einem heutigen Staat handelt es sich um Wohl und Weh vieler Millionen.

Und so sind jene ernstmahnenden Worte vom 18. März 1867, die wohl vom Parteihader, aber nimmer von einer wissenschaftlichen Forschung zurückgewiesen werden können, recht beherzigenswerth: die Verfassung der Republik Polen liefert den Beweis, „wohin ein grosser Staat gelangen kann, wenn er die Freiheit höher stellt, als die Sicherheit nach aussen, wenn die Freiheit des Individuums als eine Wucherpflanze das Allgemeinwohl beherscht."

Anhang

# Vierzehntes Buch

## Litteratur des polnischen Staatsrechts

Vindemiatori aut venatori difficillimum omnes et uvas
decerpere et feras in casses compellere. Valete et plaudite!
Joannes Franciscus, de institutione reipublicae.
Paris 1554, fol. 190.

Wie es bei einem „republikanischen" Volk, als welches sich die
Polen schon im sechzehnten Jahrhundert gleich nach Entstehung ihrer
Litteratur mit Emphase bezeichneten, nicht anders sein konnte, ist
ein bedeutender Theil der polnischen Schriften, ja die in litterari-
scher Hinsicht vorzüglichsten Werke, den historischen und politischen
Wissenschaften gewidmet. Gleichwohl gehört das öffentliche Recht
zu den von polnischen und lateinisch-polnischen Schriftstellern im Verhältniss nur stiefmütterlich behandelten Gegenständen; wenn auch Coxe
behauptet, dass keine Nation eine grössere Menge von Schriftstellern
besitze, die so gründlich über Gesetze und Landesverfassung geschrieben haben.

Im Widerspruch zu den Deutschen, welche instinctiv durch eine
gründliche Erkenntniss ihrer Zustände zur Verbesserung gelangen
wollten und desshalb zu allererst in Europa die Statistik anbahnten,
und das Staatsrecht ausbauten, blieb die eigentliche Politik das
Hauptfeld für die litterarische Beschäftigung der Polen. Eine, dem
Ausländer fast unglaubliche Menge von Broschüren und Büchern trat
jährlich mit Vorschlag, Rath, Plan und Aufmunterung zu politischem
Handeln unter der Presse hervor; die thatsächlich und rechtlich
bestehenden Krystallisationen wurden in Druckschriften nur selten
besprochen. Nicht ohne Grund!

Ein Bedürfniss für Darstellung, besonders des vorhandenen Staatsrechts, wurde in den Massen des polnischen Adelvolkes kaum gefühlt.

Zu den Voraussetzungen der polnischen Verfassung, die ihrem Kerne nach Gewohnheitsrecht war, gehörte, dass sie im Bewusstsein aller Staatsbürger lebendig sei; und durch den allgemein gebotenen Antheil am Staatsleben war jedem Edelmann die Gelegenheit, sich durch Autopsie und Erfahrung zu unterrichten, gegeben.

Ferner aber waren durch das allgemein gestattete Eingreifen in das Staatsleben die existirenden Zustände grossen Schwankungen ausgesetzt. Die meisten Staatsfragen befanden sich in einer, wie Dahlmanns Politik sagt „glücklichen Unbestimmtheit." Einer gründlichen Behandlung des polnischen Rechtes standen nicht kleine Schwierigkeiten im Wege, wie auch für den heutigen Forscher noch der Fall. Die vorhandenen schriftlichen Gesetze, die den ersten Anknüpfungspunkt geben konnten, waren von Ungenauigkeiten und Gegensätzen erfüllt. Das alles konnte nur abschreckend wirken.

Und wie sollte sich nun der auf rasches Thun gerichtete theoretischen Studien abgeneigte Sinn der damaligen Polen ohne Noth mit einem so schwer zu classificirenden und so mühsam zu distinguirenden Gegenstande, wie das öffentliche Recht der Republik war, wissenschaftlich befassen? Ganz gewiss, die ausschliesslich praktische Beschäftigung mit dem Staat hat sich zu dem unruhigen Grundzuge des polnischen Geistes gesellt, um zu bewirken, dass verhältnissmässig wenig originale Darstellungen des heimischen Staatsrechts aus polnischer Feder flossen, so lange die Republik bestand. Der Pole Maciejowski erkennt es an, dass dem polnischen Staatsrecht die gründlichste Behandlung auf dem Boden des polnischen Preussen widerfahren ist, von Männern deutscher Zunge.

Die angeführte Mangelhaftigkeit der betreffenden Litteratur ist nun aber doch nur eine relative, gegenüber dem sonst sehr ausgedehnten politischen Schriftenthume der Polen; an sich betrachtet, erscheint die Menge staatsrechtlicher Bücher, die in und über Polen geschrieben sind, keineswegs unbeträchtlich. Es ist schwer, bei der Zerstreutheit und Unzugänglichkeit polnischer Werke, ein genaues umfassendes Bild von dieser Litteratur zu gewinnen; dem Einzelnen ist eine gründliche Durchforschung der vielen über das Gebiet des alten Polen verbreiteten Bibliotheken, sowie der Berliner, Wiener, Petersburger, Römer, Pariser Sammlungen auch physisch fast unmöglich.

Aber eine Geschichte der Staatswissenschaften in Polen fehlt noch, und dieser Entwurf zu einer Litteratur des polnischen Staatsrechts ist darum nicht ungerechtfertigt.

Es versteht sich, dass wir bei dem uns knapp zugemessenen Raum nur die wichtigeren der Werke erwähnen können, welche sich mit dem Verfassungsrechte beschäftigen.

Uebergehen müssen wir die vielen Geschichtswerke über Polen, die uns freilich für das Staatsrecht zum grossen Theil nur schwaches Glühwürmchenlicht geben; und namentlich in deutscher Sprache giebt es hier überhaupt kein nennenswerthes Buch, abgerechnet die mit 1386 schliessenden zwei Bände „Geschichte Polens" in der Heeren-Ukertschen Sammlung; für die älteren Historiker gilt Bacos Klage (de fontibus juris aph. 29) „dass sie sich um das Rechtswesen nicht sonderlich kümmern, oder wo sie ihm Aufmerksamkeit schenken, sich nicht an die authentischen Quellen wenden."

Vorbei gehen wir an den vielen Sammlungen von politischen Denkwürdigkeiten, Actenstücken, Reden, Reichstags- und Landtagsdiarien, welche oft kostbare Schlaglichter auf polnisches Staatsrecht werfen; auslassen werden wir auch die meisten der Schriften über Verbesserung der polnischen Staatsform, Bücher und Broschüren, die oft mit grellem Fackelschein über das Staatsrecht hinfahren; denn um hier vollständig zu sein, müssten wir endlos werden.

Wir können nicht einmal daran denken, alle die Schriften dieser drei Gattungen aufzuzählen, durch welche die vorangegangene Darstellung beeinflusst worden ist; ebensowenig als wir die vielen handschriftlichen Hülfsmittel hier einzeln aufzählen können, welche uns in den bis jetzt beinahe unbenutzten posener Archiven zu Gebote standen. Die allermeisten der in diesem Grundriss polnischer Staatsrechtlitteratur erwähnten Druckwerke konnten von uns mit Erfolg zu unserer Arbeit herangezogen werden, und der Kundige wird zu finden wissen, wo wir die bisher über die Verfassung der Republik Polen oder einzelne ihrer Theile erschienen Schriften gebraucht haben, wo wir ihnen entgegentreten und — wo wir über sie hinausgehen.

# Erster Abschnitt

## Sammlungen der polnischen Gesetze

Die Grundlage für wissenschaftliche Behandlung des polnischen Staatsrechts mussten Zusammenstellungen der polnischen Rechtsnormen bilden. Sie begannen erst im 15. Jahrhundert. Man fing natürlicherweise zunächst mit Sammlung der schriftlichen Gesetze an. Eine Aufzeichnung des Gewohnheitsrechtes erschien jenen Zeiten theils überflüssig, theils zu schwierig; wurde zwar mehrfach unternommen, aber stets nur um die „berechtigten Eigenthümlichkeiten" einzelner Gebietstheile klar zu stellen (Consuetudines terrae Cracoviensis 1505, Podlachiae 1569, Masoviae 1576), niemals für die allgemein gültigen Gebräuche. Und so muss die Wissenschaft hier eine bedauerliche Lücke constatiren.

Dagegen erfolgten verschiedene umfassende und, aus dem Standpunkt ihrer Zeit betrachtet, theilweis vortreffliche Compilationen der polnischen Statutargesetzgebung. Eine vom Staat ausgehende Codification des polnischen Rechts blieb frommer Wunsch. Das praktische Bedürfniss auf dem Reichstag, beim Gericht und in der gesammten Verwaltung wurde durch verschiedene Zusammenstellungen der einzelnen Constitutionen befriedigt, die seit Erfindung der Druckerkunst so herausgegeben wurden, wie man sie handschriftlich gesammelt hatte. Die angeblichen Gesetze Kasimirs des Grossen wurden 1491 zu Krakau als Constitutiones gedruckt. Später tauchten Sammlungen aller Gesetze auf, soweit dieselben bekannt waren. Die staatliche Sanction erhielt von diesen Werken nur Łaski, Commune privilegium, Crac. 1506. Viele spätere Arbeiten dieser Art rechneten auf eine feierliche Bestätigung durch den Reichstag, ohne sie zu erhalten; so die von dem krakauer Landrichter Nicolaus Taszycki mit fünf andern Rechtskennern gemeinschaftlich verfassten Statuta inclyti Regni Poloniae etc. Crac. 1532.

In ähnlichem Sinn ist zusammengestellt: Leges seu Statuta ac privilegia Crac. 1553 von dem protestantischen krakauer Landschreiber Przyłuski. Es folgt Joannes Herburt, Statuta 1563; auf Wunsch des Königs ins polnische übertragen als Statuta i prywileje koronne 1570, in alphabetischer Ordnung. Im sechzehnten Jahrhundert traten noch Scharffenberger und Sarnicki mit Sammlungen der Gesetze auf, 1581 und 1594. Der erstere nahm bloss die Constitutionen seit 1550 auf, wie auch in den Sammlungen von Piotrkowczyk 1611 und 1637 geschah. Dann wurden von verschiedenen andern Standpunkten aus Zusammenstellungen eines Theils der Gesetze und Auszüge aus den Constitutionen unternommen, so die Ustawy prawa Polskiego 1561 und die Ustawy prawa polskiego najpotrzebniejsze 1565. Oefter wurde die von Herburt zuerst angewandte alphabetische Ordnung befolgt, so in Januszowski, Statuta, prawa etc. Kr. 1600.

Die nächsten Sammlungen sind Paulus Szczerbicz, Promptuarium statutorum, Brunsbergae 1604 und T. Zawadzki, Compendium, Kr. 1614.

Die bei weitem wichtigste aller Zusammenfassungen sind die von Załuski Konarski und einigen Pijaren seit 1732 zu Warschau herausgebenen „Volumina legum" bis zum Jahre 1780 fortgesetzt, 1860 neu zu Petersburg aufgelegt. Die Constitutionen seit 1782 erschienen einzeln. Ohne Bedeutung ist Stan. Burzyński, Zebranie wszystkich... praw 1766.

Als verunglückt ist das nach der Weise des Herburt zusammengetragene Werk anzusehn Antoni Trębicki, Prawo polityczne i cywilne korony polskiéj i W. X. lit. Warsz. 1789 und 1791.

Die Constitution des 3. Mai, die Beschlüsse der Targowicer Conföderation und der Kościuszkoschen Nationalregierung wurden 1791, 1792 und 1794 gedruckt; wichtige Documente zur Geschichte von Polens Sturze, aber nicht zum polnischen Staatsrecht gehörig, weil unausgeführt.

In dem Codex diplomaticus von Dogiel, der im 18. Jahrhundert erschien, wird man für polnisches Staatsrecht nur wenig finden; das wenige unzuverlässig.

Ueber die Ausgaben der einzelnen Constitutionen und kleinen Sammlungen, so besonders Przywileje za Augusta III, Langfort 1784, hat Bentkowski in seiner Litteraturgeschichte berichtet.

Kołudzki hat ein Promptuarium legum et constitutionum bis 1696 veröffentlicht, ohne viel Anklang zu finden.

Die wichtigsten Constitutionen von 1550—1726 sind von Stan. Kożuchowski 1736 zu Mokrzk herausgegeben.

Werthlos geworden ist der einst vielverbreitete Auszug Gliszczyński, Compendium legum ad usum judicantium. Calis. 1754.

Von praktischer Wichtigkeit sind dagegen andere Auszüge der Constitutionen noch heute.

Berühmt war namentlich das Inventarium Ładowskis, der bis 1788 Kronreferendar war, von Załuski 1733 herausgegeben. Leider citirt der Verfasser die einzelnen Gesetzstellen nur nach den authentischen, auf Befehl des Reichstags gedruckten Ausgaben der Reichstagsbeschlüsse.

Nach den sechs Bänden der Piarenausgabe „Volumina legum" citirt Żeglicki, Inwentarz Praw etc. 1755, sonst dem Ładowski sich anschliessend. Noch weiter vermehrt und verbessert von Theodor Waga, erschien dieser Inventarband 1782.

Das magdeburger Recht wurde zuerst von Łaski herausgegeben, Libri duo juris civiles Magdeburgensis et provincialis Saxonici 1505. Es folgen Joannes Cervus, Forrago actionum civilium juris Magdeb. Crac. 1531, von neuem Zam. 1607; Nicolaus Jaskier, Legum magd. collectio, Crac. 1535, mit königlicher Bestätigung Zamość 1602; Bartłomiéj Groicki, Artykuły prawa Majdeburskiego 1565 und andre Werke desselben Verfassers, der auch die Carolina des römischen Reichs ins polnische übersetzte. Das Digestum juris brevius. Krak. 1543 und verschiedene Werke von Szczerbicz über das magdeburger Recht haben heut keine Bedeutung mehr.

Das culmer Recht erschien 1538, 1584, 1711, 1768 in deutscher Sprache, von J. V. Bandtke 1814 lateinisch.

Gesetzsammlungen für einzelne Landestheile sind:

Statuta ducatus Masoviae 1541; sie wurden auch später neu gedruckt, nachdem sie als Excepta Masoviae mehrmals von den Königen bestätigt waren. Lelewel, Księgi ustaw polskich i mazowieckich, Wilno 1824, enthält die masovischen Statuten seit 1377, wie sie im 15. Jahrhundert aus dem Lateinischen ins Polnische übersetzt waren.

Ferner: Jus terrestre nobilitatis prussicae correctum 1598, Thorn, auch später noch zweimal, ins polnische und deutsche übersetzt, Danzig 1625 und 1647.

Privilegia Ordinum Prussiae erschienen Braunsberg 1616, auch deutsch ebendamals „auf Verordnung der Herren königlichen Commissarien in Druck gefertigt". Die Zahl sonstiger Gesetzsammlungen dieses polnischen Preussen ist ausserordentlich gross, ebenso wie die Litteratur über diesen Landestheil in staatsrechtlicher Beziehung auch sonst, alle Anerkennung verdient.

Die Constitutiones Livonicae, Crac. 1583 hatten nur für den Anfang der polnischen Herrschaft in Livland ihre Bedeutung, bald wurden sie vielfach modificirt.

Das Statut Litewski wurde in seinen Redactionen 1529, 1564, 1588 verschiedene Male reussisch und seit der Mitte des siebzehnten Jahrhunderts auch polnisch gedruckt, zum letzten Mal 1693, vor der Czackischen Ausgabe von 1800. Linde, O statucie litewskim.

Erwähnenswerth ist Titus Działyński, Zbiór praw litewskich 1841 und Raczyński, Codex diplomaticus für Litauen 1845; ebenso Danielowicz, Statut Kazimierza Jagiellończyka, Wilno 1826.

Neuere Herausgaben einzelner polnischer Gesetze überhaupt sind vorhanden in Bandtke, Jus Polonicum, Vars. 1831 bis zum Jahr 1496 gehend. Gleichfalls nur von Bedeutung für das Mittelalter sind Rzyszczewski et Muczkowski, Codex diplomaticus Poloniae 1847, und Helcel, Starodawne prawa polskiego pomniki 1856.

---

# Zweiter Abschnitt

---

## Schriften über das Staatsrecht der Republik im Allgemeinen

Dieser Zweig der polnischen Litteratur und der Litteratur über Polen lässt sich am besten nach drei chronologisch aufeinander folgenden Epochen eintheilen. Die Piastenjahrhunderte fallen ganz aus. Zur Blüthezeit der Republik unter den Jagellonen wurden einleitende Versuche in wissenschaftlicher Behandlung der Dinge gewagt. Den ersten Zeitraum bildet aber erst die Periode, in welcher die Kraft des Staates dahinschwand, die Formen seiner anarchischen Verfassung aber sich fester und fester ausbildeten, vorzugsweise das siebzehnte Jahrhundert; auch noch die Sachsenzeit gehört hierher. Man beschränkte sich wesentlich auf Zusammenfassung der geltenden Gewohnheiten und auf Commentirung gültiger und ungültiger Constitutionen.

Den Anfang der zweiten Epoche bezeichnen die Reformbestrebungen, die der Theilung und dem Untergange des Reiches vorausgingen und die sich in den Darstellungen der bestehenden Verhältnisse wiederspiegeln mussten. Die Verfassung der Republik wird mit ausländischem Staatsrecht verglichen und nach ihren äusserlich hervortenden Mängeln kritisirt. Auf ihr inneres Wesen und ihre Entwicklung geht man nur wenig ein.

Der dritte noch nicht viele Arbeiten umfassende Zeitraum datirt vom Sturz des Reiches.

Wie sich Bilder erst aus einer ihrem Umfange angemessenen Entfernung würdigen lassen, so Ereignisse. Fast scheint es, als sei Polens Untergang, in dem das Urtheil über Polens Verfassung liegt, den Gelehrten noch zu nahe gewesen. —

An der Schwelle unserer Wissenschaft erhebt sich Johann Ostrorog, Doctor beider Rechte und zuletzt Wojewode von Posen. Sein Monumentum 1477, zuerst gedruckt von Bandtke, Vars. 1831, obwohl es zugleich den praktischen Zweck hat, auf Verbesserungen zu wirken, giebt uns einen vortrefflichen Einblick in das polnische Staatsrecht des funfzehnten Jahrhunderts.

Viele äusserst wichtige Notizen finden wir bei ihm; mehr als bei dem Erzieher der Söhne König Kasimirs, Callimachus. Dessen Handschrift, de statu Poloniae aristocratico in monarchicum convertendo, ist leider noch nicht herausgegeben.

Auch bietet Ostrorog noch immer mehr staatsrechtliches, als die politischen Schriftsteller des folgenden Jahrhunderts, wie Modrzewski und Orzechowski.

Mancherlei lässt sich schöpfen aus dem anonym zu Krakau 1507 erschienenen Tractatus de natura jurium et bonorum regis et de reformatione regni ac ejus reip. regimine.

Ein vollständiges und harmonisch abgerundetes Bild der zu seiner Zeit bestehenden Verfassungszustände giebt uns zuerst Cromer, zuletzt Bischof von Ermland, in seiner Polonia, 1568 in Basel, dann vielmals später, so 1586 zu Cöln mit Veränderungen vom Verfasser selbst, 1741 in deutscher Uebersetzung von Adreas Schott zu Danzig, 1850 in polnischer zu Wilno.

Dies Buch ist frisch aus dem Leben geschöpft. Nur lässt es in seinen staatsrechtlich-statistischen Angaben uns die Genauigkeit vermissen. Sicherere Aufschlüsse über einige Puncte dieser Art sind dagegen in dem Buche Alessandro Guagnini, Sarmatia Europaea Tomi III, 1585 zu finden. Der Verfasser war ein mit polnischem Indigenat bewidmeter Italiener, dem man allerdings schuld gegeben hat, das Manuscript seines Buches dem litauischen Geschichtschreiber Stryjkowski entwendet zu haben.

Nicht zu übergehen ist der Versuch Joannis Crassinii Polonia, Bononiae 1574 in einer Uebersetzung von Stanisław Budziński, Warsz. 1852.

Ueber die Verbesserung der polnischen Zustände und deren Wesen haben wir ein schätzenswerthes Buch des Bischofs von Cujavien, späteren Primas, Stanisław Karnkowski, das sich handschriftlich in den Załuskischen Sammlungen befindet, jetzt zu Petersburg.

Ueber viele Theile des Staatsrechtes verbreiten sich

Górnicki, Rozmowy o elekcyi, 1588 und später, deutsch 1762, Breslau und Leipzig. Warszewicki, de optimo statu libertatis, Crac. 1598. Laurentius G. Goslicius, de optimo senatore. Sarnicki, Descriptio Poloniae 1585. Stan. Krzystanowicz, Status regni Poloni, Moguntiae 1596 und später, deutsch Krakau 1697. — Bartholomäus Kiekiermann, Jus publicum 1614 ist uns nicht zu Gesichte gekommen. Für sehr schätzbar dagegen, wenn auch nicht rein staatsrechtlich, halten wir die Bücher

Votum o naprawie rp. 1625. Caspar Siemek, Civis bonus, Crac. 1632. Mieszkowski, Polonus jure politus, Calis. 1637. Simon Starowolski, Polonia 1632 und vielmals später, 1765 ins polnische übersetzt. Stan. Lubieński, Opera posthuma 1641. Lucas Opaliński, Polonia defensa contra Barclajum, Dant. 1648. Krysztof Opaliński, Satyry albo przestrogi do poprawy rządu etc. 1652.

Franciscus Marinius (pseudonym), De scopo rp. Polonicae, Vrat. 1665 giebt eine ziemlich eingehende Darstellung des polnischen Staatsrechtes, kann indessen durch die Folgerungen, die es aus den angegebenen Thatsachen zieht, keineswegs befriedigen.

Andreas Cellarius, Poloniae et Lituaniae descriptio, 1659 und Martin Zeiller, Nova descriptio r. Pol. et m. d. Lit. 1663 sind eigentlich mehr politische Statistik, als Staatsrecht; doch wo wäre in polnischen Verhältnissen hier eine scharfe Grenze zu ziehen?

Chwałkowski, Regni Poloni jus publicum, mit mehreren Ausgaben, am besten Regiomonti 1684, kann als das erste Buch betrachtet werden, welches ohne Verfolgung andrer Ziele das Staatsrecht so rein als möglich darstellt. Der königsberger Professor Hartknoch, der schon 1658 eine Exercitatio ad Chwałkowski jus publicum veröffentlicht hatte, gab 1678 und wiederholt seine Respublica Polona heraus, nicht zu tadeln, aber auch nicht zu überschätzen. Interessant ist das staatsrechtlich-statistische Buch Hautville (pseudonym wahrscheinlich für Caspar Teude), Relation ..... de la Pologne, P. 1686. Es erlebte viele Ausgaben, eine englische und eine deutsche Uebersetzung, die letztere unter dem Titel Polnischer Staat. Nicht geringfügig sind auch die staatsrechtlichen Zusammenstellungen im ersten Bande von Załaszowski, Jus regni Polonici, Posen 1702.

Casim. Zawadzki, Speculum anomalium in capitibus imperii Sarmatici, Vars. 1690 enthält nur zersprengte, aber richtige staatsrechtliche Notizen, ebenso wie desselben Verfassers Historia arcana, 1699; Dalerac, Anecdotes de Pologne, 1699; Starowolski, Reformacya obyczajów polskich, Wars. 1692; Wolf, de causis malorum, 1705; Stan. Karwiński, De corrigendis defectibus in statu rp. Polonae, 1708 (Ms. in der Zalusciana) und Załuski, Epistolae historico familiares, Brunsb. 1709.

Garczyński, Anatomia, um 1730, giebt ein getreues Spiegelbild von den anarchischen Zuständen der Sachsenzeit. Stan. Lubomirski, Próżność i Prawda Rady (aus dem Lateinischen), Posen 1739, bespricht die meisten Theile des Staatsrechtes bei Gelegenheit von Verbesserungsvorschlägen, gegen das vorige weit zurückstehend. Noch einige andere Bücher aus dieser Zeit lesen sich wie einfache Umstellungen der Constitutionenauszüge von Ładowski und Żeglicki, und wir übergehen sie ohne Gewissensbisso.

Am Schluss dieser Epoche steht der Danziger Lengnich. Angeregt vielleicht durch seinen Landsmann, den nur um wenige Jahre älteren germanistischen Publicisten Mascov, dessen Andenken im deutschen Staatsrecht wie in deutscher Geschichte stets in Ehren bleiben wird. Was dieser für das deutsche Reich, hatte er sich vorgesetzt, der Republik Polen zu werden.

Von den ungefähr zwanzig werthvollen Schriften, die wir von ihm besitzen, ist für unsere Zwecke am bedeutendsten das Jus publicum regni Poloni, T. I., Ged. 1742. T. II. 1746. Auch von Nationalpolen für das beste Werk erklärt; von Moszczeński 1761 polnisch herausgegeben, und mit Anmerkungen noch neuerdings von Helcel. Sehr verbreitet und in mehrere Sprachen übersetzt war sein Commentar zu den P. C. von 1733, der 1737 erschien. In den meisten seiner anderen Bücher behandelt er Einzelheiten des Staatsrechts.

Eine äusserst unbedeutende Arbeit ist des Jesuiten Bielski, Widok królestwa polskiego, Poznań 1763, als Schulbuch benutzt und wie die meisten spätern Bücher auf Lengnich basirt. Aehnlich ist C. J. v. Caspari, Preussen, Polen, Cur- und Livland in den alten und neuen Regierungsgestalt, 1756.

Sehr flach sind mehrere damals erschienene französische Bearbeitungen des Staatsrechts, so diejenige, von der unter dem Titel Grundriss der heutigen Staatsverfassung von Polen 1763 zu Frankfurt a. M. eine deutsche Uebersetzung herauskam.

Die Kennzeichen der zweiten Epoche tragen bereits Observations sur le gouvernement de Pologne des König Stanisław Leszczyński im 2. und 3. Bd. der Oeuvres du philosophe bienfaisant. Politische Betrachtungen über die innere Staatsverwaltung von Polen, Frankf. 1776 ist die Uebersetzung von Reflexions politiques, Amsterdam 1775. — J. J. Rousseau, Considérations sur le gouvernement de Pologne, mehrmals, besonders in Rousseaus vollständigen Werken 1782, und Mably, Du gouvernement et des lois de Pologne, P. 1790 sind Rathschläge zur Verbesserung der polnischen Zustände, zum Theil auf unrichtigen Voraussetzungen basirt, aber reich an treffenden Bemerkungen.

Mehr an das Thatsächliche halten sich die Schriften des Pyrrhys de Varilles; und die Lettres sur l'état actuel de la Pologne et sur l'origine de ses malheurs, Paris 1771. Ganz entschieden müssen auch die Bemerkungen des Engländer Coxe im ersten Band seiner Travels into Poland, London 1784 hergerechnet werden, sowie einzelne Stellen in Dumouriez, Vie et mémoires, P. 1795 und im ersten Band von Rulhière, Histoire de l'anarchie de Pologne, 2. Aufl., P. 1808.

In Sinne von Konarskis Buch O skutecznym rad sposobie ist das Werk O przywróceniu dawnego rządu według pierwiastkowych rp. ustaw vom Grafen Wielhorski. In ähnlichem Sinne gehalten ist Du gouvernement et des loix de la Pologne, London 1781. Nicht uninteressant ist Popławski, Zbiór niektórych materyi politycznych, Warsz. 1774.

Auch ein tüchtiges Handbuch des Staatsrechts brachte diese Epoche hervor, nämlich Skrzetuski, Prawo polityczne narodu polskiego Warsz. 1780. 1782, neue Auflage 1787. Eine nicht von unkundiger Seite herrührende gleichzeitige Besprechung dieses Werks findet sich in Steiner, polnische Bibliothek, 1787 p. 98—102. In manchen Beziehungen gehört hierher, namentlich als ein Seitenstück zu Skrzetuski, das Buch von Ostrowski, Prawo cywilne, deutsch als Civilrecht der polnischen Nation, Berlin 1797. Staszyc, Uwagi nad życiem Jana Zamojskiego, 1785 und Przestrogi dla Polski, 1790.

In Delacroix, Constitutions des principaux états de l'Europe, P. 1791 finden sich T. I, 181—350 und T. III, 288—340 die polnischen Verhältnisse behandelt.

Ueber die Reformen des vierjährigen Reichstages, sowie über das polnische Staatsrecht im Allgemeinen, verbreitet sich das Buch Vom Entstehen und Untergange der polnischen Constitution vom 3. Mai

1791, 1793 ohne Druckort, gleichzeitig auch in anderen Sprachen. Verfasser sind Hugo Kołłątaj und Ignaz Potocki.

Noch sind zu erwähnen, obwohl nicht in unsere Hände gelangt, Stocius, Exercitationes ad jus polonicum tam publicum quam privatum, Thorn 1786. —

Die dritte Epoche beginnt mit Th. Czacki, O litewskieh i polskich prawach, Warsz. 1800. Dies Buch wird durch zu weitläufige Abschweifungen entstellt, ist aber eine reiche Fundgrube von staatsrechtlichen Notizen, die Czacki noch als praktischer Politiker zu sammeln Gelegenheit hatte.

Sehr überschätzt wurde bis in die neueste Zeit das ziemlich unkritische, aber tüchtigen Sammlerfleiss zur Schau tragende Werk Jekel, Polens Staatsveränderungen, Wien 1803, ins polnische übersetzt von Konstanty Stołwiński.

Als eine nicht ganz zuverlässige Arbeit über polnisches Staatsrecht ist die Einleitung von Salvandy, Histoire de la Pologne avant et sous Sobieski anzusehn, gleichwol noch immer das beste, was seit 1789 in französischer Sprache über diese Punkte existirt; auch durch die bezüglichen Stellen des gegenwärtig erschienenen historischen Werkes vom Marquis de Noailles über Heinrich von Valois nicht heruntergedrückt.

Der polnische Gelehrte Maciejowski machte sich vorzugsweise berühmt durch seine Historya prawodawstw słowiańskich 1832 in 4 Bänden, dann 1856—1865 in 6 Bänden. Vorzugsweise nimmt er darin auf die polnischen Verhältnisse Bezug.

Sehr schätzenswerth sind die Arbeiten von Johann Vincenz Bandtke, von denen wir den Zbiór przedmiotów o prawie polskiem, 1812, nennen. Seine Dissertation de studio juris polonicae, 1806, hat für unsere Zwecke keine Bedeutung.

Von Lelewels Leistungen können hier nur erwähnt werden die Considérations sur .... l'ancienne Pologne, auch in andern Sprachen unter Aufsicht des Verfassers ausgegeben, als Betrachtungen etc., deutsch 1846 zu Leipzig. Untersuchungen namentlich über das Statut von Wiślica enthält Lelewel, Początkowe prawodawstwo, 1828; französisch in Maltebrun, Tableau de la Pologne, 1830; polnisch noch einmal in Polska wieków średnich, Pozn. 1846—51.

Das durchweg dilettantisch gehaltene Buch O. von Weissenhorst (pseudonym), Studien über die Geschichte des polnischen Volkes, drei Bände, Zürich 1850 ff., zeugt in staatsrechtlicher Hinsicht von redlichem Streben; und manche Thatsachen werden in scharfem Streif-

glanze beleuchtet von Adler, Aphorismen über die staatlichen Zustände
Polens vor der Theilung des Reiches, 1853.

Nicht unbrauchbar sind die auf polnisches Staatsrecht bezugnehmenden Artikel in dem lexikalisch geordneten Buch Starożytności
Polskie, Posen Żupański, welche aus der Feder des durch seine Geschichte der Republik verdienten Andreas Moraczewski herrühren. Die
einschlägigen Aufsätze der in Warschau bei Orgelbrand erscheinenden
und beinah vollendeten vielbändigen Encyklopedyja powszechna verdienen Erwähnung. Auch in den beiden historischen Werken Szujski,
Dzieje Polski seit 1860 zu Lemberg in Heften erschienen, und Hoffmann, Historya reform politycznych w dawnéj Polsce, Leipzig 1867,
wird dem positiven Staatsrecht mehr Beachtung als in ähnlichen Büchern
geschenkt.

Aber etwas abschliessendes ist in keinem der seit dem Untergang
der Republik erschienenen Werke gegeben, ebensowenig als die beschränkte Bogenzahl des vorliegenden Versuchs dazu im Stande ist.

Das polnische Staatsrecht wie die slavischen Dinge überhaupt
harrt noch einer umfassenden Behandlung durch deutsche Gelehrte.

Hinter der Oder und am Pregel schliesst die Welt heute für
viele Deutsche ab; welch weite Perspective kann ein oder der andre
Blick in das hoffnungsfreudige Slaventhum eröffnet! Und bleibt ja
doch, wie uns von jenseit des Oceans zugerufen wird, die deutsche
Wissenschaft „das Forum, vor welchem alle geschichtliche und thatsächliche Wahrheit der Erde sich erhärten und beglaubigen muss!"

# Dritter Abschnitt

## Behandlungen einzelner Verfassungsgegenstände

Ueber die Gebietseintheilung der Republik können die meisten
der statistisch-staatsrechtlichen Werke zu Rath gezogen werden, die
wir bereits erwähnt haben. Wenig neues wird man in den speciell
dem geographischen Fache gewidmeten Büchern finden, wie z. B. Geographische Beschreibung von Polen, Hamburg 1774, oder Pohlen nach
seiner bisherigen geographischen Beschaffenheit, Bunzlau 1796. Auch

Maltebrun, Tableau de la Pologne, Paris 1807 ist erst in der von Chodźko redigirten neuen Auflage, Paris 1830, brauchbarer geworden.

In polnischer Sprache haben wir eine Menge kurzgefasster Beschreibungen vom Gebiet der Republik, so von Tatomir und Wiślicki; unter den grösseren Werken verdient Erwähnung Krzyżanowski, Dawna Polska, 1843 und Baliński i Lipiński, Starożytna Polska, 1843.

Die beste Karte der Republik war lange Zeit trotz grosser Mängel die von Rizzi Zannoni, 1772 erschienen; nach ihr richteten sich die Theilungsmächte. Ausser den Zeichnungen Lelewels haben wir jetzt die Karte des General Chrzanowski, Paris 1859.

Von den einzelnen Gebietstheilen der Republik hat nur das polnische Preussen eine genauere staatsrechtliche Behandlung erfahren. Die Sonderinstitutionen dieses Landes sind bearbeitet in vielen Werken Lengnichs. So, abgesehen von der vortrefflichen Geschichte der preussischen Lande königlich polnischen Antheils, in: Norma regiminis in Prussia 1722. De comitiis Prussiae 1724. Hodierna rp. Prutenae facies, Ged. 1722. Dilger, Dissertatio de unionis qua Poloniae jungitur Prussia indole, Ged. 1727. Drusus, Biga commentationum juris publici Pruthenici, Dant. 1746. Keyserling, De indigenatu.... apud Prussos 1768. Ueber denselben Gegenstand giebt es schon 1647 ein Buch, Werde, Indigenat ziemi pruskiéj, Gdańsk. Nicht wenig bietet auch über diese Punkte bereits Hartknoch, Alt- und Neues Preussen, 1684. —

Ueber die Gesellschaftsverhältnisse im Allgemeinen hat Lelewel viele zum grossen Theil hypothetische Ansichten in fast allen seinen Werken geäussert; auch in Zeitschriften. So vgl. den Aufsatz im Tygodnik Literacki, 1841 p. 35, Posiadłości kmieci dwojakiéj natury. Sonst ist die Litteratur über diese Punkte noch immer sehr dürftig; Szajnocha, o lechickim początku Polski, 1855, ruht auf anhaltlosen Voraussetzungen und Analogien.

Ein äusserst interessantes Schriftchen zur Bauernfrage, dessen Herausgabe wir in die zweite Hälfte des 16. Jahrhunderts setzen, ist Lament chłopski na panów. Ueber Regulirung und Verbesserung der bäuerlichen Verhältnisse erschienen zur Zeit des vierjährigen Reichstages zwanzig und mehr grössere und kleinere Schriften, von denen uns aber nur ein Theil zu Gesichte gekommen ist. Die wichtigsten, die uns zugleich über die bäuerlichen Zustände umfassende Auskunft geben, sind: O poddanych polskich, Krak. 1788. Uwagi o chłopach, 1790. O włościanach, 1791.

Schön aber oberflächlich wie alles von Surowiecki sind seine Uwagi względem poddanych 1807. Ohne rechtsgeschichtliche Bedeutung sind Grävenitz, der Bauer in Polen, 1818, und Chlebs, die Agriculturverhältnisse etc., 1848. Lelewel, Stracone obywatelstwo stanu kmiecego, Brüssel 1847, beruht weniger auf unbewiesenen Voraussetzungen, als anderes desselben Verfassers.

Ueber die Auffassung, die der Adel von seinem Verhältniss zum Nichtadel hatte, Kutasiński, Uwagi nad stanem nieszlacheckim w Polszcze, 1790. Ueber das geringe Wergeld, welches vom Adel für Erschlagung eines Nichtadligen, namentlich Bauern, zu leisten: David Braun, Dissertatio de legis famosae „Quamvis" etc.; vgl. Mitzler de Kolof, Acta literaria R. Pol., 1756.

Ueber den Adel im Allgemeinen, Kunicki, Eques Polonus sive nobilitatis etc. effigies, Crac. 1645. Interessant sind aus früherer Zeit Marcin Bielski, Sprawa rycerska, 1569, und das Ms. gebliebene Marcin Kwiatkowski, De vera civili nobilitate, 1577.

Von den vielen Schriften über fremde Titel erwähnen wir Adam Grodzicki, Przestroga o tytułach cudzoziemskich, 1637. Bielejowski, Obrona tytułów, 1641. Dorogucki, Tytuły cudzoziemskie etc. Ueber das Indigenat Hommel, de indigenatu Poloniae, 1698. De indigenatu sincera collatio, 1669, und Schott, Tractatus de ingenatu, Dant. 1738.

Zur polnischen Wappenkunde, die, wie wir wissen, zur Kenntniss des polnischen Adels und damit der polnischen Verfassungsgrundlagen ausserordentlich wichtig, vgl.

Paprocki, Herby rycerstwa polskiego, 1584, neu 1858 zu Krakau. Okolski, Orbis polonus, Crac. 1641. Poczet herbów, Krak. 1696. Niesiecki, Korona polska, 1718—43, mit Unterstützung Friedrich Wilhelms IV. von Preussen 1839 zu Leipzig. Herbów opisy, Gdańsk 1782. Malinowski, Heraldyka, Warsz. 1844. —

Ueber das polnische Königthum vgl. de Steinwehr, Regiae in Polonia dignitatis origines, 1758. Crissenius, De ortu regiae dignitatis in Polonia, Lips. 1754.

Das Wahlrecht ist vielfach behandelt worden: Spanorchi, Discorso del interregno etc., 1587. Dissertazione sulla elezione del re di Polonia, 1604. Knesebeck, Declamatio etc., 1610. Fredro, Discursus de electione regis Poloniae ex polonico versus, 1660 (Diarium Europaeum T. VII). Disquisitio de electione, 1662. Der polnischen Nation politische Staatsmaximen, 1670. De la Bizardière, des diètes en Pologne, 1697. Gab. Groddeck, de pactis conventis regum Polon., 1709. D. Braun, de jurium fundamentalium etc., Coloniae 1722. Zech, de legitima electione,

1734. Nic. Kossobudzki, Modus electionis regis Poloniae, Crac. 1753. Boehm, Commentarius de interregnis, Thorn 1753. Joachim, Von der Wahl etc. 1764. Załuski, Manuale, 1764 auch französisch als Manuel du droit public etc.

Sehr viel bleibt über diesen Cardinalpunkt des polnischen Verfassungsrechtes noch zu forschen übrig. Es müssen hier die concreten Arbeiten über einzelne Zwischenreiche, besonders über die ersten grossen Interregnen, den Grund legen; so Piliński, das polnische Interregnum 1572—73, Heidelberg 1861. Reimann, das polnische Interregnum nach dem Tode Siegmund Augusts, 1864 in Sybels historischer Zeitschrift Band 11. Hüppe, de Poloniae post Henricum interregno, Vrat. 1866. Caro, Das Interregnum von 1587, Leipzig 1861. Sehr wichtige Aufschlüsse giebt für Bedeutung des Königthums überhaupt Plebański, de successoris designandi consilio vivo Joanne Casimiro, Berol. 1855. Nicht zu übergehen ist schliesslich noch die formale Untersuchung Freund, de insignibus regiis Poloniae, 1712. —

Ueber die Geschichte der Reichstage ist die beste, wenn auch nur einen kurzen Zeitraum umfassende Arbeit Władysław a Bentkowski, Vicissitudines comitiorum sub Jagellonicae ... habitarum, Lips. 1839, eine doppelt gekrönte Preisschrift der Jabłonowskischen Gesellschaft zu Leipzig. Dem Verfasser sprechen wir hiermit zugleich verbindlichsten Dank für die liberale Unterstützung aus, die er uns für dieses Werk durch Zugebotestellen seiner Sammlungen hat angedeihen lassen.

Unbedeutend sind S. Łochowski, Comitiorum regni Poloni generalium forma vis et effectus, Crac. 1664. Preziowski, O sejmach i sejmikach, 1829. (Programm des Warschauer Piarengymnasiums). In dem von den Piaren herausgegebenen Kalender Kolęda na rok 1752 findet sich ein grade nicht missrathener Versuch über die Reichstage.

Der Anatomia des Garczyński ist ein vortreffliches Excerpt z Skrupuł bez Skrupułu w Polszcze von Jabłonowski angehängt, das uns über die Landtage und deren Organisation köstliche Notizen giebt.

Ueber den Senat vgl. Karnkowski, De primatu senatorio regni Poloniae, Posn. 1593, T. Zawadzki, Speculum senatorum ac officialium regni Poloni, Crac. 1623. Schultz, de senatu, 1706. De legatione nata archiep. Gnesnensium, 1677 und das seltene Buch Damalewicz, Series archiepiscoporum, Vars. 1649.

Ueber die Landbotenkammer Orationes politicae de alternata palatinatus Posnaniensis cum pal. Cracoviensi et aliae, Vars. 1746. T. C. Gralhath, de intercessione nuntiorum seu de libero veto, Regiom. 1760.

Plebański's schon erwähnte Dissertation hat einen schätzenswerthen Anhang über das liberum veto.

Das Recht der Conföderationen ward beleuchtet in Lengnich, de confoederationibus Polonorum. Kettner, de Polonorum confoederationibus, Ged. 1735. Wyrwicz, o konfederacji gołąbskiéj. Moraczewski, o konfederacyach, im Tygodnik lit. p. 289, 1843. —

Ueber die deutschrechtlichen Gemeinden giebt es sehr wenig gedrucktes. Nennenswerth ist Dyszkurs o pomnożeniu miast w Polszcze, Krak. 1617, zweite Ausg. 1644.

Aeusserst wichtig sind die drei seltenen Werke von Mędrzecki, die 1788 und 1790 herauskamen, Prawa miast. Wiadomość o pierwiastkowéj miast zasadzie. Zbiór praw .... stanom miejskim służących.

Wohl zu hart nennt Lelewel das Buch Surowiecki, o upadku przemysłu i miast, 1810, kurzweg geschwätzig; aber allerdings kann die geschmackvolle Darstellung nicht für den Mangel an positivem Gehalt entschädigen.

Nur auf krakauer Verhältnisse bezieht sich trotz ihres Titels die schwache Schrift Mecherzyński, O magistratach miast polskich, 1845. Ein sehr schätzenswerther Beitrag ist Röpell, Die Ausbreitung des magdeburger Stadtrechts in Polen, 1856. Mierosławski, Histoire de la commune polonaise, Berl. 1856 ist werthlos. Manche Aufschlüsse gewähren kann Gaupps Arbeit über das Magdeburgische und Hallische Recht.

Nur sehr wenig wird man in den Städtegeschichten für die Rechtsverhältnisse finden. Am wichtigsten sind Gołębiowski, Opisanie Warszawy, 1827. Żubrzycki, Kronika Lwowa. Łukaszewicz, Obraz miasta Poznania, 1837. Sobieszczański, Rys historyczno-statystyczny Warszawy, 1848. Baliński, Historya Wilna. Kraszewski, Wilno od początków jego.

Auch Wuttke, Städtebuch des Landes Posen, 1864, bewegt sich zum Theil in Allgemeinheiten, wo es sich um die Rechtsverhältnisse handelt.

Auf gründliche Archivstudien ist gegründet, was über die Stellung der Städte in den beiden 1867 erschienenen und erscheinenden Monographien Schmitt, der Kreis Flatow, und, der Kreis Deutsch-Crone gesagt wird.

Einiges über die polnischen Städte findet sich in Zeitschriften verstreut; dem deutschen Leser dürften die Posener Provinzialbl. 1846 zugänglich sein. Ueber den culmer Oberhof vgl. Altpr. Monatschrift

26*

1866, 3. Heft, die westpreussischen Städte überhaupt Baczko, Annalen des Königreichs Preussen, Jahrg. 1793. —

Reichhaltiger ist die Litteratur über die Rechtsverhältnisse der Bekenntnissgemeinschaften. Am ausführlichsten behandelt die Stellung des Staates zur Kirche Lipski a Lipe, Decas quaestionum publicarum regni, Krak. 1616, zweite Ausgabe Posen 1626.

Ein vortreffliches Buch ist Prawdziwy stan duchowieństwa, 1777. Auch die Uwagi polityczne imienia stanu duchownego do zbioru praw polskich podane, Kalisz 1778 sind nicht zu unterschätzen.

Ueber die Zehnten vgl. O dziesięcinach, Kraków 1604 und Czacki, o dziesięcinach, Warsz. 1801. Ueber die Compositionen Melchior Stephanides, Ill. virorum opusculum compositionum etc., Crac. 1632.

Eine Zusammenstellung vieler g e g e n die Jesuiten gerichteten Schriften bei Krzyżanowski, Dawna Polska, Bd. III, p. 48 sqq. Doch ist das dortige Verzeichniss nicht vollzählig. Wenn uns die Sache an diesem Ort näher anginge, könnten wir mit Leichtigkeit zwanzig und mehr andere Schriften, die g e g e n die Jesuiten in Polen erschienen sind, aufführen.

Für die Anfänge der Kirchenunion vgl. Censura orientalis ecclesiae, Crac. 1582. Ueber die Streitigkeiten der unirten und nichtunirten Griechen Jedność św. cerkwie wschodniey i zachodniey, 1632. Sonst noch über die Unirten in Acta publica z czasów Zygmunta III. Nr. 11, auch Deklaracya statutów o rozdawaniu dignitarstw i beneficyi ruskich, Krak. 1612 und Wiadomość o Ormianach w Polszcze, Lwów 1842.

Ueber · die Geschichte der Nichtunirten und · Dissidenten in Polen haben wir zwar hinreichende Schriften, doch keine vom rechtlichen Standpunkte aus. So findet man nur wenig in dem besten Buch über diesen Gegenstand, nämlich Krasiński, Historical sketch of the reformation in Poland, 1838; noch weniger in Friese, Kirchengeschichte von Polen und Litauen, 1786 und Fischer, Geschichte der Reformation etc., 1845. Etwas mehr in Łukaszewicz, Wiadomość o dyssydentach, 1832, und den andern Schriften desselben Verfassers, die ähnliche Gegenstände behandeln.

Hinsichtlich der Dissidentenfrage bewegten sich die staatsrechtlichen Schriften wesentlich in Angriffen auf die Conföderationsacte 1573 und in Vertheidigungen dieses Grundgesetzes. Die Litteratur ist hier sehr zahlreich. Von Erscheinungen der ersten Art nennen wir nur Rozmowa o konfederaciey, Krak. 1592 und die zwei wahrscheinlich von Skarga, der sonst unter den polnischen Jesuiten eine ähnliche

Stellung einnimmt, wie unter den deutschen der weit über seine Zeit vorgeschrittene Spee, herrührenden Proces konfoederaciey 1595 und Proces na konfoederacyą. Für die Conföderation erschien 1595 eine Podpora und 1596 Obrona powtórna. Sonst mag noch als das wichtigste über diesen Gegenstand gelten Erasmus Gliczner, Appellatio sive apologia, 1598 mit der Gegenschrift Excepcya, 1600.

Ferner die Deklaracya nowego prawa, 1615 und Braterska deklaracya 1646. Nicht unwichtig ist Obrona rozsądku o niedopuszczaniu budowania heretyckiego, Poznań 1616, sowie (Jabłoński), Jura et libertates dissidentium, Berol. 1708 und (Arnold), Sendschreiben von den Zuständen und Drangsalen der Dissidenten, Freistadt 1717. Jerzy Kaz. Ancuta, Jus plenum religionis catholicae, Vilnae 1719, beweist, dass Dissidenten weder active noch passive Stimme hätten.

Sonst müssen noch erwähnt werden Jabłoński, Oppressorum... evangelicorum desideria, fundamenta desideriorum etc., Berol. 1723. S. Thomas, Altes und neues vom Zustand der evangelisch-lutherischen Kirchen im Königreich Polen, 1750. Prawa i Wolności Dyssydentów, ·1767. Uwagi obywatelskie nad okolicznościami .... protestantów polskich, 1786.

Gegen die Juden erschienen verschiedene Schriften, die auf Verkümmerung der ihnen gewährten Rechte drangen, wir erwähnen nur Zwierciadło korony polskiey, urazy .. które ponosi od żydów, 1618, schon früher Okrucieństwa żydowskie, 1598, de stupendis erroribus, 1541. Noch kam uns vor Sleczkowski, o doktorach żydowskich und eine Vertheidigung der Juden Ad querelam mercatorum Cracoviensium responsum, 1539.

Eine ausschliesslich den rechtlichen Zuständen von Polens Juden gewidmete Schrift, etwa wie Stobbe in seinem Buche Die Juden in Deutschland, 1866 geliefert hat, giebt es nicht. Die Notizen, welche sich in den allgemein historischen einschlägigen Schriften finden, sind spärlich. Erwähnung verdient besonders Perles, Die Juden in Posen, 1865. Sonst noch Grätz im 6. und 7. Bande seiner Geschichte der Juden, Leipzig, und Jost, Geschichte des Judenthums, Leipzig 1859, Dritter Band.

Bei Fürst, Litteraturblatt des Orients, kleine Abhandlungen in deutscher Sprache. Ein Buch von Hollaenderski, der auch ebenso wie Calmanson und Lubliner kleine französische Schriften über das polnische Judenthum geliefert hat, und eine Arbeit Czackis sind alles, was in polnischer Sprache über die Rechtsverhältnisse der Juden angezogen werden kann.

Gegen die Muhammedaner in Polen und ihre Rechte geschrieben war das Buch eines pseudonym Piotr Czyżewski, Alfurkan 1615. Hiergegen war gerichtet Apologia Tatarów, 1630.

Sonst giebt es über die Tataren eine Abhandlung Czackis in Wiszniewski, Pomniki Historyczne i Literackie, T. H, und einen Essay von Bandtke in Wojcicki, Album literackie, Warsz. 1848. In einigen Werken über Litauen und Wilno wird ihrer auch erwähnt.

Ueber die Zigeuner, die wir im Text nicht weiter erwähnt haben und von denen nur zu sagen ist, dass sie in Litauen unter Ober-aufsicht der Radziwiłł eine abgeschlossene Organisation hatten, giebt es eine Arbeit von Czacki und ein 1830 erschienenes Buch von Narbutt.

Zur rechtlichen Seite der Erziehung in Polen haben wir keine Monographien; anziehen liessen sich Lelewel, o oświecie und Łuka-szewicz, Dzieje szkół. —

Kleine Schriften über polnisches Beamtenwesen sind

Naramowski, Aurorae solis Sarmatici ... mareschalci, Viln. 1727. S. T. Schultz, De mareschalcis etc., Dant. 1743. Naramowski, Signa-tores regni .... cancellarii, quibus adjuncti thesaurarii, Vars. 1727. Schultz, de cancellariis, 1742. - Heidenstein, de dignitate ac officio cancellarii, Dant. 1742. Schultz, de succamerariis, Thorn 1747. Stan. Duńczewski, Traktat o starostwach 1752; Uwagi nad projektem przedaży starostw, 1792 und eine 1791 im Druck erschienene Rede Kołłątajs über diesen Gegenstand. O starostwach i starostach ist der Titel eines Aufsatzes von Moraczewski im Tygodnik lit. 1848. —

Zur polnischen Gerichtsverfassung steht in Bezug und ist zum Theil höchst schätzbar Andreas Gregorius, Processus juris brevior, Krak. 1831.

Ziemlich declamatorisch gehalten ist Andreas Ciesielski, de de-fensione regni et administratione justitiae, Krak. 1572. Es folgt ein nicht sonderlich zu nutzendes Buch von Rzeczycki. Sehr wesentlich aber ist Andreas Lipski, Practicarum observationum centuriae, Riga 1602, zweiter Band, Krak. 1619, für die Hofgerichte von Wichtigkeit, 2. Ausg. Dant. 1648. Dann

Czaradzki, Proces sądowy, Posen 1610. Th. Dresner (aus Lem-berg, Professor zu Zamość), Institutiones juris regni Poloniae, Zamość 1618. Jak. Zawisza, Wskrócenie prawnego processu Koronnego, 1613. Th. Zawadzki, Processus judiciarius, Crac. 1616, nochmals 1619. Ja-nidlovius, Progressus judiciarius, Crac. 1619. Łochowski, Regulae juris, Crac. 1637. Lisiecki, Trybunał główny koronny, Krak. 1638.

T. Chotecki, Nowy nieprzyjaciel Polski na sejmie warsz. 1695 wydany, to jest niesprawiedliwość w sądach, ein Ms. in der Zalusciana. Paciorkowski, Regula processus granicialis, Lublin 1760. Jacob Czechowicz, Praktyka kryminalna, Culm 1769. Theodor Ostrowski, Prawo Cywilne, 1784 und 1787, deutsch 1797, Civilrecht der polnischen Nation, in seinem zweiten Bande. Steiner, Ueber das Reichsgrundgesetz Neminem captivabimus und die polnische Justizverfassung bis ins 15. Jahrhundert, Berlin 1791.

Viele Bücher erschienen seit Zamojskis Projekt von 1786 und 1791; aber nicht von bleibender Bedeutung. Seit dem Untergang des Reichs haben wir über diese wichtigen Punkte noch gar keine Aufschlüsse. —

Zu unserer Kunde von der Volkswirthschaftspflege der Republik Polen ist der werthvollste Beitrag noch immer

Jekel, Pohlens Handelsgeschichte, Wien und Triest 1809, zwei Theile. Ferner K. B. Hoffmann, Vademecum polskie. Pragmatyczny rys historyi kredytu publicznego, Warsz. 1824 ist für unsere Zwecke vorzugsweise von S. 457—506 zu brauchen. Sonst noch zu nennen obwohl von wenig rechtsgeschichtlicher Bedeutung

Wiadomość o stanie handlu i przemysłu w Polszcze w wiekach dawniejszych, Stanisławów 1846. Czacki, O handlu Polski z Portą; Surowiecki, O rzekach i spławach, 1811; schon aus früherer Zeit. Wykład o sposobie do rzek spławności, 1702. Triga quaestionum... mercaturae, opificiorum etc., 1704. Uwagi obywatelskie nad żebrakami, Warsz. 1782.

Ueber das Münzwesen ist die Litteratur äusserst vollständig. Zur Zeit der Republik erschienen für das praktische Bedürfniss von Privatleuten zusammengestellte Tarife.

Eine von dem berühmten Copernicus 1526 geschriebene Abhandlung über das Münzwesen wurde erst 1816 zu Warschau herausgegeben, hat für uns hier wenig Interesse. Mehr einige der folgenden Schriften, wie

J. Grodwagner, Discurs o cenie pieniędzy teraźniejszej, 1632. Starowolski, Dyskurs o monecie. Braun, Historischer Bericht etc. 1758. Ewaluacya monet, von der Schatzcommission 1766 zu Warschau veröffentlicht. Lelewels französischer Bericht über das alte Münzwesen ist für Rechtsgeschichte nicht sonderlich brauchbar.

Ins Finanzfach schlagen von älteren Schriften und sind zum Theil recht tüchtig: Cikowski, W sprawach celnych odpis, 1606. Florianus Groth, De rebus Fisci, Petricoviae 1616. Dębowski, O po-

datkowaniu, Krak. 1791. Golewski, De tributis et vectigalibus, Krak. 1827. J. Willich, de salinis Cracoviensibus, Ged. 1645, auch polnisch. —
Ueber die polnische Wehrverfassung kann man näheres finden in des Hetman Tarnowski, Consilium rationis bellicae, Tarnow 1558.

Ausser einem sehr schätzenswerthen Ms. O gotowości wojennej ist voh demselben Schriftsteller vorhanden Tarnowski, sposób obroney król. Polskiego, Krak. 1579. Von anderen Autoren gehört hierher der griechische Bischof Wereszczyński, der in reussischer und polnischer Sprache verschiedenes über das Heerwesen geschrieben hat. Ferner Starowolski, Institutionum rei militaris etc., Crac. 1639. Starowolski, Zguba ojczyzny. A. M. Fredro, Potrzebna consideratio 1675. Fredro, Militarium seu axiomatum belli etc.

Mikołaj Chabielski, Sposób rządu etc. aus der zweiten Hälfte des 17. Jahrhunderts, enthält Aufschlüsse über die damalige Gebrauchsweise der Artillerie und des allgemeinen Aufgebots. Aber ebenso wie in diesem Buch, muss man sich das zu unseren Zwecken erforderliche zusammensuchen in den folgenden Schriften

Płata wojska i chleb zasłużonych, 1771. Bakałowicz, Zdanie o pożytku fortec, 1777. Wyłożenie moralnych przymiotów i powinności stanu wojskowego, Warsz. 1780. Wojciech Rosnowski, Sposób powiększenia sił krajowych w Polzcze przez popisowe milicye. O wojsku polskiém myśli, 1792. —

Für Polens äusseres Staatsrecht ist man fast nur auf Geschichtswerke, Sammlungen von Tractaten oder Schriften angewiesen, die zu praktischen Zwecken bestimmt waren; so namentlich die vielen zur Zeit der Interregnen erschienenen Broschüren, wie (Olszowski), Censura candidatorum sceptri Polonici, 1669. Sonst wären zu nennen Ch. Varsevicius, De legationibus, 1604. J. G. Chwałkowski, Discursus politicus de consiliis ante in et post bellum, Franc. 1667. O sprawach, jakie mają Polacy z dworami cudzoziemskiemi in der dritten Auflage des Górnicki, Warsz. 1750.

Solowjew, Istorija padenija Poljschi, Maskwa 1863 und d'Angeberg (= Czartoryski), Recueil de traités, Paris 1863, für die Rechtsverhältnisse bei Polens Untergang. —

Druck von M. Marx in Posen

Lightning Source UK Ltd.
Milton Keynes UK
UKHW02f1935300418
321900UK00011B/431/P